Le Livre des
Sports Athl[étiques]
et des
Jeux de Plein Air

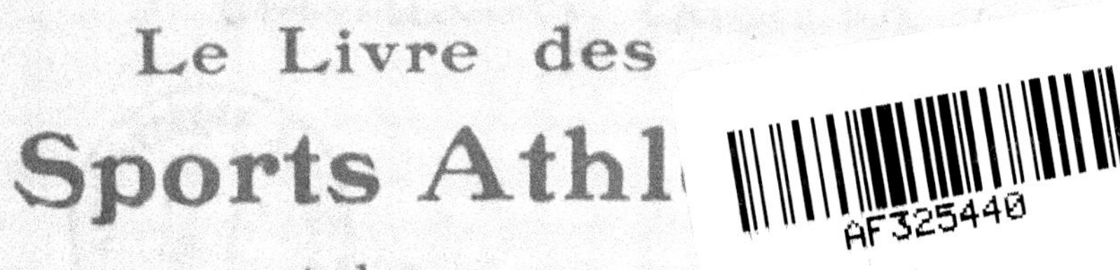

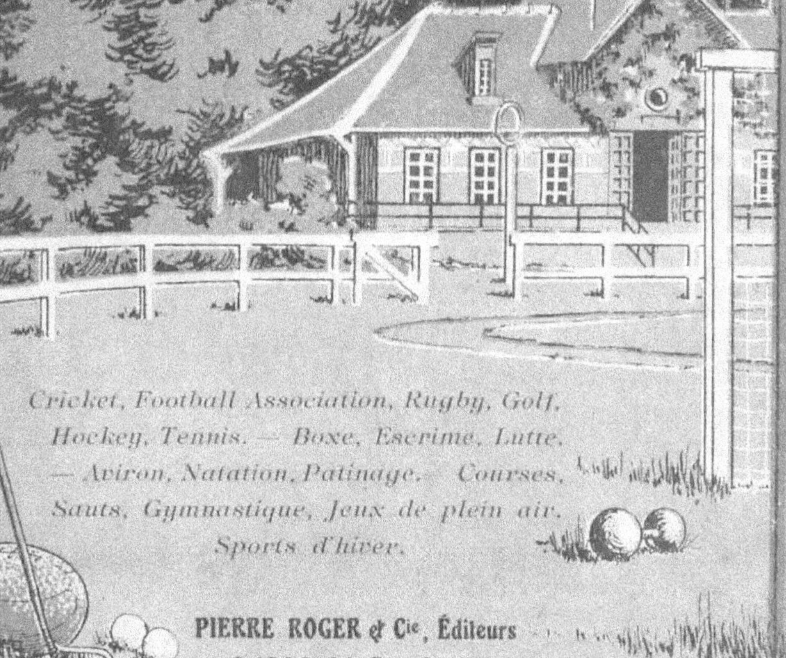

PIERRE ROGER & Cie, Éditeurs
PARIS, 54, Rue Jacob

Le Livre

des Sports athlétiques

et des jeux de plein air

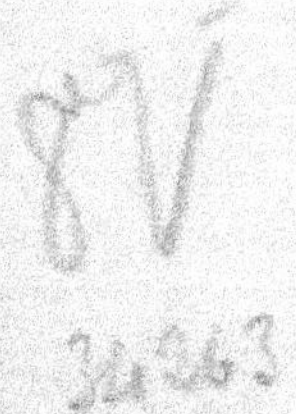

Le Livre

des Sports athlétiques

et des jeux de plein air

Rédigé

par un groupe de spécialistes sous la direction

de M. HENRY CLAREMONT

CRICKET. — FOOTBALL ASSOCIATION. — FOOTBALL
RUGBY. — GOLF. — HOCKEY. — TENNIS. — BOXE.
ESCRIME. — LUTTE. — AVIRON. — NATATION.
PATINAGE. — SPORTS D'HIVER. — COURSES.
SAUTS. — JEUX DE PLEIN AIR. — GYMNASTIQUE.

PARIS

PIERRE ROGER ET Cⁱᵉ, ÉDITEURS

54, RUE JACOB, 54 (VIᵉ)

TABLE DES MATIÈRES

PREMIÈRE PARTIE

LE CRICKET
LE FOOTBALL ASSOCIATION
LE FOOTBALL RUGBY
LE GOLF — LE HOCKEY
LE TENNIS

LE CRICKET

En Angleterre, on joue autant, si non plus, au cricket qu'au football; si le football est pratiqué par tous les jeunes Anglais pendant les mois d'hiver, le cricket est le jeu par excellence des mois d'été. Ceci ne veut pas dire que le cricket soit un jeu obligeant à des pauses prolongées incompatibles avec la saison froide; mais, simplement, qu'alors que le football est impossible à jouer lorsque la température est élevée, le cricket, au contraire, avec ses alternatives de mouvements, d'attentes et de courses rapides, est praticable et agréable depuis le printemps jusqu'à l'automne.

Une équipe se compose de onze joueurs dont un capitaine chargé de commander les joueurs et de répartir entre eux les divers postes sur le terrain; le jeu nécessite les accessoires suivants :

1º La crosse, batte ou battoir, en anglais « bat ».

2º Le guichet, composé de trois piquets plantés en terre sur une même ligne et surmontés de deux barrettes ou bâtonnets posés sur leur sommet, le tout formant un « wicket ».

3º Une balle en cuir, ou « ball ».

Un des joueurs ou « lanceur » « the bowler » placé vis-à-vis et à environ 20 mètres, lance la balle contre le « wicket » dans le but de le renverser; un autre joueur, armé de la crosse ou bat, le « batsman » ou batteur, est placé auprès du « wicket » et cherche d'un coup de bat à frapper la balle au moment où elle va atteindre le guichet, et à la renvoyer au loin, sur le terrain; lorsqu'il réussit le coup, il court de son guichet jusqu'au point où se tient le « bowler » et revient à son poste de jeu; autant de fois il réussit à accomplir de courses ou « runs », autant de points sont marqués en sa faveur. Pendant ce temps, les autres joueurs, placés à leur poste respectif sur le terrain, accomplissent les mouvements du jeu qui composent le « fielding », c'est-à-dire qu'ils s'efforcent d'attraper la balle, puis de la lancer contre le wicket pour le renverser, mais ils ne peuvent le faire que pendant les « runs » du « batsman »; dès que celui-ci est de retour à son poste, les joueurs chargés du « fielding » n'ont plus le droit de viser le « wicket » et la balle est renvoyée au « bowler » qui la lance de nouveau contre le guichet. Tels sont, décomposés en leur parties, les trois éléments du jeu de cricket qui se résument comme suit:

1° Le « bowling » ou lancement de la balle contre le guichet ou wicket.

2° Le « batting » ou défense du guichet par le batsman armé de la balle.

3° Le « fielding », action combinée des autres joueurs pour arrêter la balle et la lancer contre le wicket, pendant que le batsman accomplit les « runs » ou courses, entre son poste et celui du bowler et retour, pour marquer des points.

Cette description sommaire du jeu s'applique à celui que les Anglais désignent sous le nom de « single wicket » ou jeu à un seul guichet; mais, généralement, le jeu se pratique avec deux guichets et pour cette raison on le nomme « double wicket » ou jeu à double guichet.

Le jeu de « double wicket » est ainsi nommé parce qu'il exige un équipement double d'accessoires: deux « bats », deux « wickets », deux postes de « bowling », deux postes de « popping » et, en un mot, le double des accessoires du jeu de « single wicket » ou guichet simple, qui ne demande qu'un guichet, qu'une batte, un poste de lancement « bowling crease » et un poste de défense « popping crease »; mais, dans le jeu de « single wicket » comme dans celui de « double wicket », il faut opposer l'une à l'autre deux équipes de joueurs.

Le « wicket » (fig. 1) est constitué par trois bâtons ou piquets de frêne parfaitement tournés et polis. Sur le sommet de ces bâtons, ou « stumps », on place transversalement deux bâton-

nets qui servent à relier ensemble les « stumps » deux par deux :
les bouts des bâtonnets ou « bails » sont main-
tenus en place au moyen d'encoches creusées sur
la tête des « stumps ». Cet appareillage constitue
ce que l'on nomme un « wicket » ou guichet. Aux
deux extrémités du terrain, à une distance de
22 yards anglais, environ 21 m. 05, l'un de l'autre,
on dispose deux guichets et ces deux équipements
constituent un jeu à « double wicket ».

Lorsque l'on prépare un match, le terrain doit
être délimité autour de chaque guichet comme
l'indique le diagramme (fig. 2). La ligne dite « bowling crease » a pour but de fixer la limite derrière
laquelle doit se tenir le « bowler », auquel il est
interdit de s'avancer au-delà des « stumps ». Si, en
lançant la balle, ses deux pieds se trouvaient en avant de la

Fig. 1. — Gui-
chet ou « wicket ».

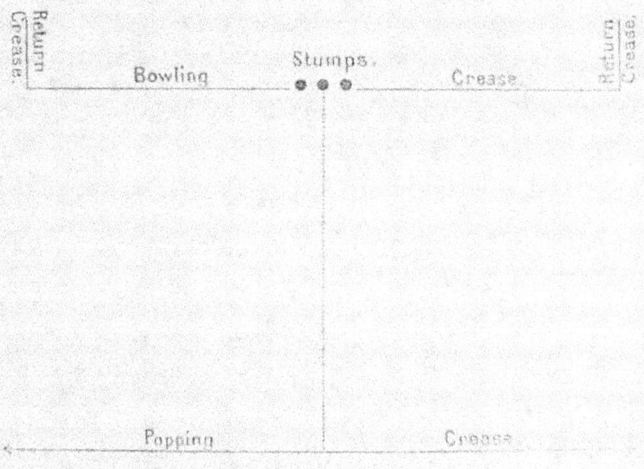

Fig. 2. — Diagramme du « wicket » ou guichet.
« Stumps », piquets. — « Bowling crease », limite du « bowling ». — « Return crease », limites
des côtés. — « Popping crease », limite du « batting ».

limite, l'arbitre annoncerait « no ball », balle nulle. Les lignes
marquées « return crease » ou lignes de retour, servent à li-

miter le terrain du « bowler » de chaque côté du guichet.

La ligne marquée « popping crease » a pour objet de fixer la limite du terrain qui forme le poste du batsman; si l'un de ses pieds n'est pas à l'intérieur de ce tracé, ou, tout au moins, sur la ligne elle-même, le « wicket keeper », ou gardien du guichet, peut abattre les stumps avec la balle et mettre le batsman hors de jeu. Aussi celui-ci doit-il apporter la plus grande attention à ne pas sortir de son terrain. Avant de commencer à jouer, un arbitre marque le « block »; c'est un point en ligne droite du stump du milieu, que l'on fixe en couchant la batte sur le sol, perpendiculairement à la ligne formée par les trois « stumps » du guichet, il se trouve donc exactement à une longueur de batte du guichet; ce point est supposé celui d'où le batsman peut défendre le guichet avec le plus de facilité; cependant, certains joueurs préfèrent prendre leur poste de garde sur une ligne située entre le stump du milieu et le stump extérieur, nommé « off stump », ou entre le stump du milieu et le stump de leur côté, nommé « leg stump ».

Le choix de la crosse ou « bat » (fig. 3) est naturellement très important; l'examen doit montrer que la qualité du bois ne laisse rien à désirer comme essence, grain et maturité; une batte n'acquiert toutes ses qualités que par l'usage et à la longue; d'abord trop dure pour donner satisfaction au joueur, après qu'elle aura été soumise alternativement aux chocs des balles et soigneusement huilée, environ une ou deux fois par semaine, elle acquerra l'élasticité désirable et sera bien en main. Les poignées en jonc, universellement employées dans la fabrication des battes de bonne qualité, contribuent à augmenter considérablement l'élasticité qui constitue la qualité maîtresse de cet accessoire principal du jeu de cricket.

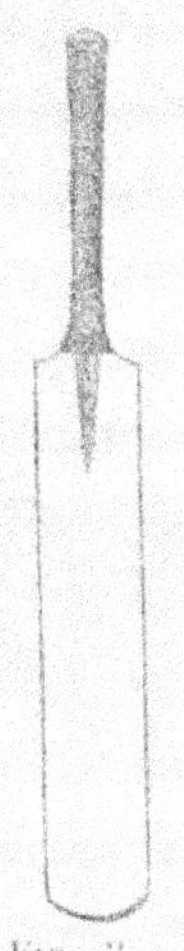

Fig. 3. — Crosse ou « bat ».

D'autres accessoires sont encore nécessaires en outre du wicket, de la batte et de la balle; le gardien du guichet, ou « wicket keeper », dont le rôle sera expliqué plus loin, doit porter des gants fabriqués spécialement pour cet emploi, et qui sont indispensables pour protéger ses mains lorsqu'il arrête une balle lancée à pleine volée. Ces gants sont fabriqués en peau de chamois, ou en imitation, perforés de façon à assurer la ventilation nécessaire. Le batsman, lui aussi, doit porter des gants pour protéger ceux de ses doigts qui sont exposés au choc de la balle. Les gants du batsman sont fabriqués en imitation de peau de chamois, la paume du gant est découpée, de façon à assurer une parfaite adhérence de la main sur le manche de la batte, le poignet est boutonné au moyen d'une boutonnière élastique et d'un bouton.

Sur le dessus du gant, chaque doigt est recouvert d'un morceau de tube en caoutchouc épais, de façon à protéger chaque phalange contre le choc éventuel de la balle; on remarquera que la disposition de ces protections est différente pour chaque main. En tenant la batte, le dessus de la main gauche est presque entièrement exposé au choc de la balle, aussi est-il entièrement matelassé, jusque par-dessus le poignet. Comme le pouce de cette main doit se placer en dessous du manche et se trouve ainsi protégé naturellement, le pouce du gant n'est pas rembourré; pour la main droite, ce sont, au contraire, les jointures et les phalanges des doigts qui sont exposées, et, en conséquence, ce sont ces parties de la main qui sont protégées par le gant.

Des souliers ou chaussures munies de pointes sont nécessaires aux joueurs de cricket, pour les empêcher de glisser sur le terrain recouvert d'un gazon parfaitement tondu et roulé, et rendu conséquemment assez glissant. Les bottines lacées sont préférables aux souliers, parce qu'elles assurent un meilleur support à la cheville; on les établit en peau blanche mate et, généralement, les semelles sont munies de clous spéciaux, au lieu de pointes.

D'autres accessoires absolument indispensables sont les « leg guards » ou jambières protectrices (fig. 4). Elles sont fabriquées en peau blanche, garnies d'une armature de baguettes de jonc et rembourrées en crin; ces jambières montent assez haut, de façon à assurer une protection complète des jambes, depuis le dessus du pied, jusque par-dessus le genoux; elles rappellent, par leur forme, les jambières de métal des guerriers grecs ou romains. Une balle reçue en pleine volée peut causer une assez vive douleur, même à travers ces jambières, et ce serait une véritable folie que de prendre le poste de batsman sans se munir de ces jambières protectrices. Une balle de cricket, en cuir bouilli, pesant près de 200 grammes et lancée par un bowler expérimenté, est animée d'une force prodigieuse, par suite du « spinning », mouvement de rotation qui lui est transmis au moment du lancement: c'est un véritable projectile capable de causer une blessure des plus sérieuses. Faire fi des divers accessoires protecteurs au cours d'une partie, n'est nullement une preuve de courage, mais simplement d'ignorance du jeu et des risques qui, d'ailleurs, ne sont pas sans contribuer à son attrait pour les véritables fervents des sports.

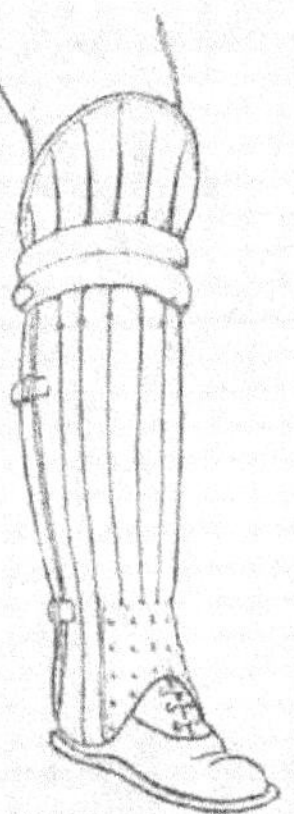

Fig. 4. — « Leg guard », jambière protectrice.

Pour compléter la liste des accessoires, notons encore le « practising net », ou filet d'exercice, dont l'emploi consiste à arrêter les balles manquées par le batsman inexpérimenté. On ne peut pas toujours rassembler le nombre nécessaire de joueurs pour occuper les divers postes du « fielding », neuf en tout, lorsqu'il s'agit, non pas d'une véritable partie, mais d'un simple exercice pour le bowler ou pour le batsman; grâce à l'emploi du filet, au contraire, qui dispense du concours des autres joueurs, on peut toujours s'exercer au bowling et au batting, qui sont les deux éléments fondamentaux du jeu de cricket, ceux qui exigent de l'adresse, de la force et du sang-froid. Pour être complètement efficace, le filet, outre le fond, doit avoir deux parties formant retour d'ailes; dans ces conditions, d'excellentes séances d'exercice peuvent être accomplies par quatre joueurs qui remplissent tour à tour les rôles du bowler, du batsman et des deux fieldmen, chargés d'arrêter et de lancer les balles renvoyées en avant par le batsman.

QUELQUES COUPS

Il en est de la science du jeu de cricket comme de celle de tous les sports, on ne s'en rend véritablement maître qu'en la pratiquant et en s'y exerçant d'une façon assidue; on ne naît pas crickéteur, comme on naît poète, et on ne le devient qu'avec du temps et de l'exercice. D'ailleurs, le temps qu'on consacre à l'exercice est du temps agréablement passé et le

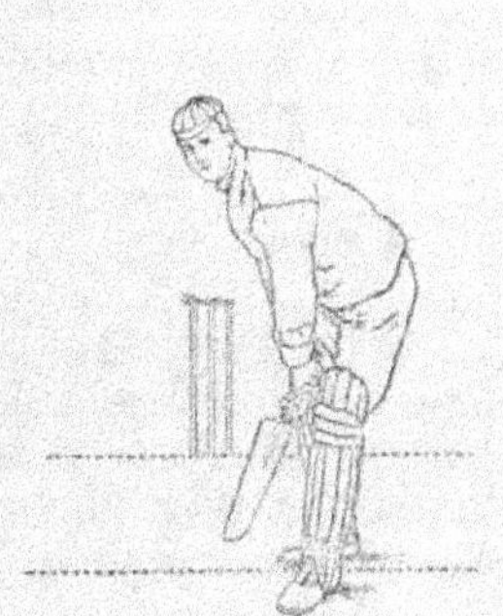

Fig. 5. — Position correcte du batsman attendant la balle.

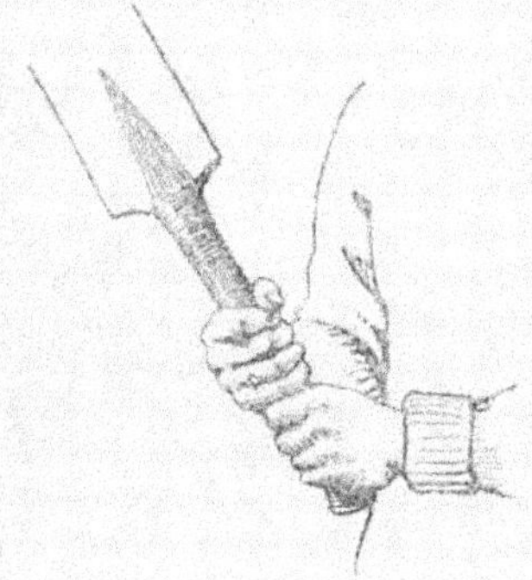

Fig. 6. — Position des mains pour tenir le manche de la crosse ou « bat ».

travail accompli est un des meilleurs comme entraînement physique. C'est surtout le « batting » qui exige le plus d'exercice, et dans cette partie la première qualité à acquérir c'est celle qui consiste dans l'habitude de prendre une bonne position de garde; tout le succès du parfait batsman dépend de la façon dont il se place pour défendre son wicket.

On a dit plus haut, à propos du poste nommé « popping crease », qui constitue le poste du batsman, que celui-ci devait se tenir en avant et à côté du guichet; dans aucun cas il ne doit le masquer en se tenant devant, la figure 5 montre la position correcte dans laquelle le batsman attend le lancement de la balle par le bowler contre le wicket, et s'apprête à la frapper de la batte pour la chasser au loin. Il existe plusieurs manières de frapper la balle, dépendant chacune de la façon dont elle a été lancée.

On donne le nom de « strokes », coups, à ces divers procédés. Les deux premiers sont le « forward play » ou jeu d'avant, qui consiste à frapper la balle en projetant la batte à sa rencontre et en avant de la ligne du « popping crease ». Le second, ou « back play », consiste, au contraire, à attendre pour frapper, l'instant où la balle touche la batte, maintenue en arrière de la ligne; un moyen terme consiste à tenir la batte à mi-chemin, c'est-à-dire juste au-dessus de la ligne limite du « popping crease ».

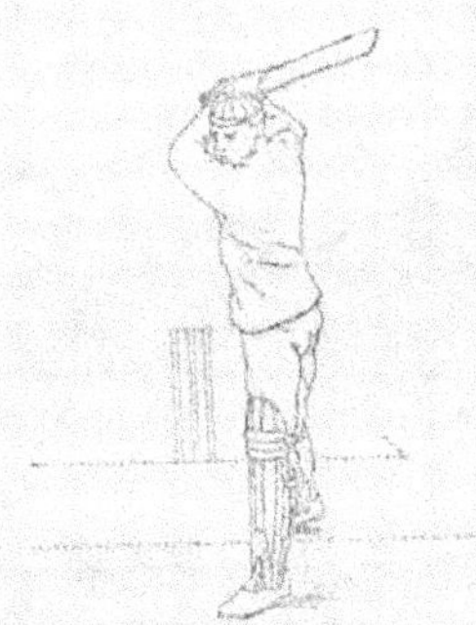

Fig. 7. — Le « off drive », le joueur au moment de frapper la balle.

« Off-strokes », coups en dehors. Presque toutes les balles qui n'atteignent pas le guichet passent du côté extérieur (off side), celui opposé au joueur, nommé « leg side », côté de la jambe; peu de bowlers risquent les coups dirigés de ce dernier côté. En conséquence, ce sont les « off strokes » que le batsman doit pratiquer le plus fréquemment. Ces différents coups peuvent se classer en quatre ripostes qui sont:

« The off drive » (chasse extérieure (fig. 7). C'est un coup très sûr; la largeur entière de la batte étant opposée à la balle, au lieu de la simple épaisseur, comme dans les coups de coupe. Le batsman porte franchement le pied gauche en avant et frappe carrément dans la direction vers laquelle il veut chasser la balle; la réussite de ce coup dépend du moment précis où l'on frappe: si le coup vient trop tard, la balle ne voyage pas loin; s'il vient trop tôt, la balle vole trop haut; si, au contraire, le coup est donné au moment voulu, c'est-à-dire quand la batte vient juste de passer au-dessus du pied gauche, la balle est projetée au loin et presque au ras du sol, ce qui la rend fort difficile à arrêter pour les hommes dispersés sur le terrain, aux postes du « fielding »; il permet au batsman d'accomplir un ou plusieurs « runs » et de marquer des points.

« The cut-drive » (fig. 8) : couper et chasser. Ce coup est difficile à classer ; ce n'est pas exactement un coup de chasse, puisque la batte n'est pas absolument droite ; ce n'est pas non plus un coup de coupe, parce que le poignet ne joue pas le principal rôle. On porte vivement le pied gauche vers le « off-side », ou côté extérieur du wicket, on fait tourner la batte de façon à la présenter horizontalement à la balle, qu'il faut frapper un peu avant qu'elle franchisse la ligne du « popping crease ».

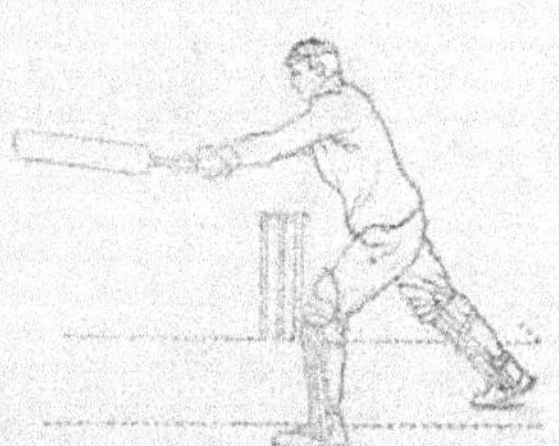 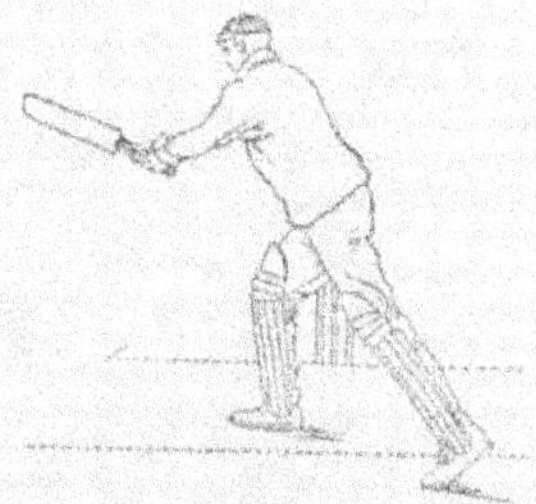

FIG. 8. — Le joueur exécutant
un coup de « cut drive ».

FIG. 9. — Position du joueur
pour un coup de « square cut ».

On peut mettre autant de force que l'on veut dans ce coup, la balle sera projetée vers la droite de l'homme posté au « cover point ».

Le « square cut » (fig. 9) ou coupe directe. On devra s'exercer, dès le début à pratiquer ce coup ; il est plus facile et plus sûr que le « late cut » ou coupe arrière, dont on parlera plus loin, et offre plus de chances d'accomplir des « runs ». Avancer le pied droit devant le wicket, tenir la batte horizontalement au moment de frapper, et frapper en l'abaissant vers le sol ; bien envoyé, ce coup doit lancer la balle presque au ras du sol sur lequel elle rebondit dès son départ.

The « late cut », coupe arrière. C'est le coup de coupe par excellence ; la balle n'est pas chassée, mais coupée. La batte doit descendre de la hauteur de la tête jusqu'auprès du sol, derrière le wicket, et se trouver dans la même ligne au moment où elle frappe la balle. Dans ce coup, le pied droit

doit être amené juste devant le wicket; tout le succès de ce
procédé tient dans la force du poignet et dans l'aptitude à
juger exactement l'instant de frapper. Ce coup, un des plus
jolis du jeu de cricket, est assez difficile à réussir et on ne doit
s'y engager qu'après un assez long exercice d'apprentissage.

« On-strokes »; coups intérieurs. Ce sont les ripostes néces-
sitées pour rencontrer les balles venant du côté du batsman,
c'est-à-dire du côté opposé aux « off-strokes » dont on vient

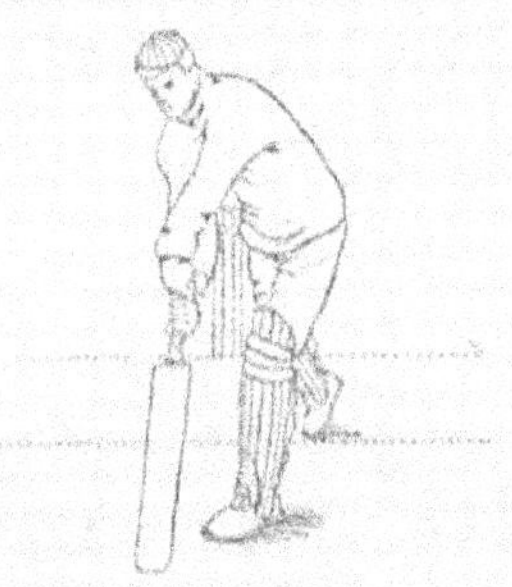

Fig. 10. — Position du joueur
pour le « forward play ».

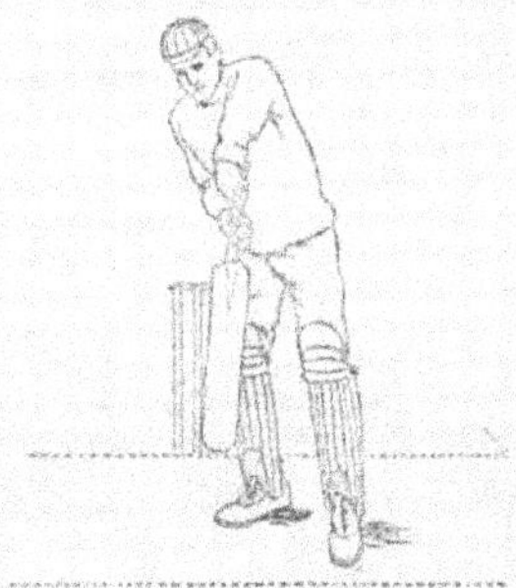

Fig. 11. — Le « batsman » au moment
de frapper un coup de « back play ».

de parler; c'est ainsi que le « on-drive » ou coup de chasse
de l'intérieur est pratiqué de la même façon que le « off
drive », en utilisant la largeur entière de la batte pour frapper
la balle. Le pied gauche est porté en avant et la balle doit
être rencontrée et chassée un peu en avant de la position
qu'il occupe. C'est un très bon coup, et à recommander aux
débutants auxquels il apprend à se servir de la batte dans
toute sa largeur, et à tirer le meilleur parti de leur force
pour frapper la balle.

« The leg hit », coup de côté de la jambe. Porter la jambe
gauche en avant, faire décrire un cercle à la batte, depuis la
hauteur de l'épaule, et frapper la balle juste en avant du
pied avancé. On peut donner toute sa vigueur en accomplissant ce coup, et la balle sera chassée au loin. La chose impor-

tante c'est le « timing » ou calcul du temps pour accomplir
le mouvement et rencontrer la balle à l'endroit voulu.

« The glance stroke » est un véritable « effet » tel que l'effet
que produit la bande sur la marche de la bille au jeu de
billard; ici, c'est la balle qui fait office de bande. On la maintient parfaitement verticale et à angle presque droit, du côté
où l'on veut projeter la balle, il ne s'agit pas de force, mais
d'adresse et de coup d'œil; la force utilisée dans cet effet
de ricochet est celle dont la balle est animée; aussi peut-on
dire que, dans ce coup, ce sont les muscles du bowler et
non pas ceux du batsman, qui font les points.

Les figures 10 et 11 montrent enfin les positions respectives
du joueur attendant la balle pour la frapper dans le « forward play » et « back play ».

LE « BOWLING »

« Bowling », lancer la balle. Dans la pratique des sports,
il existe pour chacun d'eux tel mouvement qu'il est indispensable de connaître parfaitement.

Au tennis, c'est le coup de raquette; dans la course, c'est le
pas du coureur; dans l'aviron, c'est la combinaison du mouvement du poignet et du torse; dans le jeu de cricket, c'est
le « bowling » ou la façon particulière de lancer la balle.
On ne peut pas dire ici qu'il s'agisse absolument de « servir »
comme au tennis puisque le bowler doit viser le wicket; cependant ce mot pourra être adopté pour différencier ce lancement
particulier de la balle. On décompose le bowling en deux
temps qui sont: « préparation » et « delivery ».

Par préparation on entend les mouvements préliminaires
que fait le bowler pour donner plus de force au lancement
de la balle, en accumulant de la force au moyen d'une course
de quelques pas, suivie ou non, d'un saut, en un mot, tout
ce qu'exige la préparation nécessaire pour prendre un élan.

« Delivery », c'est le moment où, le corps ayant communiqué
son élan au bras, au poignet et à la main, le bowler lance
la balle vers le wicket. Le bras doit être complètement tendu

et tourner librement autour de l'épaule, il est interdit de plier le coude, c'est donc une projection de catapulte et non un coup de saccade (fig. 12). La balle doit quitter la main quand celle-ci est haute, de façon que la balle n'ait pas de tendance à voler, mais, au contraire, à raser le sol plus ou moins loin, suivant qu'elle doit rebondir à une distance plus ou moins proche. La première qualité à acquérir après qu'on s'est exercé à lancer la balle, c'est de lui faire toucher le sol au point voulu, à obtenir une « good length », une bonne distance, celle-ci varie sui-

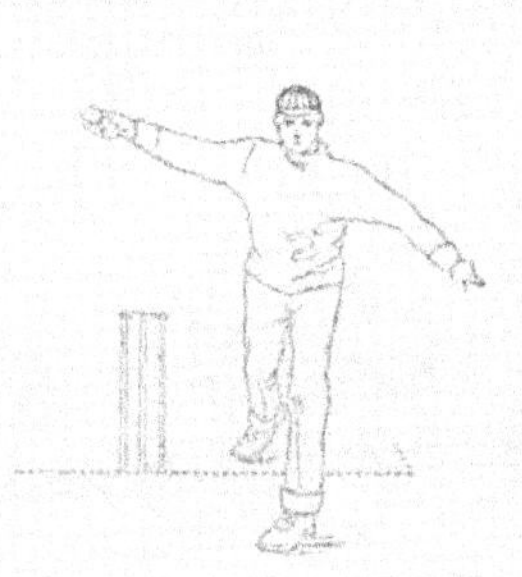

Fig. 12. — Le « bowler » lançant la balle par un coup de « round arm ».

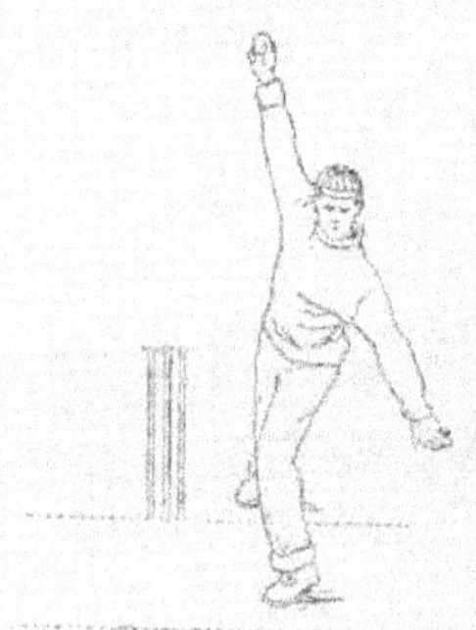

Fig. 13. — La balle lancée par un coup de « over arm ».

vant la manière de jouer du batsman; elle a pour objet de lui rendre la riposte le plus difficile possible, en l'empêchant de prévoir exactement le point où la balle rebondira; on peut donc dire que la bonne distance pour le bowler, c'est la mauvaise distance pour le batsman (fig. 13).

Lorsque la balle touche le sol en un certain point, dûment visé par le bowler, elle devrait, théoriquement, rebondir dans une direction donnée, mais cela rendrait la riposte du batsman trop facile; il est donc indispensable que le ricochet de la balle puisse varier suivant la volonté du bowler. On obtient cet « effet » par le « spin » ou rotation imprimée à la balle par la main du bowler au moment du lancement. On comprendra que suivant le sens dans lequel la balle tourne sur elle-même, au moment où elle touche le sol pour rebondir, son impulsion sera modifiée et qu'elle ricochera dans un sens opposé à celui de sa rotation. Pour donner à la balle le « spin » voulu, il faut la tenir entre les doigts, et non pas dans la paume de la main.

LE « FIELDING »

Après avoir expliqué le « batting et le « bowling », il reste maintenant à décrire le « fielding », dont les opérations appartiennent aux joueurs postés sur le terrain, ou « field ». Ces opérations sont: « stopping », arrêter la balle dans sa course alors qu'elle roule sur le sol, après qu'elle a été chassée (driven) ou coupée (cut) par le batsman.

Le premier principe pour réussir dans le « stopping », ou arrêt de la balle, c'est de ne pas l'attendre, mais de courir au-devant; puis il faut se baisser rapidement, en étendant les mains assemblées en forme de coupe, et la saisir devant soi; de cette manière, si on la manque avec ses mains, elle se trouve quand même arrêtée avec les pieds ou les jambes.

La deuxième opération du « field » c'est le « catching » ou attraper la balle au vol, toujours pour l'arrêter après qu'elle a été frappée par le batsman. Ceci demande une certaine précaution, car la balle est animée d'une extrême vélocité qui, jointe à sa dureté fait que sa rencontre brusque avec les mains n'est pas sans causer un choc violent: aussi ne faut-il pas projeter les mains à la rencontre de la balle, ce qui augmenterait encore l'intensité du choc, mais recevoir la balle et céder à son impulsion, de façon à amortir le coup.

La troisième opération en vue de laquelle on a agi soit par « stopping », arrêt de la balle roulant sur le sol, ou par « catching », balle attrapée au vol, c'est le « throwing » ou lancement de la balle contre le wicket, pour abattre les « stumps » pendant que le batsman exécute les « runs » pour marquer des points. En règle générale, il ne faut pas lancer la balle directement contre le wicket, mais, au contraire, la passer à un autre « fieldman » dont la position sur le terrain est la plus favorable pour viser le wicket et l'abattre. On verra, lors de la description des positions respectives des hommes composant le field, que c'est au « wicket keeper » qu'il faut généralement lancer la balle ou, si l'on est trop éloigné, à celui des hommes qui, placé entre le « catcher » et le wicket keeper, sera le mieux placé pour lui passer la balle; comme on le fait dans le bon vieux jeu des écoliers la « balle passagère ». Ainsi donc et, en résumé, le rôle des « fields » est d'arrêter la balle, de la faire passer de l'un à l'autre et, finalement, de la faire parvenir à celui d'entre eux qui est le mieux placé, au moment, pour viser et abattre le wicket; pendant que le batsman accomplit un ou plusieurs runs. Il est, bien entendu, complètement inutile de se livrer à ces opérations: 1° si le batsman, jugeant son coup mauvais, n'a pas quitté son poste à l'intérieur du « popping crease », ou 2° si, ayant accompli un ou plusieurs « runs » il y est déjà revenu. On a expliqué au début la différence qui existe entre les runs du jeu à single wicket et du jeu à double wicket.

Ayant exposé les trois opérations fondamentales auxquelles sont astreints les « hommes » du field, il reste à indiquer les emplacements des divers postes qui leur sont assignés au cours de la partie, et tels que les indique le diagramme (fig. 14).

Les postes les plus importants sont ceux du « wicket keeper » (gardien du guichet); « long stop », arrêt à longue distance; « point », point; « cover point », couvre-point; « long leg », arrêt correspondant à celui de longue distance; mais du côté opposé; d'ailleurs tous les autres postes doivent être tenus avec autant d'attention, car c'est le concours de tous les joueurs qui fait l'intérêt du jeu et permet de passer la balle de mains en mains, avec la vélocité indispensable, pendant que le batsman exécute, ou tente d'exécuter des « runs ».

Le « wicket keeper » occupe le poste le plus important, immédiatement derrière le « wicket »; son rôle est d'abord d'arrêter les balles manquées par le batsman ou « byes »; puis, ensuite, de recevoir les balles que lui passent les hommes du field, pour les lancer contre le « wicket », pendant que le batsman tente un « run » et de le mettre ainsi hors jeu. Chaque fois, en effet, que l'un des « fields » ou hommes du terrain, arrête une balle, s'il se trouve, soit trop éloigné du wicket, soit en mauvaise position pour pouvoir le viser, au lieu de lancer la balle contre le guichet, il la lance ou la passe au « wicket keeper » qui est mieux placé pour accomplir cet objet. Le wicket keeper assume donc une très grande responsabilité, puisque presque toutes les balles arrêtées par les hommes lui sont passées et qu'il dépend de lui que ces balles produisent des « outs » ou mise hors jeu du batsman.

« Point ». Le point est la position du « field » ou homme

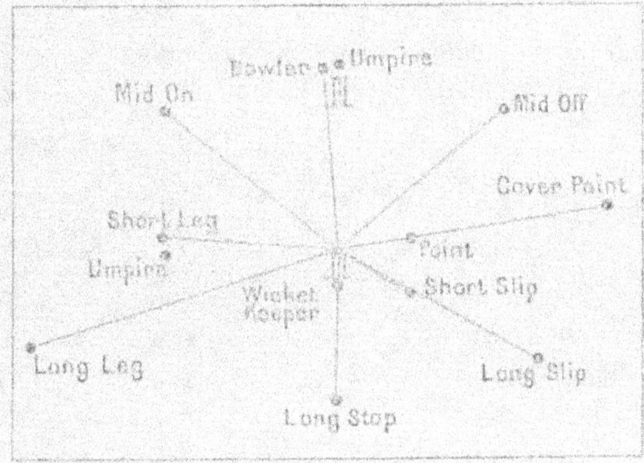

Fig. 14. — Disposition des joueurs sur le terrain.
Umpire, arbitre. — Bowler, lanceur. — Wicket keeper, gardien du guichet. Les termes de point, cover point, long stop, etc., désignent les emplacements occupés par les « fieldmen, tels qu'ils sont définis dans le texte; s'y reporter.

qui se trouve du côté « off », ou extérieur, du wicket. Posté assez proche du guichet, il est presque sur la même ligne, et son rôle est d'arrêter les balles coupées ou chassées dans sa direction. Le « cover point », ou couvre-point, est le poste de l'homme qui double celui placé à « point »; son rôle est d'arrêter les balles manquées par le « point » et, soit de les lui lancer pour qu'il les passe au wicket keeper, soit de les lancer directement à ce dernier, suivant les circonstances du coup. Le « long stop » ou arrêt à longue distance, est la position de l'homme placé en arrière du « wicket keeper »; son rôle est d'arrêter les « byes » ou balles qui ont passé ce dernier. « Long leg » est le poste de l'homme chargé d'arrêter les balles venant du côté où se trouve le batsman, mais qui passeraient à la gauche du « long-step ». « Long slip » a le même rôle à remplir, mais de l'autre côté du wicket; enfin, « short leg » et « short slip » sont des postes intermédiaires entre les deux derniers et situés respectivement des mêmes côtés. Les postes de « mid on » et « mid off » sont situés respectivement à droite et à gauche du « bowler », comme l'indique la figure.

On peut résumer, comme suit, les dispositions générales qu'une équipe, non pas de match, mais de joueurs, aura à prendre pour engager et jouer une partie de « single wicket », partie d'entraînement et non pas destinée à marquer des points ou « scores ».

Dans ce dernier cas, on aurait à appliquer les règles, soit du « single », soit du « double » wicket, telles qu'on les trouvera plus loin.

On suppose, bien entendu, que les membres de l'équipe se sont déjà exercés quelque peu au « batting » et au « bowling » en jouant avec un filet, comme on l'a expliqué précédemment et que tous sont plus ou moins en mesure d'arrêter une balle roulant sur le sol, ou d'en attraper une au vol, et aussi de la lancer convenablement, soit au wicket keeper, soit contre le guichet. Le premier soin du capitaine sera de désigner dans quel tour ses hommes se succéderont aux trois postes les plus importants, c'est-à-dire ceux du « batsman », du « bowler » et du « wicket keeper ». On érigera le wicket, on tracera autour le « popping crease » tel que le montre la figure ; en face, à une distance de 21 yards anglais, environ 20 m. 05, on plantera en terre un stump ou piquet qui indiquera l'emplacement du bowler et autour on tracera le bowling crease, tel qu'il a été défini. Le batsman et le bowler prendront leur poste de jeu; puis le wicket keeper, le point, le cover point, etc., prendront les postes qui leur seront assignés et la partie commencera.

Le bowler lancera la balle contre le wicket, en cherchant à tromper la riposte du batsman qui s'efforcera, de son côté, de recevoir la balle, soit par un coup de driving, soit par un coup de cutting, soit encore par un « glancing » et de l'envoyer au loin sur le terrain; s'il y réussit, il s'empressera d'effectuer un run et pendant qu'il l'exécutera, ce sera le devoir du fieldman vers lequel la balle aura été chassée, de l'arrêter et de la lancer, soit directement contre le wicket, soit à celui des hommes qui se trouvera dans la meilleure position pour y réussir. En principe, ce sera le wicket keeper qui sera indiqué pour remplir ce but, mais cet arrêt et ce lancement de la balle devront être accomplis pendant que le batsman exécute un run; dès son retour à son poste dans le popping cease, toute balle lancée contre le wicket serait annulée. Si le batsman, après avoir frappé la balle lancée par le bowler, ne juge pas pouvoir exécuter un « run », la balle arrêtée par un fieldman doit être renvoyée au bowler, pour qu'il recommence un nouveau coup de bowling.

Si, pendant que le batsman accomplit un « run », un des « fields » parvient à toucher le wicket avec la balle, le batsman est « out » et donne son poste à un autre joueur; il le serait également si le bowler frappait directement le wicket de sa balle, même pendant qu'il est à son poste. Après six balles lancées par le bowler, ce qui constitue une série ou « over », il cède son poste à un autre joueur. À chaque changement de poste du batsman ou du bowler, il sera bon aussi de changer les hommes occupant les postes de « wicket keeper » et de « point », qui sont les plus importants. Cependant cela se passerait ainsi seulement dans les parties d'exercice d'une équipe; dans les matches, au contraire, on place à chacun des postes, les hommes qui ont montré le plus de qualités pour les remplir d'une façon efficace et on change seulement les batsmen et les bowlers, en les prenant parmi les plus habiles et les plus qualifiés de l'équipe.

M. S.

REGLES DU JEU DE CRICKET DEFINIES PAR LE CLUB DE MARYLEBONE, DE LONDRES, EN 1902

DOUBLE WICKET GAME (*partie de double wickets*).

ARTICLE PREMIER. — Un match est joué entre deux équipes composées de onze joueurs chacune, sauf entente préalable contraire; chaque équipe a deux « innings » (entrées en jeu) jouées alternativement, sauf dans le cas prévu par l'article 53. Le choix des « innings » (entrées en jeu) sera tiré au sort.

RUNS (*courses*).

ART. 2. — The « score » (enregistrement des points) est compté d'après les runs (courses). Un run est compté:

1° Chaque fois que les batsmen, après un « hit » (coup de batte), ou à tout autre moment pendant que la balle est « in play » (en jeu), c'est-à-dire pendant qu'elle est sur le terrain après avoir été lancée par le bowler, auront accompli entièrement le parcours et se seront croisés;

2° Pour des pénalités, telles que les stipulent les articles 16, 34, 41, ou pour des points rendus conformément à l'article 44.

Chaque « run » (course) ainsi obtenu, sera dûment marqué par les « scorers » (marqueurs) nommés dans ce but.

L'équipe qui marque le plus de « runs » gagne le match. Aucun match n'est gagné à moins qu'il n'ait été joué en entier, ou qu'une équipe renonce, sauf dans le cas stipulé par l'article 45.

APPOINTMENT OF UMPIRES (*nomination des arbitres*).

ART. 3. — Avant le commencement du match, deux arbitres seront désignés, un pour chaque côté (each end); côté ne s'entend pas des équipes, mais des deux postes de wickets.

THE BALL (*la balle*).

ART. 4. — La balle ne devra pas peser moins de 165 grammes, ni plus de 172. Elle aura 23 centimètres au moins de circonférence et 236 millimètres au plus. Au commencement de chaque « innings » ou entrée, l'une ou l'autre des équipes aura le droit de demander une balle neuve.

THE BAT (*la crosse, la batte*).

ART. 5. — La batte n'aura pas plus de 11 centimètres dans sa plus grande largeur, ni plus de 96 centimètres de long.

THE WICKETS (*les guichets*).

ART. 6. — Les guichets seront plantés en face l'un de l'autre et parallèlement, à une distance de 20 m. 05. Chaque wicket aura 205 millimètres de large et sera composé de trois « stumps » (piquets) surmontés de deux « bails » (bâtonnets ou barrettes). Les stumps seront de grosseur égale et suffisante pour empêcher que la balle ne puisse passer entre eux ; leur hauteur, au-dessus du sol, sera de 69 centimètres. Les « bails » (barrettes) auront chacune 10 centimètres de longueur et, quand elles seront posées sur les stumps, elles ne devront pas les dépasser de plus de 12 millimètres. Les wickets ne seront pas changés de position au cours du même match, à moins que le terrain ne devienne impraticable, alors le changement pourra être fait, mais seulement avec l'assentiment des deux équipes opposées.

THE BOWLING CREASE (*poste du lanceur de balle*).

ART. 7. — La ligne de démarcation ou bowling crease sera dans l'alignement des stumps (piquets), elle aura une longueur de 2 m. 03, dont le guichet occupera le milieu ; un return crease (ligne de retour) de chaque côté, s'étendra derrière le wicket, à angle droit ; la longueur du return crease est illimitée, on n'a besoin que d'en tracer le commencement pour borner les côtés du poste du bowler; ce dernier peut s'éloigner en arrière du wicket, autant qu'il le désire.

THE POPPING CREASE (*poste du batsman*).

ART. 8. — La limite du popping crease est une ligne transversale tracée à 1 m, 22 en avant du wicket, sa longueur est indéfinie.

THE GROUND (*le terrain*).

ART. 9. — Le terrain ne sera ni roulé, ni arrosé, ni battu, ni recouvert, ni fauché pendant la durée d'un match, excepté avant le commencement de chaque « innings » (entrée en jeu, ou tournée d'une équipe), ou avant le commencement de chaque journée; dans ce dernier cas, à moins qu'une des équipes ne s'y oppose, le terrain pourra être balayé et roulé pendant dix minutes au plus. Cette défense ne s'applique pas à l'action du batsman qui bat le terrain avec sa batte, ni à celle du batsman, ou du bowler, qui emploie de la sciure pour s'assurer un bon terrain sous les pieds.

THE BOWLER (*le lanceur de balle*). NO BALL. (*balle nulle*).

ART. 10. — La balle doit être « bowled » (lancée suivant la manière expliquée précédemment, et que l'on peut traduire par « servir », bien que bowled signifie plus exactement « boulée », dans le sens qu'a ce mot pour les joueurs de boules). La balle ne doit être ni « thrown » ni « jercked », c'est-à-dire ni jetée, ni « projetée »; dans ce dernier cas, elle serait nulle, « no ball ».

ART. 11. — Le lanceur doit servir la balle, ayant un pied sur le sol, derrière la ligne de limite (crease) et entre les lignes de retour (return crease).

WIDE BALL (*balle distancée*).

ART. 12 — Si le bowler sert la balle trop haut ou à une

trop grande distance sur le côté du guichet et que l'arbitre juge qu'elle est hors de l'atteinte du batsman, il annoncera: « balle distancée » (wide ball).

THE OVER (*la série*).

ART. 13. — La balle est servie par série de six balles et de chaque guichet alternativement. Après chaque série et quand la balle est définitivement arrêtée et maintenue par le bowler ou par le wicket keeper, l'arbitre annonce: « changez ». Les balles nulles (no ball) et les balles distancées (wide ball) ne comptent pas dans les six balles de la série.

ART. 14. — Le bowler peut changer de guichet aussi souvent qu'il le désire; mais il ne peut jamais servir deux séries (over) successives dans la même tournée (innings).

ART. 15. — Le bowler a le droit de faire placer le batsman soit à droite, soit à gauche du guichet duquel il sert la balle.

SCORING OFF NO BALLS AND WIDE BALLS
(*enregistrement des balles nulles et des balles distancées*).

ART. 16. — Le batsman peut frapper une « balle nulle », et s'il accomplit une ou plusieurs courses (runs), elles lui sont comptées; mais il ne peut être mis hors jeu sur une balle nulle, à moins qu'il n'ait enfreint lui-même l'un ou plusieurs des articles 26, 27, 29, 30, ou qu'il soit hors limites (run out). Les courses faites sur une « balle nulle », autrement qu'après un coup de batte, sont marquées à la colonne des balles nulles et si aucune course n'est faite, un point est marqué à cette colonne. Sur une « balle distancée », les courses faites sont également marquées à la colonne « balle distancée » et si aucune course n'est faite, un point est marqué à cette colonne.

BYE ET LEG BYE (*balle passée et jambe touchée*).

ART. 17. — Si la balle, n'ayant pas été déclarée, « balle distancée » ou « balle nulle » par l'arbitre, passe le batsman sans toucher ni sa batte, ni sa personne et qu'une ou plusieurs courses soient accomplies, l'arbitre annonce « balle passée », mais si la balle touche le batsman dans n'importe quelle partie de sa personne (excepté les mains), et que des courses soient accomplies, l'arbitre annonce: « jambe touchée » et la ou les courses ainsi obtenues sont marquées à la colonne des « balles passées » ou des « jambes touchées », suivant le cas.

PLAY (*au jeu*).

ART. 18. — Au commencement d'un match et de chaque entrée en jeu d'une équipe (innings), l'arbitre placé au guichet du bowler, annoncera: « au jeu ». A partir de ce moment aucune balle d'essai n'est permise entre deux bowlers sur le terrain, entre les deux guichets, et quand l'un des batsmen est mis « hors jeu », l'emploi de la batte n'est permis à personne, jusqu'à l'arrivée du batsman suivant.

DÉFINITION

ART. 19. — Un batsman est considéré « hors limites » à moins que sa batte tenue à la main, ou une partie de sa personne, ne touche terre en dedans de la ligne limite du « popping crease ».

ART. 20. — Le guichet est considéré renversé (down) quand l'une ou l'autre des deux barrettes sont projetées; et, si les barrettes sont absentes, quand un des piquets est abattu.

BATSMAN OUT (*le batteur hors-jeu*).

ART. 21. — Le batsman est hors jeu si le guichet est abattu par la balle, même si la balle touche d'abord la batte ou la personne du batsman; dans ce cas, il est « bowled ».

ART. 22. — Ou si la balle, après avoir touché la batte ou la main du « batsman » (mais pas son poignet) est attrapée au vol avant d'avoir touché terre; même si elle est serrée contre le corps de celui qui l'a attrapée (caught).

ART. 23. — Ou, si en jouant la balle, pourvu qu'elle ne soit pas touchée par la batte ou la main, le batsman sort de son terrain et que le guichet soit renversé par le garde-guichet (wicket keeper), avec la balle, la main ou le bras, avec la balle en main: « stumped ».

Art. 24. — Ou si, avec n'importe quelle partie de sa personne ou de son costume, il arrête une balle qui (dans l'opinion de l'arbitre au guichet du bowler) était lancée en ligne directe d'un guichet à l'autre et devait certainement abattre celui du batsman (leg before wicket).

Art. 25. — Ou, si en jouant la balle, il renverse son guichet soit avec sa balle, ou avec toute autre partie de sa personne ou de son vêtement.

Art. 26. — Ou si, sous le prétexte de courir, ou autrement, l'un ou l'autre des « batsmen » empêche intentionnellement que l'on attrape la balle « obstruction ».

Art. 27. — Ou si, la balle ayant été frappée ou arrêtée par le batsman, il la frappe une deuxième fois intentionnellement, sauf dans le cas où il le fait pour protéger son guichet mais non avec ses mains « Hit the ball twice » (la balle frappée deux fois).

 Either batsman is out (*batteur hors-jeu*).

Art. 28. — L'un ou l'autre des batsmen est hors jeu si en courant, ou à n'importe quel moment quand la balle est en jeu (in play) il se trouve hors limite et que son guichet soit renversé, ou par la balle, après que celle-ci a touché l'un des joueurs du camp adverse, ou par la main ou le bras (balle en main), d'un de ces joueurs. « Run out » (hors jeu en course).

Art. 29. — Ou s'il touche ou prend la balle avec ses mains quand elle est en jeu, à moins qu'il ne soit requis de le faire par un des joueurs de l'équipe adverse: « Handled the ball » (balle maniée).

Art. — 30. — Ou s'il fait intentionnellement de l'obstruction: « Obstruction ».

Art. 31. — Si les batsmen se sont déjà croisés en courant, celui qui court vers le guichet renversé est « hors jeu »; s'ils ne se sont pas encore croisés, c'est celui qui vient de quitter le guichet renversé qui est « hors jeu ».

ART. 32. — Aucune course ne sera comptée au batsman dont la balle est: « caught » (attrapée au vol). Non plus la course commencée et non achevée au moment où le batsman est: « run out » (hors jeu en course).

ART. 33 *a*. — Quand un batsman est mis hors jeu, pour n'importe quelle raison, la balle est morte: « dead ball ».

ART. 33 *b*. — Si la balle, après qu'elle a été frappée ou non, se loge dans les vêtements du batsman, elle est déclarée morte: « dead ball ».

LOST BALL (*balle perdue*)

ART. 34. — Si une balle en jeu ne peut être ni retrouvée ni reprise, n'importe lequel des hommes du champ peut crier: « balle perdue » (lost ball), alors la balle est morte; six points seront marqués au batsman qui a frappé la balle; mais si plus de six courses ont été accomplies avant que la balle n'ait été déclarée perdue, tous les points seront comptés.

ART. 35. — Après que la balle aura été définitivement arrêtée et maintenue dans les mains du garde-guichet (wicket keeper) ou du bowler (lanceur), la balle est morte; mais au moment où le bowler est sur le point de servir la balle, si le batsman placé à son guichet est hors de son terrain avant que la balle ne soit effectivement partie, le bowler peut renverser le guichet et mettre le batsman « hors jeu »; cependant si le bowler lance quand même la balle vers le guichet, et que des courses s'ensuivent, les points seront marqués à la colonne des « balles nulles ».

ART. 36. — Un batsman qui a quitté son guichet ne doit pas y retourner après qu'un autre batsman l'y a remplacé; à moins que l'équipe adverse n'y consente.

SUBSTITUTE (*remplaçant*).

ART. 37. — Un remplaçant peut accomplir les courses (runs) ou jouer sur le terrain (fielding) à la place d'un joueur subitement indisposé ou blessé; mais pour aucune autre raison, excepté avec l'assentiment de l'équipe opposée.

Art. 38. — Quand un remplaçant est accordé, le consentement de l'équipe adverse est indispensable quant au choix de la personne et à sa place dans le jeu.

Art. 39. — Dans le cas où un remplaçant est admis pour courir entre les guichets, à la place d'un batsman, celui-ci peut être mis « hors jeu » si lui ou son remplaçant est « hors limite »; si le batsman sort de son terrain quand la balle est en jeu, le guichet qu'il vient de quitter peut être « renversé » et le batsman mis « hors jeu » quand bien même l'autre « batsman » aurait pris possession du terrain à ce guichet et le batsman et son substitut au guichet opposé.

Art. 40. — Un batsman est « hors jeu » si son remplaçant enfreint n'importe quelle règle du jeu.

The fieldmen (*les hommes du terrain*).

Art. 41. — Les joueurs postés sur le terrain peuvent arrêter la balle avec n'importe quelle partie de leur personne; s'ils l'arrêtent autrement et avec intention, cinq points sont ajoutés au total, quel que soit le nombre des courses accomplies.

The wicket-keeper (*garde-guichet*).

Art. 42. — Le garde-guichet doit demeurer derrière le guichet, s'il saisit la balle pour renverser le guichet (stumping) avant que celle-ci ait dépassé le guichet, ou bien s'il gêne le batsman par ses propos ou par ses mouvements, ou si encore une partie de sa personne se trouve au-dessus ou en avant du guichet, le batsman n'est pas mis « hors jeu », excepté dans les cas prévus aux articles 26, 27, 28, 29 et 30.

Duties of umpires (*devoirs des arbitres*).

Art. 43. — Les arbitres sont les seuls juges du jeu, de la condition du terrain et de l'état de l'atmosphère; toutes les contestations sont résolues par eux; s'ils sont en désaccord, le *statu quo* est observé.

Art. 44. — Les arbitres doivent installer les guichets d'une façon loyale; déterminer les limites du terrain quand il est nécessaire, en tenant compte des circonstances; ils changent de place après que chaque équipe a accompli un innings (tournée).

Art. 45. — Ils allouent un délai de deux minutes pour qu'un batsman entre en jeu après qu'un autre est mis hors jeu, et dix minutes entre chaque tournée. Quand l'arbitre annonce « au jeu », l'équipe refusant de jouer, perd le match.

Art. 46. — Ils ne doivent pas annoncer qu'un joueur est « hors jeu » sans y être requis par le camp adverse.

Art. 47. — L'arbitre au guichet du « bowler » doit être le premier appelé à se prononcer dans tous les cas, excepté dans ceux qui concernent le « stumping »; le guichet frappé, la mise « hors jeu » pendant un « run » au guichet du batsman, ou dans les cas compris dans l'article 42; chaque fois que le premier arbitre ne peut prendre une décision seul, il en réfère à l'autre arbitre, et la décision de celui-ci est définitive.

Art. 48. — Si l'un ou l'autre arbitre n'est pas satisfait de l'absolue correction du « bowling », service de la balle, il annonce « balle nulle ». L'arbitre doit annoncer balle nulle « aussitôt qu'elle a quitté la main du lanceur et « balle distancée (wide ball) aussitôt qu'elle a passé le « batsman ».

Art. 49. — Si le batsman ne complète pas sa course en touchant la terre en dedans de la ligne (crease) avec sa batte en main, ou sa personne, l'arbitre annonce « incomplète » et cette course n'est pas comptée.

Art. 50 — Après que l'arbitre annonce « changez », la balle est « morte »; mais un appel peut être fait pour faire savoir qu'un batsman est « hors jeu »; cet appel ne peut être fait après que la balle suivante a été servie, ou après que le jeu a cessé.

Art. 51. — Il est défendu aux arbitres de parier

Art. 52. — Aucun arbitre n'est changé pendant le match à moins que les deux camps n'y consentent; excepté si l'arbitre se trouve dans le cas prévu par l'article 51; alors l'un ou l'autre des deux camps peut le récuser.

FOLLOWING INNINGS (*tournée à la suite*).

ART. 53. — L'équipe qui est la seconde à prendre sa tournée peut être appelée par l'équipe adverse à continuer une deuxième tournée si son total est de cent points en moins que celui de la première tournée du camp adverse.

ART. 54. — Le dernier jour d'un match, et dès le premier jour pour un match en une journée, l'équipe qui est en tournée peut la déclarer terminée à n'importe quel moment.

LE

FOOTBAL ASSOCIATION

Catéchisme du footballer. — Il est bien entendu, pour les étymologistes érudits et pour les revendicateurs professionnels de la propriété nationale, que le football n'est pas autre chose que le *follis* des Romains, et que ce noble jeu d'essence latine comme notre race, nous est simplement revenu de l'autre côté de la Manche par une « passe » savante, que nous devons donc en être fiers comme d'un marmot qui nous revient de nourrice, etc.

Pour le véritable sportsman, qui par principe, ne doit pas être chauvin, l'admiration sportive, étant au même titre que l'esthétique, un sentiment de l'âme qui échappe fort heureusement aux frontières et à leurs douaniers, le football est le plus anglais de tous les jeux.

Cette supériorité qui s'affirme à nous dans tous les matches, est telle qu'il est devenu de bon ton de s'exprimer en anglais pour suivre ou retracer les péripéties du jeu. Le compte rendu élégant d'un journaliste de bon goût sur nos grands matches de ballon, doit être parfaitement inintelligible pour le commun des Français, ce qui est au moins étrange en ce qui concerne le plus démocratique de tous les sports.

Le football présente, en effet, cette caractéristique de constituer un spectacle accessible à la grande foule, et de se comprendre au seul examen des épisodes, sans éducation spéciale; deux équipes sont aux prises pour s'efforcer de faire passer un ballon dans les limites d'un cadre de bois planté sur le

terrain du jeu; c'est infiniment simple et à la portée de tout le monde. Mais
ce qui l'est moins c'est la
façon d'exprimer son ad-
miration en style « chic »;
en outre, comme on n'a
pas toujours l'occasion ni
le loisir de suivre soi-même
les opérations sur le terrain, il faut pouvoir déchif-
frer le compte rendu qui
en paraît dans la gazette
sportive.

Cette double considéra-
tion, jointe au fait qu'il n'a
pas été donné à tout le
monde d'être allé à Corin-
the, je veux dire d'avoir
fait son éducation dans les
collèges de Cambridge ou
d'Eton, nous a conduit à
donner au lecteur son pe-
tit catéchisme du football
er stylé. Le voici donc,
réduit à sa plus simple expression.

Le football se joue sur
un terrain rectangulaire
nommé *field*, dont les
quatre angles (*corners*) sont
délimités chacun par un
petit drapeau (*flag*). La
ligne réalisant le petit côté

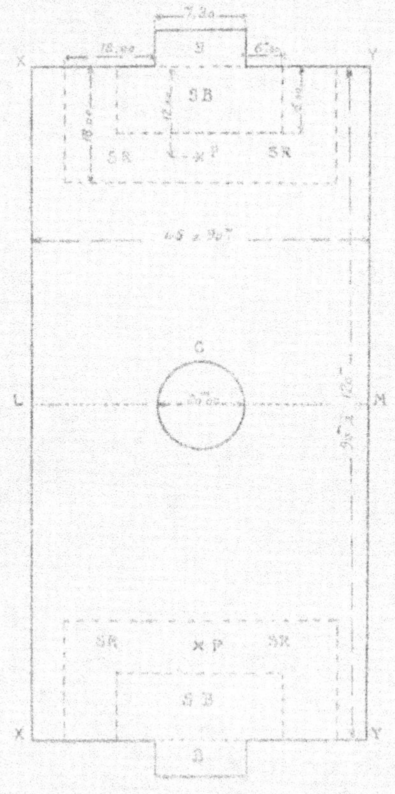

Fig. 1. — Plan.

B, but (*goal*). — S B, surface de but (*goal area*). —
SR, surface de réparation (*penalty area*). —
C, cercle d'envoi. — LM, ligne de milieu (*half
way line*). — XY, lignes de but (*goal lines*). —
XX, YY, lignes de touche (*touch lines*).

du rectangle est appelée ligne de but (*goal line*); celle qui réalise
le grand côté est appelée ligne de touche (*touch line*); enfin, la
droite fictive divisant le terrain en deux parties égales réser-

 LE FOOTBALL ASSOCIATION

vées à chaque équipe, est la ligne de milieu (*half way lin*).

Le but (*goal*) est constitué par deux poteaux reliés à leur partie supérieure par une barre horizontale; pour marquer un but, le ballon doit passer à l'intérieur de la zone ainsi délimitée. Devant ce but est tracée une certaine place à l'intérieur de laquelle le gardien de but possède le droit de se mouvoir: c'est la surface de but (*goal area*). Une autre surface analogue mais de limites plus grandes est la surface de réparation (*penalty area*); c'est d'un point déterminé à l'intérieur de cette surface que se donnent les coups de pied de réparation (*penalty kick*).

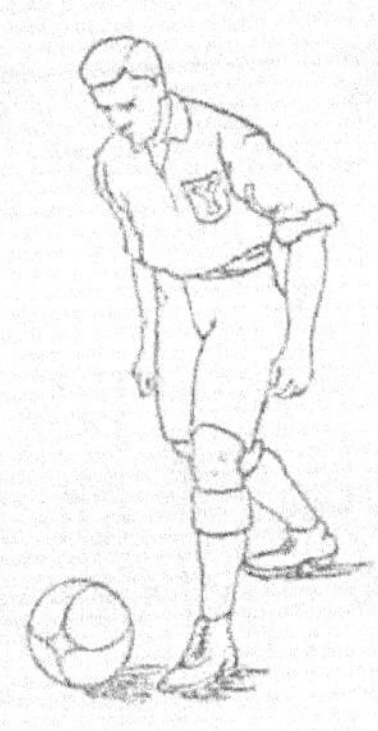

Fig. 2.

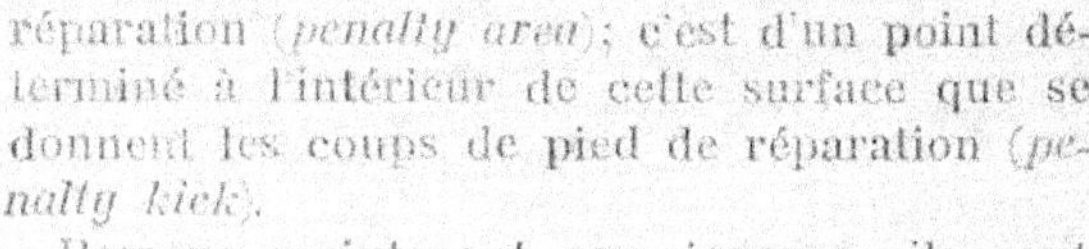

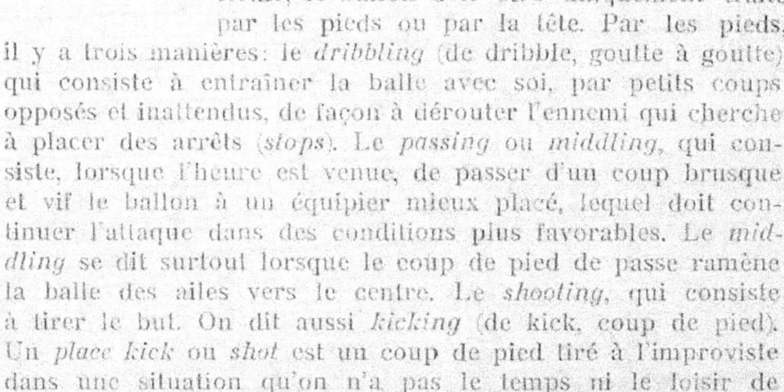

Passons maintenant aux joueurs; ils sont au nombre de onze pour chaque équipe (*team*), commandés par un capitaine (*captain*). L'on décompte: cinq avants (*forwards*) (un au centre et deux pour chaque aile); trois demi-arrières (*half backs*), et deux arrières (*full backs*); le but est défendu en dernier ressort par le gardien de but (*goal keeper*).

Arrivons enfin au mode de jouer. Dans le football association, l'usage des mains est interdit; le ballon doit être uniquement traité par les pieds ou par la tête. Par les pieds, il y a trois manières: le *dribbling* (de dribble, goutte à goutte) qui consiste à entraîner la balle avec soi, par petits coups opposés et inattendus, de façon à dérouter l'ennemi qui cherche à placer des arrêts (*stops*). Le *passing* ou *middling*, qui consiste, lorsque l'heure est venue, de passer d'un coup brusque et vif le ballon à un équipier mieux placé, lequel doit continuer l'attaque dans des conditions plus favorables. Le *middling* se dit surtout lorsque le coup de pied de passe ramène la balle des ailes vers le centre. Le *shooting*, qui consiste à tirer le but. On dit aussi *kicking* (de kick, coup de pied). Un *place kick* ou *shot* est un coup de pied tiré à l'improviste dans une situation qu'on n'a pas le temps ni le loisir de choisir à sa convenance; le *free kick*, au contraire, se donne posément, le tireur prenant la peine de réfléchir à la meilleure manière d'envoyer le ballon; c'est le cas, par exemple, dans le coup de pied de réparation (*penalty shot*), le coup de pied franc, et le coup de pied de coin (*corner kick*).

Le *heading* désigne l'arrêt, la désorientation ou le lancement de la balle avec la tête (*head*). Comme il n'y a certes pas trente-deux manières d'agir de la tête sur un ballon, on n'a pas jugé utile de morceler le heading en modes mineurs d'opération.

Restent enfin quelques termes concernant les relations intimes des joueurs entre eux, lesquelles ne sont pas toujours de la plus délicate urbanité, en dépit des défenses que comporte la règle du jeu. *Hacking*, c'est charger un adversaire de façon vraiment trop bourrue et peu bienfaisante; *tripping*, c'est étendre l'ennemi dans la poussière d'un savant croc en jambes, et plus généralement le gêner par les membres inférieurs; *holding*, c'est gêner l'opposant par les mains ou les membres supérieurs. L'expression est devenue française, et l'on dit « tenir » pour gêner, bien qu'il ne soit pas question dans le football Association, de tenir matériellement l'équipier avec les mains.

Je pense qu'il est inutile d'allonger davantage ce petit catéchisme; le lecteur connaît maintenant toutes les expressions consacrées et peut être à même de lire un compte rendu dans un journal français de sport; c'est sans doute suffisant, et il est temps maintenant de nous occuper du jeu en lui-même.

Le jeu. — Nous donnons en annexe le Code officiel de football association tel qu'il a été élaboré par l'U. S. F. S. A. (Union des Sociétés françaises de sports athlétiques), et tel qu'il régit en France ce sport. Il est indispensable de s'en pénétrer étroitement.

Ce document est assez clair, et le jeu fort simple à saisir: il s'agit uniquement de faire passer la balle à l'intérieur du but, sans jamais y toucher avec les bras et les mains, et sans porter à l'adversaire des coups défendus.

La « rentrée en touche », lorsque le ballon est sorti des limites du champ ne peut donner lieu à aucune discussion, les juges de touche (*linesmen*), au nombre de deux, étant là pour affirmer si la balle a bien dépassé les lignes de but ou la touche.

Les « coups de pied de but » et les « coups de pied de coin », qui se donnent lorsque la balle a dépassé la ligne de but après avoir été touché en dernier lieu, soit par un équipier du camp adverse, soit par un équipier du camp à qui appartient la ligne de but franchie, sont également d'une interprétation des plus faciles.

Le « coup de pied franc », accordé pour des fautes légères (énumérées aux articles 15, 16, 19, 21, 27 du code), et le « coup de pied de réparation » accordé pour des fautes graves (article 20 du code, relatif aux coups défendus pour gêner le joueur) nécessitent une grande attention de la part de l'arbitre (*referee*), mais ne donnent pas lieu non plus à de grandes discussions.

Le seul point délicat réside dans l'interprétation des hors-jeu, que la règle ne précise malheureusement pas avec une netteté suffisante. Un joueur est « hors jeu » s'il se trouve plus rapproché de la ligne de but adverse que son co-équipier venant de jouer la balle, à moins que, *à ce moment*, c'est-à-dire au moment où il a été joué, il y ait au minimum trois joueurs du camp adverse entre lui et le but.

C'est l'application correcte de ce « à ce moment » qui donne naissance à des réclamations fréquentes, et qui rend la situation de l'arbitre des plus délicates; on n'y peut rien malheureusement tant que la règle du jeu n'est pas modifiée.

Le novice footballer aura beaucoup de peine à se familiariser avec les hors-jeu, qui sont très troublants dans un sport où l'esprit de décision joint à une rapidité d'action extraordinaire, sont les deux qualités qu'il faut développer au plus haut degré.

Suis-je ou ne suis-je pas hors jeu? Tout est là, et malheureusement, dans bien des cas, la résolution du problème nécessite un instant de réflexion qui peut être néfaste au sort de l'équipier.

Pour donner un exemple de la difficulté d'interprétation, considérons les deux croquis ci-joints. Dans le premier cas, A gêné par D fait la passe vers B, qui gêné à son tour par E, renvoie la balle à C. C ne doit pas jouer, car il est hors

jeu; en effet, *au moment où B a joué*, il se trouvait plus près
du but que son co-équipier, et il n'avait pas trois adversaires
devant lui; si au contraire, la passe de A lui avait été faite
directement, il était en droit de jouer, car bien que n'ayant pas
trois adversaires devant lui, il se trouvait moins rapproché
que A du but, *au moment* où son co-équipier A a joué.

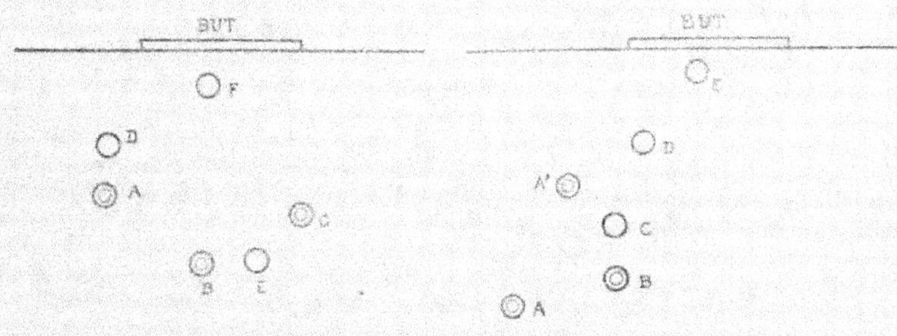

Fig. 5.

Premier cas. — C'est hors jeu.   Deuxième cas. — A est venu à la position A'
                                        avant que B ait joué, est hors jeu.

Le second croquis montre l'interprétation la plus difficile,
ou si l'on veut, la plus discutable. A envoie le ballon à B,
qui gêné par C est obligé de s'en débarrasser; A se porte
alors en avant pour recevoir à nouveau le ballon; si lorsque
B a joué le ballon, A avait encore trois adversaires devant
lui, il peut jouer, mais s'il s'est porté de la position A à la
position A' *avant que B n'ait joué*, de telle sorte que, à ce
moment il n'ait plus les trois adversaires devant lui, alors
il est hors jeu.

L'on voit combien la chose est délicate, et l'on comprend
aisément que les fonctions de l'arbitre ne soient pas toujours des
plus douces. Il est fort heureux qu'on lui ait accordé le
pouvoir discrétionnaire le plus absolu, car ses décisions seraient
commentées et discutées à perte de vue, ce qui ne peut être
que démoralisant pour l'ensemble du jeu.

Nous tenions à bien faire remarquer ce point, qui est celui
qui rend le plus difficile au spectateur la compréhension de

la partie qui se joue sous ses yeux; c'est le seul par lequel pêche un peu ce sport qui possède pour lui tant de qualités.

La première de toutes, c'est d'être à la portée de tout le monde: il n'est pas coûteux, ne nécessite aucun accessoire particulier, ni aucune habileté spéciale puisqu'il suffit, en principe, de courir. Ces différentes raisons expliquent pourquoi il s'est répandu avec une aussi grande rapidité en France.

Certes, de tous les sports, le football n'est pas le plus complet athlétiquement parlant, car s'il fortifie les poumons, il ne développe que la musculature des jambes, ce que l'on peut considérer comme insuffisant, le corps humain possédant d'autres muscles que ceux des membres inférieurs; mais cette seule victoire en faveur de notre jeunesse ankylosée, lui devra la reconnaissance de tous ceux qui se rangent autour de la bannière de l'esprit sain dans un corps sain.

En outre, et c'est peut-être par là qu'il est le plus précieux, aussi étrange que l'affirmation puisse paraître, le football est un merveilleux instrument de développement non pas physique, mais moral. La victoire appartient à l'équipe qui a su être la plus homogène, qui a pris la décision la plus instantanée, qui a montré le plus de rapidité dans l'exécution.

Or, n'est-ce pas là l'image précise des qualités que doit développer l'homme dans la lutte pour la vie; savoir coordonner ses efforts, ne pas vouloir vaincre seul contre une armée; savoir s'arrêter à une décision, ne pas vouloir hésiter entre des tentatives opposées; savoir enfin agir sûrement et rapidement, ne pas vouloir chercher midi à quatorze heures, ne voilà-t-il pas les trois clés de la serrure triplement cadenassée qui défend le Succès contre les entreprises du commun des mortels?

Nous avions donc raison de dire que le football, mieux encore que physiquement, équilibre moralement les jeunes humanités. Mais ces considérations nous entraînent hors du but tracé, qui est celui de faire du lecteur un adepte expérimenté du jeu de ballon.

Aussi, comme corollaire naturel de ce que nous venons d'énoncer, allons-nous maintenant, en pénétrant un peu dans le secret de la tactique, démontrer que la victoire n'appartient pas à l'équipe qui possède les joueurs les plus brillants...

pour la galerie, mais bien au contraire, à celle dont les équipiers
sont suffisamment imbus de l'idée de self-support pour faire
passer le succès du team avant l'effet personnel du joueur.

La tactique. — Depuis ses premiers pas dans la carrière, le
football association a subi plus d'une modification. A force
de polir et de repolir, on est arrivé, dans les matches modernes,
à jouer les parties suivant une véritable tactique, qui, d'ailleurs, rend le jeu plus intéressant, tout en amenant une cohésion plus intime entre les joueurs d'une même équipe.

A l'origine, le dribbling avait les faveurs; était considéré
comme excellent joueur tout bon dribbler; aujourd'hui, on
est à la méthode inverse, et l'on pratique sur une vaste échelle
le jeu de passe. A juste raison semble-t-il, et un peu de réflexion
confirme cette façon de voir.

Toutes les tactiques doivent avoir pour but déterminé ce
grand point convergent du football: ne jamais laisser l'adversaire s'emparer de la balle. Or, la meilleure façon de réaliser
ce desiderata consiste évidemment, lorsqu'on est serré de près
et dans l'impossibilité de continuer à dribbler en toute sécurité,
de passer le ballon à un co-équipier en meilleure posture.

Il est bien certain que le dribbling est la plus excellente de
toutes les attaques; un bon dribbler, celui qui garde bien étroitement le ballon entre ses pieds tout en courant à une allure
respectable et réalisant de savantes sautes de direction qui
déroutent l'adversaire, est difficile à arrêter; mais cette qualité
même devient un défaut. Pour faire preuve de ses brillantes
aptitudes, le dribbler accomplit une course échevelée qui a
bientôt pour effet de l'isoler. Il est bientôt entouré de ses
adversaires, le chargeant tous à la fois, et sa position éloignée
du reste des troupes ne lui permet pas de dégager le ballon
par une passe, de sorte que tous ses efforts aboutissent à un
désastre personnel.

C'est l'histoire de Gaston de Foix à Ravenne; mais depuis
la chevalerie on en est revenu de ces « cavaliers seuls ». En
fait, il est absolument exceptionnel qu'un dribbler ait pu
marquer un but à la suite d'une charge isolée de ce genre;
le résultat final, neuf fois sur dix, est de laisser le ballon entre

les mains de l'ennemi, faute grave qu'on aurait pu éviter en pratiquant la passe à temps.

Donc, la base de toutes les tactiques d'attaque devra être avant et par-dessus tout, la substitution du jeu d'ensemble, ou si l'on veut des combinaisons, à l'initiative personnelle.

Ici, une petite parenthèse qui concerne à la fois le joueur français et le public français. Lorsqu'on a assisté à quelques matches de football l'on a vite fait de découvrir le défaut de la cuirasse chez l'équipier français; ce défaut, c'est le jeu pour la galerie. En face de tant d'yeux qui vous regardent, allez donc résister à l'envie de faire donner la fameuse *furia*!

Eh bien, c'est contre ce faible penchant qu'il faut réagir; si le public au lieu d'aplaudir d'enthousiasme un dribbling prolongé, un coup de pied formidable lançant la balle dans l'air en une superbe trajectoire parabolique, un coup de tête faisant rebondir verticalement « en chandelle » le ballon à des hauteurs inespérées, savait au contraire, siffler copieusement ces fautes inexcusables, parce que volontaires la plupart du temps, nous n'aurions pas à entendre les lamentations de vagues pontifes sur la faiblesse des équipes et leur jeu décousu.

Quoi qu'il en soit, le capitaine, à qui est départie l'autorité voulue pour conduire ses troupes à l'attaque, doit élaborer une tactique d'ensemble.

Laquelle?

C'est ici qu'intervient la capacité du chef, laquelle ne s'obtient guère que par une expérience fort longue. On peut néanmoins citer quelques principes généraux dont toute combinaison doit savoir s'inspirer.

Nous avons déjà dit que l'esprit de décision immédiat suivi d'une réalisation instantanée sont les conditions les plus essentielles du succès. Donc, premier point, jouer vite, jouer aussi vite que faire se pourra; que l'attaque soit une surprise, si l'on veut qu'elle aboutisse.

De l'audace, encore de l'audace, le mot est toujours bon. Même si vous reconnaissez que vous êtes parti dans une mauvaise voie, défendez votre idée, pour rien au monde n'hésitez; placez devant vous la belle phrase de Mirabeau : « Gardez d'accorder du temps, le malheur n'en accorde jamais! » Le malheur ici, c'est l'adversaire. Donc, quand le ballon vous échoit, partez avec en vitesse; vous réfléchirez en courant, mais, de grâce, ne lancez pas à droite et à gauche des regards désespérés pour savoir ce que vous allez faire; l'adversaire accourt au pas de charge.

Autre chose maintenant; il ne s'agit nullement de confondre vitesse avec précipitation, et tout en agissant vite, il vous est permis d'agir bien. J'entends par là, que les co-équipiers, dans leur hâte à opérer, ne doivent pas chercher à se disputer la balle entre eux, chose que l'on voit trop souvent. Chacun au contraire, nettement inspiré de la tactique générale, doit se trouver à sa place et attendre les événements: « the right man in the right way ». Combien de passes bien lancées ont été mal reçues, simplement parce que le « récepteur » par excès de zèle ne se trouvait pas là où il aurait dû être. La discipline qui fait la force des armées fait aussi celle des teams de football; ceci pour le capitaine qui en est responsable.

Troisième point, la tactique proprement dite. Les équipiers sont suffisamment saturés de ce que nous venons de dire, les avants surtout, qui mènent le train; posons alors le thème de la manœuvre d'ensemble. Ce thème, qui a pour but de défoncer les rangs ennemis, peut avoir trois variantes: attaquer par le centre, c'est le coup droit, le bélier qui enfonce les portes; attaquer par les ailes, procédé des mouvements tournants, dépensant davantage de ruse et de science stratégique; attaquer sur toute la ligne, procédé des joueurs d'échecs.

Chaque méthode possède ses avantages et ses inconvénients; aussi peut-on dire que la plus sûre de réussir sera celle que les équipiers auront pratiquée avec le plus d'expérience. Lorsqu'un capitaine aura choisi l'une d'elles, et l'aura dûment expliquée, il faudra donc qu'il entraîne longuement son team à l'appliquer. Pratiquement, une équipe, pour être homogène et victorieuse, devra toujours employer le même jeu.

L'attaque par le centre a cela de bon, qu'elle fixe l'attention des demis et des arrières ennemis sur le milieu du jeu, où la densité se trouve ainsi la plus grande. Alors, à ce moment, une passe opportune peut envoyer le ballon à l'un des extrêmes avants qui en dribblant rapidement trouve le but dégarni et peut placer un shot assez posément, s'il a une avance suffisante. Toutefois, il va sans dire qu'il sera difficile de dégager le ballon de la mêlée centrale, car la tactique est aisément devinée par le team adverse.

Il en est de même du jeu par les ailes, qui se laisse lire facilement; mais il disperse davantage les attaquants et les opposants, de sorte que les passes ont plus de chance de réussir; par contre, elles doivent être réalisées avec plus de précision, et le shooting n'est plus confié qu'à un seul, le centre, tandis que tout à l'heure ce soin incombait suivant l'opportunité de la situation, soit à l'extrême droite, soit à l'extrême gauche.

Toutefois, la meilleure des attaques est peut-être l'attaque sur toute la ligne. De tactique, il n'y en a pas à vrai dire, les avants se passant la balle de l'un à l'autre à la façon d'une navette allant et venant d'une ligne de touche à l'autre, et avançant à chaque fois vers le but adverse. Si les attaquants savent pratiquer élégamment la passe, ce jeu est irrésistible, car chaque avant d'une équipe est obligé de s'opposer à l'avant correspondant de l'équipe adverse, et les équipiers étant ainsi clairsemés, les passes ont les meilleures chances d'aboutir.

Empressons-nous d'ajouter que si, à notre avis, cette dernière tactique est la meilleure, c'est aussi celle qui exige la plus grande dépense des qualités que doit endosser le footballer en même temps que son maillot: à savoir discipline, jeu opportun, c'est-à-dire seulement quand il est nécessaire, et à l'endroit voulu.

Ainsi qu'on voit, le jeu moderne d'association est à peu près uniquement basé comme nous le disions à l'instant sur la pratique des passes; il convient donc de s'entraîner longuement à pratiquer celle-ci dans toutes les règles de l'art, c'est-à-dire en deux mots, à savoir envoyer le ballon indifféremment avec la face interne de l'un ou de l'autre pied, et à ras de terre afin de faciliter la prise du co-équipier, ce qu'un rebondissement de la balle rendrait moins sûr.

Le shot final, qui doit envoyer le ballon dans le but, ne se fera que dans les meilleures conditions possibles, soit en face du but, et près; dans le cas contraire, il faut mieux tergiverser, et savoir attendre l'occasion plus propice. En tout cas, le shot doit toujours être une surprise; le gardien de but ne doit pas pouvoir lire vos intentions, sans quoi il se met en garde dans les conditions les meilleures. Pour tirer le but avec précision, il est préférable de pointer par la face interne du pied qu'avec le cou-de-pied.

La défense. — Tout ce que nous venons de dire s'applique à l'attaque; voyons un peu la défense.

Il n'y a pas lieu de s'étendre aussi longuement au sujet de la défense pour la très simple raison que dès que l'équipe a pu s'emparer du ballon, la défensive devient immédiatement offensive énergiquement menée. Nous retombons donc dans les préceptes qui viennent d'être exposés.

La véritable défense a lieu par les arrières et le gardien de but; de même que les avants doivent jouer d'une façon très homogène, les arrières et le gardien de but doivent s'entr'aider étroitement; c'est ainsi que, par exemple, il sera élémentaire pour les arrières de s'arranger de façon à ne jamais masquer au gardien la vue du jeu.

Mais la véritable défense consistera dans une entente convenable et opportune de la passe de la balle entre les trois équipiers. Le gardien de but est le seul de toute l'équipe qui ait la possibilité d'employer ses mains; c'est là un gros avantage, les coups étant évidemment plus précis avec les mains qu'avec les pieds, aussi bien souvent l'arrière devra-t-il passer le ballon au gardien de but plutôt que de le jouer lui-même; d'ailleurs inversement, le gardien qui vient d'arrêter le ballon ou de le saisir à l'adversaire, et qui se sent menacé par une charge, doit envoyer le ballon à l'un des arrières, de façon à ce que celui-ci le dégage au mieux en faveur de son équipe. Il y a là d'admirables coups de présence d'esprit qui, bien mieux que les coups de « fantaisie » que nous dénoncions tout à l'heure, doivent exciter l'admiration des spectateurs.

Quel régal des yeux plus grand qu'un but menacé et dégagé avec rapidité par la seule entente tacite du gardien et de ses arrières, alors que le reste de l'équipe attend les événements. Tout le camp ennemi est là, mais arrêté par le gardien, le ballon est passé à un arrière qui le passe à un demi, et la ligne des avants, partant d'une course folle, mène la danse soudain dans le camp ennemi, lequel revient en trombe, parfois trop tard. La chose s'est passée en un clin d'œil!

Certes, le rôle des défenseurs n'est pas le plus brillant, il demande de l'abnégation, mais pour les connaisseurs un dégagement réussi et rapidement mené mérite les plus folles ovations.

Nous avons dit que les principales qualités lors de l'attaque étaient la soudaineté de décision, l'instantanéité d'exécution; dans la défense, il faut surtout de la présence d'esprit, du sang-froid. Tant qu'il y a de l'espoir, il n'y a rien de perdu, et un coup habile peut changer en quelques secondes la face du jeu.

Combien de fois voit-on une équipe attaquée, complètement désorientée parce que l'adversaire est près du but: tout le monde s'en mêle, les joueurs sont les uns sur les autres se gênant réciproquement, et si l'arrière réussit un dégagement, les avants ne sont plus à leur place pour saisir le ballon et aller semer à leur tour la consternation dans le camp ennemi.

Que les joueurs s'inspirent donc de ce grand principe, avoir pleinement confiance dans le gardien et ses deux arrières: s'il y a cohésion, sûreté de jeu et sang-froid, il suffit de ces trois membres pour arrêter tous les coups de l'adversaire, même les plus répétés; le reste de l'équipe doit se tenir sagement à des distances échelonnées, pour que, en cas de dégagement, le ballon de passe en passe soit en un clin d'œil à une grande distance du gros de la mêlée. De cette confiance calme doit naître la victoire.

Le rôle des demis est mixte; tantôt ils viennent au secours des arrières, tantôt ils renforcent la manœuvre des avants, mais de toutes façons, leur conduite est délicate; ils sont avant tout des auxiliaires et par cela même leur rôle personnel doit s'effacer devant le service à rendre; toute autre tentative n'aurait d'autre résultat que de gêner.

Les demis ont surtout à placer des coups d'arrêt; ils doivent exceller dans la vitesse et avoir le coup d'œil juste. L'interception des passes doit être leur objectif de tous les instants, et dès qu'ils ont réussi, ils passent le ballon aux avants qui transforment immédiatement leur jeu en une offensive énergique.

Tels sont les préceptes généraux qui font du football un jeu passionnant à la fois pour le spectateur et pour l'acteur; trop souvent, hélas, sciemment ou inconsciemment, ils ne sont pas suivis, mais c'est surtout le public qui est responsable de la chose par les encouragements qu'il prodigue trop fréquemment là où il devrait infliger un blâme.

Des équipiers. — Quelques mots concernant les qualités respectives des différents équipiers compléteront ces notes générales. Nous envisagerons d'abord le capitaine, à tout seigneur tout honneur.

Le capitaine devrait, par essence, connaître toutes les roueries du métier, et avoir joué tant comme avant que comme arrière; la condition principale d'un capitaine, c'est d'inspirer pleine et entière confiance à son équipe, sans quoi il ne pourra imposer son autorité. Or, une équipe floue, sans idée directrice, est une équipe battue d'avance.

C'est au capitaine qu'incombe la lourde tâche d'ébaucher une tactique, de la mettre sur pied, de la pratiquer effectivement en expliquant à loisir à chacun les nuances de sa partition, à démontrer le but et l'opportunité du rôle personnel de chaque élément de la petite phalange, à réprimer vigoureusement les fautes, à agir dans tout cela avec tact pour qu'un couac ne vienne pas détonner fâcheusement lors de l'exécution d'ensemble. C'est si difficile de mener des hommes!

Pour toutes ces raisons, l'emploi de capitaine n'est pas une sinécure; il faut un don de la Providence, et comme on naît poète, on doit naître capitaine de football.

Pendant la partie, le capitaine s'adjugera une place qui lui permette de voir l'allure générale de l'engagement; comme le point le plus délicat à mener est certainement l'attaque, il se placera dans les rangs des avants, soit centre, soit demi-centre. Vite ajoutons qu'il doit prêcher d'exemple, et pratiquer la morale en action, ce qui veut dire qu'il se gardera soigneusement d'éviter les fautes qu'il dénonce à sa troupe, et se défier de cette terrible petite vanité, qui trouve parfois moyen, voyez-vous, la sournoise, d'élire domicile jusque dans le cœur d'un pauvre capitaine!

Le rôle des avants est essentiellement de mener la vie dure aux opposants; leur devise doit être tous pour un, un pour tous. C'est une bien noble devise, mais combien difficile à appliquer. Quoi qu'il en soit, dans de nombreuses répétitions générales les avants devront s'entraîner à réaliser cette homogénéité, base de la victoire; il faut que mathématiquement chacun reste à une place, que tous les autres connaissent par avance, aux phases successives du combat, de telle manière que, lors de la passe, la balle arrive dans les meilleures conditions; la manœuvre doit être d'une précision rigoureuse.

Les avants sont ceux qui ont à pratiquer le plus souvent la passe, le tir sur le but, le dribbling; il faut donc qu'ils aient le coup de pied d'une très grande sûreté. Ceci n'est pas facile à acquérir et doit faire l'objet d'une éducation matérielle spéciale.

Le centre doit savoir faire le *place kick*, c'est-à-dire le tir du but inattendu et dans la position la plus impromptue; les avants en dehors et en dedans, doivent pouvoir effectuer facilement la passe avec la face interne de l'un ou de l'autre pied, suivant qu'ils sont sur l'aile droite ou sur l'aile gauche.

Enfin, les avants devront tous être de bons coureurs, endurants et d'une capacité pulmonaire respectable, pour reculer l'instant de l'essoufflement fatal.

La plus grande responsabilité revient au centre, et c'est pourquoi c'est généralement cette place périlleuse et honorable que choisit le capitaine; inutile de dire que c'est aussi le centre qui se trouve le plus attaqué par les charges de l'ennemi, raison nouvelle qui milite en faveur de la tactique d'attaque par tout le front, le ballon passant de l'un à l'autre. L'adversaire est ainsi tenu forcément en haleine, et ne peut foncer de tous ses moyens sur un seul, la balle coulissant rapidement et de façon imprévue d'un avant à l'autre.

Souvent, lorsque la ligne des avants a réussi à mener le ballon jusqu'auprès du but convoité, leur rôle devient plus passif, et les shots sont réservés aux demis. Obligés, en effet, de faire face aux arrières ennemis, les avants, lorsque la défense est bien menée, doivent plutôt chercher à harceler les arrières, sur lesquels ils ont la supériorité du nombre, et passer la balle aux demis, qui peuvent exécuter leurs shots plus posément, partant avec de plus grandes chances de marquer un but.

Le rôle général des demis est, sans doute, de toute l'équipe le moins reluisant, mais c'est peut être celui de qui dépendra le plus souvent la victoire. Par essence, le demi constitue la réserve, la troupe fraîche qui se donne au moment voulu lorsqu'il y a danger.

Il se fatigue moins que l'avant, aussi pourra-t-on tolérer chez lui un peu moins de vigueur physique, mais on exigera au plus haut degré la connaissance parfaite du jeu, l'esprit de jugement pour deviner, autant que possible, la tactique et les intentions de l'adversaire, enfin la rapidité de décision, cela pour qu'il puisse rapidement juger, lorsqu'il vient d'exécuter un arrêt, vers quelle aile de son équipe il renverra le ballon pour seconder l'attaque au mieux et transformer avec les meilleures chances de succès la défensive en offensive.

L'initiative joue le plus grand rôle chez le demi, qui doit être au suprême degré ce qu'on appelle si heureusement un « débrouillard ».

Suivant les nécessités de l'heure, le demi viendra en aide soit aux avants, soit aux arrières. C'est encore à lui que sera dévolue, le plus souvent, la mission de faire les rentrées en touche, et là encore ses qualités d'initiative et de jugement interviennent; on sait que le règlement actuel permet au joueur rentrant le ballon, de le lancer dans telle direction qu'il jugera la plus opportune pour son équipe; il devra donc soupeser s'il est plus avantageux de lancer la balle vers le but ennemi pour le rapprocher, ou au contraire, de la passer à un arrière bien placé.

On voit que si le demi n'a pas un rôle parfaitement défini dans la tactique d'ensemble, c'est, par contre, à lui qu'est dévolue la tâche difficile de parer l'imprévu; de faire en sorte, ce qui arrive si fréquemment, qu'un grain de sable inattendu ne fasse gripper toute la savante machine.

Des arrières, nous avons déjà dit qu'ils doivent posséder au plus haut degré le sang-froid et le flegme qu'on appelle

classiquement britannique; ne pas s'emballer, ne pas s'affoler,
tout est là; deux arrières jouant placidement et ayant l'œil,
peuvent arrêter les assauts les plus furieux.

Cette sécurité, lorsque l'équipe a confiance dans l'arrière
et le gardien de but, est telle qu'on voit le plus fréquemment les
équipes les plus homogènes jouer avec un seul arrière, l'autre
arrière faisant fonction de demi, ou si l'on veut de trois-quarts,
intercalé entre la ligne des demis et l'arrière; c'est un nouvel
équipier apportant son concours à la réserve, c'est une force
de plus contre le jeu aveugle du hasard, ce maître qu'on doit
souvent redouter davantage que l'ennemi lui-même.

La principale qualité de l'arrière doit être la sûreté du
coup de pied. Non seulement il doit arrêter la passe ou le kick,
mais encore il doit orienter son coup de pied de manière à
renvoyer la balle avec précision au point où il pense que ses
co-équipiers pourront la reprendre avec les plus grandes
chances de succès.

Bien entendu cette sûreté du coup de pied sera accompagnée
d'une égale sûreté du coup d'œil; l'arrière doit voir venir le
ballon, il ne le quitte pas des yeux, et ne doit pas le rater.
Il faut une grande habileté pour réussir ces coups de pied de
renvoi qui sont parfois admirables, et qui changent à eux
seuls l'allure d'une partie. Nous avons dit que, pour notre part,
le jeu d'un bon arrière était le plus grand régal des yeux.

C'est aux arrières qu'est également imparti le soin de jouer
de la tête avec le plus de virtuosité, il s'agit d'intercepter le
ballon. Tous les moyens sont bons à cet effet, et si la balle
est trop haut placée pour l'arrêter avec les pieds, eh bien il
reste la tête. Un bon arrière arrivera tant bien que mal à renvoyer — quand même — la balle dans la direction désirée, encore que la machine ronde que nous portons sur les épaules ne
soit pas l'instrument le mieux désigné à cet effet.

A l'arrière encore est dévolu le soin de juger de la situation
et d'interpréter la meilleure manière de dégager le ballon.
Faut-il le renvoyer d'un coup de pied, faut-il simplement le
passer aux demis, faut-il le passer au gardien de but qui avec
ses mains en fera un projectile de trajectoire plus définie?
Toutes questions que l'arrière doit résoudre en une fraction de

seconde, durant l'espace infinitésimal où il voit le ballon lui arriver et où il s'apprête à le recevoir.

Reste enfin le gardien de but, le suprême espoir, la dernière cartouche. C'est certainement lui qui possède la plus grande responsabilité, celui dont le rôle est définitif.

L'emploi de gardien de but est le plus difficile à remplir parce que le plus fatigant; l'agilité physique qu'il s'agit de déployer, jointe à la tension cérébrale et visuelle, en font un exercice éreintant au premier chef.

Nous avons vu que, selon leur place, les équipiers doivent présenter en doses variables, soit la puissance et l'endurance, soit les qualités morales; le gardien de but doit réunir le tout.

Sa taille n'est pas indifférente; un gardien de haute taille, avec de grands bras et de grandes jambes sera évidemment avantagé: il s'agit pour lui de défendre contre l'invasion de la balle, un espace de 7 m. 30 de large sur 2 m. 40 de haut.

La rapidité de détente doit être portée à l'extrême: la théorie exigerait que le gardien vît venir la balle et se lançât à sa rencontre avant que le ballon ne soit sur lui. Si le shot est tiré de loin, la chose est relativement aisée; s'il est tiré de près et de façon soudaine, le but est bien sûr d'être gagné. C'est pourquoi nous disions plus haut, à propos de la tactique, qu'il ne sert de rien de tirer un but de trop loin, le shot ayant beaucoup de chances d'être arrêté, si le gardien est agile. La chose devient même une faute, car ledit gardien passe la balle aux arrières ou même la renvoie directement, et si les trois défenseurs sont bien homogènes, l'offensive qu'ils esquissent peut devenir des plus dangereuses.

Le gardien de but a le droit de se déplacer dans la zone qui lui est consacrée sous le nom de surface de but. Il peut, s'il le juge à propos, se porter en avant de l'ennemi et lui saisir le ballon avec les mains, manœuvre des plus risquées s'il ne se sent pas absolument maître de la situation, car en agissant ainsi, il dégarnit le but; mais, par contre, c'est un gros avantage que d'avoir le ballon dans les mains, car il peut alors le lancer avec sûreté au mieux des besoins de son équipe.

La situation la plus angoissante pour un gardien de but, c'est l'arrêt du coup de réparation. Ce coup, donné du point dit de réparation, par un adversaire qui a tout le loisir de mesurer la puissance et la direction de son coup de pied, qui peut à son idée multiplier les feintes, est à peu près impossible à arrêter s'il est bien donné, surtout lorsque le ballon est mouillé et lancé avec force, car alors, même si le gardien arrive à le saisir, il ne peut guère le garder.

D'après les nouveaux règlements, le gardien de but ne doit pas être gêné par ses adversaires tant qu'il n'a pas le ballon en mains, et par ailleurs, il lui est loisible de se porter 6 mètres en avant pour arrêter le coup. Il peut donc, de son côté, se mettre dans la meilleure posture pour arrêter le coup; c'est pour lui une question d'habileté, de brusque détente, d'équilibre général de sa personne; mais, hélas! tout cela ne suffit pas souvent, et le but final est marqué, à la bruyante hilarité des uns, à la consternation silencieuse des autres.

L. G.

REGLEMENT DU FOOTBALL ASSOCIATION

de l'Union des Sociétés Françaises des Sports Athlétiques

ARTICLE PREMIER.

Nombre de joueurs. — Le jeu doit être joué par onze équipiers dans chaque camp, qui ne peuvent être remplacés une fois le jeu commencé.

ART. 2.

Dimensions du terrain. — Les dimensions du terrain de jeu sont les suivantes:

Longueur maxima, 120 mètres; minima, 100 mètres.
Largeur maxima, 80 mètres; minima, 50 mètres.
Longueur, 110 mètres; largeur, 65 mètres.

Art. 3.

Tracés du terrain. — Les lignes délimitant les extrémités du jeu sont les lignes de but, celles de côté, les lignes de touche, les lignes de touche forment des angles droits avec les lignes de but. Un drapeau dont la hampe aura au minimum 1 m. 50 sera placé à chaque coin du terrain de jeu. On tracera une ligne séparant le jeu en deux parties égales. Le centre du terrain sera également marqué et une circonférence de 10 mètres de rayon sera tracée autour de ce centre.

Les lignes ne peuvent consister en fossés, rigoles ou autres marques pouvant nuire à la régularité du jeu.

Art. 4.

Les buts. — Les poteaux de but seront composés de deux montants sur les lignes de but, à égale distance des coins, espacés de 7 m. 30 et reliés par une barre transversale, placée à 2 m. 40 au-dessus du sol. L'épaisseur des montants et de la barre transversale ne pourra pas dépasser 13 centimètres.

Art. 5.

Surface de but et surface de réparation. — Des lignes de 6 mètres de longueur à angle droit avec la ligne de but et tracées à 6 mètres de chaque poteau de but sont reliées entre elles par une ligne parallèle à la ligne de but. L'espace compris entre ces limites se nomme surface de but (goal area).

Des lignes de 18 mètres de longueur à angle droit avec la ligne de but et tracées à 18 mètres de chaque poteau de but, sont reliées entre elles par une autre ligne parallèle à la ligne de but. L'espace compris entre ces limites se nomme surface de réparation. Une marque apparente doit être faite à 12 mètres de la ligne de but en face du centre de chaque but. Cette marque est appelée point de réparation (penalty kick mark).

Art. 6.

Ballon. — Le ballon sera sphérique, d'une circonférence d'au moins 68 centimètres et de 70 centimètres au plus. Il doit peser de 370 à 425 grammes.

L'extérieur du ballon doit être en cuir et aucun produit qui serait un danger pour les joueurs ne devra être utilisé pour sa confection.

Art. 7.

Durée de la partie. — La partie durera quatre-vingt-dix minutes, soit quarante-cinq minutes de chaque côté.

Art. 8.

Choix du camp. — Le camp favorisé par le sort pourra choisir, soit le premier coup de pied, soit le côté.

Art. 9.

Coup d'envoi. — Le jeu commencera par un coup de pied placé donné au centre du jeu dans la direction du but opposé, les joueurs du camp adverse ne pouvant s'approcher à moins de 10 mètres du ballon, et aucun joueur de l'un ou l'autre camp ne pourra dépasser la ligne médiane du jeu jusqu'à ce que le premier coup de pied soit donné.

En cas d'infraction à cette règle, le coup de pied d'envoi sera recommencé.

Art. 10.

Mi-temps. — On ne changera de côté qu'après la première moitié de la partie. La suspension du jeu ne dépassera pas cinq minutes, à moins que l'arbitre ne consente à accorder un temps plus long.

Lorsqu'un but aura été fait, le camp venant de perdre aura droit à un coup de pied lancé, donné au centre du terrain.

Après la mi-temps, le camp qui n'aura pas donné le coup d'envoi aura droit à un coup de pied placé au centre du terrain.

Art. 11.

But. — Un but sera fait lorsque le ballon aura entièrement passé entre les montants et sous la barre transversale du but, sans avoir été jeté, frappé ou porté par un joueur du camp attaquant.

Art. 12.

Barre déplacée. — Si la barre transversale est déplacée pendant la partie pour une cause quelconque, l'arbitre aura le droit d'accorder un but, si, d'après lui, le ballon aurait passé en dessous de la barre restée dans sa position normale.

Art. 13.

Ballon rebondissant dans le jeu. — Le ballon touchant les poteaux de but, traverses ou poteaux de coin et rebondissant dans le jeu, restera en jeu. Il reste également en jeu s'il touche l'arbitre ou les juges de touche se trouvant sur le terrain de jeu.

Art. 14.

Ballon hors jeu. — Le ballon dépassant entièrement les lignes de but ou les lignes de touche, soit à terre, soit en l'air, sera hors jeu.

Art. 15.

Rentrée en touche. — Lorsque le ballon sera en touche, un joueur du camp opposé à celui qui l'aura touché en dernier lieu, le remettra en jeu au point où il aura dépassé la limite.

Le joueur remettant le ballon en jeu devra se placer sur la ligne de touche, en faisant face au terrain, il rejettera le ballon au-dessus de la tête et des deux mains, dans une direction quelconque, et le ballon sera en jeu lorsqu'il aura été rejeté dans le jeu. Un but ne pourra jamais être fait en jetant le ballon et le joueur qui fera la rentrée ne pourra le toucher à nouveau que lorsqu'il aura été joué par un autre équipier.

Note. — Le règlement est observé si une partie quelconque de chacun des deux pieds du joueur touche la ligne au moment où le ballon est jeté.

Art. 16.

Hors jeu. — Lorsqu'un équipier joue le ballon ou fait une rentrée en touche, tout joueur du même camp, qui, au moment où le ballon est touché ou jeté, se trouve plus rapproché de la ligne du but adverse que celui qui a touché le ballon en dernier lieu, est hors jeu et ne peut ni toucher lui-même le ballon, ni empêcher d'aucune manière un autre joueur d'y toucher, ni prendre part au jeu, jusqu'à ce que le ballon ait touché un autre joueur, à moins qu'il n'y ait à ce moment, et au minimum, trois joueurs du camp adverses plus proches que lui de leur propre ligne de but. (Voir note A.).

Un joueur n'est pas hors jeu dans le cas d'un coup de pied de coin ou d'un coup de pied de but lorsqu'il reçoit directement le ballon ou lorsque le ballon aura touché un adversaire en dernier lieu.

Art. 17.

Coups de pied de but. — Lorsque le ballon aura dépassé complètement la ligne de but après avoir été touché par un joueur du camp adverse, il sera remis en jeu par un coup de pied, par un joueur quelconque, du camp dont la ligne de but aura été dépassée. Le ballon sera placé à 6 mètres du but dans la moitié de la surface du but la plus rapprochée du point où le ballon a franchi la ligne de but. (Voir note B.).

Art. 18.

Coup de pied de coin. — Dans le cas où le ballon aura été touché en dernier lieu par un joueur du camp dont la ligne de but aura été dépassée, un joueur de camp adverse placera le ballon dans un rayon de 1 mètre du piquet de coin le plus rapproché et le lancera du pied. (Voir note C.).

Dans aucun des deux cas, un adversaire ne pourra s'approcher du ballon à moins de 6 mètres, avant que le ballon ait été joué.

Art. 19.

Gardien de but. — Le gardien de but pourra se servir de ses mains dans la moitié du terrain défendu par son équipe. Toutefois, il ne pourra pas porter le ballon en faisant plus de deux pas.

Gardien de but chargé. — Le gardien de but ne devra pas être chargé, à moins qu'il ne tienne le ballon en main, ou qu'il gêne intentionnellement un adversaire, ou qu'il soit en dehors de la surface de but.

Changement de gardien de but. — Le gardien de but pourra être changé pendant la partie, mais l'arbitre devra être informé auparavant (note D).

Art. 20.

Crocs-en-jambe, etc. — Il est défendu de faire des crocs-en-jambe à un adversaire, de lui donner des coups de pied ou de sauter sur lui.

Mains. — Un joueur n'a pas le droit (excepté le gardien de but) de toucher intentionnellement le ballon avec ses mains, de quelque manière que ce soit.

Tenir, pousser. — Aucun joueur ne pourra se servir de ses mains pour tenir ou pousser un adversaire (E.).

Charge. — La charge est permise, mais elle ne doit être ni brutale ni dangereuse.

Charge par derrière. — Aucun joueur ne pourra charger un adversaire par derrière, à moins que celui-ci ne gêne intentionnellement un adversaire.

Art. 21.

Lorsqu'un coup de pied franc a été accordé, les adversaires de celui qui donne le coup de pied ne doivent pas approcher à plus de 6 mètres du ballon, à moins qu'ils ne tiennent sur leur propre ligne de but.

Le ballon devra, soit faire un tour sur lui-même, soit parcourir la distance de sa circonférence pour être considéré comme joué. Le joueur qui donne le coup de pied ne peut rejouer le ballon que lorsque celui-ci a été joué par un équipier quelconque. Le coup de pied d'envoi, le coup de pied de coin et le coup de pied de but sont des coups de pied francs en ce qui concerne la signification de cet article.

Art. 22.

Un but peut être fait d'un coup de pied franc accordé pour infraction mais pas pour un autre coup de pied franc.

Art. 23.

Chaussures, crampons, etc. — Il est défendu aux joueurs de porter des clous à leurs souliers ou bien des plaques ou pièces de métal ou en gutta-percha dépassant les semelles ou les talons des bottines ou les jambières (note F.).

Si des barres ou des boutons sont appliqués aux talons ou aux semelles des bottines, ils ne pourront dépasser 1 cm. 5 d'épaisseur et toutes les attaches qui les fixent seront enfoncées à ras du cuir.

Les barres seront transversales et plates, elles auront au minimum 1 cm. 5 de longueur et traverseront la largeur de la chaussure de bout en bout.

Les boutons devront être ronds et aplatis, ils auront au moins 1 cm. 5 de diamètre et ne seront ni coniques ni pointus. Tout joueur contrevenant à cette règle sera immédiatement exclu de la partie et ne pourra plus y prendre part. L'arbitre devra, si on le lui demande, examiner les souliers des joueurs avant le commencement du match.

Art. 24.

Arbitre. — Un arbitre est désigné par qui de droit. Son devoir est de faire respecter le règlement et de trancher tous les points discutés. Ses décisions relatives à des questions de fait concernant le jeu sont sans appel. Il prend note des points faits et remplit les fonctions de chronométreur.

Si un joueur se conduit de façon répréhensible, l'arbitre peut, après avertissement, le renvoyer du jeu et, en cas de conduite violente, sans aucun avertissement.

L'arbitre peut tenir compte du temps perdu, suspendre le jeu lorsqu'il le croira utile et terminer la partie lorsque, par suite de l'obscurité, de l'intervention des spectateurs ou pour une raison importante, il le juge nécessaire.

L'arbitre peut accorder un coup de pied franc s'il juge que la conduite d'un joueur est ou peut devenir dangereuse, mais sans l'être toutefois assez pour justifier son renvoi.

Les pouvoirs de l'arbitre s'étendent aux infractions commises pendant la suspension du jeu et lorsque le ballon est hors jeu (note B).

Art. 25.

Juges de touche. — Deux juges de touche seront choisis. Ils auront à décider, toujours sauf rectification de l'arbitre, si le ballon a franchi les lignes de but et de touche et quel est le coup ayant droit à un coup de pied de coin, à un coup de pied de but ou à la rentrée en touche.

Les juges de touche aideront l'arbitre dans l'application des règlements du jeu.

L'arbitre pourra s'adjoindre des juges de but dont le rôle sera de juger les sorties sur la ligne de but.

Si un juge de touche ou de but ne s'acquitte pas convenablement de ses fonctions, soit par suite de partialité, d'incapacité ou pour tout autre motif, l'arbitre peut le renvoyer du jeu et choisir un remplaçant (note B).

Art. 26.

Balle en jeu. — Lorsqu'un point quelconque sera en discussion, le jeu continuera jusqu'à ce qu'une décision soit prise.

Art. 27.

Ballon jeté en l'air. — En cas d'arrêt temporaire de la partie, si le ballon n'a pas dépassé les lignes de but ou de touche, la partie sera reprise comme suit: l'arbitre jettera le ballon à terre à l'endroit où se trouvait le ballon au moment de l'arrêt et le ballon sera en jeu après avoir touché le sol.

Si le ballon sort du terrain avant d'avoir été joué, l'arbitre le jette une seconde fois à terre. Aucun équipier ne pourra le jouer avant qu'il ait touché le sol.

Art. 28.

Coup de pied franc. — Dans le cas d'infraction aux articles 15, 16, 19, 21 ou 27, un coup de pied franc sera accordé au camp opposé à celui qui a commis la faute. Ce coup de pied sera donné à l'endroit où la faute aura eu lieu.

Art. 29.

Coup de pied de réparation. — Si un joueur, dans sa surface de réparation, commet les fautes énumérées à l'article 29, l'arbitre devra accorder aux adversaires un coup de pied de réparation. Ce coup de pied doit être donné du point de réparation et dans les conditions suivantes :

Tous les joueurs, sauf celui qui donne le coup de pied de réparation et le gardien de but sont en dehors de la surface de réparation. Le gardien de but ne doit pas dépasser la ligne de but.

Le ballon doit être joué en avant. Il est en jeu dès qu'il a été joué et un but peut être marqué par ce coup de pied. Mais le ballon ne peut être rejoué par celui qui a donné le coup de pied de réparation avant d'avoir été joué par un autre joueur. (Note G).

Si, lorsqu'un coup de pied de réparation est donné, le ballon passe entre les poteaux, sous la barre, le but ne devra pas être annulé par suite d'infraction au présent article par le camp adverse.

Notes

A) En résumé, un joueur est toujours hors jeu s'il se trouve devant le ballon, au moment où il a été touché en dernier lieu par un partenaire, à moins qu'il y ait trois adversaires plus proches que lui-même de leur propre ligne de but.

Il n'est jamais hors jeu :

1º S'il a trois adversaires plus proches que lui-même de leur propre ligne de but ;

2º Si le ballon a été touché en dernier lieu par un adversaire ;

3º S'il suit un joueur de son propre camp qui joue le ballon ;

4º S'il n'a jamais dépassé la ligne de milieu de son propre camp.

Un joueur hors jeu n'a pas le droit d'aucune manière que ce soit de gêner un adversaire.

B) Les juges de touche peuvent être interrogés par l'arbitre et déclarer que d'après leur opinion un but a été fait.

Dans tous les matches importants, il est désirable que les juges de touche ne fassent partie d'aucun des deux clubs en présence.

Ces juges de touche doivent attirer l'attention de l'arbitre sur le cas où le jeu d'un joueur serait trop brutal et, d'une manière générale, aider l'arbitre à appliquer toutes les règles de jeu.

C) Il est défendu d'enlever les drapeaux indiquant les coins du jeu pour donner le coup de pied de coin.

D) Si le gardien de but a été changé sans que l'arbitre en ait été averti, et si le nouveau gardien de but touche le ballon avec ses mains, dans la surface de réparation, un coup de pied de réparation doit être accordé.

E) Par tenir, on entend gêner un joueur avec la main ou toute partie du bras écartée du corps.

F) Le fait d'appliquer du caoutchouc mou aux semelles ne constitue pas une infraction à l'article 23.

G) Exception faite des cas prévus à l'article 29 et si un coup de pied de réparation n'a pas été donné régulièrement, l'arbitre doit le faire recommencer jusqu'à ce qu'il ait été régulièrement donné.

Si, lorsque le temps est prolongé de manière à laisser donner le coup de pied de réparation, le ballon touche le gardien de but avant de passer entre les poteaux, le but est valable.

Le coup de pied de réparation ne peut être accordé que pour les sept fautes suivantes comnises intentionnellement par un joueur du camp défendant dans sa surface de réparation.

1° Faire un croche-pied à un adversaire;

2° Frapper un adversaire;

3° Sauter sur un adversaire;

4° Tenir la balle avec la main;

5° Tenir un adversaire;

6° Pousser un adversaire;

7° Charger un adversaire par derrière.

Toutefois au cas où ces fautes ne seraient pas considérées comme intentionnelles, le coup de pied de réparation ne sera pas accordé.

H) Il est du devoir de l'arbitre de veiller à ce que tous les coups de pied libres, les coups de pied de but, et les coups de pied de coin soient donnés régulièrement.

LE FOOTBALL RUGBY

Il y a un abîme entre le rugby et l'association. Vouloir décrire l'historique du football rugby, c'est décrire toute entière l'évolution du sport de la balle, depuis les temps reculés où les Romains l'importèrent, presque simultanément, en Grande-Bretagne et en France, jusques et y compris la grande scission de la « Football association » en 1863.

C'est qu'à l'origine, le jeu de ballon, tel qu'il était pratiqué par les rudes gars des Cornouailles ou des Galles, était un véritable combat d'enragés. On le jouait de village à village, des maisons éloignées de plusieurs milles servant de buts ennemis, où la balle devait être portée par l'équipe victorieuse. Nulle autre restriction, nulle autre tactique; tout était permis. C'étaient de véritables batailles rangées, où les membres cassés ne se comptaient plus, où l'on voyait les équipiers s'assommer mutuellement pour s'emparer du ballon, se livrer à de véritables chasses à l'homme par monts et par vaux, sauter les murs, renverser les haies, employer des ruses d'apaches ou des brutalités de nègres pour arriver au but.

Après cette préhistoire de football, encore bien proche de nous pourtant, on vit le jeu de ballon pénétrer dans les grandes écoles anglaises comme délassement, et par suite, se policer un peu; chaque école ou à peu près avait codifié à sa façon la distraction favorite en bannissant les coups trop dangereux et les corps à corps trop sauvages; il y avait le

mode de Cambridge, celui de Westminster (Londres), celui
d'Eton, etc.

Plus tard, le succès du football s'affirmant considérable, on
songea à créer une réglementation unique pour toute l'Angleterre. Mais alors les difficultés commencèrent.

Chacun voulut imposer son code particulier; deux écoles
notamment étaient très opposées, celle de Rugby, qui tenait
à conserver au jeu son allure indépendante primitive, en lui
gardant fidèlement son caractère de lutte énergique, et celle
de Cambridge, où l'on repoussait tout mode de jouer autre
que le pied.

L'on n'arriva pas à s'entendre, et de là sont nées les deux
grandes méthodes actuelles de football: le rugby et l'association. Pour les véritables amateurs de balle, il n'est pas d'autre
mode que le mode de rugby, où l'homme donne tous ses
moyens pour arriver au but, où il y a une véritable défense
physique, un corps à corps désespéré, et peut-être n'ont-ils
pas tous les torts, ceux qui appellent un peu dédaigneusement
l'association le « jeu des manchots ».

On a reproché, et l'on reproche encore au football rugby
sa brutalité; ce reproche est apparemment justifié: il arrive
fréquemment des accidents. Il ne faut pas, toutefois, s'en exagérer l'importance, car depuis qu'on a institué le *tenu* et supprimé les arrêts par les coups de pied sur le tibia, l'on ne
peut plus dire que le rugby soit un jeu véritablement brutal;
il est violent, et c'est ce qui en fait le charme. Quant aux
accidents, ils sont beaucoup plus rares en réalité que les accidents de bicyclette par exemple, mais à l'instar de ce qui se
passe pour l'automobile, on leur fait souvent une publicité trop
spéciale.

Règles du jeu. — On trouvera en appendice le code de
football rugby, tel qu'il est officiellement régi en France par
l'U. S. F. S. A.; c'est un document très compliqué, autrement
touffu que le code d'association. Aussi ne devient-on bon joueur
de rugby qu'après une très longue pratique.

Le rugby se joue sur une pelouse présentant les dimensions du croquis ci-joint, et que divisent en zones marquées un

certain nombre de lignes transversales; comme ces zones ont
une grande importance dans la règle du jeu, on en trace
généralement les limites à la chaux, de préférence aux drapeaux. Ces lignes sont: la *ligne d'envoi* (half-way line), au
milieu, où se donne le coup par lequel débute la partie; les
lignes de renvoi (22 yards lines) de part et d'autre de la ligne

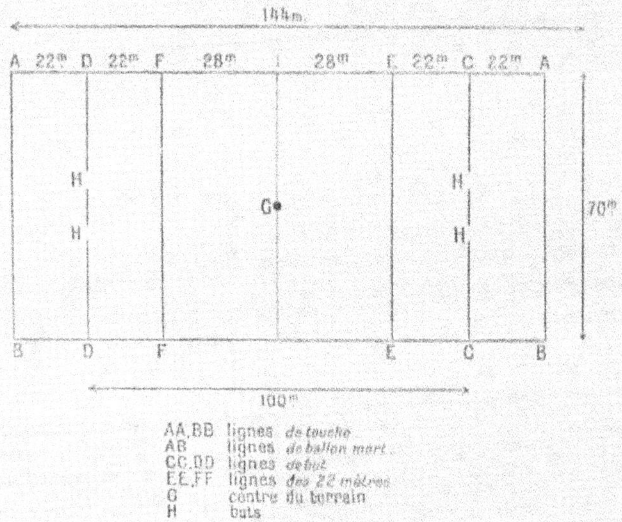

FIG. 1. — Football rugby, plan du terrain.

de milieu, desquelles se donnent les coups de renvoi quand
le ballon est remis en jeu; les *lignes de but* (goal lines), où se
trouvent les buts proprement dits. enfin, les lignes de *ballon
mort* (dead ball lines) qui constituent le fond du champ (field)
dans le sens de la longueur, les lignes de fond dans le sens de la
largeur étant les *lignes de touche* (touch lines).

La tactique générale du jeu consiste à conduire le ballon au
but ennemi. c'est-à-dire à le faire passer entre les deux piquets
verticaux, et *au-dessus* de la barre horizontale, ce qui marque
deux, trois ou quatre points, suivant les conditions dans les-

quelles le but a été réussi, ou tout au moins à faire pénétrer le ballon dans la zone comprise entre la ligne de but et la ligne de ballon mort, zone qu'on nomme *but* par abréviation, ce qui s'appelle marquer un *essai*, et vaut trois points.

La durée de la partie est de quatre-vingts minutes avec mi-temps de cinq minutes; au bout de ce temps, on fait le dé-compte des points, et la victoire est adjugée au camp qui en a le plus grand nombre à son effectif.

Pour la marche en avant, le footballer a le libre choix des moyens: il peut dribbler, donner des coups de pied, courir avec le ballon ou chercher à le conserver contre ses adver-saires, mais il lui est interdit de le jeter en avant, c'est-à-dire vers le but ennemi, avec les mains, ou même en le faisant rebondir sur ses bras.

Pour arrêter cette marche en avant, l'équipe opposée a éga-lement le libre choix des moyens; tout footballer peut charger le porteur du ballon et l'arrêter par un *tenu*, c'est-à-dire l'em-pêcher de passer la balle à un co-équipier, ou la lui arracher Quand l'adversaire joue le ballon avec le pied, la charge est interdite; il faut arrêter seulement le ballon, sans toucher à l'homme.

En un mot, par tous les moyens on cherche à s'emparer du ballon, même en l'arrêtant *à la volée*, c'est-à-dire, lorsque le ballon est en l'air à la suite d'un coup de pied.

Seul, est défendu l'arrêt brutal par un coup de pied ou croc-en-jambe.

Telle est, en deux mots, l'allure générale du jeu; elle est assez simple en principe, mais se complique terriblement en pratique. Essayons autant que possible, d'éclaircir le texte offi-ciel en le commentant.

La partie commence, avons-nous dit, par un coup de pied d'envoi. Ce coup est un coup *placé*, c'est-à-dire, se donne sur le ballon préalablement placé sur le sol. Les équipes adverses se tiennent chacune dans leur camp, et l'ennemi en ligne à 10 mètres de la ligne d'envoi.

Le ballon parti, la lutte commence, elle n'est interrompue que dans l'un des cas suivants:

Une infraction à la règle du jeu;

Un but ou un essai marqué;

Un tenu ou un touché;

Une sortie en touche, ou en touche de but, ou en ligne de ballon mort;

Un arrêt de volée.

Considérons successivement ces différents cas.

Infractions. — Les menues infractions aux règles du jeu, par exemple, le ballon jeté en avant à la main, etc. sont

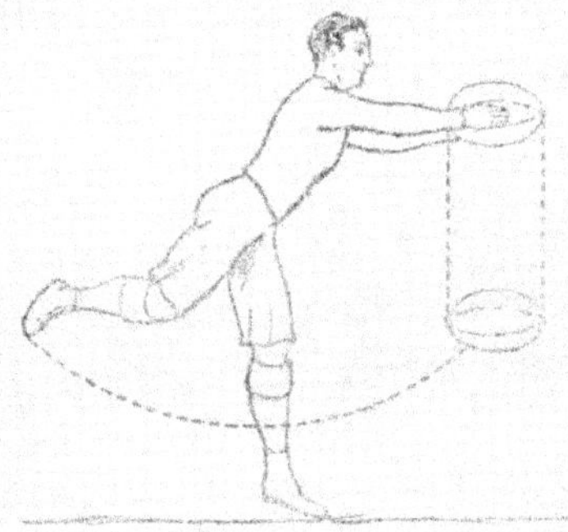
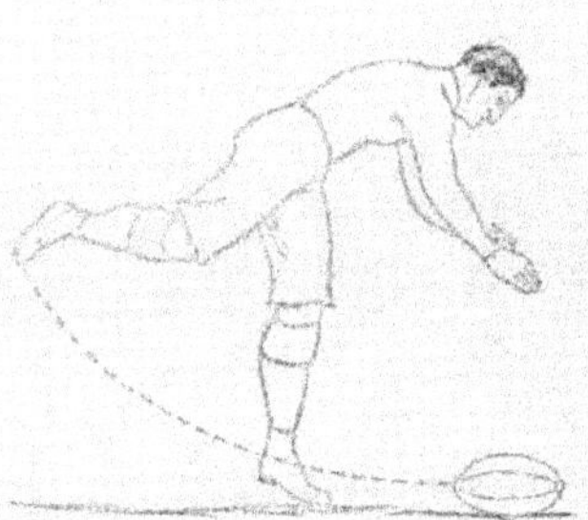

Fig. 2. — Coup de volée.   Fig. 3. — Coup placé.

sanctionnées par une *mêlée* que réclame le camp lésé; les infractions plus graves sont punies par un *coup de pied franc*, qui correspond au coup de pied de réparation du jeu d'association.

Le coup de pied franc est donné au lieu même de l'infraction, qui est alors appelé *marque*; les joueurs du camp opposé ne doivent pas dépasser la marque tant que le coup de pied n'est pas donné. Ce coup de pied, au gré de l'équipe lésée, peut être donné par n'importe quel joueur, et être au choix, *placé*, *tombé* ou de *volée*. Nous avons vu le coup placé; le coup *tombé* consiste à envoyer le ballon quand il rebondit, c'est-à-dire est déjà tombé sur le sol, tandis que le coup de volée consiste à l'envoyer avant qu'il ait touché le sol.

Parmi les infractions les plus courantes qui ont pour sanction un coup de pied franc, nous noterons les suivantes:

Ne pas mettre de suite le ballon à terre lorsqu'il est tenu;

Gêner l'adversaire quand on se trouve hors jeu soi-même ou quand l'adversaire n'a pas le ballon;

Toucher le ballon des mains dans une mêlée, se coucher dessus ou le sortir de la mêlée avec les mains;

Causer *volontairement* une infraction appelant une mêlée;

Jouer brutalement (crocs-en-jambe ou coups de pied), et bien d'autres clauses encore, mais plus accessoires, qu'on trouve énumérées dans le code.

But ou essai marqué. — Quand un but a été marqué, la partie recommence par un coup d'envoi, donné du centre du champ, comme nous l'avons dit plus haut.

Quand un essai a été marqué, un joueur du camp victorieux prend le ballon au point où l'essai a été fait, et parallèlement à la ligne du touche, vient le disposer dans le terrain de jeu pour un coup de pied placé, et la lutte reprend.

Tenu ou touché. — Nous avons dit qu'un tenu consistait en un arrêt du porteur de ballon par un adversaire, de telle sorte, que le ballon ne peut plus être passé. Le joueur tenu doit alors immédiatement crier « tenu! » et remettre le ballon à terre, face à la ligne de but du camp adverse.

Le *touché* est le contraire de l'essai, c'est-à-dire a lieu lorsque dans sa propre zone de but, le ballon est touché en premier par un joueur du camp à qui appartient le but. C'est, si l'on veut, une manière de défendre son but et d'empêcher l'adversaire de marquer un essai. Si ce *touché* a lieu à la suite d'un envoi d'un joueur de son propre camp, le ballon est remis en jeu par une mêlée; s'il a lieu à la suite de l'envoi d'un joueur du camp ennemi, il est remis en jeu par un *coup de renvoi* donné à la ligne des 22 mètres.

Sortie du ballon. — Le ballon peut sortir du jeu (lancé ou porté) soit par les lignes latérales du terrain de jeu, on dit alors que le ballon est *en touche*, soit par les lignes latérales de la zone de but, *ballon en touche de but*, soit par la ligne du fond, *ballon mort*.

Dans chacune de ces occurrences, le ballon est remis en jeu avec un cérémonial particulier.

Si la sortie en touche a eu lieu ballon *lancé*, la rentrée est faite par un joueur du camp adverse; si elle a eu lieu ballon *porté*, elle est faite par un joueur du même camp. Cette rentrée en jeu se fait, soit en lançant le ballon perpendiculairement à la ligne de touche, soit par une mêlée, à 10 mètres de la ligne de touche.

Si la sortie a eu lieu en touche de but ou par la ligne de ballon mort, la remise en jeu se fait soit par un coup de renvoi de la ligne des 22 mètres, soit par une mêlée qui a lieu à 5 mètres de la ligne du but, sur une ligne parallèle passant par le point où le ballon est sorti, suivant que le ballon est sorti à la suite d'un coup du camp adverse, ou au contraire, un coup du même camp.

Arrêt de volée. — Lorsqu'un joueur réussit un arrêt de volée du ballon, il a acquis de droit, un coup de pied franc en faveur de son camp. Ce coup de pied peut être donné par n'importe quel joueur du camp favorisé.

Telles sont, rapidement exposées, les phases les plus importantes du jeu de rugby, qui permettront au spectateur profane de suivre avec une compréhension suffisante les péripéties de la lutte, et apprécier le jeu des équipes concurrentes. Après un certain nombre de matches, on pourra suivre assez aisément les phases principales et même les phases secondaires qui fourmillent et rendent le jeu très compliqué sans doute, mais d'allure moins monotone. Nous conseillons la lecture attentive du code donné *in-extenso* plus loin.

La tactique. — A vrai dire, il n'y a pas de tactique d'ensemble dans le rugby comme il y en a dans l'association, ou si l'on aime mieux, il est à peu près impossible d'appliquer au cours de la partie une tactique établie d'avance, tant l'élément personnel domine, et les phases imprévues se succèdent durant le jeu.

Nous comparerions volontiers l'association à la bataille rangée et le rugby à la guerre de guerilla, laissant aux « solistes » une marge bien plus grande.

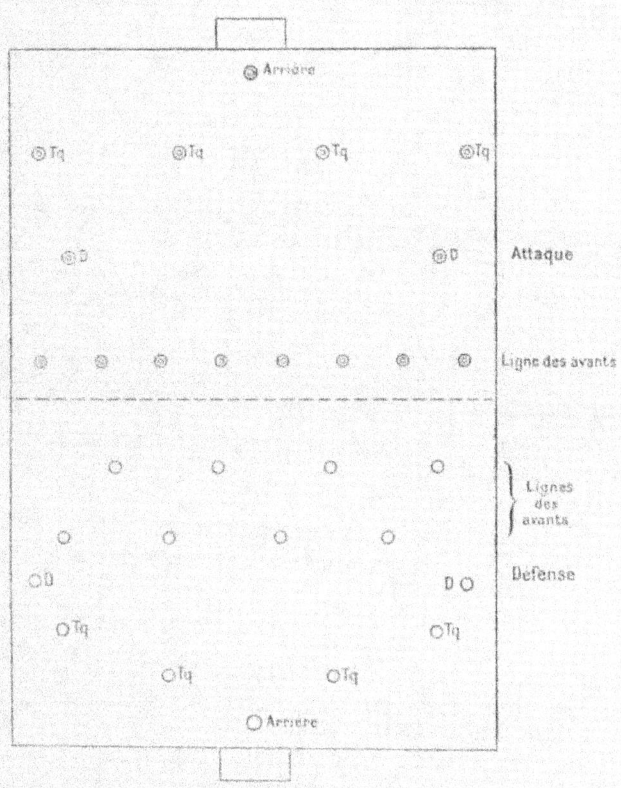

Fig. 4. — Football Rugby, position des camps au début d'une partie.

Nous ne voulons pas dire par là qu'il n'y ait pas pour le capitaine des principes généraux qu'il doit s'efforcer d'imposer à ses troupes avant l'action; mais celle-ci commencée, force lui est de laisser les rênes sur le cou aux combattants.

Les principes généraux eux-mêmes ont beaucoup évolué, et ont abouti finalement au jeu des passes ou au jeu découvert, suivant que les conditions atmosphériques sont favorables à l'une ou l'autre de ces deux méthodes.

A l'origine, les caractéristiques du jeu étaient le *mauling* et les *scrummages*, panachés de *hacking*. Le mauling était l'opération, par laquelle un joueur, porteur du ballon, s'étant laissé rejoindre par ses adversaires, une dizaine de solides gaillards se jetaient sur lui et cherchaient à lui arracher le ballon par tous les moyens. Le porteur, au contraire, devant rendre œil pour œil, dent pour dent, mettait son point d'honneur à ne lâcher le ballon qu'à toute extrémité, c'est-à-dire, à moitié rompu; pour éviter cette conjecture, ses co-équipiers arrivaient bientôt à la rescousse pour le défendre; c'était alors une lutte enragée, interminable, laissant sur le carreau nombre d'éclopés.

Ce mauling, jugé trop brutal, a été supprimé radicalement: on lui a substitué le *tenu*. Aujourd'hui, dès que le porteur est immobilisé et ne peut plus passer le ballon à un de ses co-équipiers, il crie « tenu! » et doit mettre immédiatement le ballon à terre.

La seconde caractéristique, le *scrummage* a été conservé dans le jeu actuel, mais la *mêlée* moderne n'est qu'un pâle reflet des scrummages homériques de jadis. Le scrummage n'avait aucune réglementation spéciale; les avants opposés se réunissaient face à face, le ballon entre eux, et faisaient masse compacte pour s'empêcher mutuellement de « rentrer » les uns dans les autres. C'était un combat de taureaux, front contre front, où les jambes ne restaient pas inactives d'ailleurs, et « n'opéraient » pas uniquement sur le ballon, mais aussi sur les jambes des adversaires, l'objectif essentiel étant avant tout la mise hors de combat du plus grand nombre d'ennemis. On a beaucoup adouci tout cela, et la mêlée de nos modernes est beaucoup moins sauvage.

Le *hacking* qui consistait à arrêter un adversaire qu'on avait peine à joindre en lui décochant un formidable coup de pied sur les jambes, a été également éliminé du règlement actuel, de même que les arrêts strangulatoires qui ont fleuri depuis chez les apaches sous le nom pittoresque de « coup du père François ». Les crocs-en-jambe eux-mêmes, plus inoffensifs, ont été supprimés et sont aujourd'hui sévèrement défendus.

Ainsi adouci, le rugby tout en restant un exercice éminemment violent, est devenu sans danger; mais aussi a-t-il perdu, disent les enragés, son caractère essentiel, qui était de développer l'endurance physique et le courage individuel. Ce n'est plus le lion du désert, indomptable et fier, c'est le lion en cage, aveuli. Peut-être n'ont-ils pas tort.

Quoi qu'il en soit, au fur et à mesure que se policait la règle du jeu, l'application d'une tactique générale devenait mieux possible; cette tactique consiste essentiellement à sortir le ballon de la mêlée *le plus vite possible*, à le passer aux arrières qui partent avec et tâchent de marquer un essai ou un but soit par un jeu personnel (dribbling), soit par un jeu combiné (passing).

Jadis, le dribbling était fort en honneur; aujourd'hui, on ne pratique presque exclusivement que la passe. On en abuse même, car trop souvent la passe ne devient qu'un simple prétexte pour se débarrasser du ballon, et les critiques qu'on peut adresser à la passe bien pratiquée en deviennent plus consistantes encore.

Les équipes. — La formation des équipes actuelles de football comprend quinze hommes; on s'est définitivement arrêté à ce chiffre après avoir successivement joué avec onze ou même vingt équipiers.

La formation la plus classique consiste à jouer avec huit avants, deux demi-arrière, quatre trois-quarts arrière, un arrière. La disposition diffère suivant le cas: dans le camp attaquant, les avants sont en ligne au-devant du jeu, au moment où se donne le coup d'envoi, et les arrières sont à leurs positions respectives, échelonnés vers l'arrière du jeu.

Dans le camp défendant, au contraire, les avants sont uniformément dispersés pour couvrir tout le centre du jeu, les côtés et le fond étant défendus par la disposition habituelle des demis et des trois-quarts.

Nous étudierons successivement le rôle de ces différents facteurs du jeu, et les qualités spéciales qu'ils doivent développer.

Des avants. — Dans le rugby, les avants abattent le principal de la besogne; ce sont eux qui s'emparent presque toujours du ballon dans la mêlée et le conservent jusqu'au moment jugé opportun, pour l'envoyer au demi. Lorsque ce point est atteint, le rôle du joueur avant est rempli en principe; c'est dire qu'il a rarement à marquer un but ou un essai.

Les qualités requises avant tout pour l'avant sont donc la force et la vitesse; il devra être vigoureux pour soutenir la mêlée et, si nécessaire, enfoncer les rangs ennemis. Il devra être endurant et courir vite, pour emporter le ballon avec lui sans crainte d'être rejoint et tenu par les adversaires.

Il devra, en outre, savoir bien dribbler, ce qui est souvent bien plus utile que de courir éperdument; un bon dribbling est infiniment plus difficile à arrêter qu'une course, car lorsque l'on joue le ballon au pied, il est interdit à l'adversaire de charger.

Malheureusement, le dribbling, qui est bien plus effectif avec le rugby qu'avec l'association par suite de la disposition des joueurs, est beaucoup plus difficile à réaliser avec succès avec un ballon ovale qu'avec un ballon rond, et sans doute est-ce une des raisons pour lesquelles on le pratique de moins en moins.

Ce qu'on demande avant tout aujourd'hui aux joueurs d'avant, c'est de se tirer avec succès d'une mêlée. Cette phase si fréquente du jeu a pour résultat la conquête du ballon par l'un ou l'autre camp, aussi, vu son importance nous devons lui consacrer quelques mots.

Une *mêlée* ne doit pas être une poussée brutale; depuis qu'elle a cessé d'être une bataille, un corps à corps sauvage, elle est devenue un engagement où la raison dispose rationnellement de la force aveugle.

L'objectif étant de s'emparer du ballon, deux principes essentiels sont à observer:

Se former *le plus rapidement possible* de façon à désorienter l'adversaire et lui prendre le ballon avant que son bloc soit assez compact pour résister;

Se constituer en formation *profonde* de façon à garder le ballon par devers soi, au centre de son camp, et en disposer le plus avantageusement possible.

Le premier point est de la plus haute importance: plus vite la formation d'un camp sera faite correctement, c'est-à-dire les échines pliées, les corps collés et bien résistants, plus on aura de chance d'atteindre l'adversaire avant que son bloc soit suffisamment cohérent, et alors, d'une poussée *immédiate* on pourra s'emparer du ballon. Celui-ci devra alors être passé aussitôt au second rang, et jalousement conservé.

Ceci fait, on respirera une minute pour voir venir l'ennemi.

Celui-ci revenu de sa surprise tentera sans doute d'enfoncer la formation adverse pour tâcher de lui reprendre le ballon; celle-ci devra résister, et riposter en tournant l'ennemi, c'est-à-dire se déplacer latéralement de façon à avoir le champ libre devant elle et à pouvoir partir avec le ballon, en dribblant adroitement de préférence.

Toutefois, ce mouvement tournant est peu facile à *réaliser*, car, l'ennemi en garde s'arrangera pour présenter toujours un front compact; en outre, il peut être dangereux, car il affaiblit, en déplaçant le centre de gravité de la mêlée, la force de résistance de celle-ci, et une poussée vigoureuse peut la défoncer.

Le plus praticable alors, lorsqu'un camp possède le ballon dans ses rangs, c'est de le passer à un demi, qui mènera la danse; neuf fois sur dix, c'est la tactique à adopter, et la plus efficace.

Ce que nous avons dit de la passe au chapitre du football association conserve ici toute sa valeur. La passe ne doit jamais être réalisée que pour donner le ballon à un co-équipier *en meilleure posture*; lorsqu'il pleut, que le ballon est mouillé et le terrain glissant, il faut se montrer encore plus circonspect dans le passing du ballon, qui a bien des chances d'être manqué ou d'échapper au partenaire auquel on le destine; il vaut mieux dribbler, ou même courir avec le ballon.

Lorsque l'activité du jeu se manifeste dans le voisinage d'un but plus ou moins menacé, un capitaine devrait même interdire les passes à distance, car un ballon manqué expose à un but ou un essai presque certain, et si le vent souffle, il peut faire dériver la balle, enfin celle-ci peut être aussi arrêtée à la volée, ce qui expose à un coup franc.

On voit que la passe doit être pratiquée judicieusement et non pas au petit bonheur, comme on la fait presque toujours. Il vaudrait mieux, lorsqu'on n'est pas de première force en passe, pratiquer le jeu ouvert à coups de pied, et gagner du terrain par des envois en touche successifs.

Les demis. — Le rôle des demis est transitoire, mais considérable; un demi a rarement l'occasion de marquer des coups décisifs, mais il constitue le pivot autour duquel oscille l'allure générale du jeu.

Les trois qualités essentielles du bon demi sont l'agilité, une très grande décision, et un bon coup de pied. Son rôle est très différent dans l'attaque ou la défense, c'est-à-dire, suivant que le ballon, à la suite d'une mêlée, appartient à son propre camp ou au camp opposé.

Quand son camp tient le ballon, c'est lui qui renseignera son équipe du moment opportun où le ballon sera retiré de la mêlée pour lui être envoyé. C'est là que toute la perspicacité du demi rentre en jeu; d'un coup d'œil, il devra avoir jugé: de la situation de l'ennemi, de la meilleure façon d'en tirer parti, et avoir informé ses avants d'avoir à dégager le ballon de telle ou telle manière.

S'emparer alors du ballon pour le passer à ses trois-quarts convenablement échelonnés pour pénétrer dans le terrain ennemi dégarni par suite de la mêlée, tel est le rôle du demi lorsque son camp n'est pas menacé.

C'est du succès de cette manœuvre dûment réalisée que dépend l'essai ou le but.

Si son camp est menacé, il devra agir autrement, et de préférence éviter les passes qui, comme nous le disions un peu plus haut, sont sujettes à caution, surtout par mauvais temps, et exposent presque infailliblement à un essai quand elles sont manquées. Un bon coup de pied à propos est bien préférable et permet au demi, en envoyant le ballon en touche, de changer la face du jeu, ou tout au moins de dégager son camp.

C'est, en effet, presque toujours le demi qui remet le ballon en jeu lorsqu'il a été en touche, et s'il déploie les mêmes qualités d'esprit de jugement que nous lui avons vu nécessaires tout à l'heure pour la mêlée, il saura tirer un grand parti de la rentrée en touche.

Dans la défense, c'est-à-dire lorsque, au contraire, le ballon, dans la mêlée, est resté au pouvoir de l'équipe ennemie, son rôle sera de s'opposer à la tactique que nous venons d'exposer et que suit le demi du camp adverse. Il devra donc chercher par tous les moyens à empêcher le demi de passer le ballon au trois-quarts le plus proche et, pour cela, il tâchera de s'intercaler entre eux et d'arrêter l'adversaire :

Soit en se jetant sur le demi au moment où il ramasse le ballon ;

Soit en interceptant la passe ;

Soit, enfin, en chargeant le trois-quarts, si celui-ci a pu recevoir le ballon.

C'est là qu'intervient l'agilité et la décision pour mettre à exécution celle de ces trois manœuvres qui a le plus de chance d'aboutir.

Tout l'espoir du camp repose ainsi sur le demi ; s'il ne réussit pas à arrêter l'ennemi, les trois-quarts ont vite fait de se passer le ballon jusqu'au but adverse qui n'est plus défendu que par l'arrière, les avants, retenus par la mêlée, n'ayant pas encore eu le temps de venir au secours de la situation.

Les bons demis sont rares ; leur rôle demande beaucoup d'abnégation en plus des qualités réunies que nous avons déjà définies. Or cette dernière, qui est peut-être la plus essentielle, est aussi la plus difficile à trouver, au moins chez les joueurs français. S'ils savent intercepter les passes ou arrêter l'ennemi, ils ont trop souvent tendance à exécuter ensuite un cavalier seul au lieu de passer purement et simplement la balle aux trois-quarts.

Les trois-quarts. — Le rôle des trois-quarts arrière est des plus brillants si l'équipe possède de bons demis ; dans le cas contraire, ils n'ont qu'à se croiser les bras.

Le trois-quarts est, par essence, l'équipier qui doit marquer les essais et les buts. C'est par lui que se pratique, dans toute sa virtuosité, le jeu de passe que nous avons dit être la caractéristique la plus importante de la tactique moderne.

Ce sont les Gallois qui, par le jeu étourdissant qu'ils vinrent nous faire admirer lors de matches internationaux, ont le plus contribué à introduire chez nous le jeu des passes; ils ont même amené à modifier la distribution des équipiers.

Pendant longtemps, en effet, on ne joua qu'avec trois trois-quarts; cependant, pour diminuer la longueur des passes et, par suite, pour augmenter leur sûreté et diminuer les chances d'arrêt, les Gallois jouèrent avec quatre trois-quarts qui, se trouvant ainsi plus rapprochés les uns des autres, avaient un jeu irrésistible.

Depuis, on a adopté presque partout cette manière de former l'équipe, et l'on joue avec un avant de moins et un trois-quarts de plus.

Les qualités essentielles du trois-quarts sont l'adresse: il ne ne doit pas manquer le ballon qui lui est envoyé, ni glisser maladroitement; la rapidité: en possession du ballon, il doit courir autant qu'il le pourra vers le but avant de passer la balle à son co-partenaire, quand il se sent rejoint; enfin, par-dessus tout, l'homogénéité et la connaissance du jeu.

Le jeu des arrières est, en effet, un jeu d'ensemble; leur tactique générale doit être dûment concertée et chaque trois-quarts doit se trouver à sa place au moment où le ballon va lui être passé par son partenaire menacé.

Avec une ligne de trois-quarts bien dressée, la danse est irrésistible et le mouvement est d'autant plus difficile à conjurer que la manœuvre a lieu à la suite d'une mêlée, c'est-à-dire à un moment où les avants sont hors de portée et où chaque trois-quarts n'a plus comme adversaire que son trois-quarts ennemi.

Ce que nous venons de voir c'est l'attaque; dans la défense, toute la science du trois-quarts consiste à arrêter le ballon, et pour cela tous les moyens sont bons, même s'ils doivent entraîner une mêlée comme corollaire; mieux vaut, en effet, recourir à une mêlée que de laisser s'achever la marche en avant qui mène tout droit à un but, si elle est bien conduite.

Si le ballon vient par un dribbling d'un avant, le cas est relativement facile : on se jette sur la balle qu'on garde sous soi. Le procédé est moins correct, mais bien plus sûr qu'un arrêt avec le pied, surtout avec le ballon ovale dont la ligne de dribbling est autrement fantaisiste que celle d'un ballon sphérique.

S'il s'agit, cas beaucoup plus général et d'ailleurs plus difficile, d'intercepter les passes des trois-quarts ennemis, il faut porter toute son attention à se placer entre les deux trois-quarts qui vont faire la passe, plutôt que de chercher à arrêter le porteur. Si l'on a pu s'insérer comme nous venons de dire, on est alors dans les meilleures conditions soit pour arrêter le ballon à la volée, ce qui donne un coup franc, soit pour se jeter sur l'un ou l'autre des trois-quarts et le tenir.

Lorsqu'on a des trois-quarts très vites et qui savent conserver à toutes les phases du jeu leurs distances correctes, l'on a bien des chances d'arrêter les passes des adversaires. C'est d'ailleurs là la grande critique que l'on peut adresser au système de la passe.

Si les trois-quarts ennemis, au lieu de jouer les passes jouaient les coups de pied en touche, l'arrêt serait impossible à pratiquer et l'on gagnerait du terrain à chaque touche.

Tout le monde ne possède pas l'irrésistible virtuosité des trois-quarts gallois, et si leur jeu nous a paru si séduisant, c'est qu'il nous a surpris. Si nos trois-quarts avaient su « coller » convenablement aux trois-quarts anglais, et se maintenir entre eux, nul doute que nous aurions pu intercepter la plupart de leurs passes et leur jeu nous eût semblé moins brillant.

L'arrière. — L'emploi d'arrière, dans une partie de rugby, est assez morne, d'autant plus morne qu'on fait partie d'une équipe plus habile.

Néanmoins, un bon arrière peut empêcher bien des essais. Ses qualités maîtresses sont les suivantes :

Une grande robustesse physique, car l'arrière doit pouvoir arrêter, tenir, s'il le faut, n'importe lequel des ennemis. Il ne faut pas, par contre, qu'un joueur opposé puisse renverser ou enfoncer l'arrière.

Une grande adresse, en plus de la puissance ; le ballon ne

doit pas plus échapper à notre arrière, que tout à l'heure l'équipier. L'arrière devra, en effet, réaliser un grand nombre d'arrêts à la volée, et cette tâche est encore bien plus malaisée que celle qui consistait à arrêter un joueur. On s'imagine, en effet, malaisément, la puissance qu'il faut développer pour étreindre un ballon ovale, visqueux, arrivant sur vous à toute vitesse.

Enfin, un coup de pied très sûr. Ceci est le plus essentiel, car le plus clair de la défense consiste à envoyer le ballon en touche et aussi loin que possible, de façon à gagner le plus de terrain qu'on pourra. L'arrière doit donc présenter un coup de pied précis quant à la direction, et très puissant. Le coup tombé est le plus pratiqué, mais si le ballon est glissant, il est beaucoup moins sûr que le coup de pied de volée.

La dernière cartouche de l'arrière, lorsqu'il est très menacé et qu'il se trouve trop isolé de ses co-équipiers pour passer la balle à ceux-ci d'une façon quelconque ou pour la jouer, consiste à faire un touché. Il se jette immédiatement en **arrière** de son but et fait toucher terre au ballon. C'est là une manœuvre *in extremis*, puisqu'elle a comme résultante une mêlée à 5 mètres de la ligne de but, mais il vaut encore mieux y avoir recours que d'abandonner au camp adverse un essai à peu près certain, ou lui laisser faire un tenu derrière la ligne de but, ce qui amène rapidement le même résultat.

Interprétation des hors-jeu. — L'interprétation des hors-jeu est beaucoup plus facile au rugby que dans le jeu d'association.

Deux conditions sont nécessaires et suffisantes pour, que, au cours d'une partie, l'on soit « hors-jeu » :

1° Que vous soyez entre le ballon et le but ennemi au moment où le ballon a été joué;

2° Que le ballon ait été joué par un de vos co-équipiers.

L'interprétation est alors enfantine: si c'est un adversaire qui joue, *vous ne serez jamais hors-jeu*. Si c'est un de vos co-équipiers, il suffit que vous vous souciiez de ne pas être *en avant* du joueur quand le ballon est lancé.

Ceci est très clair, ne nécessite aucune tension d'esprit et ne prête à aucune ambiguïté possible; vous pouvez vous emparer du ballon en avant, même s'il a été joué par votre camp, pourvu qu'au moment où le ballon a été lancé vous ne vous soyez pas trouvé en avant.

De l'arbitre. — Arrivons maintenant au plus mauvais rôle de la pièce, celui qui est tenu par le referee. La tâche d'arbitrer une partie de football ne constitue pas une sinécure, loin de là.

Le règlement du rugby est beaucoup plus complexe et beaucoup plus draconien que celui du football association; le connaître à fond, dans son texte et dans ses commentaires, constitue déjà une entreprise difficile.

L'appliquer au cours de la partie devient un tour de force qui, en guise de récompense, comporte les réclamations virulentes des deux camps qui ne se trouvent d'accord que pour déclarer unanimement l'incapacité ou le parti pris de l'arbitre.

Qu'on ne croie pas, d'ailleurs, que la tâche soit tranquille et puisse être dévolue à quelque « pontife » à cheveux blancs. Point. L'arbitre doit avoir de robustes poumons et des jarrets d'acier. Il lui faut suivre le ballon; il doit se maintenir toujours à hauteur des joueurs de tête afin de pouvoir juger des *en avant*, et rester près de la mêlée lorsqu'il y en a. Bref, il doit être au four et au moulin, et surveiller les gestes de trente gaillards qui se déplacent à des allures de train express. Non ce n'est pas une sinécure!

Aussi étonnante que la chose puisse paraître, on trouve, néanmoins, quelques personnes de bonne volonté pour arbitrer le rugby. Grâces leur soient rendues!

L'arbitre, souverain maître de la police du jeu, est secondé dans sa tâche par deux *juges de touche*, qui sont là, en principe, uniquement pour affirmer si le ballon est en touche, et désigner l'endroit par où il est sorti. Pratiquement, ces modestes auxiliaires viennent au secours de l'arbitre qui les consulte lorsqu'il a un doute sur la façon dont les choses se sont passées. Toutefois, cette consultation est purement gratuite et l'arbitre reste libre de n'en pas tenir compte, s'il le juge à propos.

REGLEMENT DU FOOTBALL RUGBY

de l'Union des Sociétés Françaises des Sports Athlétiques

L'ÉQUIPE

ARTICLE PREMIER. — Le Football Rugby est joué par deux équipes, chacune composée de quinze joueurs au maximum.

LE TERRAIN

ART. 2. — Le terrain doit avoir la forme d'un rectangle.

Les dimensions extrêmes ne doivent pas dépasser 144 mètres de longueur d'*une ligne de ballon mort à l'autre* sur 70 mètres de largeur d'une ligne de touche à l'autre, et s'en rapprocher autant que possible.

Le champ de jeu doit mesurer 100 mètres de long de but à but sur 70 mètres de large de touche à touche; il est délimité par les lignes de touche et par les lignes de but tracées perpendiculairement aux lignes de touche et à 50 mètres du milieu de celles-ci.

Les lignes de touche, de ballon mort, de but, des 22 mètres et le centre du terrain, d'où doit être donné le coup d'envoi, doivent être marquées.

Les lignes de touche sont en touche, les lignes de touche de but sont en touche de but, les lignes de but sont en but.

BUT ET BUTS

ART. 3. — Le but est la partie du terrain comprise entre la ligne de but, les lignes de touche de but et la ligne de fond dite de ballon mort.

Sur chaque ligne de but et à égale distance des lignes de touche, s'élèvent deux poteaux aussi hauts que possible plantés à 5 m. 50 l'un de l'autre et reliés à 3 mètres du sol par une barre transversale. Ce sont les buts proprement dits.

A 22 mètres en arrière de chaque ligne de but et parallèlement à elle, on trace d'une touche à l'autre une ligne appelée ligne de ballon mort. Lorsque le ballon la touche ou la franchit, il est mort et doit être remis en jeu, soit par un coup de renvoi (art. 17), soit par une mêlée formée conformément à l'article 22.

BALLON

ART. 4. — Le ballon doit se rapprocher autant que possible des dimensions suivantes :

Longueur	27 à 28 centimètres.
Grand périmètre.	75 à 77 —
Petit périmètre.	63 à 65 —
Poids	360 à 400 grammes.

CHOIX DES BUTS

ART. 5. — Les capitaines des deux équipes tirent au sort au commencement de la partie. Le gagnant a le choix du camp ou du coup d'envoi.

DURÉE

ART. 6. — Chaque équipe jouera de chaque côté du terrain un temps égal, fixé à l'avance. La partie est officiellement de quatre-vingts minutes.

RÉSULTAT

ART. 7 — La victoire se décide à la majorité des points.

Le gain d'un essai vaut.	2 points.
Le gain d'un but après essai vaut	2 —
Le gain d'un but sur un coup franc ou après arrêt de volée vaut.	3 —
Le gain d'un but sur coup tombé en cours de partie vaut.	4 —

En cas d'égalité de points, le match est déclaré nul.

DÉFINITIONS

ART. 8. — *Coups de pied* :

Coup tombé. — Se donne en laissant tomber le ballon à terre et en le frappant avec le pied quand il rebondit.

Coup placé. — Se donne en frappant du pied le ballon qui a été préalablement *placé* sur le sol.

Coup de volée. — Se donne en laissant tomber le ballon de ses mains et en le frappant avec le pied avant qu'il n'ait touché terre.

Coup franc. — Ce coup peut être placé, tombé ou de volée et se donne après un arrêt de volée ou certaines fautes énumérées plus loin.

Dribbler. — C'est faire avancer le ballon au moyen de petits de pied.

ART. 9. — *Tenu*. — Il y a tenu lorsque le porteur du ballon ne peut le passer.

ART. 10. — *Mêlée*. — Il y a mêlée lorsqu'un ou plusieurs joueurs de chaque camp se groupent autour du ballon à terre ou lorsqu'ils se placent en groupe dans l'attente du ballon et pour permettre qu'on le pose au milieu d'eux.

Tous les joueurs dans la mêlée doivent avoir les pieds sur le sol au moment où le ballon est mis dans la mêlée.

Il ne peut y avoir mêlée qu'à l'intérieur du terrain de jeu.

ART. 11. — *Essai*. — Un essai est gagné par le joueur qui met, le premier, la main sur le ballon en contact avec le sol dans le but ennemi.

ART. 12. — *Touché*. — Est fait lorsqu'un joueur met le premier la main sur le ballon en contact avec le sol dans son propre but.

ART. 13. — *Gain d'un but*. — Pour gagner un but, il faut envoyer le ballon, par un coup tombé ou placé, directement du terrain de jeu par-dessus la barre transversale du but de l'adversaire, que le ballon, en passant, touche ou non cette barre ou l'un des poteaux, pourvu qu'après avoir quitté terre il ne touche au préalable ni le sol ni un joueur.

Le coup de pied placé exige que le ballon ait été placé intentionnellement pour un coup de pied.

Un but ne peut être gagné ni par un coup de volée, ni par un coup d'envoi, ni par un coup de renvoi.

Art. 14. — *En avant.* — Consiste à projeter le ballon dans la direction du but ennemi, soit avec la main, soit avec le bras écarté du corps.

Rebond. — Quand le ballon frappe un joueur sur toute partie du corps, sauf les bras et les mains, et rebondit en avant.

Le *rebond* n'est pas une faute.

Art. 15. — *Arrêt de volée.* — A lieu quand un joueur saisit le ballon de volée, et que celui-ci provient directement de l'adversaire, à la suite d'un coup de pied, d'un en avant ou d'un rebond. Le joueur fait une marque avec son talon à la place où l'arrêt a été fait.

Si un joueur fait un arrêt de volée, il a droit à un coup franc, même si un en avant ou un coup de main a été sifflé, n'importe quel joueur de son camp peut donner le coup franc ou placer le ballon.

Art. 16. — *Coup d'envoi.* — Est un coup placé, donné du centre du terrain, par lequel on met le ballon en jeu :

1° Au commencement de la partie ;

2° A la mi-temps, par le camp opposé à celui qui l'a mis en jeu au début de la partie ;

3° Après le gain d'un but par le camp qui a *perdu* ce but.

Au moment où le coup de pied est donné :

A. Les adversaires doivent se tenir à 10 mètres du ballon. En cas d'infraction, le coup de pied pourra être recommencé.

B. Les joueurs de l'équipe qui donne le coup d'envoi ne dépasseront pas le milieu du terrain, tant que le coup de pied n'aura pas été donné. En cas d'infraction, une mêlée aura lieu au centre du terrain.

C. Les joueurs ne peuvent pas charger tant que le coup d'envoi n'a pas été donné.

Art. 17. — *Coup de renvoi ou de 22 mètres.* — Est un coup de pied tombé, donné à moins de 22 mètres de la ligne de but de celui qui donne le coup de pied.

Le coup de renvoi a lieu :

1° Quand le ballon franchit la ligne de touche de but ou celle de ballon mort ;

2° Après un essai non transformé en but ;

3° Après un « touché ».

Tant que le coup de pied n'est pas donné:

A. Tous les joueurs du camp qui donne le coup de pied doivent se tenir en arrière du ballon; en cas d'infraction, le camp lésé pourra réclamer une mêlée au milieu de la ligne des 22 mètres.

B. Les adversaires ne peuvent avancer ni charger au delà de la ligne des 22 mètres; en cas d'infraction, le coup de pied pourra être recommencé.

ART. 18. — Le coup d'envoi doit porter directement au moins jusqu'à 10 mètres; celui de renvoi jusqu'à la ligne des 22 mètres. En cas d'infraction, le camp lésé pourra, ou faire recommencer le coup de pied, ou demander une mêlée.

La mêlée aura lieu, dans le premier cas, au centre du terrain, dans le deuxième, au milieu de la ligne des 22 mètres.

Si le ballon tombe directement en touche, le camp lésé pourra faire recommencer le coup de pied.

ART. 19. — Le jeu commencé, il est permis à tout équipier, pourvu qu'il ne soit pas hors jeu, de donner des coups de pied dans le ballon, de le ramasser et de courir avec, de le frapper ou de le passer en arrière; mais on ne doit pas le ramasser dans les cas suivants:

Quand le ballon:

1º Est dans une mêlée;

2º Est à terre ou a été mis à terre après un tenu (art. 9).

Quand un joueur vient à être tenu, sous peine de coup franc, il doit immédiatement mettre le ballon à terre, face à la ligne de but adverse.

ART. 20. — *Hors jeu.* — Tout joueur est hors jeu:

1º S'il pénètre ou cherche à pénétrer dans une mêlée par le côté des adversaires;

2º Si, volontairement ou non, le ballon a été joué ou touché en dernier lieu, derrière lui, par un joueur de son propre camp.

N. B. — Un joueur est susceptible d'être hors jeu derrière la ligne de but adverse, mais non derrière sa propre ligne de but, sauf dans le cas d'un coup de pied franc, donné par son propre camp, auquel cas il doit se tenir en arrière du ballon jusqu'au moment où le coup de pied est donné.

Un joueur hors jeu cesse de l'être:

1º Quand un adversaire a couru 5 mètres avec le ballon;

2º Quand un adversaire a donné un coup de pied dans le ballon, l'a touché sans parvenir à s'en emparer ou lorsque le ballon a touché un adversaire;

3° Quand le joueur de son propre camp qui a joué en dernier lieu le ballon ou un joueur de son camp portant le ballon le dépasse dans la direction du but ennemi.

Un joueur hors jeu ne doit pas avancer ni gêner l'adversaire d'une façon active ou passive tant qu'il n'aura pas été remis en jeu.

Toute infraction à cette règle donne le droit au camp opposé de choisir, soit:

A. Une mêlée au point où le ballon a été joué en dernier lieu avant l'infraction.

B. Un coup franc au point où l'infraction a été commise.

Sauf si l'infraction a été involontaire, auquel cas on formera une mêlée au point où l'infraction a été commise.

Art. 21. — *En avant.* — Tout joueur en possession du ballon peut l'envoyer à un joueur de son camp, en le passant, en le jetant ou en le frappant, pourvu que le ballon ne soit pas envoyé en avant, c'est-à-dire dans la direction du but ennemi.

Dans le cas d'un « en avant », le ballon est rapporté à l'endroit où l'infraction a été faite, et une mêlée a lieu, à moins toutefois qu'un arrêt de volée ait été marqué et accordé, ou que l'« en avant » profite immédiatement à l'adversaire.

Art. 22. — Lorsqu'une équipe envoie de quelque façon que ce soit le ballon dans son propre but, puis y fait un touché, ou lui fait franchir la ligne de touche de but ou celle du ballon mort, le ballon est remis en jeu par une mêlée. Cette mêlée aura lieu à un point situé à 5 mètres de la ligne de but et sur une ligne parallèle à la touche, passant par l'endroit où le ballon a été joué en dernier lieu; il en sera de même lorsqu'un joueur aura été tenu derrière la ligne de but.

Tout joueur a, par contre, le droit, pour défendre son but, de faire un touché dans son but, si le ballon y a été envoyé par un adversaire et, dans ce cas, le ballon est remis en jeu de la ligne des 22 mètres par un coup de pied tombé.

Art. 23. — *En touche.* — Le ballon est en touche:

1° S'il franchit la ligne de touche même en l'air ou s'il vient frapper un des poteaux de touche;

2° Si le joueur qui court après le ballon dépasse, même d'un pied,

la ligne de touche, ou touche un des poteaux limitant le terrain
du jeu.

Le ballon est remis en jeu du point où il est sorti du terrain :

A. S'il a été *envoyé* en touche par un joueur du camp opposé
à celui qui l'a mis en touche ;

B. S'il a été *porté* en touche par un joueur du même camp que
celui qui l'y a porté.

Dans l'un ou l'autre cas, le joueur qui remet le ballon en jeu peut :

1° Lancer le ballon à un autre joueur dans le terrain de jeu, à
angle droit de la ligne de touche, et ne peut rejouer le ballon lui-
même avant qu'un autre joueur ne l'ait touché ;

2° Ou bien apporter le ballon dans le terrain de jeu, à angle droit
de la ligne de touche, et le mettre dans une mêlée formée à 10 mètres
de la ligne de touche.

Dans le cas d'une remise en jeu incorrecte, le camp adverse aura
le ballon, qui sera joué conformément à la deuxième manière, c'est-
à-dire par une mêlée à 10 mètres.

Art. 24. — *Essai*. — Quand un camp a gagné un essai, un joueur
de ce camp prend le ballon au point où l'essai a été marqué et,
suivant une direction parallèle aux lignes de touche, l'apporte dans
le terrain de jeu à telle distance qu'il juge utile et dispose le ballon
pour un coup de pied placé.

Ce coup de pied est régi par l'article 25 en ce qui concerne le
droit de charger, le camp défendant devant se tenir derrière sa
ligne de but.

C'est l'affaire à l'arbitre de veiller, avant que le coup de pied
ne soit donné, à ce que le ballon soit sorti parallèlement aux lignes
de touche.

Après le coup de pied manqué ou une infraction, le ballon est
mort et remis en jeu par un coup de renvoi donné des 22 mètres.

Art. 25 — *Arrêt de volée*. — Quand un joueur réussit un arrêt de
volée, il a droit à un coup franc, n'importe quel joueur de son
camp peut donner le coup franc ou placer le ballon.

Art. 26. — *Coups francs*. — Tout coup de pied franc accordé doit
être donné.

Les coups francs peuvent être, au choix, des coups placés, tombés
ou de volée, mais doivent être donnés dans la direction de la ligne
de but.

Lorsque pour donner le coup franc le joueur se retire derrière sa

propre ligne de but, il devra faire franchir au ballon cette ligne.
En cas d'infraction, le camp opposé pourra, s'il n'a pas pu jouer
le ballon, faire recommencer le coup de pied.

Le coup de pied doit être donné d'un point quelconque en arrière
de la marque et à même distance de la ligne de touche.

Tant que le ballon n'a pas été envoyé, les joueurs du camp qui
donne le coup de pied doivent se tenir derrière le ballon. En cas
d'infraction, une mêlée sera formée au point où le joueur a fait la
marque.

Les joueurs du camp opposé ne pourront dépasser cette marque.
Mais ils ont le droit de charger d'un point quelconque:

a) S'il s'agit d'un coup placé, aussitôt que le ballon touche terre.

b) Si le joueur se dispose à donner un coup tombé ou un coup
de volée, aussitôt qu'il prend son élan ou fait mine de frapper le
ballon.

Toutefois, dans ce dernier cas *b*), tant que le joueur n'a pas
lâché le ballon, il peut toujours s'arrêter et ses adversaires devront
se retirer derrière la marque.

Si les adversaires chargent avant que le ballon ait touché terre
ou que le joueur ait commencé à prendre son élan, ils devront reculer
de nouveau derrière la marque, et l'arbitre pourra déclarer le droit
de charger perdu.

PÉNALITÉS

Art. 27. — *Coups francs.* — Un coup franc est accordé à l'équipe
adverse quand un joueur, pendant une mêlée:

1° Touche intentionnellement le ballon de la main, se laisse tomber
dans la mêlée sur le ballon, ou le sort avec ses mains;

2° Portant le ballon, ne met pas immédiatement et correctement
le ballon à terre quand le ballon est tenu (correctement, c'est-à-dire
devant lui, en faisant face à la ligne du but adverse);

3° Etant à terre, ne se relève pas immédiatement;

4° Empêche un adversaire de se relever ou de mettre le ballon
à terre;

5° Contrevient à l'article relatif aux joueurs hors jeu (arrêt, charge,
obstruction, illégaux);

6° Arrête un adversaire qui n'a pas le ballon;

7° Donne intentionnellement des crocs-en-jambe ou des coups de
pied à ses adversaires;

8° Lorsque le ballon est volontairement placé d'une façon incorrecte dans la mêlée ou lorsqu'on l'y fait rentrer volontairement de la main ou du pied quand il est sorti;

9° Sans courir lui-même vers le ballon, charge ou gêne un adversaire qui n'a pas le ballon;

10° Ne faisant pas lui-même partie d'une mêlée, gêne volontairement les demis, trois-quarts ou l'arrière adverses en se tenant en avant de la ligne du ballon situé dans la mêlée;

11° Empêche volontairement la mise correcte du ballon dans la mêlée;

12° Faisant partie d'une mêlée, quitte du ou des pieds le sol avant que le ballon ait été posé dans la mêlée;

13° Commet volontairement et systématiquement une infraction appelant une mêlée, ou seulement cause volontairement et systématiquement une perte de temps inutile.

Pour tous ces coups de pied francs, le point de l'infraction est pris comme marque et n'importe quel joueur du camp, auquel le coup de pied est accordé, peut placer le ballon ou donner un coup de pied;

14° Lorsqu'on crie « en jeu » ou quelque chose du même genre, alors que tous les joueurs ne sont pas en jeu correctement.

Art. 28. — *Interdiction*. — Il est interdit de donner volontairement des crocs-en-jambe ou des coups de pied.

Toute infraction à ce règlement peut entraîner l'expulsion du joueur.

Il est également interdit, sous peine d'expulsion immédiate, de jouer avec des souliers garnis de crochets, de clous saillants, de plaques de fer ou de gutta-percha, ou avec des jambières garnies de bois ou de métal. Les boucles métalliques de ceinture sont également interdites.

Art. 29. — *Jeu déloyal*. — Le juge-arbitre a le droit, dans le cas d'incorrection ou de jeu déloyal, d'accorder un essai, s'il pense que cet essai aurait été inévitablement obtenu si cette incorrection n'avait pas été commise.

Le coup d'essai se fera alors d'un point quelconque à la même distance de la ligne de touche que le point où l'infraction a été commise.

L'arbitre peut également refuser un essai et accorder un coup de renvoi s'il pense que cet essai n'aurait pas été obtenu sans une faute ou un acte déloyal.

Art. 30. — *Particularités*. — Si le ballon ou le porteur du ballon viennent à toucher l'arbitre, le ballon est *mort* et une mêlée est faite à ce point.

Si le cas se produit *en but*, il y a *essai* si le porteur appartient au camp attaquant, *touché* si le porteur appartient au camp attaqué et enfin *coup de renvoi* si le ballon est libre au moment où il touche l'arbitre.

ARBITRES

ART. 31. — Pour toutes les parties, il faut un arbitre et deux juges de touche. Pour les championnats et autres épreuves officielles de l'Union, la désignation de l'arbitre fait l'objet d'une réglementation spéciale.

L'arbitre doit porter un sifflet dont le son arrêtera le jeu et siffler spontanément dans les cas suivants:

1° Toute faute avantageant l'équipe qui la commet;

2° Quand un joueur fait et marque un arrêt de volée;

3° Quand un équipier joue d'une manière brutale ou déloyale; il peut, la première fois, ou donner un avertissement au joueur, ou le faire sortir du terrain; la deuxième fois, il devra le renvoyer du terrain.

4° Quand il accorde un but ou un essai;

5° Quand il estime qu'il y a danger à continuer;

6° Quand le ballon n'est pas mis correctement dans la mêlée;

7° Quand il approuve une décision d'un juge de touche ou que le ballon entre en touche de but;

8° Quand il est touché par le ballon ou le porteur du ballon;

9° Quand un joueur, n'étant pas dans la mêlée, gêne volontairement les demis, trois quarts ou arrière du camp opposé en se tenant en avant de la ligne du ballon placé dans la mêlée;

10° Quand il désire arrêter le jeu pour un motif quelconque;

11° Toutes les fois qu'un joueur ou une équipe transgresse les règles du jeu et tombe sous le coup d'une des pénalités de jeu prévues;

12° A la mi-temps et à la fin de la partie.

Dans ces deux derniers cas, il doit attendre, pour donner le signal, que le ballon cesse d'être en jeu. Si un essai ou un coup franc viennent d'être obtenus, il laissera donner le coup d'essai ou le coup franc et arrêtera la partie immédiatement après.

L'arbitre est seul chronométreur et a le droit de prolonger la partie pour compenser des suspensions imprévues.

L'arbitre est seul juge des faits et sans appel. On peut en appeler de ses interprétations de règles au Conseil de l'Union.

Il est interdit aux joueurs de discuter les interprétations de l'arbitre.

ART. 32. — *Dispositions diverses*. — L'arbitre siffle toutes les fautes sans qu'il soit besoin de réclamer; il ne siffle pas celles qui profitent immédiatement au camp adverse.

2º Les joueurs ne doivent tenir aucun compte des réclamations de leurs adversaires, ni s'arrêter de jouer, tant que l'arbitre n'a pas sifflé.

ART. 33. — *Juges de touche*. — Les juges de touche doivent être munis de drapeaux et surveiller, sans pénétrer sur le terrain, chacun une des lignes de touche. Ils doivent lever leur drapeau au moment où le ballon entre en touche ou en touche de but et se porter rapidement à l'endroit où il a franchi la ligne. Ils doivent aussi assister l'arbitre dans les cas où l'on tente un but, chacun se tenant au pied d'un poteau de but.

ART. 34. — *Infractions non prévues*. — Pour toute faute non prévue, l'arbitre accordera une mêlée au point où l'infraction a été commise.

Mais toute faute commise « en but » donne lieu:

1º Si la faute a été commise par le camp attaquant, à un coup de renvoi;

2º Si la faute a été commise par le camp attaqué, à une mêlée: cette mêlée aura lieu à 5 mètres de la ligne de but et à égale distance de la touche que le point où l'infraction a été commise.

DISPOSITIONS DIVERSES

ART. 35. — *Dimensions du terrain*. — C'est à l'équipe qui vient jouer sur le terrain de ses adversaires de veiller à ce que le terrain soit de la grandeur stipulée et les lignes bien marquées et visibles.

Une fois la partie commencée, aucune réclamation ne peut être admise à ce sujet.

Toutes les limites du terrain doivent être ostensiblement marquées ainsi que les lignes de milieu, des 22 mètres et de ballon mort (à moins que d'autres limites n'indiquent ces dernières). Le terrain étant ainsi marqué, il n'est pas nécessaire d'avoir des drapeaux aux lignes de milieu et des 22 mètres. Ils doivent, en tout cas, être plantés bien en arrière des lignes de touche, mais on doit se servir de drapeaux à la jonction des lignes de but avec les lignes de touche; si un joueur portant le ballon touche un de ces drapeaux, le ballon est en touche de but.

Un joueur en touche de but peut jouer le ballon avec son pied ou marquer l'essai ou faire un touché, pourvu que le ballon ne soit pas, lui, en touche de but.

Art. 36. — *Arrêt de volée*. — Ne peut être réclamé que si un joueur fait sa marque *après* avoir attrapé le ballon. Toutefois, la marque doit être faite *aussi vite que possible* après que le ballon a été attrapé; l'arbitre peut toutefois accorder un arrêt de volée quand la marque a été faite simultanément avec l'arrêt du ballon. Un arrêt de volée peut être fait par un joueur dans son propre « but ».

Art. 37. — *Coup de renvoi*. — Si un joueur dépasse la ligne des 22 mètres pour donner un coup de renvoi ou s'il le donne par un coup de volée au lieu d'un coup tombé, l'arbitre doit siffler et faire recommencer le coup de pied en deçà de la ligne des 22 mètres.

Art. 38. — *De l'arbitrage*. — a) L'arbitre ne doit pas siffler simplement parce qu'un joueur est tenu *avec le ballon*, et ceci est un point très important sur lequel l'attention des joueurs et des arbitres doit être attirée; l'habitude de siffler aussitôt qu'un joueur est tenu, trouble le jeu en le ralentissant et détruit l'avantage qui serait gagné par une équipe suivant bien le ballon.

b) Le ballon tenu franchement, l'arbitre doit siffler dans les cas suivants:

1° Si le joueur tenu ne met pas tout de suite le ballon à terre;

2° Si le joueur étant à terre ne *lâche pas tout de suite* le ballon et ne se lève pas ou ne s'éloigne pas du ballon en se roulant à terre;

3° Si un adversaire l'empêche de mettre le ballon à terre ou de se relever;

4° Quand l'arbitre pense que la continuation du jeu pourrait être dangereuse.

c) Ce dernier point est laissé entièrement à la décision de l'arbitre, il est toutefois bon de remarquer que si le joueur « tenu » suivait les règles dans leur juste signification et se séparait du ballon immédiatement et loyalement, il y aurait très peu de danger. Quand un joueur s'entête à tenir le ballon, il peut devenir une cause de danger et l'arbitre doit, dans ce cas-là, lui infliger une pénalité en accordant un coup franc à l'équipe adverse, au lieu de simplement faire former une mêlée; dans cette circonstance, une mêlée enlève l'avantage à une équipe et n'inflige pas de pénalité à l'autre.

Si un joueur est blessé, l'arbitre doit siffler seulement lorsque le ballon n'est plus en jeu, à moins que le joueur soit dans une position telle que la prolongation du jeu augmente le danger.

d) Une décision donnée par l'arbitre est irrévocable et définitive; il peut toutefois consulter les arbitres de touche dans les cas de touche et de touche de but et demander leur assistance pour les essais de but.

e) Dans toutes les circonstances, le sifflet de l'arbitre doit arrêter le jeu, même s'il a été sifflé par mégarde.

f) L'estimation de l'arbitre au sujet de la durée du jeu est sans appel, même s'il s'est laissé aller à quelque négligence.

g) L'arbitre doit, d'une façon générale, être pour la plus forte pénalité et accorder un coup franc au cas où il pense qu'un arrêt de volée aurait été fait sans la proximité à moins de 5 mètres d'un joueur hors jeu.

h) En cas d'essai, de but, de coup de pied franc et d'arrêt de volée, n'importe quel joueur peut placer le ballon ou donner le coup de pied.

Des joueurs attendant pour charger quand un coup de pied va être donné pour un essai de but, un arrêt de volée ou pour un coup franc, doivent rester en arrière de la ligne de but ou de la marque. Si un ou plusieurs mettent un pied en avant de la ligne de but ou de la marque, la charge est comptée comme ayant été faite, l'arbitre siffle et le droit de charger est perdu.

i) L'arbitre doit empêcher aussi de passer insensiblement et graduellement une marque, fait qui sera considéré comme une charge.

j) Un joueur en train de placer le ballon ne doit pas volontairement faire croire à ses adversaires qu'il a placé le ballon à terre, s'il le fait, la charge devra être recommencée. Même lorsqu'une charge a été interdite, les joueurs du camp pénalisé peuvent sauter en l'air et essayer de toucher le ballon, pourvu qu'ils demeurent en arrière de la marque; le but n'est pas accordé si le ballon a été ainsi touché. Si l'arbitre siffle pour interdire une charge juste au moment où le joueur donne le coup de pied, ce joueur n'est pas obligé de donner un nouveau coup de pied, il aura seulement la

faculté de le faire (c'est-à-dire que s'il a obtenu un but, il pourra
le garder).

k) Les joueurs du camp qui a perdu l'essai doivent *revenir aussi
vite que possible* derrière leur ligne de but. Mais le camp qui donne
le coup de pied ne peut, pour demander qu'on interdise la charge,
arguer de ce fait que tous les joueurs ne sont pas encore rentrés.
L'arbitre interviendra pour que la perte de temps soit la moindre
possible.

l) Un joueur peut être en touche et malgré cela jouer le ballon
si celui-ci n'est pas en touche. Un ballon qui est allé en touche et
que le vent aura ramené en jeu sera considéré comme étant en touche.

m) Le ballon qui, sous un coup d'envoi, atteint 10 mètres et est
renvoyé ensuite par le vent doit être considéré comme étant en
jeu; de même un ballon ayant atteint la ligne des 22 mètres dans
un coup de renvoi.

Il y a but si le ballon, après être passé par-dessus la barre
transversale, est ensuite renvoyé par le vent.

n) Si une équipe en mêlée, près de sa propre ligne de but, talonne
le ballon pour lui faire franchir cette ligne et fait un touché, l'arbitre doit appliquer la pénalité de la rentrée volontaire.

o) Le joueur qui donne le coup de pied au ballon et celui qui
le place devront être deux personnes distinctes, le joueur qui donne
le coup de pied ne peut donc, dans aucun cas, toucher le ballon
une fois qu'il est sur le sol, même si la charge a été interdite.

p) Après un essai, le ballon peut être passé de mains en mains
jusqu'à celui qui le placera pour le coup de pied, mais à condition
qu'il ne touche pas terre dans le champ du jeu.

q) Lorsqu'un joueur sera blessé, le jeu ne doit pas être interrompu
plus de trois minutes.

TENUE DU FOOTBALLER

L'extension du football a donné naissance à une industrie
très prospère d'accessoires nombreux et variés: chaussures spéciales, jambières, courroies de sûreté, protège-chevilles, protège-
oreilles et même protège-nez! encombrent les catalogues des
spécialistes.

Le plus indispensable de tous ces accessoires, c'est la chaussure. Celle-ci doit être très forte, à lacets, semelle épaisse et barrée, ou munie de crampons en cuir. La semelle barrée est préférable aux crampons, car elle constitue un ensemble plus homogène, partant plus solide. Les bottines de football se font

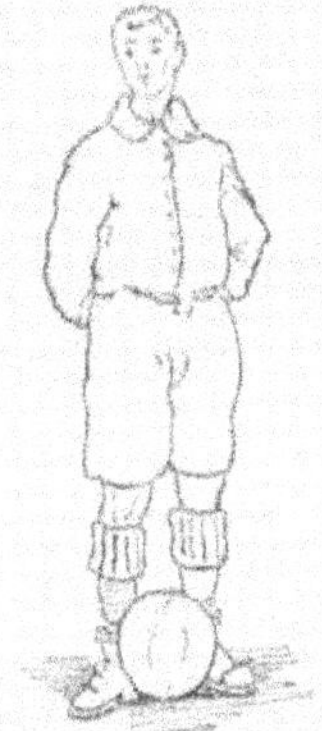

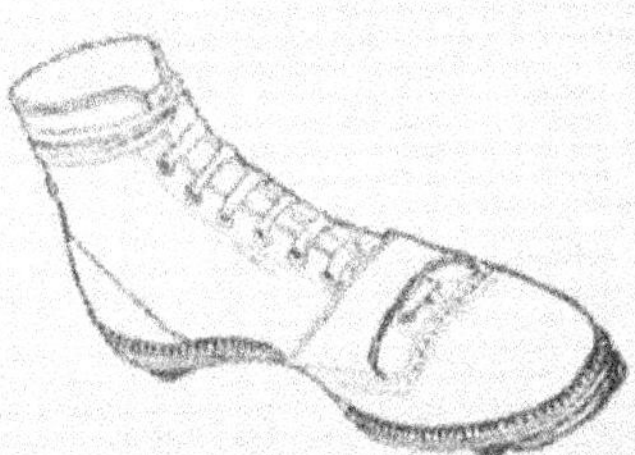

Fig. 5. — Tenue du footballer.   Fig. 6. — Chaussure de football.

généralement en cuir chromé, avec bouts renforcés, très résistants, protégeant ainsi le pied efficacement.

Si l'on ne met pas de jambières, il est prudent de ne pas jouer jambes nues. Les bas seront très épais, avec revers remontant au-dessus du genou, et à bourrelets copieux, pour préserver la rotule des coups de pieds.

Le maillot de laine à manches, aux couleurs du club; une culotte courte en coutil, ou de préférence en flanelle, complètent l'habillement.

Il est élémentaire, à la suite d'un match, de prendre quelques précautions d'hygiène. Dès qu'on n'est plus en mouvement, on devra se changer immédiatement de linge et prendre une douche; à défaut de douche, on se frictionnera énergiquement jusqu'à séchage complet, avant de se changer de linge.

LE GOLF

Le golf est un des jeux les plus agréables et les plus hygiéniques; il exige le concours de tous les muscles, mais sans
provoquer les efforts brusques et déréglés qu'entraînent d'autres jeux de plein air; aussi convient-il à tout le monde et
particulièrement aux jeunes gens dont la constitution physique ne s'accommoderait pas, par exemple, des violents efforts
musculaires qu'exige le jeu de football. Ce qui rend principalement le jeu de golf si attrayant, c'est qu'il constitue un exercice aussi bien pour l'esprit que pour le corps. Le jugement
qu'il faut apporter dans la manière de frapper la balle, dans
le choix de la crosse ou *club*, dans l'utilisation du terrain,
fournit à l'esprit autant d'activité, que l'exécution des coups
et les marches et mouvements qu'ils exigent, en fournissent au
corps.

Le golf se joue sur un terrain nommé *links* et le *course*,
ou parcours, offrira d'autant plus d'attraits aux véritables amateurs, qu'il comportera un bon nombre d'obstacles variés;
ce que l'on nomme *hazards* en terme de golf et qui sont
constitués par des accidents de terrain tels que *bunkers*, banquette, eau stagnante ou courante, buissons, trous ou fossés.
Ce sera le devoir du joueur d'éviter ces obstacles ou de les
faire franchir à sa balle et d'accomplir le parcours convenu
en dépit des difficultés de toute sorte qu'il aura à surmonter.
Sur l'étendue du terrain, sont creusés, à des distances variant

entre 80 et 500 yards (de 70 à 450 mètres), des trous (holes)
disposés dans le sol, généralement aux endroits où se trouvent
des tertres de gazon uni pour faciliter la partie du jeu nommée
putting et qui consiste à faire entrer la balle successivement
dans les trous. Les joueurs peuvent être au nombre de deux,
jouant l'un contre l'autre, ou de quatre, ce que l'on nomme
un *foursome*, jouant deux contre deux; dans ce dernier cas,
chaque camp n'ayant qu'une seule balle, les deux partenaires
la jouent alternativement. La partie consiste à conduire la
balle de trou en trou, en employant le plus petit nombre de
coups (stroke) de cross (club) possible. Le camp, dans le cas
de partie double, ou le joueur, dans le cas de partie simple,
qui conduit la balle du tertre de départ (tee) à un trou avec le
moindre nombre de coups, le gagne; si les deux joueurs ont
gagné le trou en un même nombre de coups, le trou est partagé (halved). Le plus grand nombre de trous gagnés ainsi,
décide de la partie.

Chaque joueur est muni d'une série de crosses (clubs) de
différentes formes (fig. 1) qu'il emploie suivant la position de
la balle sur le terrain, la distance à lui faire parcourir et la
nature du terrain ou des obstacles que la balle doit franchir.
La balle est d'abord jouée d'un endroit choisi exprès, le tertre
de départ qui, pour chaque trou, est indiqué par deux marques
placées en ligne; elle est posée sur le *tee*, petite élévation en
sable ou en gazon, pour recevoir un premier coup ou *driving*;
ensuite, et pour les coups suivants, elle doit être jouée de
l'endroit même où elle se trouve et, en aucun cas, elle ne
doit être touchée par qui que ce soit, excepté avec le club
(crosse), jusqu'à ce qu'elle parvienne dans le trou visé.

Après avoir posé sa balle sur le tertre de départ (teeing green),
le joueur, au moyen du club nommé *driver*, la frappera avec la
force nécessaire pour l'envoyer le plus loin possible et dans
la direction du premier trou à conquérir. Mais ce premier
coup ne suffira pas pour envoyer la balle près du trou; il
aura probablement à employer encore le même club, surtout
si le trou se trouve à une distance de 300 ou 400 mètres, et
devra encore jouer la balle avec force. Si, par mauvaise chance,
sa balle se logeait dans un trou de sable, ou dans des brous-

sailles, il aurait à employer un autre club, son *cleek* ou encore
son *sand-iron*, car dans ces cas, le premier club employé,
le *driver*, ne serait pas utilisable. Si, au moyen du club voulu,
on ne parvient pas à envoyer la balle vers le trou en un

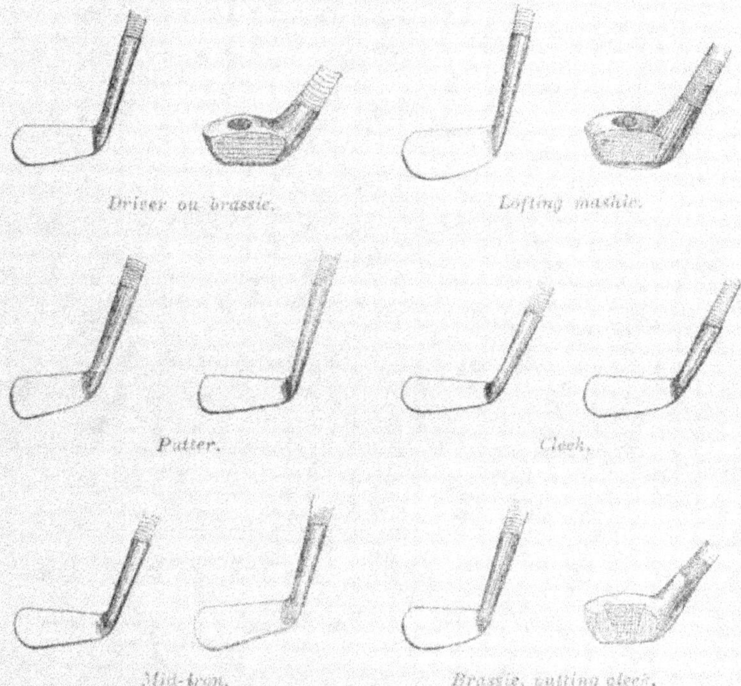

Fig. 1. — Modèles des principaux *clubs* (crosses) employés dans le jeu de golf.

seul coup, il faudra, après le premier coup, choisir peut-être
encore un autre club, d'une forme plus appropriée à la position nouvelle de la balle et à la manière dont on doit la jouer.
Ce sont les *hazards* ou accidents de terrain de tous genres, qui
mettent à l'épreuve le talent du joueur, et qui nécessitent l'emploi de toute une série de clubs de modèles variés, que le joueur

utilise sur le terrain et qu'il fait porter dans un étui *ad hoc*
(fig. 2) par son *caddie*, son cadet; tel est le nom que reçoit
le garçon ou l'homme qui accompagne le joueur
pendant la partie et qui lui passe, au fur et à
mesure des nécessités du jeu, les différents modèles de *clubs* dont il a besoin.

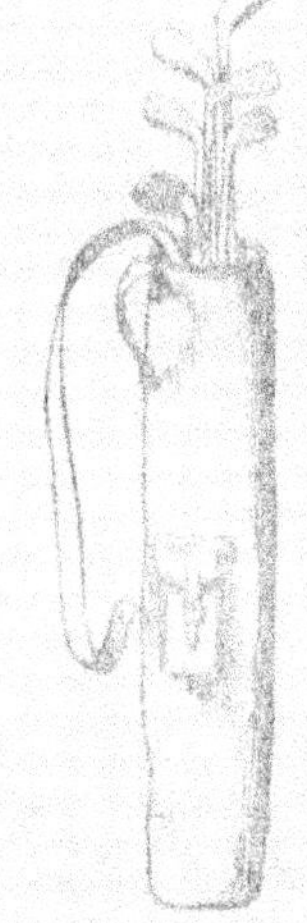

Lorsque la balle, à la suite d'un certain nombre
de coups, nombre plus ou moins grand suivant
l'habileté du joueur, a été amenée assez près du
trou, *hole*; le joueur aura alors recours au club
nommé *putter*, car son seul but, maintenant, est
de *poter* la balle en un coup unique et ce club,
par sa forme particulière, est celui qui convient
le mieux à ce but. Ayant réussi à conduire sa
balle depuis le tertre du départ, *tee*, à travers les
obstacles du terrain, *hazards*, jusqu'au tertre d'arrivée, *putting green*, qui entoure le trou, *hole*,
et à poter, *putting*, la balle dans ce premier trou,
le joueur repart du tertre du départ du second
trou, puis quand il l'a gagné, du troisième et

Fig. 2. — Étui
dans lequel le
caddie porte
les *clubs*.

ainsi de suite, de façon à conquérir tous les trous
du parcours. La nature des obstacles varie suivant
chaque *link* ou terrain de golf, de même le nombre
total des trous et les distances qui les séparent;
mais le jeu demeure tel que l'on vient de le résumer, quel
que soit le nombre des trous des *links*.

Les instruments du golfeur sont nombreux et variés: la figure 1
donne les modèles des plus utilisés et, pour chacun, deux
variétés des modèles qui sont les plus employés par les joueurs
modernes; au cours des descriptions qui seront données plus
loin, concernant la manière d'exécuter les principaux coups,
depuis le *driving*, coup initial, jusqu'au *putting*, coup final,
pour *poter* la balle dans le trou, *hole*; on expliquera l'emploi
de ces divers clubs et la façon de les tenir, de les manœuvrer
et d'en frapper la balle.

Les principaux clubs sont le *play-club* ou *driver*, les divers
spoons, *long*, *mid* et *short*, puis les *brasseys* et le *putter*. Ceux
en fer sont les *cleeks*, *irons*, *mashies*, *iron nibliks* et *putting*

irons. Cependant, au début, il n'est pas nécessaire, ni même bon, de s'encombrer de tous ces clubs, il suffira de jouer avec un *driver*, un *cleck* et un *putter*.

Le *play club* ou *driver*, dont la longueur varie entre 1 m. 10 et 90 centimètres, devra être choisi avec un manche plutôt rigide que trop élastique, avec une tête de poids moyen, ni trop profonde sur la face, ni trop large de dos. Son principal emploi est dans les coups de *driving*, à partir du tertre de départ (tee); mais il est très utile également à travers le parcours *through the green*, chaque fois que la balle est posée d'une façon favorable. En tenant le driver, il faut serrer fortement le manche dans la main gauche et tout à fait à son extrémité; tandis que la main droite, moins serrée, ne sert qu'à le guider; les deux mains seront placées l'une contre l'autre, les poignets libres et souples, et les pouces sur le manche, en travers et non en long; les genoux légèrement pliés. Alors on élèvera le club jusqu'à la hauteur de l'épaule droite, puis on l'abaissera vivement pour frapper la balle; le *club* aura ainsi décrit une révolution d'environ trois quarts de cercle, car il continuera son mouvement après avoir frappé la balle et l'avoir chassée (driven) dans la direction du trou (hole) visé. Au cours de ce mouvement de volée (swing), il faut distinguer deux *temps*: le mouvement d'élévation, ce mouvement doit être accompli avec une grande précision; puis l'abaissement de la crosse, ce mouvement doit être exécuté avec la rapidité et la vigueur nécessaires pour chasser la balle le plus loin possible. Pendant toute la durée des deux temps, élévation puis abaissement du club, l'on ne doit pas quitter la balle de vue, afin de guider le mouvement de la crosse pendant toute sa durée; sans quoi, on manquerait la balle ou bien on la frapperait en dessus.

Il est mauvais de trop se presser pour exécuter un coup, car c'est la précision plutôt que la force qui lui donne toute son efficacité. D'ailleurs, ce que l'on nomme le *style* ou méthode, résulte beaucoup plus de cette précision, de cette faculté de frapper la balle juste à l'endroit voulu, que de la force ou de la rapidité que l'on apporte dans le maniement du club. Une autre condition très importante c'est le choix de la position du joueur quand il aborde la balle.

Cette position varie avec celle de la balle. Les pieds doivent être placés à une distance d'environ 50 à 60 centimètres l'un de l'autre, le pied gauche légèrement tourné devant et presque opposé à la balle; suivant que le joueur sera placé trop près ou trop loin de la balle, celle-ci sera envoyée ou trop à droite, ou trop à gauche de la direction visée.

Le *cleek* est un club à manche rigide, avec une tête à face plane biaisée à l'arrière. On s'en sert quelquefois en place du lourd *sand-iron*, pour faire sortir la balle des trous, des broussailles et autres obstacles similaires; mais sa principale valeur, c'est que, grâce à la facilité de son maniement, il peut, à lui seul, remplacer presque tous les autres clubs. Beaucoup de commençants l'emploient presque exclusivement, parce qu'il leur permet de jouer la balle avec plus de sûreté qu'en employant un club en bois et que, par ce moyen, ils manquent moins souvent leurs coups.

Le *putter* est considéré comme le club le plus important, car son rôle est de faire entrer la balle dans le trou. Le manche absolument rigide, mince, parfaitement régulier et légèrement arqué, a une longueur de 36 pouces anglais, soit 90 centimètres, avec une tête moyenne à face large et bien équilibrée par une masse de plomb, pour assurer une parfaite sûreté au coup. On emploie ce club au moment où l'on approche du trou et pour le gagner en y logeant (putting) la balle, la *poter*, suivant le terme classique. A ce moment critique de la partie, la position que doit prendre le joueur est l'opposé de celle qu'il adopte pour les coups du *driving*. Après avoir mesuré de l'œil la ligne que la balle doit parcourir pour aller se loger dans le trou, en tenant compte de l'ondulation du terrain et de la résistance que les épaisseurs variables du gazon pourront lui présenter, il fera porter le poids de son corps sur le pied droit placé en opposition directe de la balle, le pied gauche tourné en dehors. Dans l'exécution du coup, qui doit être envoyé délibérément et avec plus de dextérité que de force, les bras ne jouent aucun rôle; c'est entièrement à la souplesse et à la vigueur des seuls poignets qu'il faut avoir recours. Toute hésitation est une cause de défaite, il vaut mieux risquer de voir la balle dépasser le trou que de la voir s'arrêter avant de l'avoir atteinte. C'est une maxime fondamentale du jeu qu'une *balle courte est une balle manquée*.

Ayant ainsi donné les principes généraux du jeu de golf, on va passer à la description des principaux coups, à la manière de les exécuter et au choix des clubs convenables en chaque occasion. C'est seulement en étudiant respectivement les différents coups et en s'exerçant à les pratiquer, que le joueur novice pourra atteindre la maîtrise nécessaire pour accomplir un parcours complet *through the green*.

Il faut d'abord observer que, pour chaque coup différent, le joueur doit se tenir d'une façon particulière; c'est ce que l'on nomme *the stance* ou position du joueur. Après qu'il a pris la position particulière et convenable au coup qu'il va jouer, les mouvements que le joueur exécute avant de frapper la balle constituent *the address*, terme qu'il faut traduire non pas dans le sens d'être adroit, mais dans celui de viser. Le coup initial est le *driving*, exécuté à partir du tertre de départ. C'est un des coups les plus intéressants et des plus importants; bien envoyée, la balle est chassée au loin, et plus la distance sera longue et dans la direction du tertre d'arrivée, plus le joueur aura de chances de poter sa balle en moins de coups.

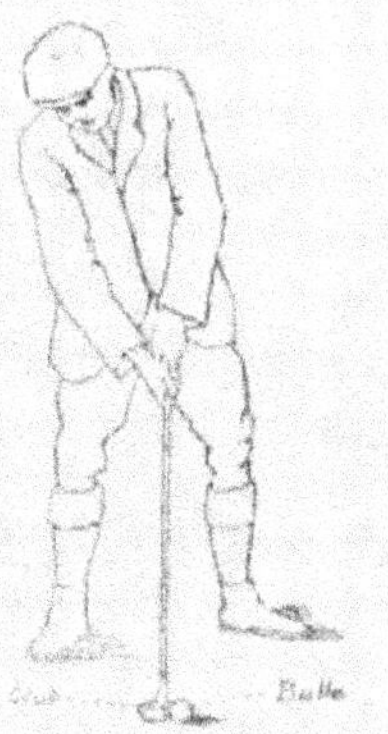

Fig. 3. — Position du joueur visant la balle dans un coup de *driving*.

La figure 3 représente le joueur au moment où il va exécuter un coup de *full drive* avec le club nommé *brassey*.

Ce coup offre certains avantages dont le joueur doit profiter; le principal est que, pourvu qu'elle soit dans les limites du tertre de départ, sa balle peut être posée par lui en tout endroit qui lui semble favorable et, en outre, qu'il peut la placer sur un *tee* (petite élévation), de façon à la jouer plus commodément. En choisissant le *tee*, le joueur devra tenir compte de la nature du terrain qui présentera le meilleur emplacement pour placer ses pieds, lorsqu'il prendra la position que réclame le coup de *driving*, au moment de viser (*to address*) la balle.

7

Cette question de la position exacte qu'il faut prendre est envisagée de deux façons, suivant qu'on adopte la manière de voir moderne pratiquée généralement en Angleterre, ou la méthode ancienne des joueurs écossais. De façon générale on peut conseiller de prendre position à une distance telle de la balle que, lorsqu'on la touche avec la tête de son club, l'extrémité du manche touche le genou gauche légèrement fléchi du joueur. A cette distance, celui-ci sera en parfaite posture pour viser et frapper la balle, ayant toute la liberté de ses mouvements. Il se présente aussi une question très importante, celle de l'écartement qu'il faut donner aux pieds, lorsque l'on se met en position de viser la balle. Cette position varie suivant que l'on adopte la méthode moderne, ou la méthode ancienne de l'école écossaise. Suivant la première, la position est dite *open stance* ou position ouverte; dans ce cas, le pied droit est placé beaucoup plus près de la balle que le gauche; l'avantage de cette position, c'est de laisser complètement libre le chemin suivi par le club après qu'il a frappé la balle.

La seconde méthode consiste, au contraire, à placer les deux pieds au même niveau et même à tenir le pied droit un peu en arrière du pied gauche. Le choix de l'une ou l'autre de ces positions ne saurait être imposé au joueur par aucune autre raison que celle qui doit résulter de la meilleure accommodation, et cette accommodation se fera tout naturellement suivant la conformation physique. L'essentiel pour le joueur c'est de pouvoir donner à son corps, et sans aucune gêne, le mouvement nécessaire pour frapper la balle de façon à ne lui imprimer aucune fausse direction. Quant à la place que doit occuper la balle, par rapport à la position des pieds, la meilleure se trouve sur la ligne qui passerait à environ 10 centimètres du pied gauche; à cet endroit, le coup de crosse aura son maximum d'efficacité.

Le joueur ayant pris sa position, il devra donner un dernier coup d'œil dans la direction exacte vers laquelle il veut chasser la balle, puis, ensuite, il devra reporter sa vue sur la balle et, avant de la frapper, la viser en faisant quelques mouvements préliminaires d'élévation et d'abaissement de sa crosse, pour bien assurer son coup au moment où il frappera la balle. A ce

moment, le joueur devra se sentir en parfait équilibre et en
pleine liberté de mouvement; pour assurer cet état indispensable, il devra faire porter légèrement le poids de son corps
sur ses deux talons et non pas sur la plante des pieds. Cette
position du corps est des plus importantes et il est impossible de
frapper convenablement la balle si le poids du corps ne porte
pas de cette façon; cependant, il peut, sans inconvénient, reposer un peu plus sur le talon du pied droit que sur celui du
pied gauche. De même, l'épaule droite peut être légèrement plus
inclinée à ce moment que l'épaule gauche; mais il faut éviter
qu'elle ne continue à s'abaisser au moment
de frapper la balle. Tout est disposé à cet
instant pour jouer le coup, c'est alors qu'il
faut se souvenir du précepte fondamental
keep your eye on the ball (ne quittez pas
la balle de l'œil). Aucune autre règle n'a
autant d'importance, car à partir du moment où l'on commence le mouvement pour
frapper la balle jusqu'à celui où elle est
chassée du tertre de départ, on n'obtiendra
aucun bon résultat si on l'a perdue de vue
un seul moment.

Le joueur, après avoir pris la position
(stance) convenable, et visé (addressed) la
balle, exécute alors le premier temps du
coup en élevant son club jusqu'à la hauteur de l'épaule (fig. 4). Bien que ce mouvement d'élévation du club qui est l'opposé du

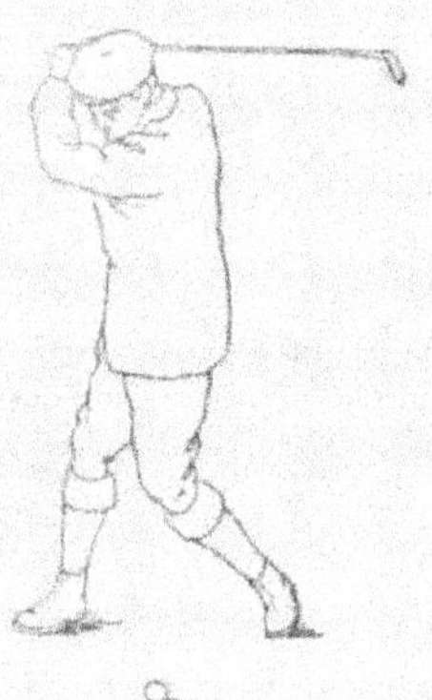

Fig. 4. — Point culminant
d'élévation du club dans
un coup de *driving*.

second mouvement par lequel le club sera abaissé pour frapper la
balle, puisse sembler le moins important des deux; il est, au
contraire, celui auquel il faut apporter le plus d'attention, car
c'est de la façon dont il est exécuté que dépend le succès du
coup. Un club élevé suivant le style convenant au coup, est
abaissé automatiquement dans la bonne direction et presque
sans que le joueur ait à s'en occuper; tandis que, si le premier mouvement est exécuté sans attention, le joueur aura
beau s'efforcer d'abaisser son club en faisant ce qui lui pa-
raîtra un excellent mouvement, la volée décrite sera défectueuse,

et la balle, frappée au mauvais endroit, sera chassée dans une fausse direction.

Le premier soin du joueur à l'entraînement sera donc de s'exercer avec le plus grand soin à obtenir un *up swing* (mouvement d'élévation) parfaitement correct. Pour parvenir à ce résultat, il faut se conformer aux trois principes suivants: premièrement, élever le club lentement jusque par-dessus l'épaule, où il se trouvera dans une position à peu près horizontale; ensuite, tenir la tête absolument immobile; enfin, maintenir son corps tout entier en parfait repos et faire pivoter le tronc sur les hanches sans lui laisser prendre aucun mouvement de balancement. Ce qu'il faut obtenir c'est une harmonie parfaite dans la succession de ces trois mouvements. Au moment où le corps commencera à pivoter vers la droite, on devra lui faciliter ce mouvement en reportant son poids sur le talon droit et pour obtenir ce changement d'équilibre, le talon gauche sera légèrement élevé, de façon que le pied ne repose plus que sur la plante. A ce moment, la position du club aura atteint le second temps du coup, le *top of the swing*. Arrivé à cette phase, qui constitue le point culminant du mouvement d'élévation, le club sera dans la position que montre la figure 4, c'est-à-dire presque horizontal ou à peine incliné, et l'extrémité ou *low* tournée vers le sol. Cette position constitue, non pas un repos, mais un arrêt du mouvement d'élévation et le commencement du mouvement d'abaissement ou *downward swing* et ne doit pas avoir de durée appréciable. En effet, si le club était maintenu trop longtemps dans la position du *top of the swing*, les précautions apportées lors de son élévation, après avoir visé la balle, seraient perdues, et le mouvement d'abaissement serait accompli comme si le coup avait commencé par un seul mouvement exécuté de haut en bas.

Le *downward swing*, a-t-on dit, suit immédiatement l'arrivée du club au point culminant de son élévation; c'est le mouvement actif du coup, puisque c'est au cours de son exécution que la balle sera touchée; mais, ici, une remarque est nécessaire sur la façon dont la balle doit être frappée. Elle ne doit pas être *choquée*, mais *entraînée* par le club au moment où

celui-ci la rencontre, lors de son mouvement de révolution.
On ne saurait trop insister sur ce point; en effet, si la balle
est simplement *choquée*, elle ne peut parcourir ni un long
espace, ni une direction exacte; tandis que si elle est *entraînée*
par le club, elle suit exactement le trajet qui résulte de l'impulsion reçue; elle a emmagasiné, en quelque sorte, la force
accumulée dans le club et suit la direction que ce dernier lui
imprime au cours de sa course qui, d'ailleurs, se continue après

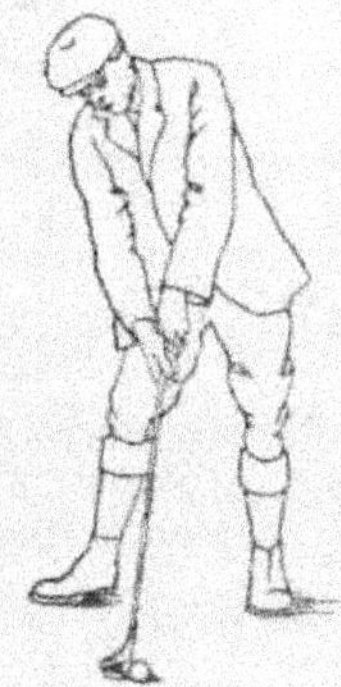

Fig. 5. — Position du joueur pour
un coup de *driving* avec *pull*.

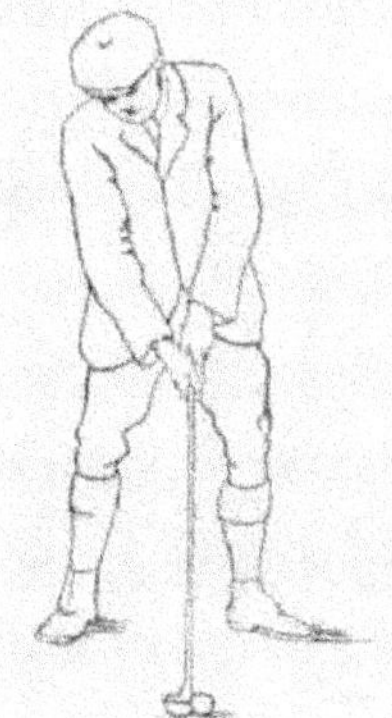

Fig. 6. — Position pour un coup
de *driving* avec *slicing*.

avoir rencontré la balle, et assure la fin du mouvement en *appuyant* le départ de la balle.

Au cours du coup initial, joué du tertre de départ, il faut chercher, avant tout, à chasser la balle dans la direction voulue et
en lui faisant suivre le trajet le plus direct. La rencontre, non
pas le choc, du club et de la balle devra être absolument franche,
et tout mouvement de *pulling* ou de *slicing* devra être évité
par le joueur tant qu'il n'aura pas acquis une maîtrise absolue.
Ces deux manières de jouer la balle et qui ont pour but de
lui faire parcourir son trajet en lui donnant un certain mouvement de rotation, sont cependant pratiquées avec succès par
certains joueurs, et nous donnons les positions respectives, ou
stances, applicables à chacune (fig. 5 et 6). Mais, de l'avis des

professionnels les plus expérimentés, il est impossible de pratiquer ces coups sans en étudier la démonstration sur le terrain. Rappelons, cependant, que le secret consiste pour le *slicing* à prendre position en avançant le pied droit, de telle sorte que la balle soit plus sur la ligne du talon gauche que ce n'est généralement le cas pour les coups ordinaires; tandis que pour le *pulling*, le pied droit sera porté en arrière et la balle se trouvera posée à peu près sur une ligne passant à égale distance des deux pieds.

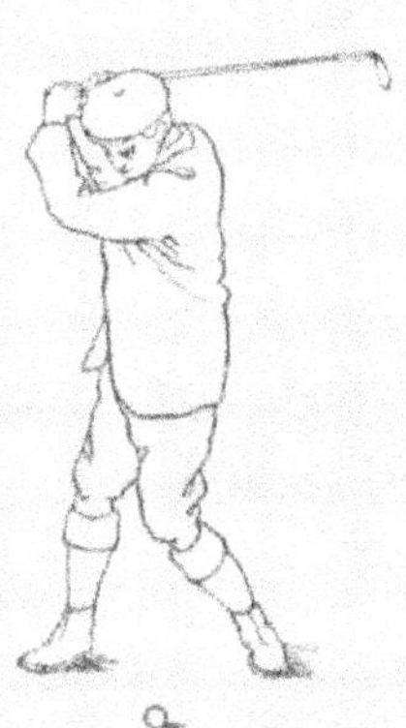

Fig. 7. — Point culminant d'élévation du club pour un coup de *cleek*.

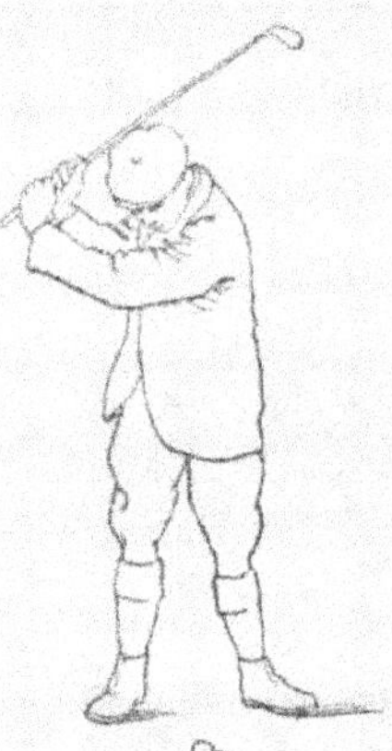

Fig. 8. — Position du joueur employant le *cleek*.

Après le coup initial de *driving* à partir du tertre de départ, le ou les coups suivants, d'après l'adresse du joueur, seront des coups joués avec le *brassey*. Leur objet est le même que celui du *driving*, c'est-à-dire de chasser la balle dans la direction du trou pour lequel on joue. Tout ce qui a été dit au sujet du coup de *driving* s'applique au jeu avec le *brassey*; la seule différence c'est que la balle doit être jouée d'un endroit quelconque du terrain où elle s'est arrêtée au lieu d'être jouée du tertre de départ sur lequel le joueur a pu la placer dans la meilleure position possible pour assurer l'efficacité complète de son coup. Cette différence dans la position où il faut jouer la balle est très importante, elle justifie le changement du club et la substitution du *brassey* au *driver*, afin de pouvoir toucher la balle de façon à la faire sortir de toute ornière ou poche dans laquelle elle serait logée.

Les figures 7 et 8 représentent l'une et l'autre le joueur employant un des clubs les plus utiles parmi tous ceux de la série, le *cleek*. Le manche de ce club étant un peu plus court que celui du *driver*, on devra prendre position à une distance un peu plus rapprochée qu'avec celui-ci; mais ce qu'il faut avoir principalement en vue c'est de placer le corps dans la position la plus favorable pour viser la balle (address); ce qui a été déjà dit à ce sujet, concernant le *driving*, peut s'appliquer parfaitement au jeu avec le *cleek*. Position des pieds, poids du corps reposant sur les talons, nécessité de faire pivoter le tronc sur les hanches en empêchant tout balancement ou oscillation, position légèrement infléchie de l'épaule droite et, premier temps du coup, élévation du club à la hauteur de l'épaule en tenant l'œil fixé sur la balle, tout cela se pratique de la même manière; mais, arrivé à ce point, on modifiera le temps en diminuant l'amplitude du mouvement, et, au lieu de placer le club dans l'horizontale, le mouvement sera arrêté lorsque la tête du *cleek* est plus haute que l'épaule du joueur. Le résultat de cette position est de limiter l'amplitude totale de ce coup aux trois quarts de celle nécessaire à un coup de *driving*.

Après le *cleek*, le club désigné sous le nom de *iron* est un de ceux qui sont les plus généralement utilisés; un peu plus court que le *cleek*, il oblige le joueur à prendre sa position encore plus près de la balle pour la viser; mais, à part cette particularité, tous les autres mouvements d'un coup joué avec un *iron* sont semblables à ceux qu'il faut appliquer en utilisant le *cleek*.

Le *mashie* (fig. 9) s'emploie lorsque la balle n'est plus très éloignée du *putting green* (tertre d'arrivée); son effet est de lancer la balle en lui faisant décrire une certaine trajectoire dont la hauteur variera avec l'obstacle que l'on voudra franchir. En outre, grâce à ce même mouvement, la balle aura moins de tendance à rouler sur le sol, au moment où elle tombe, et le

joueur pourra espérer la placer exactement où il le désire pour
exécuter le *putting* (loger la balle dans
le trou) qui lui assurera le gain du trou.
Ainsi que le montre la figure 9, le club,
à son élévation la plus grande, ne doit
pas être maintenu horizontalement, mais
dans une position oblique.

Le *niblick* est employé particulièrement
lorsqu'il s'agit de faire franchir un obstacle rapproché à la balle, ce club est
le seul qui puisse être utilisé convenablement dans ce cas, parce qu'il *enlève*
pour ainsi dire, la balle au moment du
choc. La méthode d'utilisation du *niblick*
(fig. 10 et 11) pour un coup par-dessus
une banquette, ne diffère guère de celle
applicable à l'emploi du *mashie*, sauf que
le joueur, au lieu de viser la balle elle-
même, visera un point sur le sol, à environ 2 centimètres en arrière, de façon

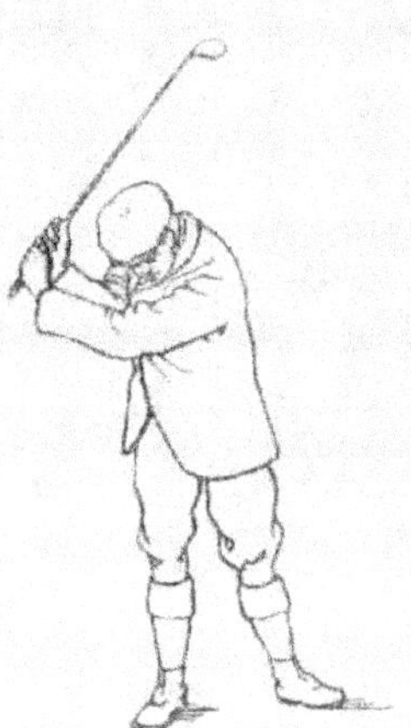

Fig. 9. — Position du club
pour un coup de *mashie*.

qu'au moment du choc, la balle soit prise en dessous et s'enlève pour décrire la trajectoire nécessaire.

La figure 12, à laquelle nous arrivons maintenant, représente
la première phase du coup final pour le gain d'un trou, le
putting. Au moment de décrire ce coup, une grande difficulté
se présente pour donner des indications précises au joueur
inexpérimenté, parce que la réussite dépend essentiellement de
l'adresse personnelle. Tandis que dans le maniement des autres
clubs la position définie du joueur auprès de la balle, les mouvements préparatoires pour la viser, l'élévation et l'abaissement
du club pour la frapper, assurent, quand on les exécute avec
réflexion et précision, le succès du coup d'une façon pour ainsi
dire automatique; au contraire, lorsqu'il s'agit de *poter* la balle,
seule l'adresse personnelle entre en jeu et assure le succès final.
Cependant, certains conseils peuvent être donnés et, en les suivant, le joueur augmentera sensiblement ses chances de succès. Tout d'abord, l'art de poter une balle est une opération
fort délicate et demande beaucoup d'observation dans l'appré-

ciation de la vélocité qu'il faut donner à la balle pour la loger

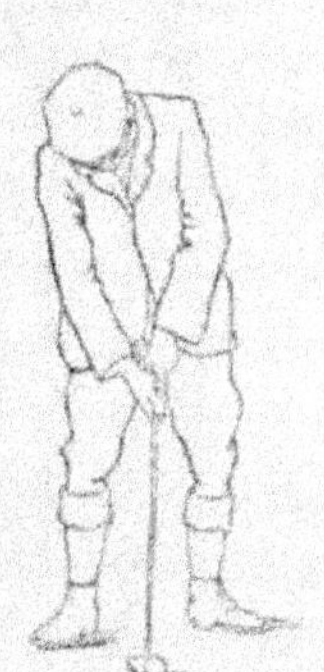

Fig. 10. — Joueur visant la balle avec un *niblick*.

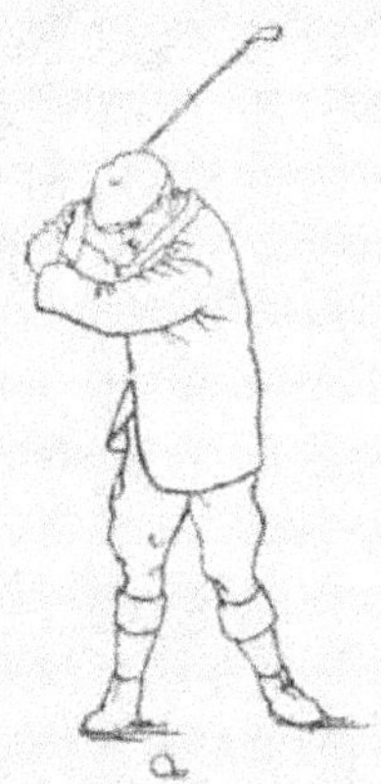

Fig. 11. — Point culminant d'élévation du *niblick*.

dans le trou. Dans ce coup d'où la force est exclue, et qui dépend de l'habileté, la position que devra choisir le joueur sera simplement celle dans laquelle il se sentira le mieux à l'aise; n'ayant plus à élever ou à abaisser les bras, ni à faire pivoter son corps pour accumuler de la force dans son coup; il devra maintenir son corps parfaitement fixe et en équilibre et ne devra mouvoir son club qu'avec l'aide de ses seuls poignets. La manière de toucher la balle doit être plutôt légère et au lieu de la frapper d'un coup faisant choc, c'est une impulsion intelligente qu'il faut lui donner; ce que l'on obtient en appuyant le départ de la balle d'un mouvement suivi du *putter*. Ainsi donc: beaucoup de sang-froid et de jugement en visant la balle, beaucoup

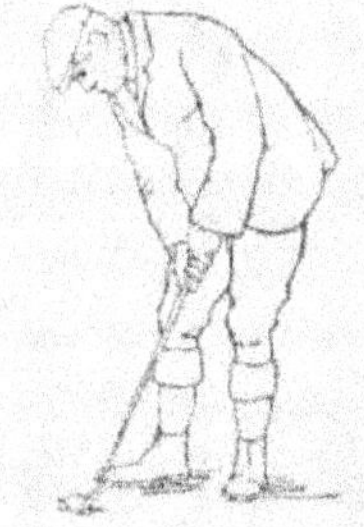

Fig. 12. — Position du joueur visant la balle pour un coup de *putting*.

de légèreté dans l'envoi du coup et une appréciation exacte du chemin que doit parcourir la balle, tels sont les facteurs nécessaires pour loger la balle dans le trou visé et s'en assurer le gain.

Le néophyte qui, après avoir lu les enseignements qui précèdent, les appliquera exactement, ne pourra pas encore se qualifier de *joueur de golf*; car, pour ce jeu comme pour les autres sports, c'est l'exercice et la pratique qui, seuls, pourront lui faire acquérir la maîtrise nécessaire; mais il pourra sans crainte joindre un *golf club*. Pour compléter son éducation, nous allons transcrire ici les principaux articles du règlement général du jeu de golf, tels qu'ils ont été codifiés par le *Royal and Ancient golf Club of Saint-Andrews*, qui, seul, fait autorité en matière de matches.

M. S.

EXTRAIT DES REGLES DU JEU DE GOLF

D'APRÈS LE RÈGLEMENT DE 1909 DU CLUB ROYAL DE SAINT-ANDREWS

A. *Définitions.*

1. Un *side*, camp, peut être composé d'un ou de deux joueurs. Si un joueur joue contre un autre, la partie se nomme un *single*. Si deux joueurs jouent contre deux, chaque camp jouant une seule balle, la partie se nomme un *foursome*. Si un joueur joue contre deux jouant une seule balle, la partie se nomme un *threesome*.

. . . .

3. Le *course* ou parcours comprend tout le terrain dans les limites duquel on peut jouer, et, plus particulièrement, celui entre les trous, spécialement préparé pour jouer.

4. Le *teeing-ground* est le terrain de départ pour un trou. Le front de chaque *teeing-ground* sera indiqué par deux marques placées sur une ligne formant, autant que possible, un angle droit avec la ligne de jeu, et l'emplacement comprendra un rectangle dont les côtés auront deux longueurs de crosses, placé immédiatement derrière la ligne indiquée par les deux marques.

5. *Through the green*, à travers le parcours; c'est tout le terrain sur lequel il est permis de jouer, à l'exception des *hazards*, accidents de terrain, et du *putting green*, terrain gazonné qui entoure chaque trou.

10. Le *putting green* est tout le terrain gazonné qui entoure le trou à 20 yards, environ 19 mètres, de distance, excepté les accidents de terrain *hazards*.

11. Les *holes*, trous, auront 10 cm. 5 de diamètre, et au moins 10 centimètres de profondeur. Si on emploie un doublage de métal, il sera enfoncé *au-dessous* du bord du trou et son diamètre *extérieur* ne dépassera pas 10 cm. 5.

13. Un *stroke*, un coup, est tout mouvement en avant de la crosse, *club*, exécuté avec l'intention de toucher la balle, ou tout contact du club avec la balle, produisant un mouvement de celle-ci; exception faite pour une balle tombée accidentellement du *tee*.

16. Pour le *teeing*, placement de la balle pour le coup initial vers chaque trou, la balle peut être posée sur le sol ou sur une élévation de sable, ou d'autre substance, afin de la surélever (tee).

17. Un joueur a visé (addressed) la balle quand il a pris position (stance) et posé son club sur le sol ou bien si, dans le cas d'un accident de terrain, il a pris sa position pour frapper la balle.

18. Une balle est en jeu, *in play*, depuis le coup initial donné sur le *teeing ground* jusqu'au moment où elle est logée dans le trou en jeu.

19. Une balle est considérée *to move*, bougée, si elle a bougé de sa place, de la plus petite quantité; mais non pas si, après avoir oscillé, elle y est restée.

20. Une balle est perdue, *lost*, si elle n'est pas retrouvée après cinq minutes de recherches.

B. « *General and through the green.* »
Règlement général applicable au parcours.

Article premier.

1. La partie de golf est jouée par deux camps, *sides*, et chaque camp joue sa balle.

La partie consiste pour chaque *side* à jouer la balle par coups successifs, depuis le *teeing ground* (terrain de départ), jusqu'au trou en jeu. Le trou est gagné par le camp qui loge sa balle en employant moins de coups que le camp adverse, à moins de conditions contraires (coups de pénalité, etc.), établies suivant le règlement.

Le trou est partagé, *halved*, si les deux camps ont logé leur balle en un même nombre de coups.

2. Un match consiste à accomplir la totalité du parcours, à moins de stipulation contraire. La partie est gagnée par le camp qui, le premier, s'est emparé d'un nombre de trous supérieur au nombre des trous restant à jouer. Si les deux camps ont le même nombre de trous, le match est partagé.

. . . .

Article 2.

1. Chaque camp commence par jouer sa balle à partir du *teeing ground* (terrain de départ).

Toute balle jouée en dehors des limites du *teeing ground*, ou jouée par un joueur alors que le coup initial, *honour*, appartenait à son adversaire, peut être annulée sur la demande immédiate du camp adverse; la balle pourra être posée de nouveau sur le *tee* (élévation), sans pénalité.

Si une balle tombe du *tee*, ou est renversée par le joueur qui la vise (*address*), elle peut être posée de nouveau sur le *tee* sans pénalité.

Le droit de jouer le coup initial, *honour*, pour le premier trou, peut être tiré au sort; pour les trous suivants, le coup initial appartient au joueur qui a logé sa balle le premier dans le trou précédent; si le trou a été partagé, *halved*, le camp qui a eu l'*honour* au trou précédent, le gardera encore.

. . . .

Article 4.

3. En jouant sur le parcours ou d'un accident de terrain (hazard), un joueur peut demander qu'on lui indique la direction du trou; mais aucune marque ne sera posée, ni personne ne se placera pour l'indiquer, pendant le coup, sous peine de perte du trou.

Article 5.

La balle doit être jouée franchement et non poussée, frôlée ou soulevée, sous peine de perte du trou.

Article 6.

Toute balle doit être jouée de la place où elle est posée, ou le trou est perdu; à moins de convention particulière.

Article 7.

Au cours du jeu, la balle la plus éloignée du trou doit être jouée la première. Sur le parcours, ou dans un accident de terrain, si un joueur joue, alors que c'était le tour de son adversaire, celui-ci aura le droit de faire annuler la balle. Une balle ainsi réclamée sera, non pas posée sur son ancien emplacement, mais on la laissera tomber, *drop*, autant que possible, sur ladite place.

Article 8.

Pour laisser tomber (to drop) une balle, on s'y prend de la manière suivante :

Le joueur lui-même se place face au trou, se tenant droit, et laisse tomber la balle derrière lui, par-dessus son épaule.

. . . .

Si en laissant tomber la balle, elle se place dans un accident de terrain *hazard*, le joueur peut recommencer le *drop*.

Article 9.

1. Une balle en jeu ne doit pas être touchée avant que le trou n'ait été gagné, sauf les exceptions mentionnées dans le règlement, sous peine de perdre un coup.

Le joueur peut, sans encourir de pénalité, toucher sa balle avec son club lorsqu'il est en train de viser (address), pourvu que la balle n'ait pas quitté sa place.

Au cours du jeu, pour identifier sa balle, un joueur peut la prendre en main, avec l'autorisation de son adversaire; mais il doit la replacer exactement au même endroit.

2. Si la balle d'un joueur pousse celle de son adversaire, sur le parcours ou sur un accident de terrain, l'adversaire pourra, à son choix, laisser tomber sa balle (drop a bal) aussi près que possible d'où elle était primitivement; mais il devra le faire avant qu'aucun autre coup n'ait été joué.

. . . .

———

Nota. — Les extraits traduits et reproduits ci-dessus ont été choisis parmi les RULES OF GOLF AS AUTHORISED BY THE ROYAL AND ANCIENT GOLF CLUB OF ST-ANDREWS, en tant qu'ils étaient utiles au point de vue de *l'enseignement* du jeu. Pour le surplus des articles, qui ont rapport principalement aux règles applicables dans les *matchs de concours*, les joueurs les trouveront dans les règlements publiés par les sociétés de golf, ou par les professeurs attachés aux links. D'ailleurs, tous ces règlements sont inspirés de celui qui a servi ici.

———

LE HOCKEY

Ce jeu, qui rappelle les jeux français de la crosse et du gouret a pris dans ces dernières années, en nous revenant sous une nouvelle forme d'Angleterre, un développement assez considérable pour que nous lui consacrions une notice un peu étendue. Toutefois, même en Angleterre, il en est encore à la période de transformation et ses règlements subiront sans doute encore des perfectionnements.

Ce jeu exige que l'on prenne quelques précautions importantes. A cet égard, la sévérité du règlement n'est pas exagérée, car la brutalité, d'ailleurs généralement involontaire, des joueurs, peut produire de regrettables accidents : sans entrer dans le détail des prescriptions qui seront énoncées plus loin, il est rigoureusement interdit, à cet effet, de lever la crosse au-dessus de l'épaule; de plus, recommandation qui ne figure pas dans le règlement, il faut soigneusement éviter le coup de crosse fauchant qui a généralement pour effet de faire filer la balle en l'air, à hauteur du visage.

Le hockey qui demande une activité hardie et de la précision sera aisément pratiqué par les joueurs de cricket ou de football. Depuis quelque temps les dames se sont également prises de goût pour ce jeu et même, en Angleterre, le nombre des clubs de dames atteint, s'il ne le dépasse, celui des clubs masculins.

Enfin, le hockey se pratique également sur la glace; il s'y joue avec un palet (galine) au lieu d'une balle, et donne lieu à de gracieuses évolutions.

TERRAIN

Le hockey exige un terrain absolument plat et uni, aussi en
Angleterre utilise-t-on souvent pour y jouer les champs de
cricket qui réunissent ces deux
qualités : il faut seulement avoir
soin après chaque match de remettre en état le gazon et d'in-
terrompre le hockey cinq ou six
semaines avant la reprise du
cricket.

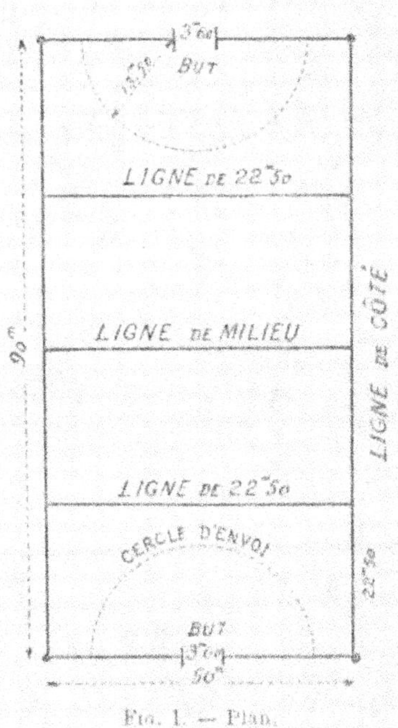

Fig. 1. — Plan.

Les *dimensions* du terrain, d'a-
près les règlements, sont : 90 mètres de longueur et de 46 à
55 mètres de largeur. Les limites
sont indiquées par des lignes
blanches avec un drapeau aux
angles. On appelle les côtés
dans le sens de la longueur *li-*
gnes de côtés et ceux dans la
largeur *lignes de but*. Il est bon
de donner au terrain les plus
grandes dimensions, surtout en
largeur, car il est ainsi beaucoup plus facile de combiner des
coups et de se passer la balle.
A 22 m. 50 devant chaque ligne de but et parallèlement à
elle, on trace, d'une ligne de côté
à l'autre, une ligne appelée *ligne des 22 m. 50*. Les buts se trouvent au milieu de chaque ligne de but : ils sont constitués
par deux poteaux verticaux distants de 3 m. 60 ; une barre
horizontale réunit les extrémités à 2 m. 10 du sol. On attache
généralement maintenant des filets aux poteaux pour éviter des
contestations ; en effet, si la balle passe entre les poteaux,
elle est arrêtée par le filet.

Devant chaque but on trace une ligne de 3 m. 60 de long

parallèle à la ligne de but et à une distance de 13 m. 60 de celle-ci. Les extrémités de cette ligne sont réunies à la ligne de but par des quarts de cercle ayant les poteaux pour centre. La ligne ainsi formée s'appelle *cercle d'envoi*. Pour compter un but, il faut que la balle, avant de passer entre les poteaux et sous la perche, soit frappée par ou rebondisse de la crosse d'un joueur du camp opposé.

ÉQUIPEMENT

Le point le plus important est d'avoir une crosse bien en main. Elle ne doit être ni trop lourde ni trop longue, mais il est difficile de fixer une règle à cet égard. Le règlement de la Hockey Association, après avoir spécifié qu'une crosse ne doit avoir ni poids ou garniture en métal, ni bords aigus ni éclats dangereux, dit seulement qu'elle devra pouvoir passer dans un anneau de 5 centimètres de diamètre et ne doit pas peser plus de 795 grammes. Il faut laisser le poids et la forme de la crosse au choix de chacun. Une forme qui conviendra admirablement à un joueur peut gêner beaucoup un autre. On peut seulement dire qu'en général il faut aux arrières des crosses plus lourdes et plus longues qu'aux avants : ils doivent, en effet, habituellement frapper plus fort et ils ont à atteindre la balle de plus loin pour arrêter une attaque.

Une crosse trop longue est très gênante, soit pour le dribbling, soit pour faire des passes. De plus, elle ralentit les mouvements et, au hockey, la rapidité fait presque tout.

La question de la chaussure a une assez grande importance. En règle générale, les brodequins sont préférables aux souliers. Ceux-ci n'offrent, en effet, aucune protection à la cheville et le gain, au point de vue de la légèreté et de la vitesse, est peu appréciable.

Pour les demis et les arrières, il faut des brodequins un peu plus lourds que pour les avants : ils adopteront avec avantage des brodequins de football, protégés à la cheville et au coup de pied; en portant également des protège-tibias, on s'évitera beaucoup de coups désagréables. Les semelles seront munies d'arrêts barrés ou de rondelles comme au football, mais ne doivent porter ni pointes en métal ni clous en saillie.

Les gants ne sont pas non plus à dédaigner: les avants se trouveront bien de porter des gants de peau un peu forts qui leur garantiront suffisamment les mains; les arrières et le gardien de but en mettant des gants de batteurs (cricket) éviteront de s'abîmer les doigts; de plus, par les temps humides, ils tiennent mieux la crosse en main.

On emploie pour le hockey une balle de cricket peinte en blanc.

TACTIQUE DU JEU

Le secret du succès se trouve dans l'art de faire les passes, la cohésion parfaite et la discipline de l'équipe. Les joueurs auront bien recours dans certaines circonstances au dribbling et il est bon que chacun puisse, au besoin, éviter un adversaire par ses propres moyens, mais il est très mauvais de l'exagérer et la présence d'un joueur qui essaye toujours de manœuvrer seul peut rendre inefficace les efforts de toute son équipe. Le dribbling peut paraître très joli et adroit, mais la discipline du jeu exige que chacun subordonne ses mouvements à la manœuvre d'ensemble qui doit s'effectuer mécaniquement. Pour cela, il faut que chaque joueur connaisse à fond le jeu de ses co-équipiers et sache compter sur les autres, lorsqu'il y a lieu, pour déjouer l'adversaire.

Le jeu d'ensemble complique singulièrement le rôle et les responsabilités du capitaine. Il doit toujours avoir l'œil sur ses hommes et veiller à ce qu'ils se trouvent à leur poste. Il doit se montrer très sévère sur ce point, car si les joueurs, par excès de zèle ou plutôt par désir de se mettre en relief, quittent leur place, il y a grand'chance qu'une défaite s'ensuive.

Il se produit certainement des cas où il faut qu'un joueur quitte son poste, mais ces cas sont rares et il est indispensable qu'un autre le remplace aussitôt.

MARCHE DU JEU

L'équipe de hockey comprend onze joueurs; toutefois, les

capitaines peuvent s'entendre pour modifier ce nombre. Voici
comment ils se postent sur le terrain: le gardien de but en
arrière; les arrières, au nombre de deux, l'un à droite, l'autre
à gauche; les demis, au nombre de trois, un au milieu, les
deux autres à droite et à gauche; les avants formant la ligne
d'attaque, au nom-
bre de cinq, l'un
au milieu, deux à
droite et deux à
gauche.

Quand les capi-
taines ont tiré au
sort les buts, on
commence le jeu
par un engagement
ou bully, entre les
deux avants du cen-
tre. Quand ce bully
est fini, le jeu est
commencé. Après

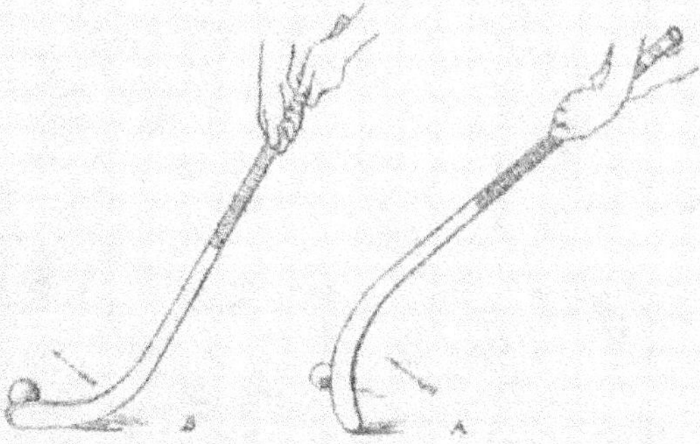

Fig. 2. — B, coup défendu parce que joué avec le dos de la
crosse; A, coup permis pourvu qu'il soit joué avec le plat
de la crosse.

chaque but et après la mi-temps, il y a un engagement semblable. Le jeu dure généralement une heure et dix minutes: la
mi-temps étant sifflée au bout de trente-cinq minutes.

DÉTAILS GÉNÉRAUX

La balle peut être attrapée à la main ou arrêtée par toute
autre partie du corps, mais elle doit être posée à terre immédiatement; elle ne doit pas être ramassée, portée, poussée du
pied, jetée ou bougée, sauf avec la crosse.

Il est défendu de frapper ou de toucher la balle autrement
qu'avec le plat de la crosse. Il est permis de jouer la balle
de gauche à droite avec la pointe de la crosse en bas. Si
quelqu'un a joué avec le dos de celle-ci, un coup franc est
accordé à l'adversaire, contre le but du joueur fautif. Lorsqu'un coup franc est accordé, aucun joueur de l'équipe délinquante ne doit se trouver dans un rayon de 5 mètres du
point où le coup est donné, c'est-à-dire à l'endroit où la faute

a été commise, et le joueur désigné pour le coup ne peut rejouer la balle qu'autant qu'un autre joueur l'a jouée. S'il manque la balle en frappant le coup franc, il a le droit de recommencer.

Le jeu habituel de la main gauche avec une crosse ayant la face à l'envers est interdit.

Quand la balle est envoyée derrière la ligne de but, elle est *morte* et il faut la replacer sur la ligne des 22 m. 50 en face du point où elle a traversé la ligne de but; là on fait un nouvel engagement.

La balle est également *morte* si elle traverse les lignes de côté. Dans ce cas, elle doit être roulée à la main par terre et ramenée à l'endroit où elle est sortie par un joueur de l'équipe opposée à celui qui l'a fait sortir, et lancée dans n'importe quelle direction, excepté en avant vers le but de l'adversaire; aucun autre joueur ne devra se trouver à moins de 5 mètres de la ligne de côté.

Hors-jeu. — Quand un joueur frappe la balle, tout co-équipier qui se trouve plus près que lui du but adverse à ce moment est hors jeu (off side) à moins qu'il n'y ait au moins trois de ses adversaires entre lui et le but; un joueur hors jeu ne peut pas jouer la balle lui-même ni s'en approcher, ni se trouver à moins de 5 mètres d'elle et ne doit, en aucune manière, intervenir tant que la balle n'a pas été touchée ou frappée par un adversaire. En cas d'infraction, il y aurait coup franc pour l'autre équipe.

On voit que les joueurs doivent faire grande attention à la place qu'ils occupent quand ils ne jouent pas ou lorsqu'ils attendent une passe, car un coup franc arrête leur attaque et peut renverser les positions.

Crosses. — Quand un joueur frappe la balle, il doit prendre grand soin qu'aucune partie de la crosse ne dépasse le niveau de son épaule. On a quelque peine au début à s'y habituer, mais il est évident que, sans parler de la pénalité correspondante, il est plus long de donner un coup allongé, et, au hockey, l'essentiel est de terminer son mouvement le plus rapidement possible. Un coup sec du poignet envoie toujours la balle assez fort et assez loin.

DÉFENSES ET PÉNALITÉS

Tous les mouvements qui placent l'adversaire dans une position désavantageuse sont interdits. Un joueur ne doit pas accrocher un adversaire avec sa crosse, ni se mettre entre la balle et l'adversaire en tournant le dos à celui-ci, ni l'aborder à sa gauche pour le gêner, ni en aucune manière faire obstacle à sa personne. A plus forte raison ne doit-il pas le charger ou le saisir, ni lui donner des coups de pied ou lui faire des crocs-en-jambe. Toutefois, on ne gêne pas un adversaire en l'abordant à gauche, si on touche la balle avant de le toucher.

En cas d'infraction aux différentes défenses relatives au hors-jeu, à la balle, aux « crosses », au coup franc énumérées plus haut, la pénalité sera, si elle a été commise hors du cercle d'envoi, un coup franc accordé à l'équipe adverse à l'endroit où l'infraction a été commise. Pour une infraction aux mêmes règles commise par l'équipe attaquante en dedans du cercle d'envoi, l'équipe défendante a droit à un coup franc. Pour une infraction aux règles énoncées en ce qui concerne la manière dont on peut toucher la balle, ainsi que la lutte entre les joueurs ou le coup franc, et commise par l'équipe défendante en dedans du cercle d'envoi, l'équipe attaquante peut seulement réclamer un engagement. On ne doit permettre aucune réclamation de la part de l'équipe délinquante.

Engagement pénalité. — Pour une infraction commise par l'équipe défendante en dedans du cercle d'envoi, l'équipe attaquante peut réclamer un engagement pénalité. L'engagement est fait par le joueur qui a commis l'infraction et par celui aux dépens de qui elle a été faite ou par un joueur choisi par son équipe. Au moment de l'engagement pénalité, les autres joueurs doivent rester en dehors du cercle d'envoi et la balle n'est pas en jeu pour l'une ou l'autre équipe avant d'être envoyée hors de ce cercle. Cette règle est très sévère, mais elle a pour but de réprimer les infractions de l'équipe défendante dans son propre cercle; si semblables infractions n'étaient pas sévèrement punies, le jeu deviendrait trop brutal et en souffrirait.

But pénalité. — Pour une infraction aux dispositions relatives à l'engagement pénalité, commise par l'équipe défendante, un but de pénalité est accordé à l'équipe attaquante et pour une infraction commise par l'équipe attaquante un coup franc est accordé à l'équipe défendante. Un but pénalité a la même valeur qu'un but ordinaire.

Coup de coin. — 1° Lorsque la balle a été lancée derrière la ligne de but par un joueur de l'équipe attaquante, elle est placée à 2 m. 50 du point où elle a passé la ligne de but et à angle droit de cette ligne et remise en jeu par un engagement. Cette règle s'applique également si la balle a rebondi de la personne ou de la crosse d'un joueur de l'équipe défendante ou a été lancée involontairement derrière sa propre ligne de but par un joueur de l'équipe défendante, pourvu que celui-ci se soit trouvé en dehors de la ligne des 22 m. 50. — 2° Mais si la balle a rebondi ou a été lancée involontairement derrière sa propre ligne de but par un joueur de l'équipe défendante se trouvant entre son but et la ligne des 22 m. 50, l'arbitre accordera un coup franc à un joueur de l'équipe attaquante. Pour ce coup la balle sera posée soit sur la ligne de but, soit sur la ligne de côté à une distance maximum de 2 m. 50 du drapeau de coin le plus proche. Au moment de ce coup franc, toute l'équipe défendante doit se tenir en arrière de sa ligne de but, et les autres joueurs de l'équipe attaquante doivent se tenir en dehors du cercle d'envoi. — 3° Si, toutefois, la balle a été envoyée volontairement derrière la ligne de but par un joueur de l'équipe défendante, les adversaires bénéficieront d'un coup franc. La balle sera posée sur la ligne de but au point même où elle l'a traversée, les joueurs se tenant en arrière de la ligne de but et du cercle d'envoi respectivement.

Ces différents points sont soumis à l'appréciation de l'arbitre qui juge si la balle a été envoyée avec ou sans intention.

Le coup de coin est souvent provoqué par le gardien de but ou un arrière serré de près; comme en accordant ce coup il sait qu'il ne nuit pas à son équipe, il envoie la balle derrière sa ligne de but; il donne ainsi aux siens le temps de reprendre position et, par contre, il n'y a guère de chance que les attaquants lancent la balle dans le filet. En somme, le coup de coin qui devrait être un avantage pour l'attaque est le plus souvent un avantage pour la défense. Ce fait tient à ce qu'autrefois on pouvait envoyer la balle sur le but par un coup à la volée; ce genre de coup étant maintenant interdit, l'avantage a disparu.

RÔLE DES DIFFÉRENTS JOUEURS

Le rôle de *gardien de but* comporte de grandes responsabilités et offre peu d'agrément. Il doit rester attaché à son poste, sauf dans certains cas où il jugera opportun de s'élancer sur la balle pour prévenir un joueur adverse, et attendre que le jeu se rapproche de lui; si son équipe est en train de gagner le match, il n'a absolument rien à faire qu'à continuer sa faction monotone et à suivre le jeu de loin, généralement en grelottant.

Étant donnée sa position, il ne peut jamais rattraper une faute commise et doit se contenter d'attendre la prochaine attaque. Or, il est d'autant plus exposé à manquer la balle que presque toujours, lancée d'une quinzaine de mètres, elle arrive sur lui en pleine vitesse. Il l'arrête comme il peut, soit avec une partie de son corps, soit avec sa crosse et quand il la manque, il sait que les joueurs de son équipe le maudissent tout bas.

Par compensation, il faut ajouter que le gardien de but, et lui seul, a le droit de frapper la balle du pied quand elle est dans le cercle d'envoi, sauf dans le cas d'engagement pénalité. Il le fait quand, serré de très près, il ne peut manier sa crosse, mais il doit le faire avec précaution, car il faut éviter de renvoyer la balle de façon à permettre à un adversaire de la relancer aussitôt.

Il est toujours préférable et beaucoup plus sûr d'arrêter

la balle avec la main, mais on n'a pas toujours le temps de faire jouer sa crosse après avoir arrêté la balle et de la faire repartir.

Le gardien de but peut aussi arrêter la balle avec sa crosse, mais c'est très aléatoire; il est, en effet, particulièrement malaisé de se rendre compte du point exact auquel il faut se placer et de l'angle sous lequel il faut tendre la crosse, on ne fait d'instinct ces deux mouvements que par une longue expérience; encore peut-on dire qu'il entre toujours un élément important de chance si l'on réussit à attraper la balle. Il est évident, néanmoins, qu'il y a des cas où c'est là la seule ressource.

En parcourant les difficultés de sa tâche, on voit que le gardien de but doit toujours garder son sang-froid; il ne doit se laisser influencer par aucune impression extérieure.

Le rôle des deux *arrières* qui forment la deuxième ligne de défense est le même pour l'un et pour l'autre. Ils doivent frapper fort et être très sûrs de leurs coups, car il leur est difficile de rattraper leurs fautes. Aussi est-il bon qu'ils s'efforcent toujours d'arrêter la balle avant de la frapper.

Dans les cas urgents, pour arrêter l'attaque, ils n'ont qu'à chasser la balle le plus loin possible; s'ils en ont le temps, ils pourront la passer avec précaution à l'un des leurs. En tout cas, ils ne doivent pas frapper au hasard, car ils augmentent ainsi les chances de l'ennemi.

La tâche des *demis* est très fatigante: c'est d'eux, en effet, que dépend en grande partie, dans l'attaque, le succès des avants et comme ils constituent la première ligne de défense, ils ont à soutenir la plus grande partie de la défense lorsque leur camp est attaqué.

Le demi du centre a naturellement le plus à faire: il doit surveiller l'avant du centre ennemi pour contrecarrer sa manœuvre. En même temps, il doit passer rapidement la balle à son propre avant du centre, derrière lequel il se trouve. Il ne doit pas négliger de plus les avants des deux ailes ni manquer les occasions de leur passer la balle de façon à décharger le centre. Pour gagner du temps, il ne doit presque jamais se servir de la main pour arrêter la balle, mais ne compter que sur sa crosse et ses pieds. Enfin, il faut qu'il se porte vers l'un ou l'autre des deux autres demis suivant qu'ils sont plus ou moins attaqués, mais il doit retourner aussitôt après à son poste.

Les deux autres demis ont à peu près le même rôle et doivent posséder à fond l'art de passer à propos la balle; ils doivent être très vites. Le demi de droite est favorisé par rapport à celui de gauche; celui-ci, en effet, risque toujours d'être en faute, s'il essaye d'aborder un avant adverse et s'il le touche avant d'avoir atteint la balle. Le demi de gauche est également moins avantagé pour frapper les balles avec sa crosse, car, avant de frapper de gauche à droite, il doit la retourner pointe contre terre; il est donc nécessaire qu'il s'exerce spécialement à ce coup.

Les *avants* ont pour mission de porter l'attaque dans le camp ennemi et d'essayer de faire des buts. L'efficacité de leur jeu dépend en grande partie de l'habileté de l'avant-centre, de son esprit tactique, en un mot de son adresse à faire des passes. C'est lui, en effet, qui met en train toutes les manœuvres. Comme les autres avants d'ailleurs, il est donc absolument indispensable qu'il soit à même de renvoyer la balle sans retard; pour cela il doit être parfaitement entraîné à passer la balle sans arrêt avec sa crosse. En outre, il doit juger instantanément de quel côté il y a avantage à faire la passe. Enfin, il doit être très soucieux de garder sa place au centre et de ne se mouvoir que parallèlement aux lignes de côté, sauf dans les cas qu'il doit apprécier, où il y a intérêt à se porter vers l'une ou l'autre aile pour la seconder.

Il doit s'efforcer de répartir le travail autant que possible entre ses deux ailes, en tenant compte évidemment de leur force respective.

En ce qui concerne le principe à suivre en passant la balle, on peut dire que sur son propre terrain, il doit l'envoyer à ses ailes pour l'éloigner de son but, et sur le terrain adverse l'envoyer aux deux avants du milieu (centre-droit et centre-gauche), pour rapprocher la balle du cercle d'envoi de l'adversaire. D'ailleurs, même dans ce cas, une passe vers les ailes peut s'effectuer très à propos pour surprendre l'équipe défendante qui se resserre généralement vers le cercle.

Le rôle des centre-droit et centre-gauche est principalement de passer la balle aux ailes et de maintenir leur liaison avec le centre. Le centre-droit (inside right) est bien placé pour répondre à tous les coups, particulièrement quand la balle arrive de touche. Au contraire, la position du centre-gauche (inside left) lui rend beaucoup de coups très difficiles, comme à tous les joueurs de gauche. En particulier, il ne lui est pas facile de recevoir la balle lorsqu'elle est lancée à la main après une touche, il ne peut guère tirer parti de ce coup auquel il lui incombe de riposter et le mieux qu'il puisse faire est de la renvoyer à celui qui vient de la lancer.

Toutefois, la position de l'aile gauche est de beaucoup la plus gênante: en effet, il est obligé de frapper tous ses coups sans exception de gauche à droite, ce qui est contraire au coup normal; dans ces conditions, il lui faut une grande habileté et aussi une bonne tactique pour faire des passes utiles. Quand il doit arrêter la balle après une touche, il est également fort mal placé et il est obligé de jouer avec la crosse renversée pointe contre terre. Il faut se rappeler, en outre, que tous ces mouvements doivent être exécutés en courant à grande vitesse et presque sans arrêt. Le joueur, autant que possible, ne doit donc jamais faire usage de ses mains.

Le jeu de l'aile droite (outside right) est, au contraire, des plus faciles: il fait ses passes d'une façon normale et les passes qu'il reçoit lui arrivent également sous l'angle le plus commode. Il peut toujours faire tous les coups avec sa crosse. Son rôle est, par contre, un peu effacé, car, s'il s'exécute consciencieusement sa tâche, il doit rester tout près de la ligne de touche, de sorte qu'il n'aura jamais l'occasion de faire un but lui-même. Toutefois, c'est lui qui, par une passe décisive, permettra à son co-équipier de faire ce but.

ARBITRES

Pour terminer, nous donnerons une idée du rôle des arbitres. Deux arbitres sont absolument nécessaires, car le hockey se joue sur une si grande surface de terrain et la balle le parcourt d'un bout à l'autre si rapidement qu'un seul arbitre ne pourrait matériellement s'acquitter de sa tâche. En général, chaque camp fournit son arbitre: chaque arbitre prend la moitié du terrain et donne des décisions dans sa moitié seulement, mais il surveille aussi la totalité d'une ligne de côté. A cet effet, le terrain de jeu est partagé à la moitié par une ligne à angle droit des lignes de côté. Les deux arbitres ne changent pas de côté à la mi-temps.

Tout en surveillant l'observation des règlements, les arbitres ont à décider de tous les points discutés quand on leur fait appel; ils doivent donner leur décision promptement. Dans le cas où un arbitre a des doutes au sujet d'une réclamation, il doit décider en faveur de l'équipe contre laquelle on fait appel. L'arbitre ne doit jamais appliquer une pénalité quand il est d'avis qu'elle donnerait un avantage à l'équipe fautive.

Ils agissent également comme chronométreurs et doivent tenir compte des interruptions pour ne pas diminuer la durée de la partie. L'arbitre a le pouvoir discrétionnaire, lorsqu'un joueur se conduit d'une façon répréhensible, ou de lui infliger un avertissement ou bien de le renvoyer du jeu. Seuls les capitaines ont le droit de discuter ses interprétations. L'arbitre a le droit de suspendre le jeu toutes les fois qu'il le juge nécessaire; le jeu est repris par un engagement à l'endroit où il a été arrêté. Quand il y a eu infraction supposée à une règle, la balle reste en jeu jusqu'à ce que la décision soit donnée. Si elle touche l'arbitre, elle n'est pas considérée comme morte.

On voit que le rôle d'arbitre est délicat et très chargé; il n'a rien de très attrayant, étant données ses responsabilités. Il doit prendre ses décisions très rapidement et les énoncer sans hésitation, il doit ensuite s'y tenir pour conserver son autorité sur les joueurs.

F. G.

NOTA. — *On trouvera plus loin, dans les pages consacrées aux sports d'hiver, les règlements du hockey sur la glace.*

LE TENNIS

C'est un jeu similaire au vieux jeu national français de la
longue paume. Jouée d'abord avec la main et avec une balle
de liège, la longue paume fut importée plus tard en Angleterre,
après l'invention de la *raquette*. Le premier code du tennis
date de 1877, époque du premier *championnat* du *All Angland
Club*.

Il est tout d'abord nécessaire, pour jouer au tennis, d'avoir
le *terrain* où sera tracé le *cours*. Ce terrain doit être très vaste,
pour que les joueurs puissent courir aussi assez loin en dehors
des limites du cours.

Le cours doit mesurer 23 m. 80 sur 8 m. 26 de large; la
bordure extérieure doit être de 7 mètres au moins, à partir
de la ligne du fond et de 4 mètres à partir de celle des côtés.

La position du terrain doit être, si possible, du nord au sud,
pour que le soleil y paraisse de façon égale.

On peut jouer sur des cours de terre, de sable, d'asphalte, de
ciment et de gazon.

Les terrains de gazon sont assez pratiques et assez agréables pour le jeu, mais ils coûtent très cher à entretenir et ne
peuvent servir que pendant quelques mois par an. Les terrains
en asphalte ou en ciment sont durs au pied et glissants.

Le meilleur terrain est certainement celui en terre battue.
Défoncez le terrain à préparer pour le cours, à une profondeur
de 20 centimètres environ, égalisez-le, puis couvrez-le de débris
de plâtras, de briques et de calcaire sur environ 10 à 12 centimètres de hauteur.

Ecrasez alors cette couche et nivelez-la parfaitement, puis
mettez par-dessus une seconde couche de boue. Roulez, apla-
nissez et recouvrez enfin de sable fin de fleuve, bien éga-
lisé, bien étendu et roulé lorsqu'il est humide. Le meilleur
moment pour faire un cours est l'automne; en effet, la pluie
fait amalgamer les matériaux et rend le tout homogène.

Pour obtenir un cours en gazon, il est nécessaire de défoncer
le sol à environ 30 à 35 centimètres, puis garnissez d'un
mélange de gravier, de craie, de briques brisées. Recouvrez
alors d'une couche de 15 centimètres environ de terre végétale et
ensemencez de *lawn grass*.

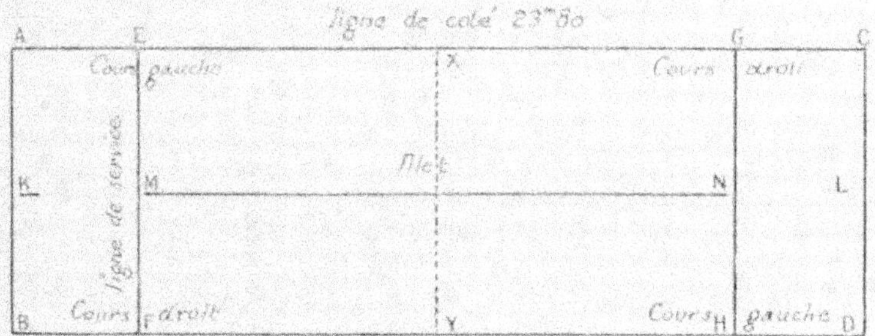

Fig. 1. — Cours pour partie à deux joueurs.

Dès que l'herbe nouvelle aura une hauteur suffisante, cou-
pez-la avec la faux une première fois et, après, toujours avec
la *tondeuse de gazon*, une fois par semaine.

Une fois que votre cours est bien égal et bien roulé, il faut
le marquer.

Tout d'abord, choisissez une place convenable pour tendre
le filet, et mettez deux piquets à 8 m. 26 l'un de l'autre (en X et
en Y, fig 1).

Attachez à chacun de ces piquets un cordeau assez long. Tracez
à l'aide de celui fixé en Y une droite perpendiculaire au filet,
droite que vous arrêterez à 11 m. 90 de son point de départ, soit
en D. Joignez ensuite le piquet X et le point D vous aurez un
des angles du cours. Tracez pareillement XC et joignez Y à C.

puis, rejoignez les deux points marqués D et C: la ligne obtenue sera la *ligne de fond*. Sur les droites YD et XC à 6 m. 40 du filet, marquez deux points G,H, réunissez-les par une droite, celle-ci constituera la *ligne de service*. Vous aurez ainsi un des côtés du cours.

Répétez la même opération de l'autre sens de la *ligne de filet* et vous aurez un cours complet. Pour le cours de quatre joueurs, prolongez les lignes de base de chaque côté de 1 m. 37 et reliez les quatre points, vous aurez ainsi les *lignes de côté*.

Pour marquer un terrain de gazon, servez-vous d'une machine appelée *marqueuse*, que vous passez sur les lignes tracées à la corde. Pour les terrains de terre, servez-vous de rubans de fil blanc, assez larges et bien tendus. Pour les cours d'asphalte ou de ciment, passez les lignes à la peinture.

Ces lignes doivent avoir 3 centimètres de largeur.

Poteaux. — La hauteur réglementaire des poteaux est de 1 m. 10. Évitez les poteaux retenus à terre par des chevilles. Les meilleurs sont ceux de Gardiner (Gardiner's Club Post) qui s'enfoncent dans des socles scellés dans le terrain. La corde qui supporte le filet passe sur le poteau et est attachée à une roue à engrenage fixée au poteau.

Filets. — Le filet doit être imperméable et goudronné. Le haut doit être garni d'une bande épaisse de toile blanche d'une largeur de 5 centimètres environ. Mettez un support au milieu du filet pour le soutenir, afin qu'il reste à hauteur réglementaire.

Balles. — Il est indispensable d'avoir des balles de première qualité. Les plus chères sont les plus économiques, parce que ce sont les seules qui durent. Elles doivent avoir de 637 à 650 millimètres de diamètre et elles doivent peser 55 grammes environ.

Conservez-les avec soin dans un endroit sec et à l'abri du froid, dans du son si possible.

Raquettes. — Évitez les raquettes de fantaisie et choisissez

une bonne raquette aux cordes bien tendues. Le manche doit
être rond ou octogone et se terminer par un bourrelet en bois
ou en cuir.

Prenez une raquette en rapport avec votre poids, environ
14 onces 1/2 pour les hommes et 13 onces 1/2 pour les dames.
Choisissez surtout une raquette bien équilibrée. Afin de reconnaître le bon équilibre, prenez la raquette par l'extrémité du
manche, baissez-la et relevez-la lentement.

Si elle remonte difficilement, elle est trop lourde; si elle
vous paraît légère, pesez-la et alors, si elle a le poids voulu,
elle est bien équilibrée.

Une bonne raquette coûte de 20 à 40 francs.

Presses. — Les raquettes ont des tendances à se déformer sous
l'action de l'humidité ou de la sécheresse, il faut donc que
vous la mettiez sous une presse spéciale après vous en être
servi; conservez le tout bien au sec. Nous conseillons de changer
de raquette chaque année, au début de la saison.

Costume. — Nous recommandons un costume léger et simple :
pantalon de flanelle blanche, chemise cellulaire ou de flanelle
très légère blanche, col souple, chapeau très léger en toile ou
feutre blanc, pas de bretelles, une ceinture.

Les souliers doivent être légers, soit en daim, soit en toile,
blancs ou gris clair à semelles en caoutchouc épaisses et lisses.

Entourez autant que possible le cours par un filet haut de
2 mètres environ, à une assez grande distance, afin d'arrêter
les balles et d'empêcher qu'elles ne se perdent.

LE COUP DE RAQUETTE

Il est facile de comprendre l'importance capitale de savoir
bien donner le *coup de raquette*. En effet, un homme très
agile, très fort et ayant beaucoup d'endurance, mais ayant un
mauvais coup de raquette, peut ne jamais devenir un bon
joueur.

La première des choses est naturellement de savoir tenir sa raquette. Le docteur Dwight, dont le traité sur le tennis est bien connu, donne le conseil de tenir sa raquette de la même manière pour le coup *d'avant* ou *d'arrière-main*. Nous pensons, au contraire, que si vous ne changez pas de position de main, vous n'aurez pas de prise pour *le coup d'arrière* et ne pourrez attaquer la balle franchement. Vous seriez alors obligé de la couper. Voici donc, d'après le livre de M. Wilberforce, la manière dont vous devez opérer le changement de position de la main :

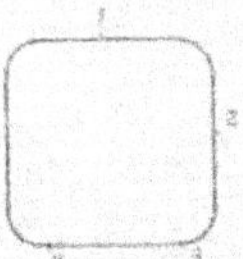

Fig. 2. — Position des doigts pour le coup d'avant-main.

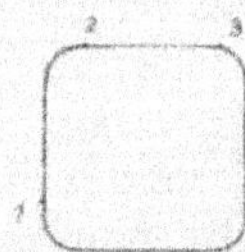

Fig. 3. — Position des doigts pour le coup d'arrière-main.

« Prenez la raquette de la main gauche par l'étauçon, de façon que le *cerceau soit vertical* et le *manche horizontal*; puis, pour le coup *d'avant-main*, qui se donne de droite à gauche, saisissez votre raquette de la main droite par l'extrémité du manche; l'articulation de votre pouce se trouvera alors en 1. (Voir dessin ci-dessous, représentant la section verticale du manche.) Portez l'index en 2, l'articulation touchant ce point et le pli de la première jointure de ce doigt en 3 et la seconde en 4 : inclinez la première jointure vers le cerceau, les autres s'en éloigneront. Inclinez légèrement le pouce das la direction du cerceau, sa dernière jointure faisant légèrement saillie sur le manche; placez les premières jointures des autres doigts en travers du manche à angle droit.

« Pour le coup *d'arrière-main*, changez rapidement la position des doigts sur le manche; ce mouvement devient, avec l'habitude, presque un *mouvement réflexe*. Portez l'articulation du pouce en 1, celle de l'index en 2, le pli de la jointure en 3, et l'inclinaison des doigts sera la même que pour le coup d'avant-main; en somme, le changement de la prise du coup de l'*avant-main* à celui de l'arrière-main consiste à tourner la main dans la direction du corps avec une inclinaison beaucoup plus importante qu'à angle droit. »

Tenez toujours votre raquette bien en main, très solidement et avancez d'un pas en frappant la balle.

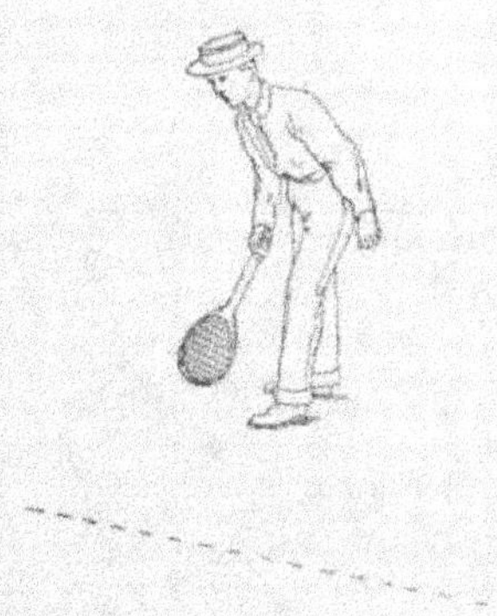

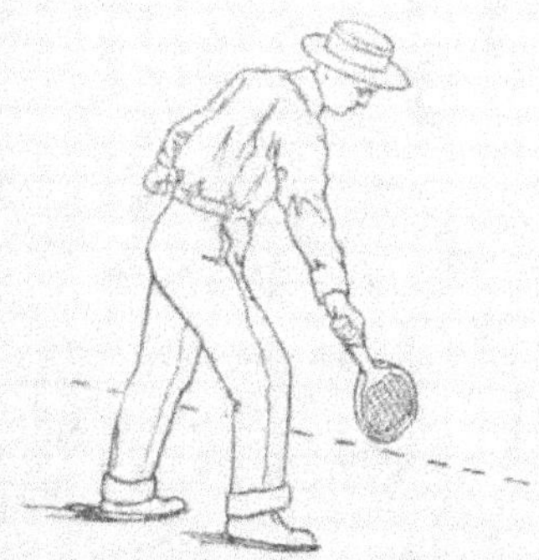

Fig. 4. — Coup d'avant-main.   Fig. 5. — Coup bas d'arrière-main.

Pour porter le coup d'*avant-main*, faites un pas en avant du pied gauche, ramenez votre raquette en arrière, derrière votre épaule à une distance calculée pour la force que vous voulez donner au coup de raquette et portez le poids de votre corps sur le pied droit. Dans l'acte de frapper la balle, vous transportez le poids de votre corps sur le pied gauche. Penchez-vous alors légèrement en avant et pliez un peu le genou.

Pour le coup d'arrière-main, portez le pied droit en avant, tournez-vous de côté pour permettre à votre bras de se balancer sans gêne; portez tout d'abord le poids de votre corps sur le pied gauche, puis sur le droit.

Surtout ne balancez pas votre bras gauche; tenez-le tranquille, pendant à vos côtés.

Vous devez rattraper la balle à des hauteurs très différentes, mais la hauteur la plus propice pour un bon coup est à peu près de 20 à 30 centimètres du sol quand la balle tombe.

La différence de hauteur à laquelle la balle est reprise donne lieu à deux coups distincts :

Le coup horizontal, lorsque vous rattrapez la balle à son plus haut point;

Le coup vertical, lorsque vous la rattrapez à la descente.

Le coup horizontal a été inventé par M. Lawfad et donne de très bons résultats. Prenez la balle à la hauteur de votre épaule. Au moment du contact de la raquette et de la balle, *coiffez la balle* avec la raquette par un léger tour de main, ce qui veut dire : saisissez la surface supérieure de la balle dans une direction verticale. Vous obtiendrez un double effet : vous ferez tourner la balle sur son axe horizontal et elle rebondira plus rapidement à angle plus aigu. Il vous est ainsi possible de donner le coup plus vigoureusement et de lancer la balle en rasant le filet.

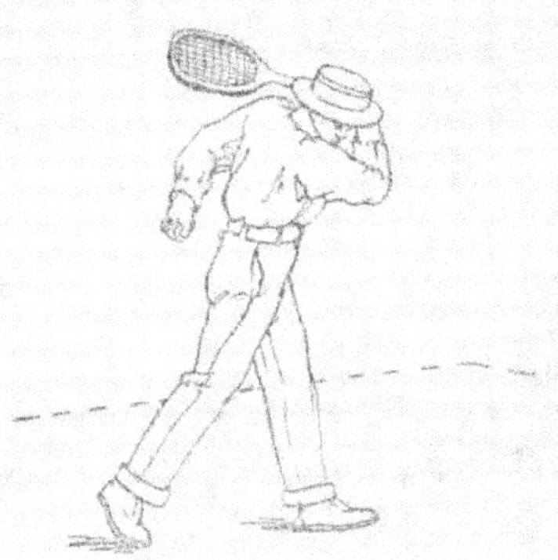

Fig. 6. — Coup d'arrière-main.

Lorsque vous saurez comment donner ce coup, exercez-vous à savoir arriver à *bonne distance*, ce qui veut dire sachez frapper aussi près que possible de la ligne de base du camp adverse. Il faut arriver à lancer la balle à l'endroit où votre adversaire ne peut pas la rattraper. Il est bon de vous exercer pendant assez longtemps à rattraper les balles en frappant contre un mur.

LA VOLÉE

La volée est la reprise de la balle avant qu'elle ne touche terre. Il est indispensable de bien savoir *la volée*; il en existe plusieurs espèces : une *basse*, une *élevée*, une *d'avant* et une *d'arrière-main*, une *tombante* et une *horizontale*. Il y a une seule règle pour toutes: faites un pas en avant au moment du contact de la balle avec la raquette, du pied gauche pour celle d'avant-main, du droit pour celle d'arrière-main. Changez aussi un peu la prise de votre raquette, en avançant le pouce et l'index dans la direction du *cerceau*.

Lorsque la balle vient sur l'*avant-main* à hauteur de votre épaule, éloignez le coude du corps, fléchissez légèrement le poignet et placez votre raquette un peu au-dessus du niveau de votre main. Au moment de frapper, portez le poids de votre corps sur le pied gauche que vous avancez légèrement en travers.

VOLÉE D'AVANT-MAIN

D'arrière-main, donnez la volée de la même façon, le coude levé et éloigné du corps; avancez le pied droit en frappant, l'avant-bras étendu et la tête de la raquette ramenée en avant, le poignet légèrement plié.

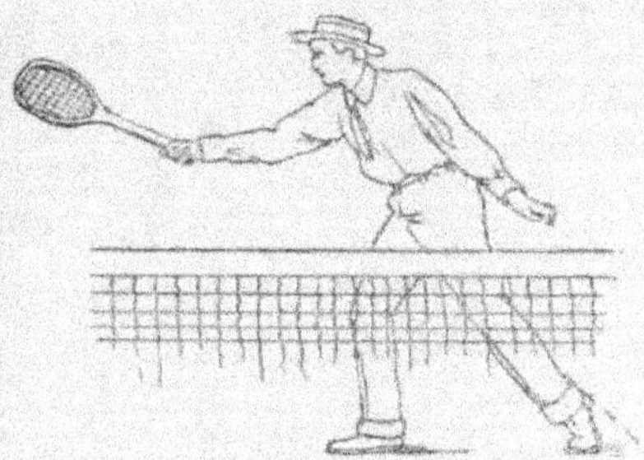

Fig. 7. — Volée d'avant-main.

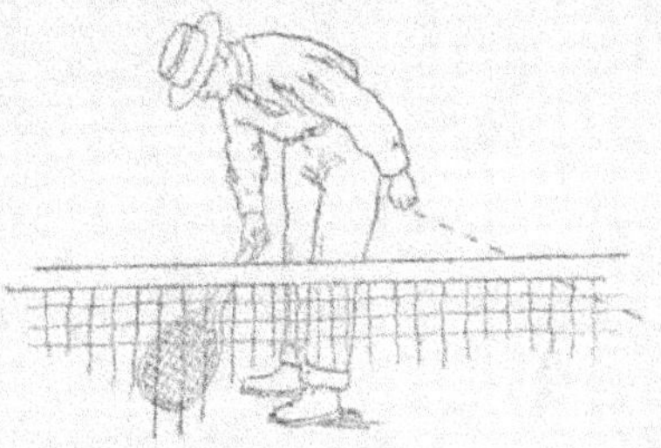

Fig. 8. — Demi-volée d'avant-main près du filet.

La volée la plus difficile est celle donnée avec la balle basse, à 30 centimètres environ du sol: il faut alors vous baisser pour rattraper la balle; donnez le coup d'avant-main de préférence.

A hauteur des genoux, la volée se donne en faisant un pas de côté pour laisser le bras plus libre; jouez alors l'arrière-main.

SMASH

Parlons maintenant de la *volée en dessus* ou *smash*; on y a recours pour prendre une balle faible et tombante. Pour ce coup, conservez toute votre liberté de mouvement, suivez la direction de la balle avec votre bras et votre raquette. C'est un coup très difficile. Nous conseillons plutôt d'employer, en ce cas, une simple volée en dessus.

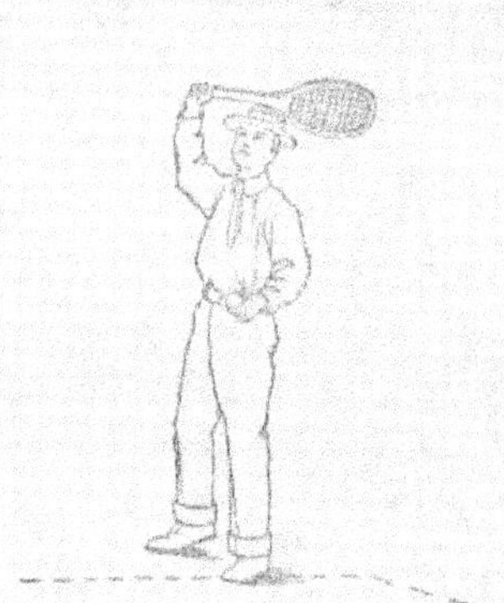

Fig. 9. — Smash.

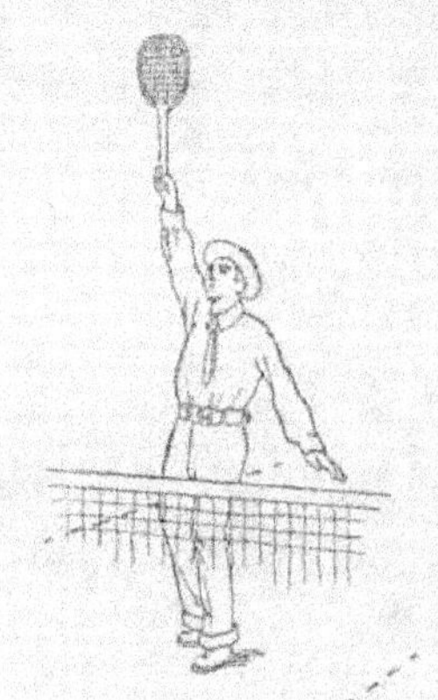

Fig. 10. — Smash près du filet.

Une autre volée très utile est le *lob volée*. Reprenez doucement la balle de volée par une poussée lorsque votre adversaire est au filet ou lorsque son intention est de *gagner du temps* pour se remettre.

DEMI-VOLÉES

Prendre une balle de *demi-volée*, c'est la prendre au moment même où elle quitte le sol. C'est un coup assez incertain et difficile à bien donner. Ne vous en servez jamais à moins d'y être forcé.

Il y a cependant deux cas dans lesquels la demi-volée est

nécessaire. Quand votre adversaire du fond du cours vous
envoie une balle tout près du filet, alors la demi-volée renvoie
la balle aussi près du filet et votre adversaire n'a pas le
temps de la rattraper; enfin, lorsque la balle, vous surprenant,
tombe à vos pieds et que vous n'avez pas le temps de la reprendre de volée.

Donnez la *demi-volée* en tenant votre raquette obliquement
le bras tendu.

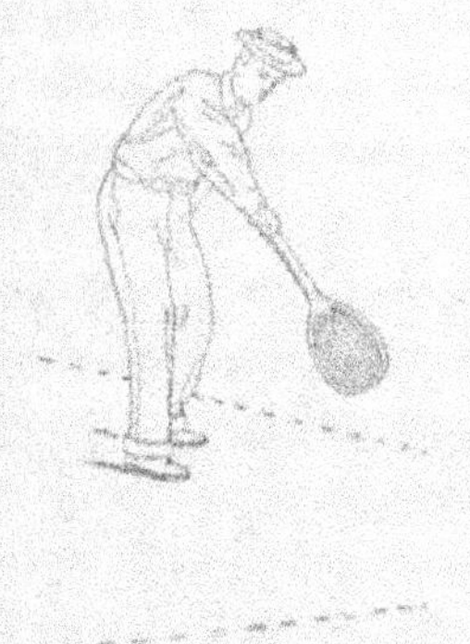

Fig. 11. — Demi-volée d'avant-
main.

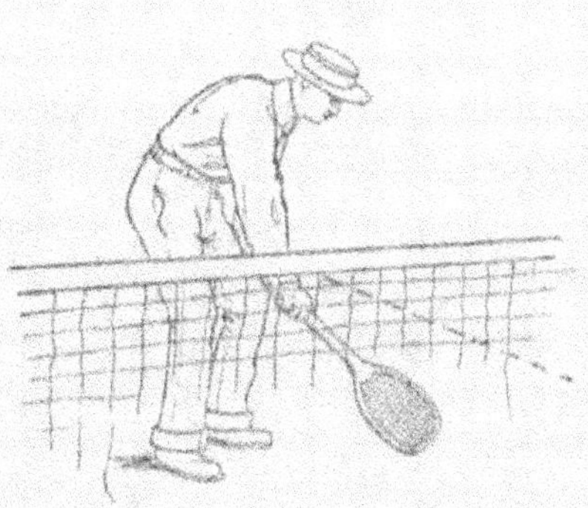

Fig. 12. — Demi-volée d'avant-main
près du filet.

Il y a, enfin, la reprise de la balle à l'instant même où elle remonte à son premier bond. Si la balle est rapide, il suffira d'une
opposition de raquette.

LE LOB

Le *lob* est la balle lancée très haut en l'air, afin qu'elle tombe
dans le fond du cours, en dehors de la portée de l'adversaire.

Le *lob* n'a pas été toujours considéré comme un coup intéressant. Il a été adopté dernièrement entre bons adversaires,
afin de gagner du temps.

Le *haut lob* est difficile à exécuter lorsqu'il y a du vent.
Si votre adversaire a le soleil dans la figure, il sera obligé de
reprendre la balle près de terre quand elle rebondit. Le *haut*

lob vous servira, lorsque vous serez sur la ligne du fond, pour gagner du temps. Plus la balle est haute, moins facile en sera la reprise de volée.

Jouez autant que possible le *lob d'avant-main* et reprenez la balle sur votre droite, le lob doit *toujours* tomber sur le fond du jeu, sous peine de perte grave pour vous.

Reprenez le lob s'il est élevé par-dessus votre épaule. En cas contraire, si la balle tombe au milieu du jeu et que vous soyez au filet, reculez en dépassant la balle, reprenez-la doucement et essayez de l'envoyer sur l'un des coins du cours, loin de votre adversaire.

LE SERVICE

Le service est un des coups les plus difficiles du jeu. Le service rapide est très scabreux et peut vous entraîner à faire des *doubles fautes*.

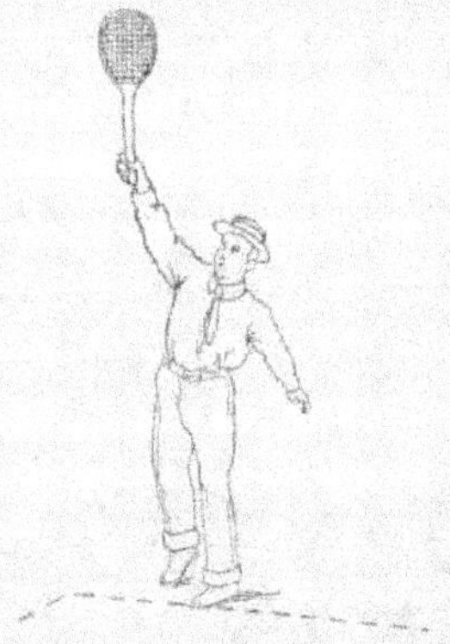 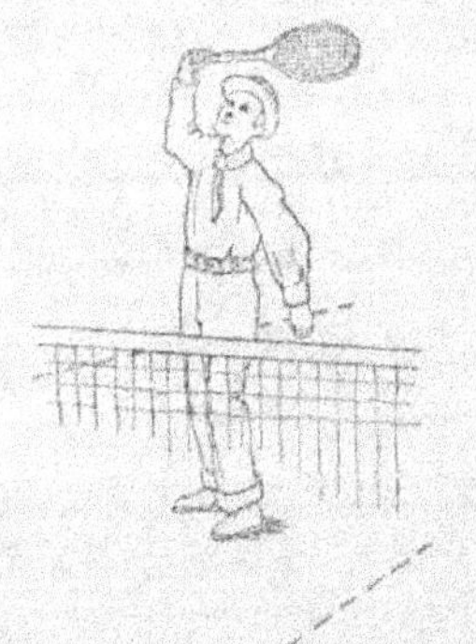

Fig. 13. — Service en dessus.   Fig. 14. — Riposte au service près du filet.

Soignez donc le service en tenant vos deux pieds en arrière de la ligne de fond et en dedans du prolongement des lignes de côté et de la ligne du centre de service.

Le service le plus employé est le *service en dessus*, il est très variable dans ses formes.

Il peut être *tourné* d'*arrière-main* ou d'*avant-main*. Pour le service en dessus, jetez la balle en l'air, suffisamment haut pour vous permettre de l'atteindre juste au moment de son temps d'arrêt. Ne coupez pas la balle.

Pour donner à la balle le plus de longueur possible, allongez votre bras droit. Tout l'effet de votre service viendra de la précision avec laquelle vous aurez mesuré l'instant du contact de la balle et de la raquette.

Le *service en dessous* n'est presque plus en usage. Vous pouvez vous en servir pour varier votre manière. Il peut être donné d'avant et d'arrière-main. Pour le coup d'avant-main, tenez votre raquette verticalement, la tête légèrement inclinée.

Laissez tomber la balle devant votre pied gauche et, balançant votre raquette de droite à gauche, frappez la balle lorsqu'elle est à 30 centimètres environ de terre.

Pour le service d'*arrière-main*, suivez les mêmes mouvements, en balançant la raquette de gauche à droite.

Le second service est généralement très modéré comme vitesse, à cause de la crainte où l'on est de perdre un point en donnant un service faute.

PARTIE A DEUX OU *single*

Quelle méthode adopterez-vous pour jouer la partie à deux? Vous vous ferez bientôt une tactique vous-même avec l'expérience et selon la force de votre adversaire.

Quelques conseils, cependant, vous seront utiles. Il y a deux tactiques principales: celle des joueurs du fond du jeu et celle des joueurs de volée. Nous pensons qu'un bon joueur du fond du jeu a beaucoup de chances de battre un bon joueur de volée; mais il ne faudrait cependant pas se fier à un jeu de *drives* et de *lobs*. Nous conseillons donc une combinaison du jeu *du fond* et du jeu *de volée*.

Pour le *service*, placez-vous, comme la règle vous l'indique, assez près de la ligne de centre; vous pourrez ainsi répondre plus facilement au retour du service.

En gardant votre position du fond du jeu, le premier coup

étant un *lob*, vous pouvez le reprendre de volée. Si c'est un *drive* trop bas pour la reprise de *volée*, retournez la balle dans la même direction d'où elle venait.

Si votre premier service est *faute*, servez de nouveau, moins rapidement et essayez de placer la balle dans le fond de la partie du *cours de service* de votre adversaire. Ne vous avancez pas près du filet. Au contraire, revenez en arrière à votre ligne de fond.

Reprise du service. — La reprise du service est d'une importance capitale.

Si vous voulez reprendre un premier service qui vient du cours *d'avant-main*, placez-vous au fond du jeu, le pied droit sur la ligne de côté. Si le service vient de l'autre côté, placez-vous un peu plus à droite. Tenez-vous toujours un peu en arrière.

Le second service est moins vigoureux que le premier; placez-vous, pour le recevoir, à quelque 50 centimètres dans la ligne de fond, entre les lignes de côté et de centre. Tenez votre raquette *d'avant-main*.

Ne craignez pas de prendre un lob de volée. Avec de la pratique, vous y arriverez aisément.

Naturellement, il n'y a pas de règle générale et vous apprendrez vous-même, en jouant beaucoup, à riposter et à lancer vos balles aux bons endroits. Essayez toujours de lancer votre balle à l'endroit du cours opposé à celui où se trouve votre adversaire, afin de le forcer à courir constamment.

Si votre adversaire fait un jeu *au filet*, envoyez-lui des *lob*.

Lorsque vous serez appelé à jouer dans un *match*, appliquez-vous à garder votre sang-froid et à jouer absolument le même jeu qu'à l'ordinaire. Tâchez d'avoir un bon arbitre, ne discutez jamais ses décisions. N'oubliez pas non plus une bonne raquette de rechange.

Partie *double* ou a quatre

La *partie double* diffère beaucoup au point de vue de la tactique de la *simple*.

En effet, l'important est d'avoir une grande habitude et de jouer souvent avec le même partenaire. Alors, étant même de force moyenne tous les deux, vous battrez des adversaires meilleurs, mais peu habitués à jouer ensemble.

Vous devez choisir votre partenaire comme étant à peu près de votre force et essayer d'arriver à un ensemble sans heurts; jouez d'abord l'un contre l'autre: vous connaîtrez mieux votre jeu réciproque.

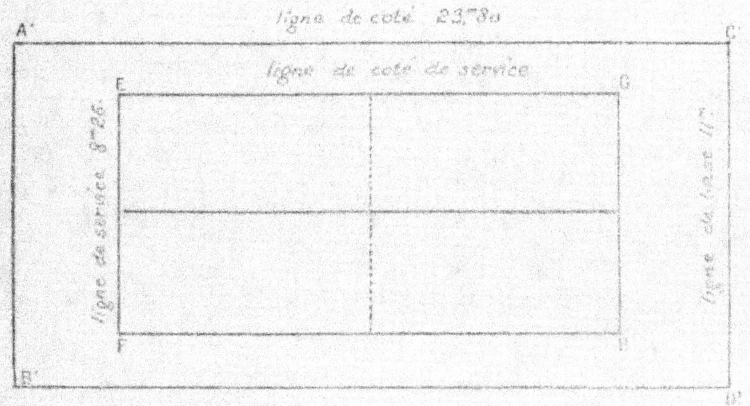

Fig. 2. — Plan du cours pour la partie à quatre.

La partie à quatre est de beaucoup moins fatigante que la partie simple.

La seule position pratique et admise est la suivante: les joueurs se tiennent à 1 mètre environ au-devant de la ligne de service et assez près de leur ligne de côté.

Dans la partie double, le *service* est, pour celui qui sert, d'un grand avantage. Placez-vous à un point moyen entre la ligne du centre et le coin du cours. Essayez de placer votre balle dans le coin opposé.

Si vous êtes le partenaire du servant, placez-vous un peu en dehors de la ligne de service, près de la ligne *de côté intérieur*, vous couvrirez ainsi votre propre ligne.

Suivez des yeux la balle de service pour voir où elle tombe et pour être toujours prêt. Si le service est bon, avancez un peu et essayez de reprendre la balle de retour *de volée* : si la reprise est un *lob*, reculez-vous ainsi que votre partenaire pour le recevoir.

Pour la reprise du service, agissez comme dans la partie simple : si le service est faible, votre partenaire devra se tenir un peu en arrière de la ligne de service presque au milieu du cours, afin qu'il ne laisse pas échapper les balles.

Si le service est fort, il devra se placer un peu en avant de la ligne de service et suffisamment près de la ligne de côté, afin d'en assurer la protection. Il y a différents coups que vous apprendrez par la pratique et en les voyant jouer. Il est très utile de regarder jouer des bons joueurs pour apprendre à bien choisir ses ripostes.

Évitez de voler les balles destinées à votre partenaire. Essayez de partager à peu près le travail avec lui et de ne pas entraver son jeu.

Si vous vous apercevez de la faiblesse d'un de vos deux adversaires, acharnez-vous sur lui, vous aurez plus facilement raison des deux.

DAMES ET MESSIEURS, OU MIXED PAIRS

Très agréables au point de vue de l'agrément de société, ces parties sont généralement peu sérieuses. Beaucoup de coups ne pourront pas même être essayés ; en effet, peu de femmes peuvent faire un *smash* ou une *reprise de volée*.

Placez autant que possible votre partenaire féminin dans le *cours droit* en arrière. Laissez-la s'occuper exclusivement de prendre les balles qui iront tomber à cet endroit et occupez-vous de reprendre toutes les balles de volée.

Si votre partenaire est une très bonne joueuse, laissez-lui jouer son jeu de confiance, sans essayer de lui prendre ses balles, jouez votre jeu, protégez votre côté, vous aurez ainsi beaucoup de chances de gagner.

DAMES SEULES

D'abord quelques conseils sur la manière de s'habiller : nous recommandons à nos lectrices de porter, autant que possible, une robe de flanelle légère à jupe courte et ample du bas. Une chemisette de flanelle ou de linon. Suppression absolue et indispensable du corset pour bien jouer.

Il lui sera impossible, en effet, avec cet instrument, de se baisser pour ramasser les balles, de se jeter de côté et d'étendre les bras. Nous recommandons la brassière en toile pour maintenir le buste.

Le poids d'une raquette de dame ne doit pas dépasser 13 onces 3/4. Elle peut avoir un manche moins gros que celle de l'homme. Évitez de tenir votre raquette par le milieu, habituez-vous à la tenir comme les hommes : c'est plus fatigant au début, mais les résultats seront bien meilleurs.

Exercez-vous beaucoup contre un mur avant de commencer des parties.

Bien peu de femmes réussissent le *service du dessus*. Il est préférable qu'elles se contentent du service *en dessous*.

ARBITRES. — HANDICAPS

Arbitres. — Il est très utile d'avoir de bons arbitres. Un arbitre doit savoir à fond ses règles du tennis et être au courant des conditions du match. Il doit suivre toujours le jeu avec la plus grande attention. Il ne doit jamais discuter ni avec les joueurs, ni avec les spectateurs.

Le handicap est une partie dans laquelle des joueurs de différente force jouent ensemble et, pour égaliser leurs forces, on donne ou reçoit des points selon sa force ou sa faiblesse. Ces points sont appelés avantages. Ces parties sont excellentes pour les joueurs de second ordre, parce qu'elles leur permettent de jouer contre des adversaires supérieurs dans de bonnes conditions.

Voici les tableaux pour handicaper les joueurs par sixièmes de 15, selon le code de lawn-tennis de l'Union des sociétés françaises des sports athlétiques.

Deux cas se présentent: 1° un joueur peut recevoir des points, de 1/6 jusqu'à 30.5; 2° il peut en rendre et partir donc de moins 1/6 jusqu'à moins 30.5.

Dans le premier cas, un des joueurs part à 0 et l'autre reçoit par exemple 1/6; ce second joueur partira à + 15 pendant un jeu et à 0 pendant les cinq autres; s'il reçoit 2/6, il partira à + 15 pendant deux jeux et à 0 pendant les quatre autres. S'il reçoit 15 1/6 il partira à + 15 pour cinq jeux et à + 30 pour le sixième, la proportion étant toujours prise pour six jeux.

TABLE DE HANDICAPS

POINTS REÇUS

	40	30 5	30 4	30 3	30 2	30 1	30	15 5	15 4
1/6	30.5	30.4	30 3	30.2	30.1	30	15 5	15 4	15.3
2/6	30.5	30 4	30 3	30.2	30 1	30	15.5	15 4	15 3
3/6	30.5	30.4	30 3	30.1	30	15 5	15.4	15.3	15 2
4/6	30 4	30 3	30.2	30 1	30	15.4	15.3	15 2	15.1
5/6	30 4	30.3	30.1	30	15 5	15.1	15 2	15 1	15
15	30.3	30.2	30 1	15.5	15 1	15 3	15 2	15 1	5/6
15 1	30 3	30 1	30	15.4	15 3	15 2	15	5/6	4/6
15 2	30.2	30 1	15 5	15.4	15 2	15 1	5/6	4/6	3/6
15 3	30 1	30	15 5	15.3	15 2	15	4/6	3/6	2/6
15 4	30	15 5	15 3	15.1	15	3/6	3/6	1/6	
15 5	15.5	15.4	15 2	15	5/6	3/6	1/6		
30	45.4	15 3	15 1	5/6	4/6	2/6			
30 1	15 3	15 1	5/6	3/6	2/6				
30 2	15 2	15	4/6	2/6					
30 3	15.4	5/6	3/6						
30 4	4/6	2/6							
30 5	2/6								

Quand deux joueurs recevant ou devant des points, jouent l'un contre l'autre, on ramène à 0 le joueur qui en doit le moins ou qui en reçoit le moins.

Le handicap entre les deux joueurs s'obtient, dans le cas où tous deux reçoivent ou doivent moins de 15 4, en retranchant les points de l'un des points de l'autre. Si l'un des joueurs ou tous les deux reçoivent ou doivent plus de 15 4, on fera usage des ... à la table ... ci-dessus.

Dans le second cas, où l'un des joueurs rend des points à l'autre, le calcul ci-dessus le fera en sens inverse.

Si les deux joueurs reçoivent chacun des points, l'un par exemple 5/6 et l'autre + 30.1, on ramène à 0 le joueur qui reçoit le moins de points, en l'espèce celui qui part à 5/6; quant à l'autre, son nouveau handicap est fixé par le tableau des POINTS REÇUS à l'intersection des colonnes 5/6 et 30.1, c'est-à-dire qu'il partira à 15.4.

TABLE DE HANDICAPS

POINTS DUS

	40	30.5	30.4	30.3	30.2	30.1	30	15.5	15.4
1/6	30.5	30.4	30.3	30.2	30.1	0	15.5	15.4	15.3
2/6	30.3	30.2	30.1	30	15.5	15.4	15.4	15.3	15.2
3/6	30.2	30.1	30	15.5	15.4	15.3	15.2	15.1	15
4/6	30	15.5	15.5	15.4	15.3	15.2	15.1	15	5/6
5/6	15.5	15.4	15.3	15.3	15.2	15.1	15	5/6	5/6
15	15.4	15.3	15.2	15.2	15.1	15	5/6	4/6	3/6
15.1	15.3	15.2	15.2	15.1	15	5/6	4/6	3/6	3/6
15.2	15.2	15.1	15	15	5/6	4/6	3/6	2/6	2/6
15.3	15.1	15	5/6	5/6	4/6	3/6	2/6	2/6	1/6
15.4	15	5/6	5/6	4/6	3/6	2/6	2/6	1/6	
15.5	5/6	4/6	4/6	3/6	2/6	2/6	1/6		
30	4/6	3/6	3/6	2/6	1/6	1/6			
30.1	4/6	3/6	2/6	2/6	1/6				
30.2	3/6	2/6	2/6	1/6					
30.3	2/6	1/6	1/6						
30.4	2/6	1/6							
30.5	1/6								

Enfin, si les deux joueurs doivent des points, le même calcul s'opé-rera à l'aide du tableau des POINTS DUS.

RÈGLES DU JEU

de l'Union des Sociétés Françaises des Sports Athlétiques.

I. — JEU SIMPLE A DEUX JOUEURS

ARTICLE PREMIER. — Pour les parties à deux joueurs, le *cours* doit mesurer 23 m. 80 de longueur sur une largeur de 8 m. 23. Il est divisé en deux parties égales dans sa largeur, par le *filet* dont les extrémités sont portées par deux poteaux fixés dans le sol, en dehors du cours, à une distance de 0 m. 91 des lignes de côté. La hauteur du filet doit être de 1 m. 06 aux poteaux et de 0 m. 915 au centre.

A chaque extrémité du cours, à une distance de 11 m. 90 du filet, et parallèlement à celui-ci, on trace les *lignes de fond AB* et *CD*, dont les extrémités vont rejoindre les *lignes de côté AC* et *BD*.

Les deux points de repère K et L marquent les milieux des lignes de fond.

De chaque côté du filet, et parallèlement à celui-ci, à une distance de 6 m. 40, on trace les *lignes de service EF* et *GH*.

Enfin, les milieux de ces dernières lignes sont reliés par la *ligne de demi-cours MN*.

Art. 2. — Les *balles* ne doivent pas mesurer moins de 0 m. 0637 et plus de 0 m. 065 de diamètre et ont un poids minimum de 53 grammes, maximum de 57 grammes.

Art. 3. — Les décisions de l'*arbitre* sont sans appel. Toutefois, si un *juge-arbitre* a été désigné d'avance, les joueurs peuvent en appeler à lui des décisions de l'arbitre sur tout point concernant l'interprétation des règles. Le juge-arbitre juge sans appel.

Art. 4. — Le sort décide du choix du *côté* et de la priorité du *service* (acte de mettre la balle en jeu), dans le premier jeu, de telle sorte que, si le gagnant choisit le côté qu'il préfère, il abandonne, par ce fait, le droit de donner le service le premier, et *vice versa*.

Art. 5. — Les joueurs se tiennent de chaque côté du filet. Le joueur qui commence se nomme le *servant*, son adversaire, le *relanceur*.

Art. 6. — Après le premier jeu, le relanceur devient le servant et le servant le relanceur, et ainsi de suite, alternativement pour tous les jeux d'une partie.

Art. 7. — Le servant doit servir avec les deux pieds en arrière de la ligne de fond et en dedans du prolongement des lignes de côté et de la ligne centrale de service.

Il n'y a pas faute du moment qu'un des pieds du servant touche terre au moment du service. Le servant marquera un temps d'arrêt sur les deux pieds immédiatement avant de servir (c'est-à-dire que le service doit être fait sans aucun élan); il doit servir alternativement du cours droit et du cours gauche, en commençant par le cours droit.

Art. 8. — La balle de service doit tomber dans l'espace compris entre le filet, la ligne de demi-cours et la ligne de côté du cours opposé en diagonale à celui d'où elle a été servie.

La balle tombant *sur* l'une de ces trois lignes est bonne.

Art. 9. — Il y a *faute :*

a) **Si le** service a été donné du cours droit, au lieu du cours gauche, **et** *vice versa.*

b) Si le servant n'est pas placé comme il est stipulé à l'article 7.

c) **Si** la balle de service ne passe pas le filet.

d) Si elle **touch**e en dehors des limites prescrites à l'article 8, même après avoir effleuré le haut du filet.

e) Si, en servant, la balle est touchée par la raquette, de quelque manière que ce soit.

On ne relève pas une balle fautive.

Art. 10. — Après une faute, le servant a droit à un second service. Il ne change pas de cours pour le donner, excepté si la faute provenait d'une erreur de cours (art. 9 *a*).

Art. 11. — Une balle est réputée *bonne* tant que l'arbitre, ou s'il n'y a pas d'arbitre, le relanceur ne l'a pas déclarée *faute*. Cette déclaration ne peut plus être faite après que le service suivant a été donné.

Art. 12. — La balle de service ne peut en aucun cas être prise de *volée* (on appelle *volée* l'acte de renvoyer la balle avant qu'elle n'ait touché terre) par le relanceur.

Art. 13. — On ne doit servir que si le relanceur est prêt. Si ce dernier essaye de relever le service, il est réputé avoir été prêt.

Art. 14. — La balle est *en jeu* ou *bonne* depuis le moment où elle a été servie, sauf :

a) Si elle est à remettre ;

b) S'il y a faute.

La balle cesse d'être *en jeu :*

a) Si le relanceur prend le service de volée ;

b) Si la balle tombe en dehors du cours ou dans le filet ;

c) Si elle touche un des joueurs, ses vêtements ou tout objet qu'il porte, sauf la raquette dans l'acte de frapper la balle ;

(On appelle *volée* l'acte de renvoyer la balle avant qu'elle n'ait touché terre.)

d) Si elle a été frappée plus d'une fois de suite par l'un ou l'autre des joueurs;

e) Si elle a été prise de volée avant d'avoir passé le filet;

f) Si elle n'a pas passé par-dessus le filet avant de toucher le sol pour la première fois (sauf le cas prévu par l'article 16);

g) Si elle a fait deux bonds successifs, de quelque côté du filet que ce soit, même si le second bond était en dehors du cours;

h) Si une balle servie ou relancée tombe dans le bon cours et fait effet rétrograde ou est chassée par le vent par-dessus le filet, le joueur qui doit recevoir cette balle peut se pencher par-dessus le filet et jouer la balle, pourvu toutefois que ni lui, ni ses vêtements, ni sa raquette ne touchent le filet; s'il ne la joue pas, le coup, bien entendu, est compté bon à son adversaire, quoique la balle soit revenue par-dessus le filet.

Art. 15. — Le coup est à *remettre*, c'est-à-dire ne compte pas:

a) Si la balle de service touche le filet, le coup étant d'ailleurs régulier;

b) Si le service (qu'il soit *bon* ou qu'il y ait *faute*) a été donné avant que le relanceur fût prêt;

c) Si l'un ou l'autre des joueurs a été empêché par force majeure de donner le service ou de relever la balle en jeu.

Lorsqu'un coup est à *remettre*, il est annulé, et le servant donne un nouveau service. Un coup à remettre n'annule pas une faute précédente.

Art. 16. — La balle renvoyée est bonne, même si elle touche le filet, ou si, passant extérieurement aux poteaux, elle tombe *sur* ou à l'intérieur des limites du cours opposé.

Art. 17. — Le servant gagne un point si le relanceur:

a) Prend le service de *volée*, sauf si le coup est à *remettre*;

b) Ne relève pas le service, sauf si le coup est à *remettre*;

c) Ne relève pas la balle en jeu, sauf si le coup est à *remettre*;

d) Renvoie la balle en dehors des lignes délimitant le cours de son adversaire;

e) Ou se met dans un des cas prévus par l'article 19.

Art. 18 — Le relanceur gagne un point si le servant:

a) Fait deux fautes consécutives;

b) Ne relève pas la balle en jeu (sauf si le coup est à *remettre*);

c) Renvoie la balle en dehors des lignes délimitant le cours de son adversaire;

d) Ou se met dans un des cas prévus par l'article 19.

ART. 19. — L'un ou l'autre joueur perd un point :

a) Si la balle en jeu touche son corps, ou ses vêtements, ou tout autre objet qu'il porte sur lui, sauf sa raquette dans l'acte de frapper la balle;

b) S'il touche ou frappe plus d'une fois la balle avec sa raquette;

c) Si, pendant que la balle est en jeu, le joueur touche le filet ou les poteaux, soit de sa personne, soit de ses vêtements, soit de sa raquette, même si celle-ci n'est plus dans sa main;

d) Ou s'il prend la balle de volée avant qu'elle ait passé le filet.

ART. 20. — Le premier point gagné par l'un ou l'autre joueur est compté 15, le second 30, le troisième 40 (abréviation pour 45) et le quatrième *jeu*. Toutefois, si les deux joueurs ont gagné chacun 3 points, arrivant ensemble à 40, ils sont *à deux* et le point suivant gagné par l'un des joueurs se compte *avantage* pour lui, si, au contraire, il le perd, les joueurs reviennent au point de *à deux* et ainsi de suite, jusqu'à ce que l'un ou l'autre joueur gagne deux points de suite : il gagne alors le *jeu*.

ART. 21. — La *partie* se compose de *six jeux*, le joueur qui, le premier, gagne six jeux, gagne la partie. Mais si les deux joueurs ont gagné chacun cinq jeux, ils sont *à deux de jeux*, et le jeu suivant, gagné par l'un des joueurs, se compte *avantage des jeux* pour lui.

Si le même joueur gagne le jeu suivant, il gagne la partie; si, au contraire, il le perd, les joueurs reviennent à *deux de jeux* et ainsi de suite, jusqu'à ce que l'un ou l'autre joueur gagne deux jeux de suite : il gagne alors la *partie*.

Les joueurs peuvent convenir à l'avance de ne pas compter l'*avantage des jeux* et de décider la partie par le premier jeu gagné quand ils sont à *deux de jeux*.

ART. 22. — Les joueurs doivent changer de côté à la fin des premier, troisième, cinquième, etc. jeux de chaque partie; toutefois il leur est permis d'un commun accord et après en avoir prévenu l'arbitre avant de commencer le second jeu de la première partie, de ne changer de côté qu'à la fin de chaque partie, excepté pour la finale dans laquelle ils doivent changer de côté à la fin des premier, troisième, cinquième, etc., jeux.

Art. 23. — Quand on joue plusieurs parties de suite, le joueur qui était servant au dernier jeu d'une partie devient relanceur au premier jeu de la partie suivante.

II. — Des avantages

Art. 24. — Les avantages consistent en points reçus ou dus en vue d'équilibrer les forces des joueurs.

Les systèmes par bisques et par quarts sont maintenant complètement abandonnés, on n'emploie plus que la méthode par sixièmes, dont voici le fonctionnement et les tables, s'il y a des points reçus:

a) 1/6 de 15 est un point donné au commencement du deuxième, huitième, quatorzième, etc. jeu d'une partie;

b) 2/6 de 15 est un point donné au commencement du deuxième, quatrième, huitième, dixième, etc., jeu d'une partie;

c) 3/6 de 15 est un point donné au commencement du deuxième, quatrième, sixième, huitième, etc., jeu d'une partie;

d) 4/6 de 15 est un point donné au commencement du premier, deuxième, quatrième, sixième, septième, huitième, dixième, etc., jeu d'une partie;

e) 5/6 de 15 est un point donné au commencement du premier, deuxième, troisième, quatrième, sixième, septième, huitième, neuvième, dixième, etc., jeu d'une partie;

f) 1/6, 2/6, 3/6, 4/6, 5/6 de 15 peuvent être donnés en plus d'autres points;

g) 15 est un point donné au commencement de chaque jeu d'une partie;

h) 30 est deux points donnés au commencement de chaque jeu d'une partie;

i) 40 est trois points donnés au commencement de chaque jeu d'une partie.

Art. 25. — S'il y a des points dus:

a) 1/6 de 15 est un point dû au commencement du cinquième, onzième, etc., jeu d'une partie;

b) 2/6 de 15 est un point dû au commencement du troisième, cinquième, neuvième, onzième, etc., jeu d'une partie;

c) 3/6 de 15 est un point dû au commencement du premier, troisième, cinquième, sixième, septième, neuvième, etc., jeu d'une partie;

d 4/6 de 15 est un point dû au commencement du premier, troisième, quatrième, cinquième, sixième, septième, neuvième, dixième, etc., jeu d'une partie;

e) 5/6 de 15 est un point dû au commencement du premier, troisième, quatrième, cinquième, sixième, septième, neuvième, dixième, etc., jeu d'une partie;

f) 15 est un point, 30 deux points, 40 trois points, etc., dus au commencement de chaque jeu d'une partie;

Art. 26. — *Demi-cours*. (Le *demi-cours* est l'espace compris entre le filet, la ligne de côté, la ligne de base et la ligne du milieu prolongée jusqu'à la ligne de base). — Le joueur qui rend le demi-cours à l'autre ne peut mettre sa balle, pendant qu'elle est en jeu que dans l'un des demi-cours désigné à l'avance, sous peine de perdre le point.

Art. 27. — La partie par jeux est la plus usuelle. Néanmoins, on peut également marquer par points (100 au plus) sans revanche. Cette méthode est surtout utile pour les handicaps où la force des joueurs est très disproportionnée.

a) Le premier joueur sert six services consécutifs; le camp opposé sert également six services, et ainsi de suite alternativement. Un bon service ou une faute et un bon service, ou deux fautes comptent comme un service;

b) Les joueurs changent de cours après les première, troisième cinquième, etc., série de six services;

c) Quand deux joueurs jouant l'un contre l'autre reçoivent des points, ils comptent respectivement à partir des points reçus;

d) Le joueur arrivant le premier à 100 gagne la partie; toutefois, quand les deux joueurs sont à 99, l'un des deux, pour gagner, doit faire deux points consécutifs.

III. — Jeu double (a trois ou a quatre joueurs)

Art. 28. — Les règles qui précèdent s'appliquent également aux parties à trois ou à quatre joueurs, sauf les modifications ci-après.

Art. 29. — Pour les parties à trois ou à quatre joueurs, le cours mesure 10 m. 97 de largeur. En dedans des lignes de côté, parallèlement à elles, et à une distance de 1 m. 37, on trace les lignes de *côté de service* (A' C' et B' D'). Les *lignes* de service s'arrêtent aux points E et F, G et H. Pour le reste, le cours est semblable au cours décrit à l'article premier.

On remarquera que le cours ainsi disposé peut servir indifféremment aux jeux double et simple.

ART. 30. — Dans les parties à trois joueurs, celui qui fait *la chouette* donne le service alternativement un jeu sur deux, comme il est dit à l'article 8.

ART. 31. — Dans les parties à quatre joueurs, le camp auquel échoit, par le sort, le droit de servir le premier, décide du partenaire qui commencera, et le camp adverse décide, de son côté, du joueur qui servira au deuxième jeu. Le partenaire du joueur qui a servi au premier jeu donne le service au troisième, et le partenaire du joueur qui a servi au deuxième donne le service au quatrième, et ainsi de suite, les joueurs donnant le service dans le même ordre dans chacun des jeux de la partie.

ART. 32. — Les joueurs donnent le service à tour de rôle pour chaque jeu. Il est interdit à un joueur de relever le service donné à son partenaire. L'ordre du service, une fois établi, ne peut être modifié, et les relanceurs ne peuvent changer de cours pour recevoir le service avant la fin de la partie.

ART. 33. — La balle de service doit tomber dans l'espace compris entre le filet, la ligne de service, les lignes de demi-cours et la *ligne de côté de service* du cours opposé en diagonale à celui d'où elle a été servie.

La balle tombant sur l'une de ces trois lignes est bonne.

ART. 34 — Il y a faute si la balle ne tombe pas dans les limites prescrites à l'article précédent ou si elle touche le partenaire du servant, ses vêtements ou tout objet qu'il porte.

ART. 35. — Si un joueur sert hors de son tour, aussitôt que l'erreur a été reconnue, l'arbitre rétablit l'ordre du service, mais les points marqués ou les fautes faites avant la constatation de l'erreur ne sont pas annulés. Si l'erreur n'est reconnue qu'après la fin du *jeu*, ce jeu reste acquis au gagnant, et l'ordre du service demeure interverti dans le camp qui avait commis l'erreur.

DEUXIÈME PARTIE

LA BOXE ANGLAISE
LA BOXE FRANÇAISE
LA SAVATE
L'ESCRIME — LA LUTTE

LA BOXE ANGLAISE

La boxe a de fervents adeptes mais elle a aussi beaucoup d'ennemis : les principaux arguments de ceux-ci contre ce noble sport sont les suivants :

1º La boxe rend l'homme violent et querelleur ;

2º La boxe est un sport dangereux, brutal ;

3º La boxe n'a aucune valeur pratique.

Nous répondrons à cela :

La boxe ne rend pas un homme brutal si ce n'est pas dans son caractère, et dans ce cas il l'eût été même ne sachant rien de ce sport.

Quant à rendre l'homme querelleur c'est justement le contraire qui se produit. Presque toujours, en effet, quelqu'un qui sait boxer hésitera avant de se *lancer dans une querelle* pour la bonne raison qu'il est mieux que quiconque à même de savoir tout le mal que peut faire un coup reçu violemment et sans gants. De plus, l'individu qui a confiance dans sa force et son habileté n'en abuse presque jamais.

La boxe n'est ni plus ni moins brutale que nombre de sports admis partout tels que le football rugby et association, la chasse à courre, le polo, etc. Les coups reçus sont rarement dangereux, la boxe étant, comme sport, pratiquée avec des gants épais suffisant pour empêcher tout accident et ces coups sont toujours moins violents que ceux reçus au football par exemple.

La boxe est le sport par excellence qui fait des hommes durs à la fatigue, agiles, courageux et loyaux. C'est de plus une excellente manière de se défendre combinée avec le bâton et la savate.

POSITION

Pour la boxe comme pour l'escrime et l'aviron il est essentiel d'avoir de bons principes. Une bonne position de combat est le premier de ces principes.

Si vous prenez, dès le début, de mauvaises habitudes et une mauvaise position, vous aurez de grandes difficultés à vaincre pour vous débarrasser de ces défauts.

Il est indispensable pour vous d'avoir une bonne assiette qui vous assurera une attaque foudroyante, une retraite rapide, une bonne *garde de défense* et une riposte sûre.

Avant de songer à combattre vous devez tout d'abord être bien d'aplomb sur vos jambes.

La position de vos pieds doit être comme celle indiquée figure n° 1; le pied gauche en avant, droit devant la direction de votre adversaire, le pied droit un peu en arrière sans effort et incliné sur un angle de 40 à 45 p. 100 à quelque 20 centimètres à droite de la ligne.

Vos deux pieds ne doivent pas être très éloignés l'un de l'autre afin que vous ayez une base suffisamment stable.

Pliez les genoux le moins possible; plus vous les plierez et plus vous perdrez de votre taille et, par conséquent, moins loin vous pourrez atteindre.

Surtout évitez toute fatigue qui serait d'un grand avantage pour votre adversaire.

Gardez bien votre pied gauche en droite ligne, dans la direction de votre adversaire afin que vos coups partent toujours tout droit. En cas de mauvaise position de votre pied gauche, vos coups auront tendance à partir de côté et manqueront le but. Ceci est d'une importance capitale.

Rappelez-vous aussi que le poids de votre corps doit être également réparti sur vos deux jambes afin de pouvoir avancer et reculer avec la même facilité.

Inclinez médiocrement vos épaules.

Laissez votre tête dans la position normale, ni trop en avant ni trop en arrière, bien en équilibre et ayez les yeux toujours fixés sur ceux de votre adversaire. Quand vous fixez un homme dans les yeux vous voyez l'ensemble de ses mouvements sans déranger vos yeux.

Votre bras gauche doit travailler librement et sans aucune rigidité des muscles, il doit former un angle droit avec le sol et suivre la direction de votre jambe gauche d'aussi près que possible.

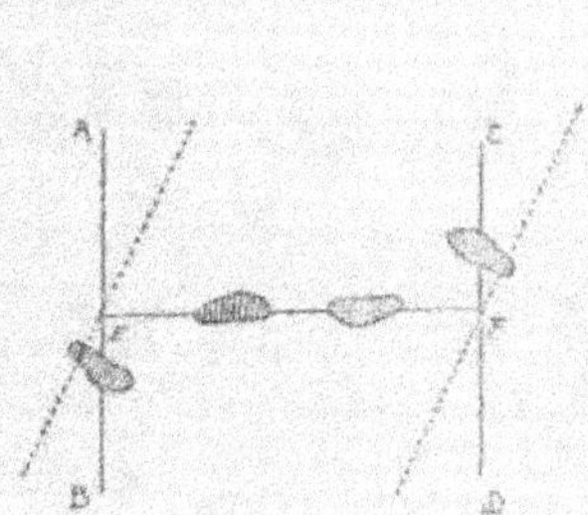

Fig. 1. — Position des pieds.

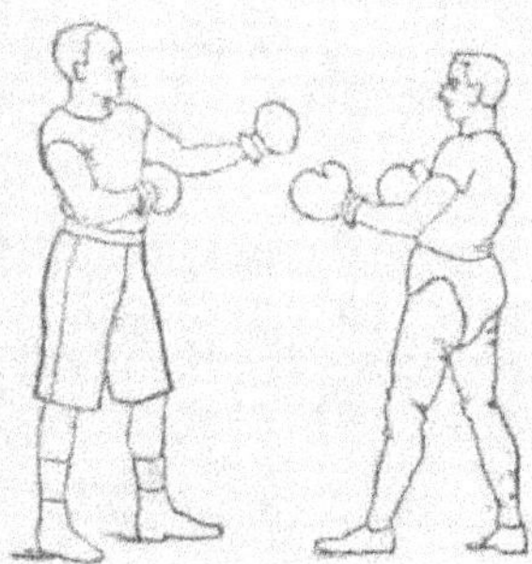

Fig. 2. — Position de garde.

Ne laissez jamais tomber votre main plus bas que la ceinture et ne l'élevez jamais au-dessus de l'épaule à moins que vous n'ayez affaire à un adversaire beaucoup plus grand que vous.

Tenez votre bras franchement éloigné du corps et inclinez légèrement l'avant-bras en avant, les jointures de la main pointées droit à la figure de votre adversaire.

Ne penchez pas votre poignet: le revers de votre main doit former avec votre avant-bras une seule ligne droite; sinon vous pourrez facilement vous fouler les articulations en frappant.

Ne fermez votre main avec force qu'au moment précis où vous portez le coup afin d'éviter une rigidité continue et fatigante.

Faites avec votre main gauche un léger et continuel mouvement de rotation et soyez toujours prêt à frapper.

Evitez de donner par des mouvements quelconques une indication à votre adversaire sur les coups que vous allez porter.

Gardez votre bras droit pour la *parade* et placez-le de manière à protéger votre estomac un peu au-dessus de la *ceinture*. Vous devez parer les coups portés à l'estomac non pas avec votre poing mais avec les muscles de votre avant-bras qui doit être toujours en contact avec votre corps.

Le mouvement *en avant du pied droit* doit se faire comme suit: faites un pas droit devant vous, vers votre adversaire, avec le pied gauche et faites suivre immédiatement ce mouvement en laissant glisser votre pied droit sur la même distance, afin de vous retrouver après chaque avance dans la même position. Pour la *retraite*, le mouvement est en sens inverse: le pied droit recule le premier et le gauche le suit sur la même distance, avec la pointe du pied dirigée vers l'adversaire.

Evitez de sauter des deux pieds à la fois, car si l'on vous frappait à ce moment vous seriez presque certainement mis hors combat ou *knocked out*. Exercez-vous beaucoup à ces mouvements d'avance et de recul.

PREMIERS PRINCIPES

Quand vous saurez tenir une garde correctement, la chose la plus importante sera de savoir donner un coup de poing qui produise le plus d'effet possible. La tendance habituelle est de frapper en courbe. Quand deux personnes ne connaissant pas la boxe se battent, très peu de leurs coups produisent un effet quelconque parce qu'ils sont portés en courbe et non en ligne droite.

Vous ne porterez de coup en courbe qu'en un seul cas le *bras contracté*, dont nous reparlerons plus tard. Et même pour ce coup la ligne suivie doit être aussi rapprochée que possible de la droite. Le coup envoyé droit est le *direct*.

Pour le *direct* à la figure, levez légèrement le pied droit et avancez-le sans heurt, le long de la ligne de la figure n° 1, dans la direction de votre adversaire sur une distance d'à peu près 40 à 50 centimètres et *simultanément* lancez votre coup de poing tout droit à la figure de votre adversaire.

Ne laissez deviner votre intention de porter ce coup par aucun mouvement préalable.

Dans ce *mouvement d'avance*, portez le poids de votre corps sur le coup de poing en levant légèrement votre pied droit qui ne doit pas cependant quitter le sol.

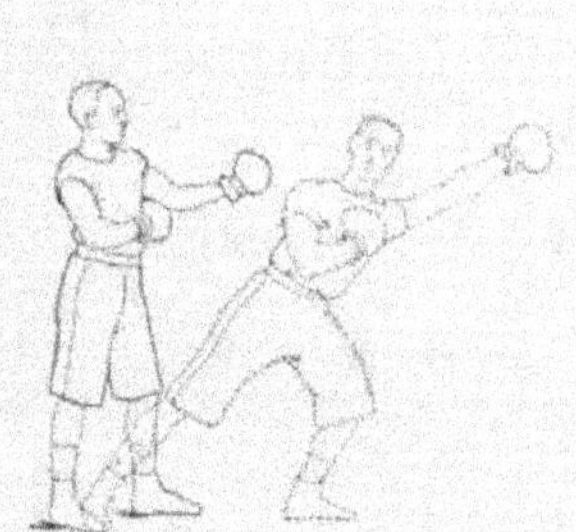

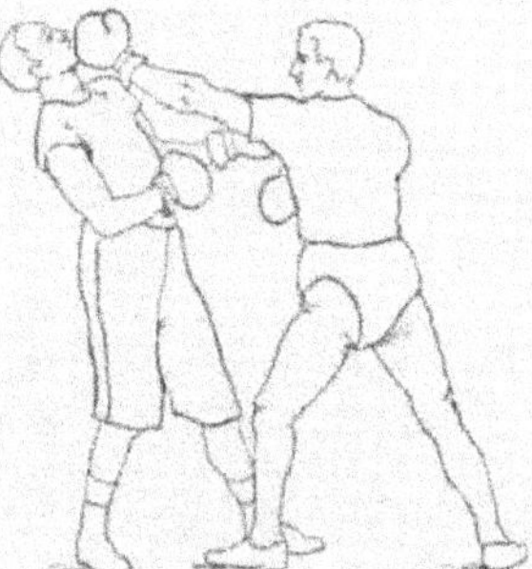

Fig. 3. — Mouvement d'avance pour le coup droit.

Fig. 4. — Direct à la figure.

Évitez la rigidité qui fait perdre du temps pour détendre vos muscles.

Soyez tout à fait en possession de ce coup avant de passer à un autre. Exercez-vous à le porter avec vitesse et justesse, tout à fait droit et avec tout le poids de votre corps.

Nous recommandons beaucoup de travailler d'abord à fond avec le bras gauche avant d'apprendre à frapper avec le droit.

Si vous n'avez pas d'adversaire quotidien pour la pratique, fixez au plafond de votre chambre un ballon de football à la hauteur de la tête d'un adversaire supposé et frappez le ballon aussi longtemps et aussi vite que vous pourrez.

Ne frappez jamais de haut en bas *en marteau*, ce coup n'a pas de force et ne servira qu'à vous briser le poignet contre votre adversaire.

Vous serez souvent appelé à donner le *double direct du gauche* ou répétition du *direct du gauche*, en avançant avec votre pied droit de quelques centimètres après le premier coup et répétant un second coup absolument semblable au premier. Le *double direct* doit arrêter un adversaire qui vous poursuit et doit vous éviter de reculer en arrêtant l'élan de votre adversaire.

Ayez soin de ne pas dépasser le but en vous fendant à fond pour porter le direct. Vous seriez en état de grande infériorité à cause des efforts à faire pour vous remettre en garde et à cause du manque d'équilibre qui en résulte.

Parez le *direct du gauche à la figure* de la manière suivante: penchez brusquement votre tête à droite, frappez votre adversaire aux côtes, à la hauteur des reins. Tenez votre épaule gauche en position bien angulaire.

Nous ne recommandons pas beaucoup ce coup *en assaut*, car, bien porté, il est très douloureux, et nous ne le considérons pas comme un coup de *boxe* à proprement parler, mais plutôt comme un moyen de *self defense* contre des adversaires brutaux. De plus vous laissez votre flanc gauche exposé au coup du bras droit de votre adversaire.

LA GARDE

Tenir une bonne *garde* contre les coups de votre adversaire est d'une importance capitale.

Gardez *toujours* les coudes bien *en dedans* vous serez toujours prêt à porter un *coup droit* et à *garder* du bras droit comme du bras gauche.

Le bras droit ne doit jamais, pendant la garde, quitter le contact avec le corps pour parer les coups portés au corps. Même tenu à courte distance du corps, vous recevrez des coups qui, non suffisamment parés, porteront et vous mettront en état d'infériorité immédiate.

La meilleure défense contre les coups du gauche portés au corps est, en dehors de la retraite qui ne doit être employée qu'à la dernière extrémité, de vous garder avec votre bras droit placé à travers la *marque* (la ligne de démarcation au-dessous de laquelle il est défendu de frapper). Cette ligne est située un peu au-dessous de l'estomac.

Tenez votre bras touchant bien votre corps et contractez en même temps les muscles de votre abdomen.

Les coups portés au corps avec le *gauche* ne sont à craindre que s'ils atteignent la *marque* car votre côté droit est trop éloigné de votre adversaire et celui-ci peut difficilement vous atteindre aux côtes avec son bras gauche.

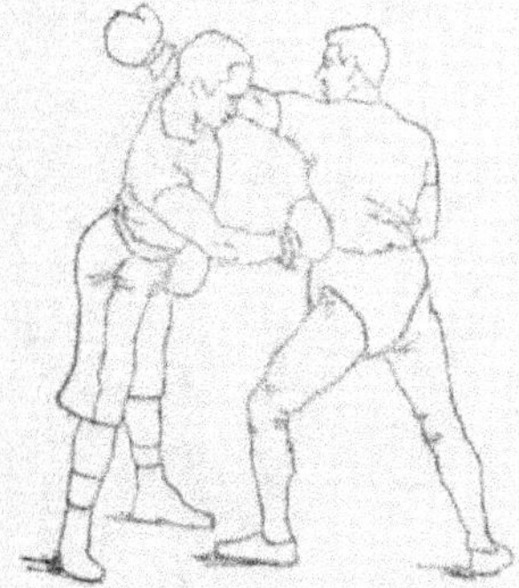

Fig. 5. — Parade de côté et riposte au flanc du boxeur de gauche, son adversaire ayant essayé de lui porter un *direct du gauche* à la figure.

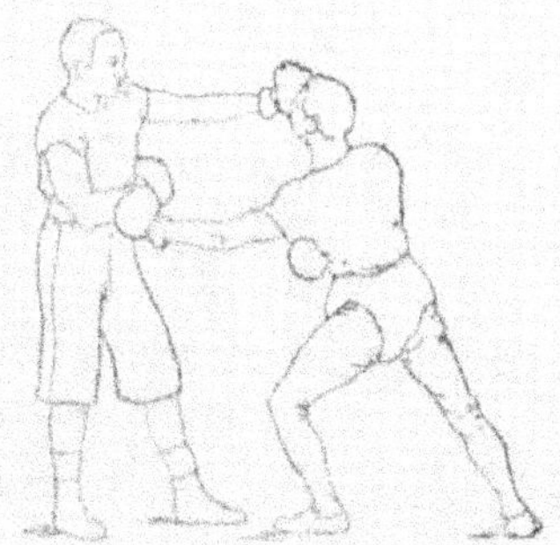

Fig. 6. — Parade par le boxeur de gauche d'un directe à la *marque*.

Mais il peut toujours vous placer un *direct du gauche* sur la *marque*; vous devez parer cette attaque même aux dépens de votre figure. En effet, si vous recevez un coup bien porté et vigoureusement placé sur la marque, celui-ci aura une influence beaucoup plus considérable pour terminer un *round* ou même le combat à votre désavantage qu'une douzaine de coups reçus à la figure.

Vous devez naturellement *garder* aussi votre figure mais plutôt en portant la tête soit à droite, soit à gauche qu'en parant avec les poings.

N'essayez de parer le *direct du droit* au corps ni avec votre main droite ni avec le gant de boxe, mais portez au contraire votre coude gauche à votre côté près du corps afin de recevoir les coups près du coude en faisant en même temps un pas à droite afin de briser l'élan de votre adversaire.

Pour parer avec le poing le *direct du gauche* à la figure levez le bras droit jusqu'à ce qu'il forme une ligne presque droite à la hauteur de votre menton, ainsi le bras droit de votre adversaire glissera contre votre avant-bras.

Il y a une autre raison très importante pour parer en levant le bras en ligne droite: vous serez plus à même de porter un coup à n'importe quel moment qu'avec votre coude plié en angle. Parez de la même façon avec la main gauche.

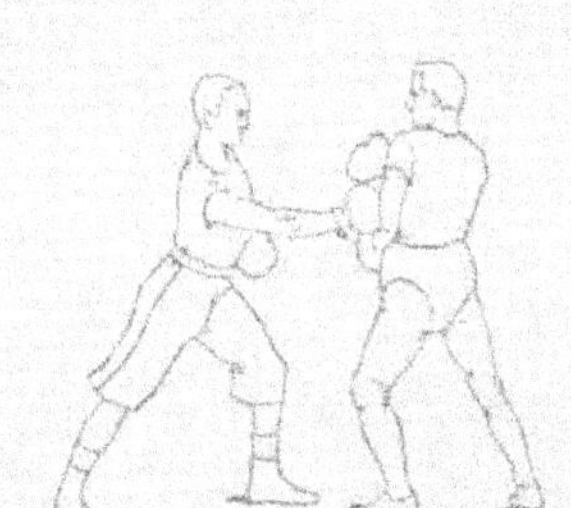

Fig. 7. — Parade par le boxeur de droite d'un direct du droit au corps.

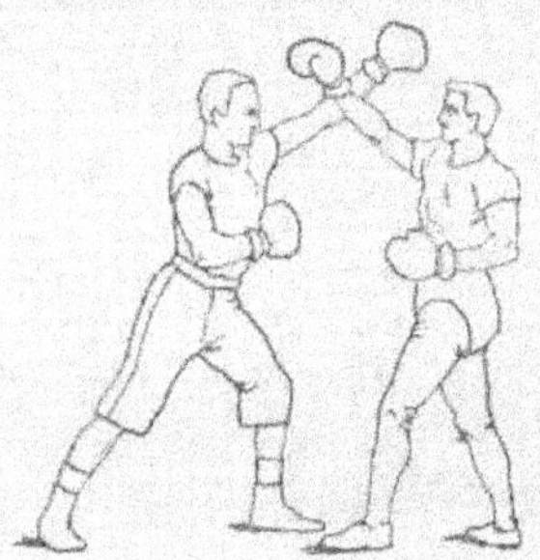

Fig. 8. — Parade par le boxeur de droite d'un direct du gauche.

Pour un *direct du gauche à la tête* vous pouvez aussi très bien parer en baissant la tête à droite; déplacez en même temps votre pied droit de quelque 30 centimètres à droite. Le bras gauche de votre adversaire passera alors par-dessus votre épaule gauche et vous pourrez lui placer facilement un *direct du gauche* aux flancs ou à la tête. C'est la *parade de côté*.

Exercez-vous beaucoup à ces parades afin d'arriver à éviter les coups presque toujours par *un recul* ou un *à côté*.

Quand votre adversaire vous manque, l'effort qu'il aura fait en battant dans le vide vous sera d'un grand avantage.

A force de pratique vous arriverez à juger à peu près d'où arrivent les coups et jusqu'où ils porteront.

Évitez de trop danser, reculer et sauter, c'est très fatigant et inutile. Si vous avez affaire à un adversaire qui a cette habitude, restez calme sur votre *garde*, laissez-le s'épuiser et ne frappez qu'à coup sûr.

Immédiatement après le *saut de côté* pour la *parade* remettez-vous en position ordinaire.

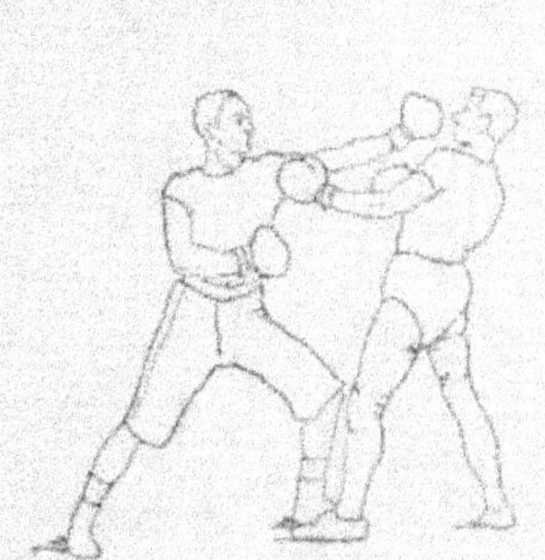
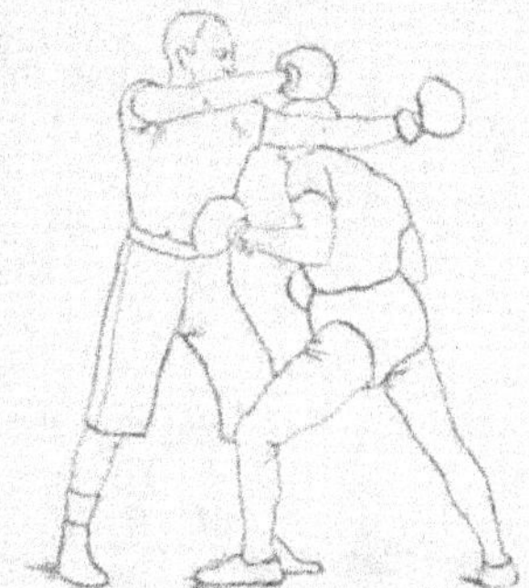

Fig. 9. — Parade par recul.   Fig. 10. — Parade en dessous.

Donc pour les coups à la tête la meilleure parade est de se dérober, pour les coups au corps de tenir bien sa *garde*. Variez votre défense le plus possible afin que votre adversaire ne sache jamais d'avance si vous allez *parer*, vous *dérober* ou *sauter de côté*.

LE CROSS COUNTER

Portez le *cross counter* de la manière suivante: contre un *direct du
gauche à la figure* sautez et frappez
du *droit* par-dessus l'épaule de votre
adversaire, visez le côté gauche de
sa tête ou sa mâchoire.

Pour donner ce coup, qui bien
porté, produit beaucoup d'effet, tournez votre main droite à moitié.

C'est un coup difficile, car vous
pouvez atteindre l'épaule au lieu de
la tête de votre adversaire et vous
restez découvert pour sa riposte.

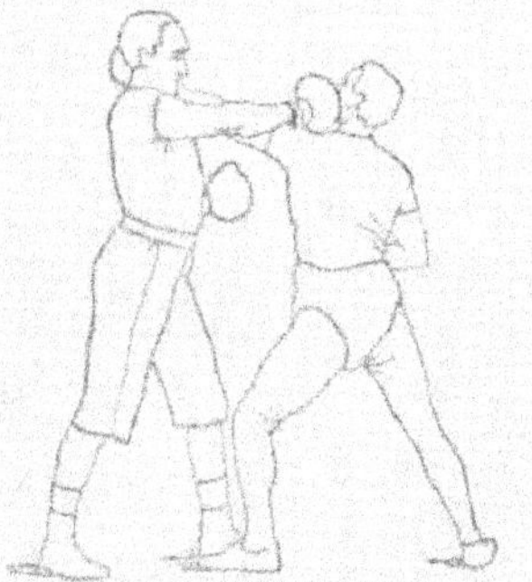

Fig. 11. — Le cross counter,
porté par le boxeur de gauche.

S'il vous porte un *cross du droit* ripostez par un *direct du gauche* à la figure ou baissez franchement la tête en **avant** à fond pour protéger votre figure.

Naturellement dans cette parade du *cross* il y a la possibilité d'un *upper cut* du gauche de la part de votre adversaire, et vous devez vous y attendre.

Nous reparlerons de l'*upper cut* un peu plus loin.

Vous devez donner aussi le *cross* quand le bras gauche de votre adversaire a passé par-dessus votre épaule droite.

BOXEURS DU BRAS DROIT

Il vous arrivera quelquefois de vous trouver face à face avec un adversaire qui tiendra sa garde le pied droit en avant et le bras droit prêt à frapper. Cela vous troublera tout d'abord mais ne changez *jamais* votre position habituelle. Cela vous donnerait un sérieux désavantage.

En commençant le combat dans ces conditions attendez que l'on vous porte le premier coup du *droit*, faites alors rapidement un pas à votre gauche, laissez passer le coup par-dessous votre épaule droite et portez à votre adversaire un coup *du gauche* à la partie droite de sa figure.

En laissant votre adversaire frapper le premier vous apprenez quels sont ses moyens, sa vitesse, etc. Mais s'il ne veut pas commencer les hostilités, faites le *plongeon à gauche* et portez-lui un *direct du droit* à la *marque*.

Si possible essayez de trouver un adversaire *droitier* pour faire un peu de pratique. S'il vous donne un *direct du gauche au corps* donnez alors vous-même un *direct du droit* à la figure, vous aurez ainsi une chance de l'atteindre le premier, en tout cas votre bras gauche sera en excellente position pour parer ses coups du droit.

Vous pouvez aussi garder votre *marque* avec votre bras droit ou lui envoyer en même temps un *direct du gauche* à la figure.

Ayant devant vous un droitier, portez grande attention à son bras droit quand il se sert du gauche pour frapper, parce que le coup suivant viendra presque toujours du *droit* et sera difficile à parer.

Contre un droitier lancez le *cross* du bras gauche contre un *direct du droit* de votre adversaire.

TIMING

Il n'y a rien dans l'art de la boxe qui soit plus difficile et qui demande une plus grande sûreté de coup d'œil que le *timing*, c'est-à-dire le calcul du moment opportun pour frapper.

Vous arriverez après un ou deux *rounds* ou *reprises* à connaître la vitesse de votre adversaire et jusqu'où ses coups peuvent porter.

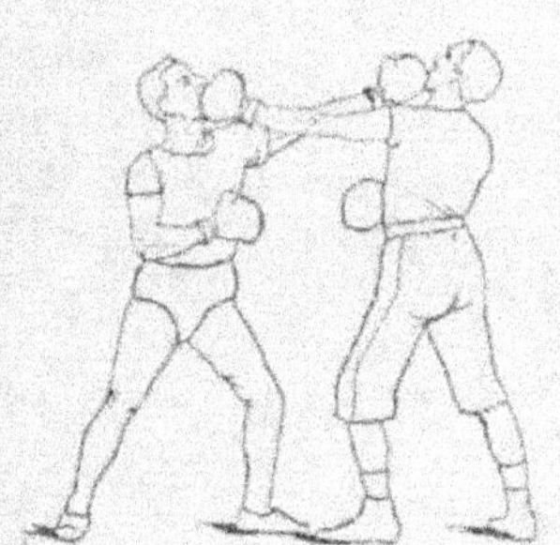

Fig. 12. — Direct du gauche simultané.

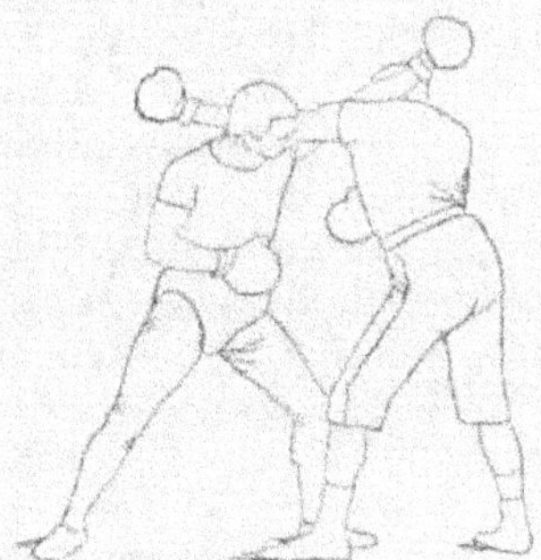

Fig. 13. — Parade et riposte.

Si vous voyez que vous êtes un peu plus *vite* et avez une plus *longue portée* que lui, prêtez la plus grande attention à ses mouvements même les plus légers et au moment précis où vous voyez un de ces mouvements se dessiner, frappez au *plus vite* droit à sa figure avec un *direct du gauche*. Votre coup portera le premier et il sera d'autant plus violent que votre adversaire s'était mis en mouvement pour vous atteindre. Pour cette attaque il est inutile pour vous de tenir votre *garde*: tenez votre *droit* prêt pour un second *direct aux côtes* ou pour un *cross*, si votre adversaire essayait un second coup avant la retraite.

Si vous êtes égaux en *vitesse et en portée* suivez la même tactique avec plus de rapidité encore, si possible.

Si votre adversaire vous est supérieur en vitesse gardez simplement la défensive le mieux possible, attendez l'occasion favorable pour porter quelques bons coups et battez en retraite.

Autant que possible évitez de vous entraîner avec un adversaire trop inférieur à vous.

FEINTES

Naturellement vous avez toujours grand intérêt à ne pas laisser deviner votre attaque par votre adversaire et par contre à comprendre sa manière de porter les coups.

Le but de la *feinte* est donc de donner à votre adversaire une fausse impression de votre tactique, d'obtenir ainsi un moment d'inattention de sa part, afin qu'il laisse un point non gardé pour votre attaque.

Gardez toujours vos yeux fixés sur ceux de votre adversaire même pendant les feintes.

Quelques personnes pensent que l'on doit au contraire regarder l'endroit où l'on veut faire croire à une attaque, par exemple regarder fixement son adversaire *à la marque* lorsqu'on veut l'attaquer à la tête.

L'adversaire croyant à une attaque à la ceinture laisserait la figure à découvert.

Tout d'abord l'adversaire s'y laisserait peut-être prendre une ou deux fois mais certainement pas plus. Et alors il frappera droit à la figure.

Ces conseils sont donc mauvais. En fixant votre adversaire bien en face vous verrez *tous ses mouvements.*

Divisons les feintes en *simples* et *doubles.*

La *feinte simple* est pratiquée d'*un seul* poing, la *double* avec les *deux* poings.

La *feinte simple* la plus utile est celle à la *marque.* Pour la pratiquer, mettez d'abord votre tête hors d'atteinte en la penchant fortement à droite, faites le simulacre de porter un *direct du gauche* à la *ceinture* et levant le bras vivement atteignez votre adversaire à la figure.

C'est un coup terrible parce qu'il est porté de bas en haut avec une grande force et doit atteindre l'adversaire soit à la mâchoire soit à la gorge.

Si vous faites cette feinte du *bras droit*, penchez-vous à gauche.

La meilleure *double feinte* est la suivante: faites une *feinte du gauche à la figure*, penchez-vous à droite et envoyez un *coup du droit* au *flanc gauche*.

Voici une autre *double feinte*: feinte du droit au flanc et direct du gauche à la figure:

Ne commencez à apprendre les *feintes* que lorsque vous posséderez à fond les *coups droits* et les *cross*.

COUPS AVEC LE BRAS CONTRACTE. — CORPS A CORPS. — UPPER CUT

Pour les *directs*, les *centres* et les *cross*, vous portez beaucoup plus le poids du corps sur le coup que dans la série de coups que nous allons voir maintenant.

Ne portez de coups avec le *bras en rond* ou *replié* qu'en cas de *corps à corps*. En ce cas, votre bras et votre avant-bras doivent former un angle droit afin de porter avec plus de force. C'est le *bras contracté* coup porté avec la force musculaire et non avec le poids du corps. Très utile dans le *corps à corps*.

Quand votre adversaire vous attaque et que vous l'avez évité soit en sautant de côté, soit en mettant votre tête hors de son atteinte: il est souvent bon d'attaquer et de porter un *contracté* du droit soit sous son bras gauche à la ceinture, soit aux côtes ce qui est encore plus efficace.

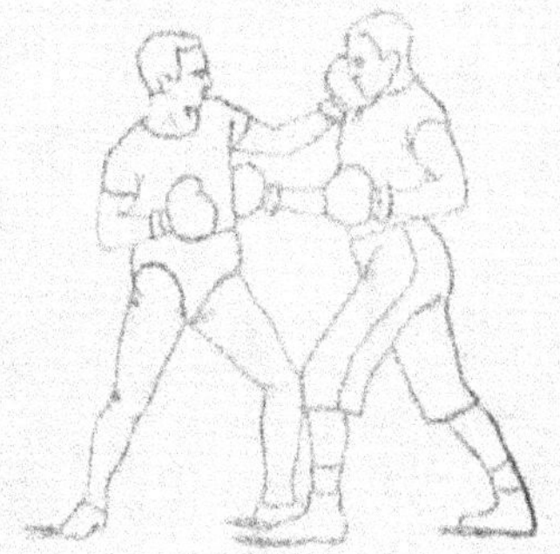

Fig. 14. — Contracté du droit porté par le boxeur de droite.

Donnez l'*upper cut* à peu près de la même façon que le *contracté* mais verticalement de *bas en haut* et avec un peu du *swing*. C'est un coup spécial pour frapper votre adversaire à la figure quand celui-ci se jette sur vous la tête en avant ou lorsqu'il arrive au bon endroit.

Le *corps à corps* se change naturellement trop souvent en *match de lutte* à moins que vous ne puissiez saisir la tête de votre adversaire et la maintenir emprisonnée. En ce cas vous pouvez porter de magnifiques *contractés*.

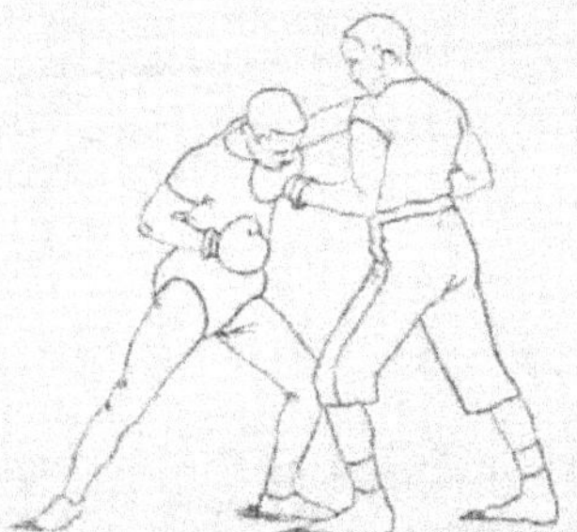

Fig. 15. — Upper cut porté par le boxeur de droite.

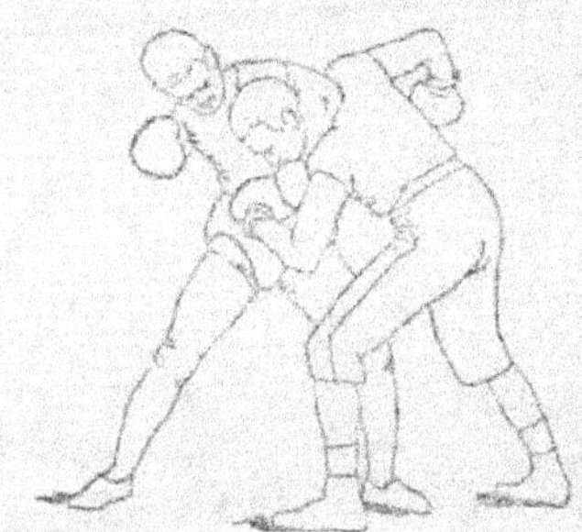

Fig. 16. — Tête emprisonnée dans le corps à corps.

Si votre adversaire s'empare de votre tête commencez immédiatement l'attaque des *cross* du *droit* et du *gauche* aux côtes.

Malgré le peu d'agrément du *corps à corps* en boxe pratiquez-le très spécialement; c'est indispensable.

En cas d'attaque de ce genre dans la rue, passez votre bras droit par-dessus l'épaule gauche de votre adversaire, votre main placée juste au-dessous de son menton et poussez sa tête violemment en arrière, tout en ayant soin de placer votre jambe droite juste derrière lui, vous le renverserez. Pour l'autre bras employez le même moyen.

CONSEILS GENERAUX

Il est bon de ne pas commencer la pratique de la boxe en faisant tout de suite de la *boxe de combat*. Il faut, au contraire, vous exercez pendant longtemps *en assaut*.

Les coups les plus douloureux sont les suivants:

Le coup à la mâchoire le plus douloureux de tous, entre le bout du menton et le dessous de l'oreille. Ce coup produit souvent le *knock out*, c'est-à-dire que l'homme qui a reçu ce coup avec violence tombe inanimé.

Le coup à la *marque*, c'est-à-dire au sommet de l'estomac juste au centre du corps. Ce point est très sensible.

... des gants est assez peu efficace

Le coup aux côtes qui fait souffrir et gêne la respiration.

Le coup à la tempe assez peu efficace avec des gants, mais terrible dans le combat à poing nu.

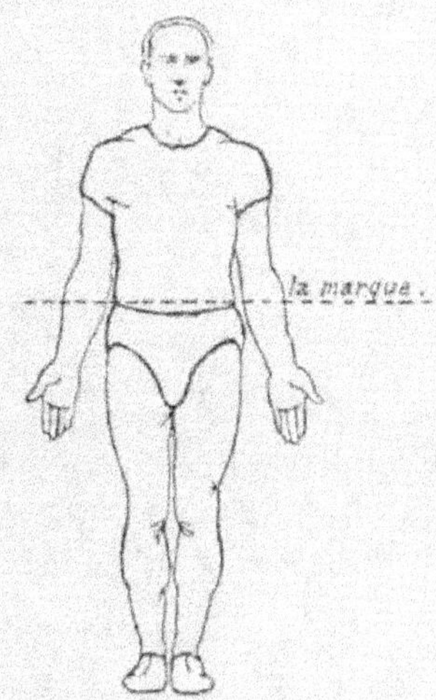

Fig. 17. — La marque.

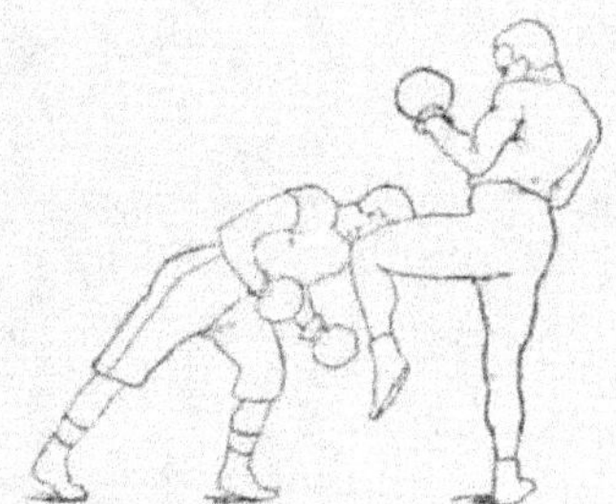
Fig. 18. — Riposte au coups de tête.

Dans la boxe défiez-vous surtout des mauvaises habitudes dans la *garde*. Gardez avec *votre bras*, jamais avec le gant.

Ne faites pas trop de mouvements de va-et-vient ni avec le corps ni avec la tête.

Ne tournez jamais le dos à votre adversaire en battant en retraite.

Ne tournez pas trop en rond en faisant le saut de côté et faites de petits pas.

Ne laissez jamais tomber vos bras au-dessous de votre ceinture. C'est une habitude de paresseux qui peut avoir de graves conséquences pour vous, car vous vous découvrez.

Ne quittez pas votre adversaire des yeux, car si vous regardez de côté ou si vous fermez les yeux, vous serez attaqué sans savoir d'où viennent les coups.

Ne frappez jamais avec l'intérieur du gant.

Fermez bien la bouche en boxant, car vous pourriez vous couper la langue.

Autant que possible évitez de boxer avec des adversaires qui vous sont trop inférieurs. Quand vous pourrez vous passer des leçons et de l'aide d'un professeur, cherchez de bons et loyaux adversaires à peu près de votre force.

Pour la tenue à adopter, choisissez de préférence des vêtements de laine ou de flanelle blanche, tissus qui, absorbant la transpiration, vous empêchent de vous refroidir. Les gants en peu d'agneau très lisse et soigneusement rembourrés devront avoir une manchette, il est bon de les faire ajuster au moment où on les achète. Prenez, de préférence, surtout pour débuter, des gants sans pouce, on risque moins ainsi de se fouler ce doigt.

Il est bon de commencer la boxe assez jeune, de seize à dix-huit ans par exemple, mais de vingt à vingt-cinq on peut aussi devenir bon boxeur. Entraînez-vous progressivement et faites en plus de la boxe des exercices de corps quotidiens: le meilleur des exercices est la marche. Un peu de *Sandow exerciser* le matin et le soir, si possible le *saut à la corde* pour l'élasticité des jambes. Boxez trois ou quatre fois par semaine et jamais jusqu'à la fatigue.

Pour la boxe de combat il est nécessaire de suivre un entraînement plus rigoureux, plus régulier; en ce cas nous recommandons surtout l'abstinence complète de tous les excès, du tabac et des alcools.

En plus de cet aperçu qui vous guidera dans votre apprentissage de la boxe, il est utile que vous preniez un bon professeur consciencieux, et avec de la patience et de la bonne volonté vous arriverez à un résultat excellent.

R. L. A.

LA BOXE FRANÇAISE
SAVATE

La position de *garde* dans la boxe française est un peu différente de celle adoptée dans l'anglaise.

Faites un *demi à droite* du pied gauche, gardez la tête droit vers votre adversaire. Portez le pied droit en arrière, à 50 centimètres environ, les pieds en angle droit, les jambes ployées légèrement, le corps effacé.

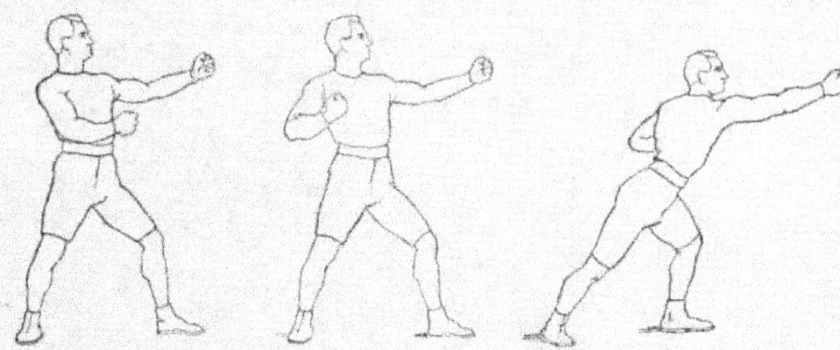

Fig. 1. — Garde.　　　　Fig. 2. — Coup direct du bras arrière.

Fermez les poings, élevez le gauche à la hauteur de votre menton et le droit à la hauteur du coude et *détaché du corps.*

Prenez la garde à gauche dans les mêmes principes.

Coup direct du bras arrière. — Repliez le bras droit, l'épaule

et le coude en arrière, le poing à la hauteur du sein droit,
lancez un direct soit à la figure soit à l'estomac en *étendant
la jambe droite*, la jambe gauche fléchie.

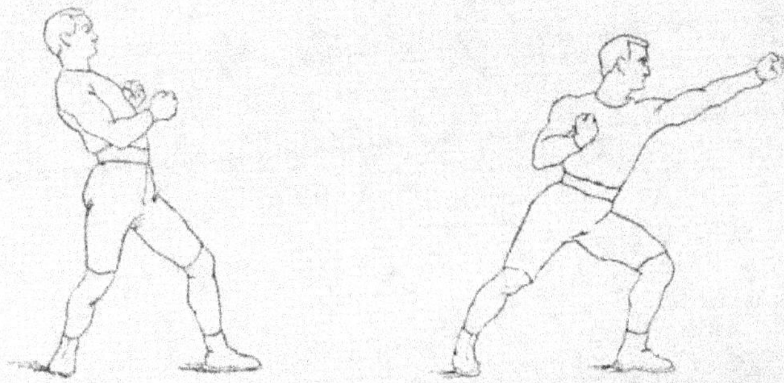

Fig. 3. — Direct du bras avant.

Retirez au même moment votre *poing gauche* et reprenez
la garde.

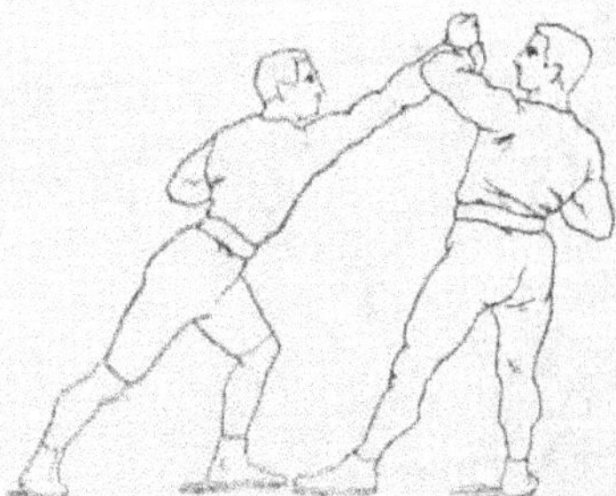

Fig. 4. — Parade du coup de poing.

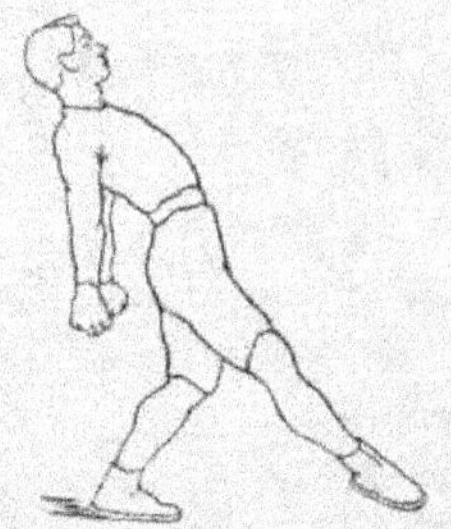

Fig. 5. — Coup de pied bas.

Direct du bras avant. — Repliez le bras gauche comme
vous l'avez fait pour le droit, lancez le coup en retirant le bras
droit, reprenez la garde.

Parade — Pour parer, opposez l'un ou l'autre bras à droite
ou à gauche, levant ou baissant le bras selon le coup porté.

Tenez le haut de votre corps en arrière en fléchissant sur votre jambe droite, tendez la jambe gauche.

Direct du bras avant ou arrière en se fendant. — En portant le coup comme indiqué plus haut lancez votre jambe gauche en avant à environ 40 centimètres.

Direct de l'avant ou de l'arrière en marchant. — Mettez votre poing à la disposition d'attaque, faites un pas en avant et portez votre coup de toute la force de la vitesse acquise. Reprenez votre garde *en substituant votre pied gauche au droit.*

Coup de pied bas. — Lancez votre jambe droite en avant aussi loin que vous pourrez, tendez

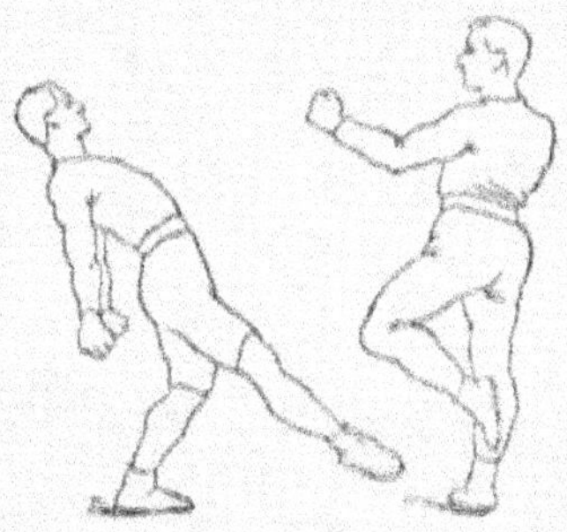

Fig. 6. — Parade du coup de pied bas.

bien la jambe en dirigeant la pointe de votre pied en avant vers la droite, pliez un peu votre jambe gauche, inclinez le corps

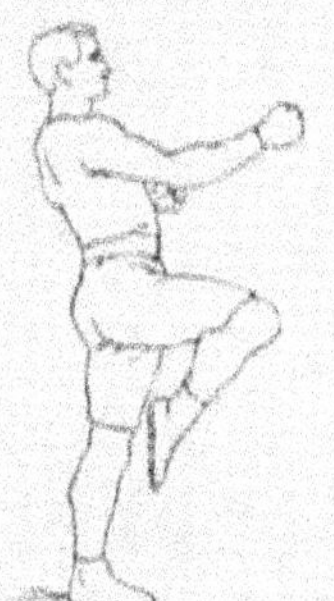

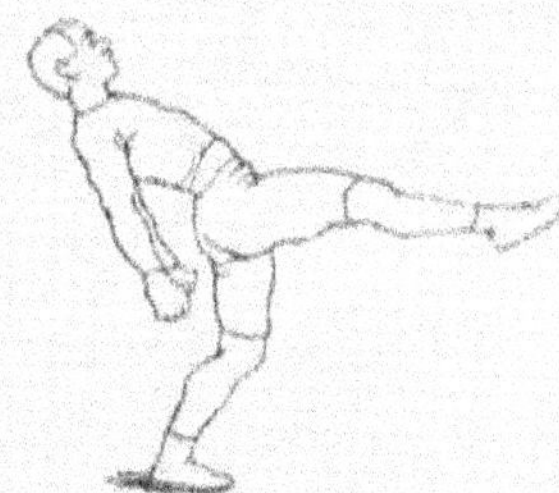

Fig. 7. — Coup de pied de pointe.

en arrière en laissant tomber vos bras naturellement, puis reprenez la garde.

Pour parer ce coup de pied, fléchissez la jambe gauche en relevant le genou et en vous tenant sur votre droite.

Coup de pied de pointe. — Elevez la jambe droite repliée en angle, portez votre coup de pied le plus haut possible en étendant votre jambe, les bras tombant naturellement.

Inclinez votre corps en arrière. Repliez de nouveau la jambe et reprenez votre garde. Marquez un temps d'arrêt à chaque mouvement pour les bien détailler en les apprenant.

Pour parer le coup, battez rapidement en retraite.

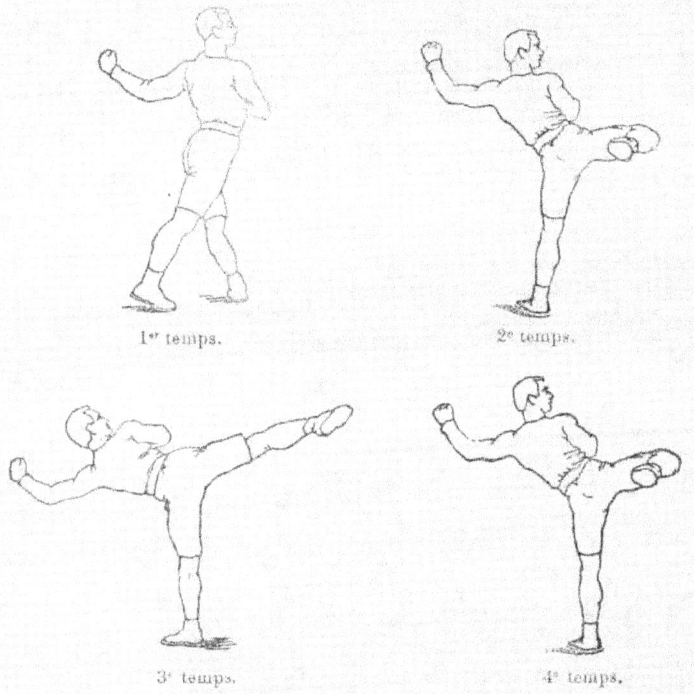

Fig. 8. — Coup de pied de flanc.

Coup de pied de flanc. — Faites face à gauche en tournant sur votre talon gauche et la pointe de votre pied droit, faites suivre à vos bras les mouvements de votre corps, gardez votre tête à sa place, face à l'adversaire.

Elevez et repliez votre jambe droite en avant en dirigeant

votre cuisse dans la direction de votre adversaire. Lancez rapidement votre jambe en dirigeant la pointe de votre pied vers le flanc de votre adversaire, tendez légèrement la jambe

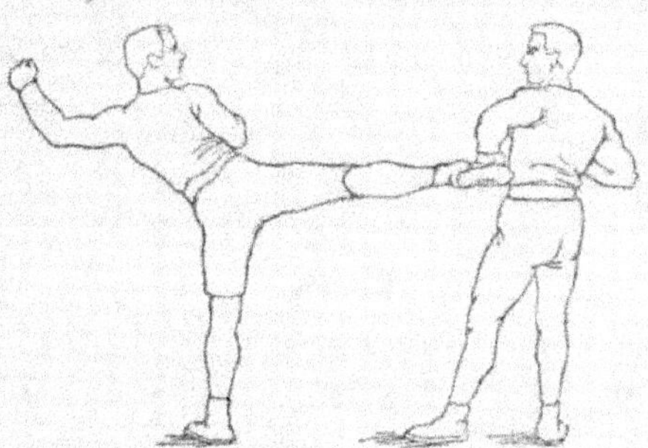

Fig. 9. — Parade du coup de pied de flanc.

gauche et inclinez un peu le corps à gauche. Repliez de nouveau la jambe et reprenez votre garde en tournant à droite sur la pointe de votre pied gauche.

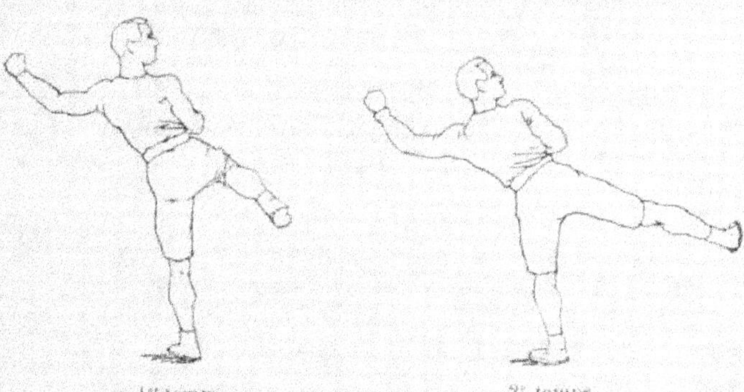

Fig. 10. — Coup de pied chassé de la jambe arrière.

Parade du coup de pied de flanc. — Repoussez la jambe de votre adversaire avec votre main gauche.

Coup de pied chassé de jambe arrière. — Faites le même mouvement que pour le coup de pied de flanc, mais avant de lancer le coup ramenez votre genou vers le corps et fléchissez le pied sur la jambe. Lancez ensuite votre coup avec votre talon en allongeant la cuisse et la jambe. Revenez en position de garde en fléchissant et repliant à nouveau le genou vers le corps.

Coup de pied chassé de jambe avant. — Etant en garde levez votre jambe gauche fléchie le genou ramené vers le corps, changez votre garde des bras en ramenant votre bras

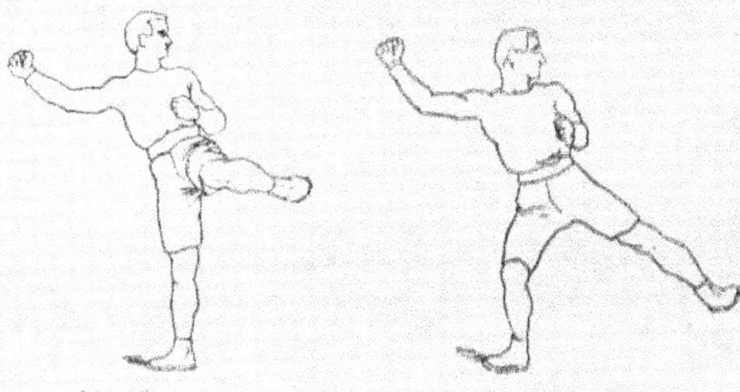

Fig. 11. — Coup de pied chassé de la jambe avant.

droit en arrière. Lancez votre coup de pied avec le talon comme précédemment, revenez à la position précédente et reprenez votre garde.

Parade. — Pour parer, chassez le pied de votre adversaire avec la main droite. Si le coup était porté à la hauteur de votre jambe parez comme pour un *coup de pied bas.*

Les différents coups portés, comme nous venons de le dire plus haut, ont fait donner à ces moyens de défense le nom de *savate.*

Dans ce genre de combat, placez vos jambes beaucoup plus de côté que dans le combat de boxe anglaise, afin de pouvoir lancer un coup de pied le talon légèrement tourné en dedans.

Ainsi en position, si votre adversaire vous place des coups

de pied, vous les recevrez sur le côté extérieur de votre jambe
sans crainte de rupture des os. S'il vous lance un coup de
tête à l'estomac, levez brusquement le genou et frappez-le
ainsi violemment à la figure.

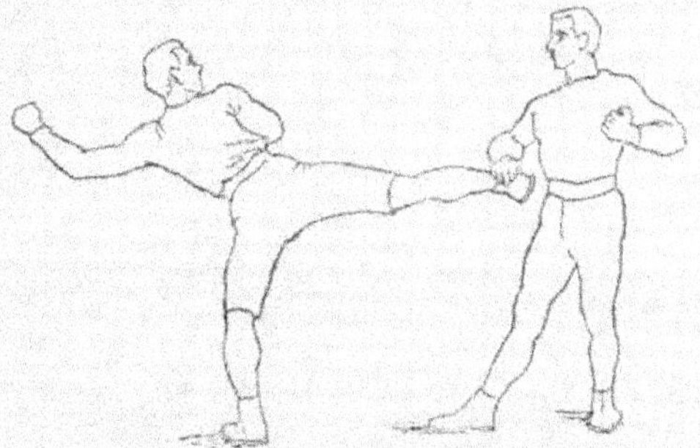

Fig. 12. — Parade du coup de pied chassé.

Ne donnez jamais un coup de poing sur la bouche à un
voyou, il pourrait vous mordre cruellement.

Après le coup de genou lancez-lui quelques *cross* à la mâchoire.

Pour les exercices de savate, employez des bottines lacées
en peau très souple et à semelle plate : cette dernière condition
est indispensable pour bien tenir son aplomb.

R. L. A.

L'ESCRIME

L'escrime : Son évolution. — L'ARME : Le fleuret; l'épée; le sabre. — L'escrime de pointe (fleuret, épée) : Tenir l'arme; la garde; la marche; la retraite; le développement ou la fente; se remettre en garde; le rassemblement. — LES PRISES : Les quatre lignes; être couvert; la pronation; la supination; prime; seconde; tierce; quarte; quinte; sixte; septime; octave; l'engagement; l'absence de fer; l'invite; l'appel; le changement d'engagement; le double engagement; le doigté. — ATTAQUER : L'attaque; la feinte; attaque simple, attaque composée; le coup droit; le dégagement; l'attaque en hauteur; le coupé. — PARADES : La parade directe; le contre; la parade par opposition; la parade de tac. — RIPOSTER : La riposte du tac au tac; la riposte à temps perdu; la contre-riposte. — ATTAQUES COMPOSÉES : L'attaque vraie; tromper une parade; feinte du coup droit dégagé; le coulé; feinte du coup droit contre dégagé; une-deux; doublé; une-deux-trois; doublé dégagé, doublé-dédoublé; leurs parades; la contraction; le corps à corps; coups interdits, caver. — ATTAQUES AU FER : La pression; le battement; le froissement, la prise de fer; l'attaque par opposition; le liement; l'enveloppement; le dérobement. La fausse attaque; l'attaque en marchant; attaque dans les préparations. — LA CONTRE-ATTAQUE : Le coup de temps; le coup d'arrêt. Le coup double. Le contre-temps. — ATTAQUES VARIÉES : La remise; le redoublement; la reprise d'attaque. — **Escrime de pointe et de tranchant** (sabre) : L'engagement; les meilleures positions; le coup de pointe au sabre; les coups de tranchant; leur exécution; coup de tête; coup de figure à droite; coup de figure à gauche; coup de ventre; coup de flanc; coup de manchette; coup de banderole; leurs parades; coups composés; les variétés d'attaques. — **Considérations générales** : L'école italienne; l'assaut, le jugement; l'à-propos; qualités diverses; le jeu de fleuret; le jeu d'épée; les épreuves; le duel. — **Conclusion**

L'ESCRIME est l'art d'attaquer et de se défendre une arme à la main.

L'escrime, dans son évolution à travers les âges, offre autant de variétés que l'arme employée par les combattants, bâton, masse d'armes, glaive pesant, coutille, colichemarde, etc. Puis, l'escrime de pointe se perfectionne, l'arme devient plus maniable. A côté de la méthode italienne, l'école française s'affirme, l'Académie d'armes est créée. Louis XIV accroît ses privilèges. Les deux écoles rivalisent, se rapprochent souvent; chacune d'elles brille d'un très vif éclat.

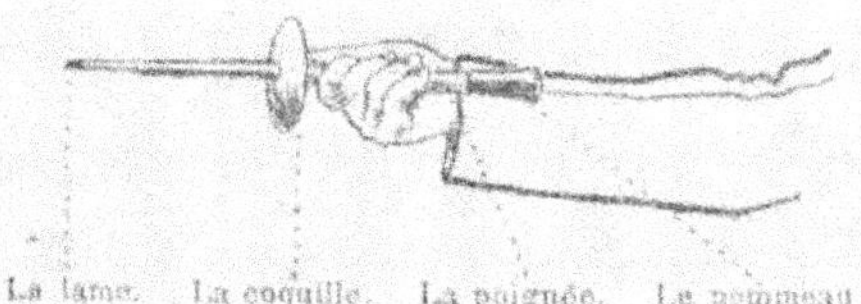

FIG. 1. — Tenue de l'arme, position des doigts sur la poignée.

De nos jours, l'arme (fig. 1) peut être le *fleuret*, à lame quadrangulaire; l'*épée* à large coquille et à lame triangulaire; le *sabre*, à lame plate, qui tranche et pointe.

Les bases de l'enseignement, soumises à des règles rigoureusement *scientifiques*, sont les mêmes pour les trois armes.

Toucher l'adversaire sans être touché par lui, tel est le principe dont l'escrimeur doit toujours s'inspirer.

ESCRIME DE POINTE. — FLEURET. — ÉPÉE
NOTIONS ÉLÉMENTAIRES

Tenir l'arme la poignée dans la main, le pouce à plat sur la partie convexe, près de la coquille, les autres doigts repliés sur la poignée, la lame dans le prolongement du pouce (fig. 1).

La *garde* est la position la plus favorable pour exécuter tous les mouvements d'offensive et de défensive. Le corps placé de trois quarts, la main droite[1] au centre du corps, le bras plié, le coude rentré, la pointe devant soi, le bras et la main gauche arrondis en arrière. Les pieds à deux semelles envi-

---

1. Pour les gauchers, remplacer toujours *droit*, par *gauche*.

ron l'un de l'autre, le pied avant parallèle à la ligne des
tireurs, le pied arrière perpendiculaire à cette ligne; les jarrets
ployés, le corps droit. Le poids du corps est également réparti
sur les deux jambes (fig. 2 B). Cette position est généralement
précédée de mouvements préparatoires d'assouplissement.

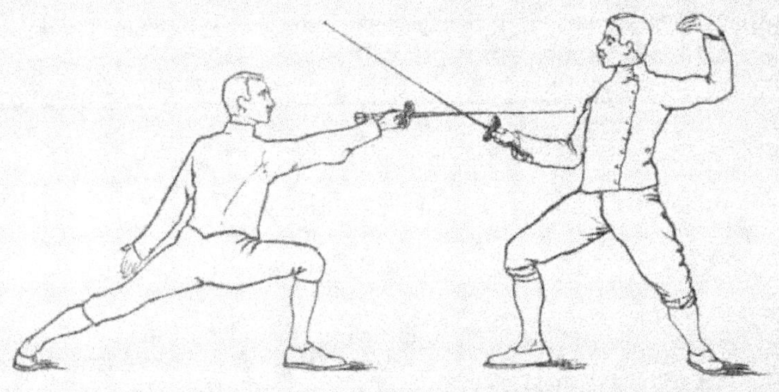

Fig. 2. — A porte une attaque en ligne haute à droite parée par B (parade de tierce).

Marcher. — Avancer sur l'adversaire en portant le pied droit
en avant, le pied gauche suivant aussitôt, sans rien changer
à la position de la garde.

Rompre. — Porter le pied gauche en arrière, faire suivre
aussitôt le pied droit, sans rien changer à la position de la
garde.

Il est prudent de marcher à petits pas, puisque l'on va
au-devant de la pointe adverse. Les pas arrière peuvent s'exécuter en rapprochant plus ou moins le pied droit du pied
gauche, selon le danger couru.

Développement. — Etant en garde pour porter un coup à
longue distance, allonger le bras droit sans raideur, les ongles
dessus, la main droite à la hauteur de l'épaule et développer
le corps en se fendant, ces deux mouvements harmonieusement liés. Pour la *fente*, porter le pied droit en avant en

tendant le jarret gauche, et laisser tomber le bras gauche, la paume de la main gauche ouverte, le genou droit sur la verticale du cou de pied, la cuisse droite horizontale (fig. 2 A).

Pour se *remettre en garde* ou se relever, ramener soit le pied avant, soit le pied arrière, et reprendre la position de la garde.

Pour *rassembler* en avant ou en arrière partant de la position de la garde, se mettre debout, les talons joints, en levant le bras droit et en laissant tomber la main gauche.

Lignes. — Pour faciliter la compréhension des différentes positions, on a partagé la *zone vulnérable* en quatre parties appelées *lignes* Les lignes, par rapport à la main armée (à gauche, à droite, au-dessus, au-dessous) sont limitées d'abord par les côtés de la lame, ensuite par la limite même du corps (fig. 3). Une ligne est fermée (*être couvert*) lorsque la pointe adverse ne peut, directement dans cette ligne, atteindre une partie quelconque du corps. Dans chacune de ces lignes, la main peut prendre diverses positions entre deux extrêmes qui sont: la *supination* (ongles dessus), et la *pronation* (ongles dessous).

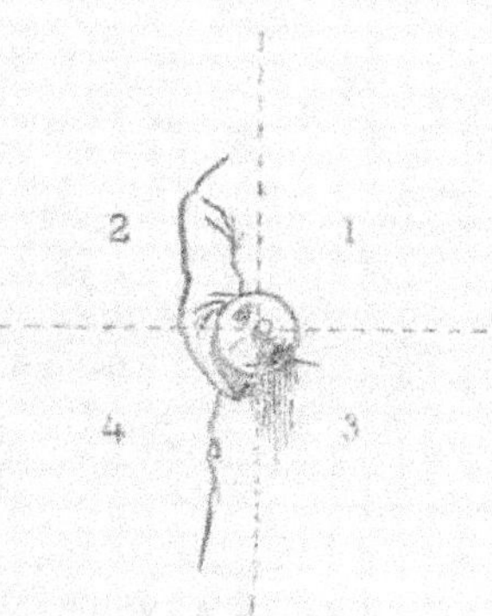

Fig. 3. — Les lignes.

A raison de deux par ligne, ce qui fait huit au total, elles prennent les dénominations numériques de *prime, seconde, tierce, quarte, quinte, sixte, septime* et *octave*, indiquées dans le tableau ci-dessous (fig. 3 *bis*).

La jonction des fers constitue l'*engagement*.

Ne pas joindre les fers constitue l'*absence de fer*.

Une absence de fer faite à dessein pour ébranler ou provoquer l'action adverse et en profiter s'appelle une *invite*.

On peut aussi combiner cette dernière action avec la marche ou l'*appel* qui consiste à frapper le sol du pied droit.

Le *changement d'engagement* est un engagement pris d'une

ligne à l'autre. Le double changement d'engagement ou, par abréviation, le *double engagement* est la succession de deux changements d'engagement. Ils peuvent se combiner avec la marche.

Pour l'exécution des différents mouvements de la pointe, il est indispensable de se servir des doigts (*doigté*); le pouce et l'index dirigent la pointe, les trois derniers la maintiennent, et serrant ou desserrant la poignée sans la quitter, ils facilitent l'action des deux autres.

Attaques. — Attaquer un adversaire c'est lui porter un coup (fig. 2 A)

Une *feinte* est le simulacre du coup; c'est menacer sans avoir pour but immédiat de toucher.

Une attaque est dite *simple* quand elle n'est précédée d'aucune feinte; dans le cas contraire, elle est dite *composée*.

Un mouvement offensif en ligne directe s'appelle *coup droit*.

Attaquer d'une ligne à l'autre c'est faire le *dégagement*. Il s'exécute soit en passant sous la lame adverse (de ligne haute à ligne haute), soit en passant par-dessus (de ligne basse à ligne basse), soit en décrivant de la pointe un mouvement demi-circulaire quand on va de ligne haute à ligne basse, ou inversement (attaque en hauteur).

Particulièrement le dégagement exécuté par-dessus la pointe adverse, prend le nom de *coupé*.

Ces différentes attaques simples se portent dans toutes les lignes.

Parades. — L'action de détourner du corps l'attaque adverse, se nomme *parade*. Les positions étudiées sur le tableau ci-contre (fig. 3 *bis*), constituent les bases de parades *directes*, qui en prennent par suite les noms: parade de prime, parade de seconde (fig. 4), parade de tierce (fig. 2), etc.[1]

La main les exécute en se portant au-devant du fer adverse

1. A côté de ces parades, il existe sous le nom de septime haute, un mouvement défensif qui chasse le fer dans la ligne haute, ni à gauche, ni à droite, mais en hauteur : main à hauteur de l'épaule droite, pouce dessus, poignet bombé, bras presque allongé, pointe à hauteur de l'épaule gauche.

dans la ligne où se produit l'attaque, et en prenant simultanément la position correspondante, mentionnée sur le tableau.

Une règle commune à chacune d'elles, veut que la partie
forte de l'arme soit toujours opposée dans la parade à la partie
faible de l'arme adverse; l'opposition en devra toujours être

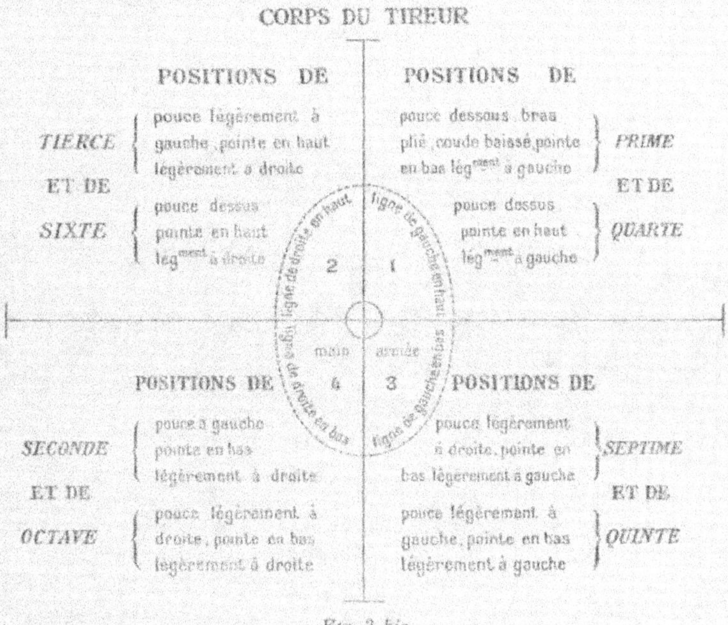

Fig. 3 *bis*.

suffisante pour fermer la ligne, mais la parade elle-même devra
être arrêtée à la limite de la ligne fermée; le déplacement
minimum de la main donne le maximum de vitesse.

Ces huit parades ont chacune leur *contre*, nom donné à
la parade circulaire qui va chercher l'épée adverse dans une
ligne pour la ramener dans la ligne opposée. Un exemple
suffit: A couvert en sixte a sa ligne de gauche en haut ouverte.
B dégage dans cette ligne. A fait exécuter à sa pointe un

mouvement circulaire, passe sous la lame de B, la ramène dans sa ligne de sixte, la maintient ou la chasse à droite. Il a fait un contre de sixte.

Parades simples et contres s'exécutent donc, soit en maintenant en dehors de la ligne menacée le fer adverse (parade *par opposition*), soit en la chassant d'un petit coup sec (parade de *tac*).

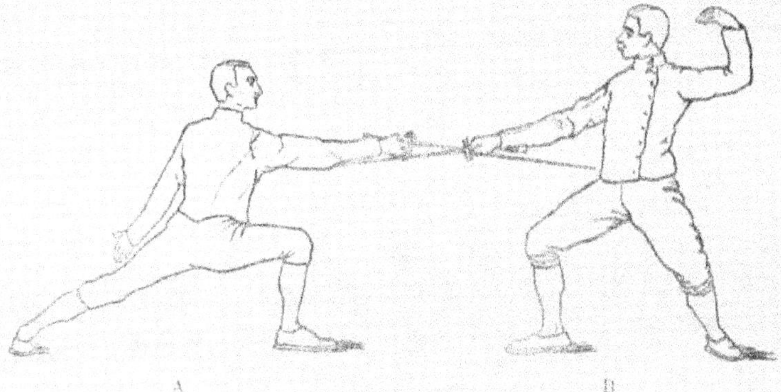

Fig. 4. — A porte une attaque en ligne basse parée par B (parade de seconde).

Riposte. — La riposte est l'attaque qui suit la parade. Si elle suit immédiatement la parade, elle est dite du *tac au tac*; dans le cas contraire, elle est dite *à temps perdu*. L'action de parer une riposte pour attaquer ensuite, s'appelle la *contre-riposte*.

Toutes les parades peuvent se faire en rompant, toutes les ripostes peuvent se faire en se fendant.

Attaques composées. — Une feinte bien exécutée provoque souvent une parade chez l'adversaire qui croit à l'attaque vraie. La feinte a donc généralement pour but de faire naître cette parade pour la *tromper*, c'est-à-dire pour l'éviter en passant par-dessus ou sous la lame adverse et en attaquant. Ces coups sont dits *composés*; ils sont précédés d'une ou plusieurs feintes. On voit que, théoriquement, le nombre des coups composés est illimité.

Pratiquement, on ne trompe sans trop risquer, qu'une ou deux parades.

Exemples: si la première menace est une feinte du coup droit, et si l'on trompe une parade directe en dégageant, on fait *feinte du coup droit-dégagé* (la feinte du coup droit faite en glissant le long de la lame adverse s'appelle *coulé*).

Si l'on trompe un contre après une feinte de coup droit, on fait *feinte du coup droit-trompé le contre*, ou *feinte du coup droit-contre-dégagement*.

Si la première menace est une feinte de dégagement et si l'on trompe une parade directe, on fait *une-deux*; si l'on trompe un contre, on fait un *doublé*. On peut ainsi, en ajoutant une feinte provoquant une nouvelle parade que l'on trompe, exécuter: *une-deux-trois*, *doublé-dégagé*, *doublé-dédoublé* ou *doublement dans les deux lignes*, etc.

Toutes ces attaques se terminent dans une des quatre lignes et trouvent alors la parade directe ou circulaire correspondant à chacune d'elles.

Si l'attaque ne correspond pas à la parade ou inversement, il y a *attaque* ou *parade de contraction*; l'action demande plus d'efforts et manque souvent de précision.

Dans le cas où les adversaires eux-mêmes se heurtent, il y a *corps à corps*. Si le combat perd alors son caractère de combat à l'épée, il est arrêté.

De même l'usage de la main non armée est interdit (fig. 5), et l'on ne frappe pas un adversaire désarmé. Une attaque faite la main en dehors de la ligne, est une attaque faite en *cavant*, elle expose celui qui l'exécute en le découvrant.

Attaques au fer. — Les actions faites sur le fer adverse pour le déplacer se nomment *pression*, *battement*, *froissement*, selon qu'elles appuient sur la lame de l'adversaire, la frappent sèchement ou la chassent violemment par une poussée brusque, glissante et prolongée. On peut aussi prendre le fer adverse avec le fort de sa lame, le maîtriser, l'écarter (*prise de fer*) pour attaquer immédiatement (l'attaque au fer et l'attaque au corps se combinant). Ces attaques sont dites: *par opposition* ou *d'autorité* quand elles s'exécutent dans la même ligne que la prise de fer; par *liement* quand elles ramènent le fer adverse de ligne haute à ligne basse ou inversement; par *enveloppement* quand la prise de fer fait exécuter aux pointes un mouvement circulaire.

Attaquer sur une attaque au fer ou sur une prise de fer en évitant l'action adverse se dit *attaquer par dérobement*.

Faire une *fausse attaque*, c'est simuler une attaque pour obliger l'adversaire à l'action et en profiter.

Toutes les attaques peuvent se faire *en marchant*, la première feinte s'exécutant avec le pas.

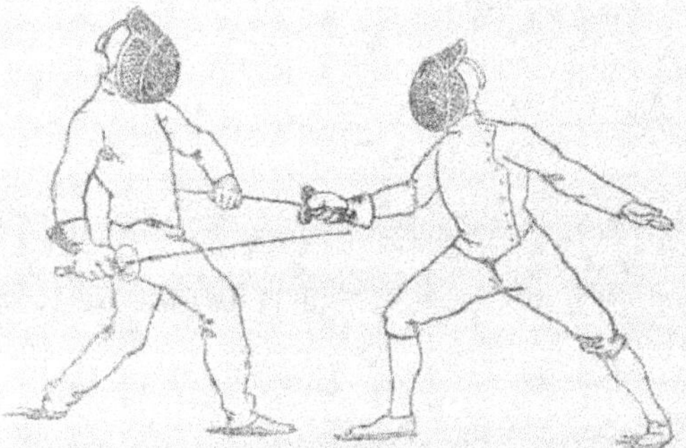

Fig. 5. — Coup interdit. Usage de la main non armée.

Attaquer lorsque l'adversaire prépare lui-même son offensive, c'est l'*attaquer dans ses préparations*.

Contre-attaques. — Au lieu de parer pour riposter on peut contre-attaquer, c'est-à-dire faire une attaque dans l'attaque adverse, soit en gagnant du temps sur cette dernière (*coup de temps*), soit en arrêtant l'adversaire dans sa marche (*coup d'arrêt*).

Les meilleurs temps sont ceux faits avec opposition (fig. 6) dans la finale de l'attaque adverse; ils forment à la fois parade et riposte. Ces contre-attaques demandent à être exécutées au moment vraiment opportun, car elles risquent sans cela d'amener le *coup double* (les deux adversaires se touchent simultanément). Provoquer le coup de temps ou l'arrêt pour parer et riposter, c'est faire le *contre-temps*.

Attaques variées. — Faire une *remise* c'est attaquer et remettre directement la pointe au corps sans se relever, soit que l'adversaire ait paré sans riposter, soit qu'il ait abandonné le fer pour exécuter sa riposte.

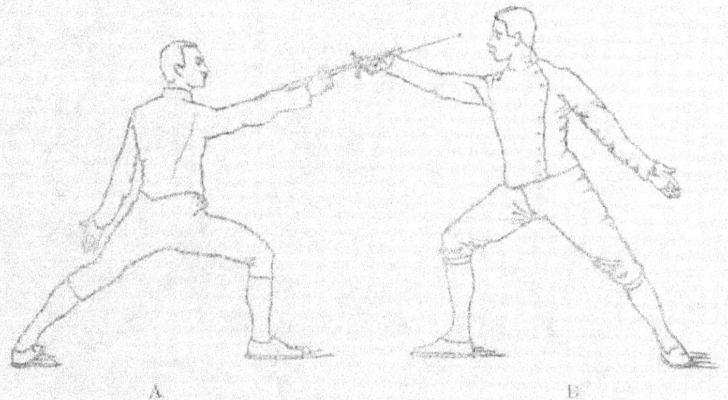

A   B

Fig. 6. — A porte une attaque qui se termine dans la ligne de sixte. B attaque avec opposition dans cette finale (temps de sixte).

Faire un *redoublement*, c'est sans se relever, attaquer à nouveau en changeant de ligne, la parade de l'adversaire n'ayant pas été suivie de riposte.

Faire une *reprise d'attaque*, c'est se relever après une attaque parée, et reprendre aussitôt l'offensive.

ESCRIME DE POINTE ET DE TRANCHANT. — SABRE

Le sabre pointe et tranche.

Toutes les règles précédemment énoncées pour l'escrime de pointe s'appliquent donc au sabre, sauf quelques nuances dues au tranchant de l'arme.

Le contact des fers doit avoir lieu tranchant contre tran-

chant. De ce fait, les positions les plus recommandées sont:
tierce, quarte, prime, seconde. Tous les coups de pointe s'exécutent en position de tierce ou de quarte.

Le *coup de tranchant* se donne en allongeant le bras; l'arme
doit frapper et scier, ce qui s'obtient en ramenant légèrement la main près du corps. On dirige ainsi les coups de tranchant en passant sous la lame adverse ou par-dessus, soit à
la tête (fig. 7), soit à la figure à droite ou à gauche, soit au ventre,
au flanc, au poignet (coup de manchette), de l'épaule gauche au
flanc droit (coup de banderole).

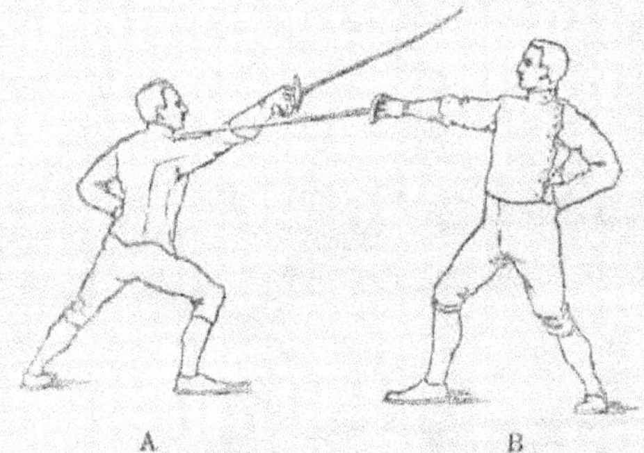

Fig. 7. — A dessine une attaque à la tête. B lui porte un coup de manchette.

Les coups se nomment donc: coup de tête, coup de figure
à droite, etc.

Prime (haute et basse, la main est plus ou moins élevée),
seconde, tierce, quarte et leurs contres sont les parades
les plus usuelles de ces attaques. Les coups de tranchant
peuvent être composés (feinte à la tête-coup au flanc par
exemple), car toutes les parades de coups de tranchant se
trompent également. Les coups de pointe, de tranchant, leurs
feintes se combinent aisément (feinte du coup de pointe des-
sus-coup à la tête), etc.

Les coups de pointe au sabre sont excellents. Les coups
de tranchant demandent une grande vitesse d'exécution, car
ils découvrent souvent le tireur et il peut en résulter des

coups doubles. Les temps, les arrêts sont fréquemment employés. Toutes les variétés d'attaques : remise, reprise, redoublement, examinées dans l'escrime de pointe, se retrouvent et
s'exécutent au sabre.

CONSIDÉRATIONS GÉNÉRALES

Telles sont les principales actions offensives et défensives
qui caractérisent l'école française. L'école italienne, rivale de

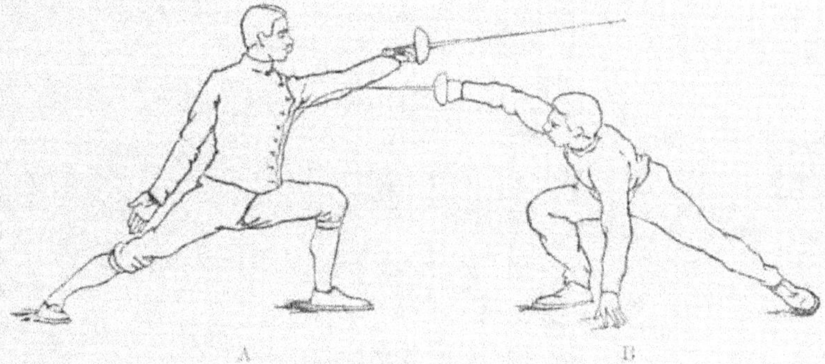

Fig. 8. — Un coup d'escrime italienne.
B se fendant en arrière prend un temps en ligne basse esquivant avec le corps
l'attaque en ligne haute portée par A.

la nôtre emploie une arme et des moyens quelque peu différents ; l'arme fixée solidement au bras du tireur est puissante mais bien moins subtile ; les temps et contre-temps avec
esquives de corps (fig. 8) tiennent une large place dans la
méthode italienne ; nous offrons dans la nôtre une plus grade
variété d'actions.

Dans *l'assaut*, le tireur pour marquer sa réelle supériorité
doit joindre des qualités de jugement et d'à-propos à la connaissance approfondie et raisonnée de tous les principes que
nous avons brièvement exposés plus haut.

Le *jugement* est cette qualité qui permet d'analyser le jeu adverse pour découvrir rapidement ses défauts et reconnaître toutes les ressources dont il dispose.

L'à-*propos* est la faculté de choisir le moment d'agir vraiment opportun.

La notion exacte de la distance, le sentiment du fer qui, par le contact des lames vous fait souvent pressentir les intentions adverses, sont des qualités primordiales. Il faut savoir être vite, décidé, autoritaire et souple pour triompher.

Le tireur fort remplit toutes ces conditions. Il brillera toujours quelle que soit l'arme employée et dans n'importe quelle épreuve.

Le but particulier que l'on poursuit, les traditions, les usages ont, en effet, imposé des conventions spéciales à chaque jeu.

Le *jeu de fleuret* a pour objet la recherche des coups aux parties vitales du corps: le tronc, le cou et le bras plié sont les seuls endroits visés avec la constante préoccupation de ne jamais être effleuré nulle part; un coup atteignant une autre partie, arrête aussitôt la phrase d'armes et annule toute action ultérieure. Avec cet objectif, les distances sont rapprochées, l'action s'anime de suite, les combinaisons se multiplient, les débats rapides, nets se précipitent.

Au *jeu d'épée* la même valeur est attribuée à tous les coups touchés, n'importe où et n'importe comment. Les parties avancées, main, avant-bras (fig. 9), tête, jambes, sont donc également visées. Les distances sont, de ce fait, un peu plus grandes. Si l'objectif varie, l'exécution reste cependant la même et le fleurettiste impeccable s'identifie toujours avec l'épéiste complet.

Les assauts, tournois ou matches se disputent soit en un nombre déterminé de coups, soit en un certain laps de temps. Pour juger un coup d'escrime il ne faut jamais perdre de vue que l'arme doit toujours être considérée comme pointue.

Ce souci légitime de vérité a été exagéré il y a quelques années quand on a établi des épreuves appelées à donner par sélection les meilleurs tireurs (poule en une touche); ces épreuves ne sont que la parodie du duel.

Le *duel* est un ensemble de conventions qui ont toutes pour but d'égaliser le plus possible les chances des deux combat-

tants : choix d'un terrain en plein air où interviennent les questions lumière et température, d'un sol peu sûr, d'un champ
très vaste permettant de différer longuement le débat définitif, de profiter ainsi des repos très largement accordés, et
arrêt du combat le plus souvent à la moindre égratignure.
Toutes ces conventions peuvent se défendre à la rigueur, lorsqu'il s'agit de permettre à un adversaire plus faible de se
présenter l'épée nue, sans être absolument condamné d'avance.
Elles s'expliquent moins lorsque l'on veut, dans un assaut courtois, désigner nettement une supériorité.

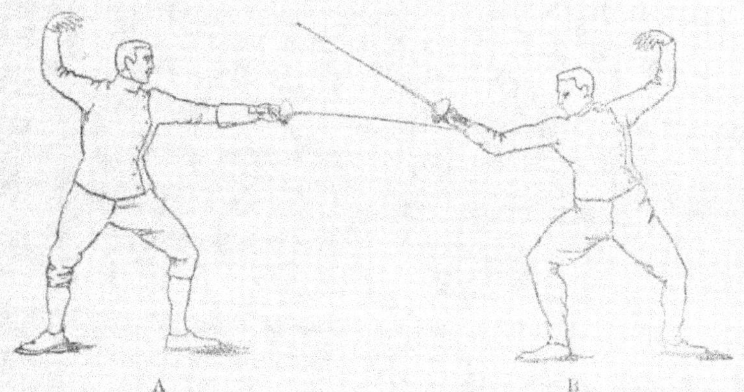

Fig. 9. — Sur une attaque défectueuse de B, A lui porte un coup d'épée à l'avant-bras

Les différentes expériences faites dans cet esprit étroit ont
au moins eu l'avantage de démontrer que le tireur intéressant n'était autre que celui qui donnait à ses conceptions ar-
tistiques le plus large développement.

Il est certain qu'avec un travail plus ou moins prolongé,
suivant les dispositions de chacun, on peut toujours obtenir en
escrime d'excellents résultats.

L'escrime, cet art élégant, est en même temps un sport bienfaisant. Ses adeptes y trouvent des joies profondes et saines
par la mise en œuvre harmonieuse de toutes leurs énergies
physiques et morales.   M. F.

La tenue de l'escrimeur

Pour l'escrime de salle, une piste en liège de 5 à 6 mètres suffit. Pour le plein air, choisir de préférence une allée droite au sol régulier.

Le costume de l'escrimeur doit être à la fois solide, élégant, pratique. La veste avec cuissard et seconde épaisseur sous l'aisselle doit être entièrement doublée de toile à voile impénétrable. Les accidents qui, rarement, se produisent sont presque toujours dus à l'absence de précautions. Le pantalon ou la culotte sera comme la veste, de nuance claire.

L'ensemble sera simple, mais agréable à l'œil et parfaitement ajusté.

Le gant le meilleur est long, souple, à peine rembourré sur le dessus de la main; le crispin épouse la forme de l'avant-bras. Le masque à double treillis métallique sera très surveillé et toujours en excellent état.

Les sandales à semelles de buffle laisseront les pieds très à l'aise; pour le plein air, le soulier haut, lacé et à semelles caoutchoutées est préférable.

L'arme doit être avant tout parfaitement équilibrée: le centre de gravité à hauteur de la partie convexe de la coquille, ou à la base du talon de la lame, qui, en bon acier, doit être assez souple et rester toujours droite.

LA LUTTE

LA LUTTE FRANÇAISE

La lutte française appelée à tort « lutte romaine » consiste à renverser à terre son adversaire, sur les omoplates, et à le maintenir ainsi quelques secondes.

Il s'agit de déplacer le centre de gravité de son adversaire en dehors de sa base de sustentation, c'est-à-dire de lui faire perdre l'équilibre pour le faire tomber sur le dos en l'accompagnant dans sa chute.

Les seuls coups autorisés sont ceux portés de la tête à la ceinture, c'est-à-dire les prises de tête, d'épaules, de bras et de corps, sans croc-en-jambe.

Il est indispensable, pour le jeune homme qui ambitionne le titre d'athlète, de connaître les coups et les parades de la lutte. Ces coups s'apprennent très facilement et permettent de jeter à terre un adversaire plus robuste qui n'a aucune connaissance de la lutte.

Nous ne pouvons détailler tous les coups et parades, l'on trouve sur ce sujet des ouvrages spéciaux.

Voulant simplement attirer l'attention de la jeunesse vers la lutte et lui en donner le goût, nous indiquons quelques prises pour montrer combien ce sport est intéressant à pratiquer.

CONSEILS

Il faut commencer par décomposer les coups tels qu'ils sont décrits; il faudra les recommencer plusieurs fois avant de confondre les temps pour chercher la rapidité dans l'exécution.

Quand on possédera tous les coups et toutes les parades, on pourra commencer l'assaut.

L'assaut doit être très courtois, il sera surveillé et conduit par un arbitre qui, d'un ordre, arrêtera le combat, soit sur une prise dangereuse ou interdite, soit en cas de résultat.

Pour éviter tout danger dans les chutes, il faudra inspecter avec beaucoup d'attention l'état du terrain. S'il s'agit de sciure

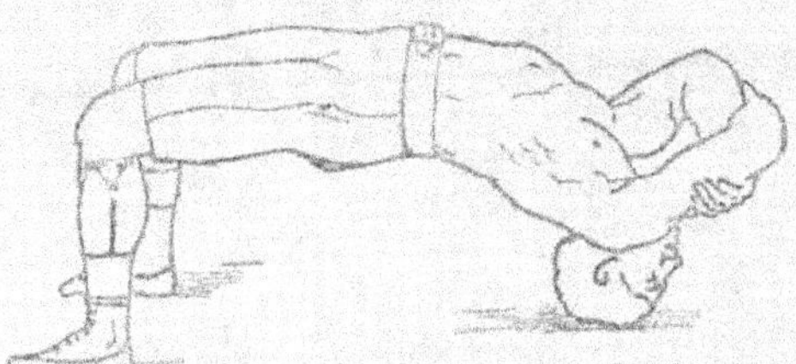

Fig. 1. — Le pont.

de bois ou de sable, il faut bêcher et égaliser; si l'on se sert de tapis-brosses, il est utile de s'occuper de leur propreté et de les attacher les uns aux autres.

Le costume doit être léger; il est impossible de lutter vêtu de gilet, bretelles, chemise, faux-col. Le mieux est de lutter buste nu avec une culotte collante, des bas et des chaussons.

Ne se livrer à la lutte qu'une fois la digestion accomplie.

LA GARDE

Les deux adversaires doivent se tendre la main et après le serrement, se reculer vivement, se fendre en arrière, le corps légèrement penché en avant, les coudes serrés au corps, les mains ouvertes, les yeux dans les yeux.

LE PONT

Le pont est un exercice de souplesse qu'il est bon d'apprendre avant les coups. Il sert de parade dans bien des cas.

On peut le faire de deux façons:

1º Étant couché sur le dos, fléchir les jambes, poser les pieds à plat, écartés de 40 centimètres environ, soulever tout le corps en raidissant le cou, pour faire porter le poids du corps sur la tête et les pieds;

2º Étant debout, poser à terre la tête et les mains, lancer les jambes en l'air, creuser les reins, raidir le cou, fléchir les jambes de façon que les bras se posent à plat sur le sol.

On peut laisser les mains à terre ou croiser les bras sur la poitrine.

CEINTURE DE DEVANT

Ce coup se porte quand l'adversaire a le corps droit et les bras soulevés.

1. Ceinturer vivement l'adversaire en le serrant fortement les bras se croisant à la hauteur des reins, en appliquant le menton sur la poitrine.

2. Réunir les pieds, soulever l'adversaire, le balancer à droite, se laisser tomber sur le genou gauche pour le poser à gauche sur le dos en maintenant la prise.

Parade de la ceinture de devant

Dès la prise, placer l'avant-bras gauche sous le menton de l'adversaire, pousser vigoureusement en s'aidant de l'autre bras et en même temps se fendre en arrière.

CEINTURE DE DERRIÈRE

Ce coup se porte quand l'adversaire se présente de côté ou de dos. Pour le porter quand l'adversaire se présente de face, il faut lui saisir le poignet droit avec la main droite et le tirer à soi vigoureusement en tournant derrière.

1. Ceinturer par derrière, assez haut sous les bras, réunir les jambes et le soulever de terre.

2. Maintenir le bras gauche en ceinture et élever le bras droit très vivement devant l'épaule droite de l'adversaire, en plaçant la main à la nuque, derrière la tête.

3. Balancer le corps à gauche puis à droite, et, à ce moment, reculer le pied gauche, se laisser tomber sur le genou gauche en lâchant l'adversaire du bras gauche, le coucher sur les deux épaules sans lâcher la prise.

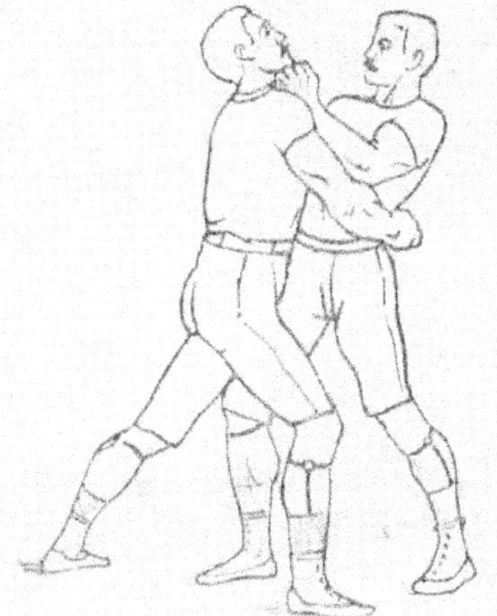 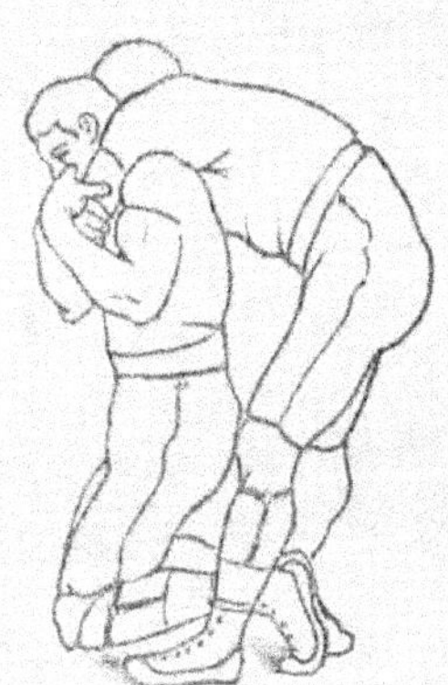

Fig. 2. — Parade de la ceinture de devant.   Fig. 3. — Le tour de bras.

Parades de la ceinture de derrière

Première parade. — Dès que l'on se sent ceinturé, se baisser en se fendant en avant et porter les bras en arrière, en appuyant les mains au-dessus des coudes, et pousser fortement.

Deuxième parade. — Dès que l'on se sent ceinturé et pendant que l'on est enlevé de terre, saisir les poignets de l'adversaire et les serrer, raidir les bras et renverser la tête en arrière.

Troisième parade. — Dès que l'on est enlevé de terre, si l'adversaire a déjà déplacé un peu son bras droit, emprisonner ses bras fortement pour l'immobiliser et appuyer la tête en arrière pour faire lâcher prise.

TOUR DE BRAS

1. Se rapprocher de l'adversaire, le saisir vivement avec la main droite au-dessus du coude gauche, en dehors, placer la main gauche en dedans, un peu au-dessus de la droite, tourner le dos et placer son épaule gauche sous celle du même côté de l'adversaire, en réunissant les jambes.

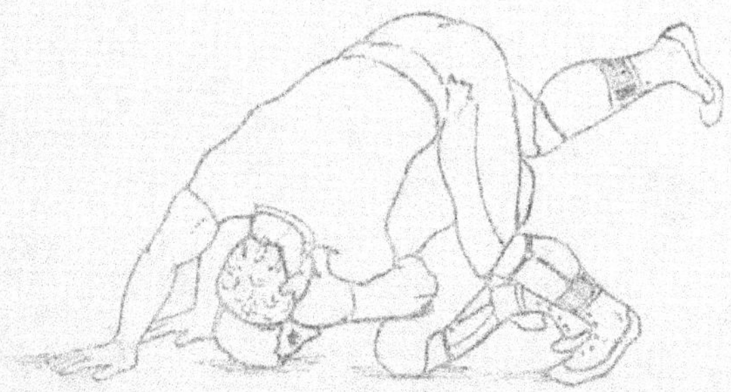

Fig. 4. — Le bras roulé.

2. Se mettre à genoux, les coudes au sol, en baissant la tête et en tirant sur le bras de l'adversaire, en le soulevant avec le dos pour l'obliger à culbuter.

Parade du tour de bras

Au moment où l'on se sent pris, avancer la jambe gauche dans la direction de la chute et la raidir.

On peut, si l'on est embarqué, faire le pont dès que la tête touche le sol.

BRAS ROULÉ

1. Se rapprocher de l'adversaire, le saisir vivement avec la main droite au-dessus du coude gauche, le poignet serré sous le bras, réunir les jambes en tournant le dos pour passer le bras gauche en haut, autour du bras de l'adversaire, que l'on serre fortement avec le biceps et l'avant-bras.

2. Se mettre à genoux en baissant la tête et l'épaule gauche,

soulever l'adversaire avec le dos en tirant sur le bras et se coucher sur la poitrine.

Parades du bras roulé

Les mêmes que celles indiquées pour le tour de bras.

TOUR DE TÊTE A DROITE

1. Etant fendu de la jambe droite, placer l'épaule droite sous le menton de l'adversaire, lui saisir la tête, l'avant-bras

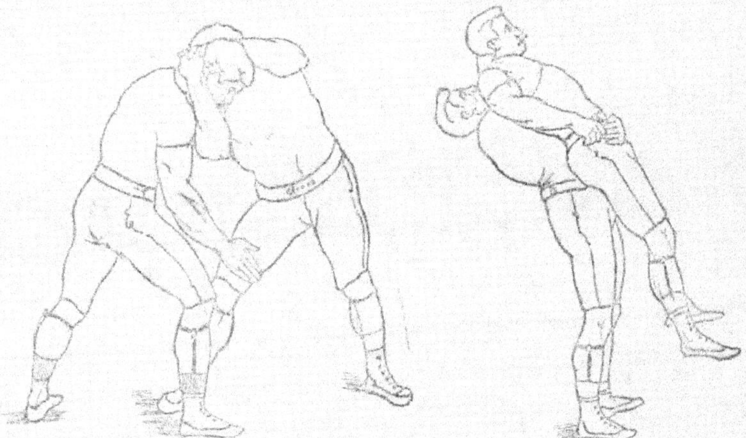

Fig. 5. — Tour de tête.   Fig. 6. — Ceinture de derrière.

droit sous l'oreille droite, l'avant-bras gauche sous l'oreille gauche, les doigts entrelacés sur la nuque, en lui tournant le dos.

2. Rassembler le pied gauche en arrière contre le droit, se mettre à genoux, se baisser, poser la tête au sol, tirer sur la nuque de l'adversaire en soulevant le dos pour le faire culbuter.

Parades du tour de tête

Les mêmes que celles indiquées pour le tour de bras.

Nota. — Le tour de tête se fait à gauche comme le tour de bras et le bras roulé.

TOUR DE HANCHE A DROITE

1. Saisir le bras droit de l'adversaire au-dessus du coude, avec la main gauche, avancer son pied droit devant le sien et en lui tournant le dos, lui entourer le cou avec le bras droit, le biceps sous l'oreille.

2. Soulever de terre l'adversaire en l'enlevant sur la hanche droite, le corps baissé; se mettre à genoux, lui poser l'épaule droite au sol et rouler sur lui.

Parades du tour de hanche à droite

Au moment de la prise de tête et avant qu'elle ne soit assurée, se baisser vivement pour retirer la tête et placer une ceinture arrière à l'adversaire.

On peut aussi faire les parades indiquées pour le tour de bras.

Nota. — Les coups indiqués debout se font également à terre, soit par l'adversaire qui est placé sur les genoux et les mains, soit par celui qui cherche à lui faire une prise.

G. R.

LA LUTTE LIBRE

La lutte libre en usage en Suisse, en Allemagne, en Turquie et dans les pays orientaux, permet toutes les prises, sauf celles brutales ou dangereuses. C'est donc une lutte naturelle dans laquelle on retrouve tous les coups de la lutte française accompagnés ou non de crochets de jambe à l'intérieur, à l'extérieur, de prise d'une ou des deux jambes, de passement de jambe.

Pour être vainqueur il faut que l'adversaire soit mis à terre, soit sur le dos, la nuque, les deux épaules ou les deux fesses.

A titre d'indication, nous reproduisons quelques dessins de

prises de lutte libre, conseillant à nos lecteurs de ne s'exercer
que sous la direction d'un amateur ou professionnel très éclairé

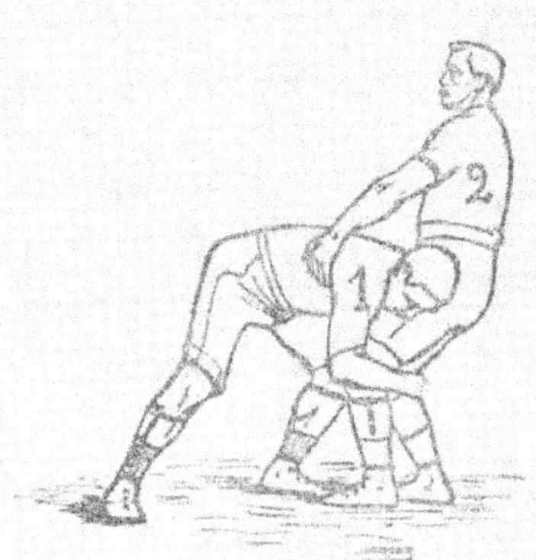

Fig. 1. — Prise par les jarrets.

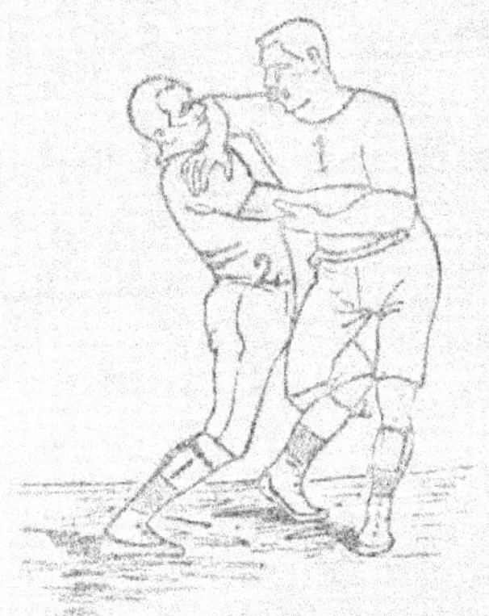

Fig. 2. — Crochet intérieur avec pression
de l'avant-bras.

sur ce genre de sport qui pourra donner les indications et
conseils utiles pour bien faire et éviter les accidents.

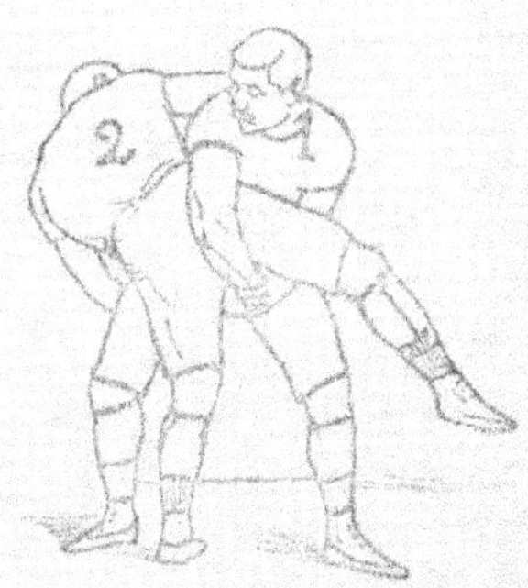

Fig. 3 — Prise d'une cuisse et jet au
dehors par-dessus le genou.

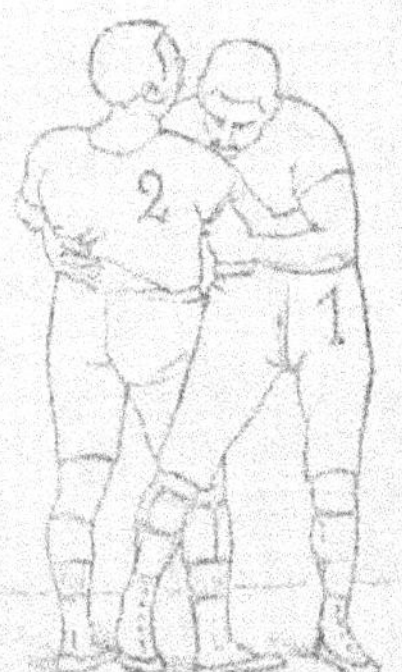

Fig. 4. — Ceinture et crochet
extérieur croisé.

PRISE PAR LES JARRETS

1 après une feinte attaque du haut, se baisse rapidement, saisit

2 par les jarrets; il se relève en tirant à lui et en poussant avec la tête pour renverser 2 à terre.

Parade. — Ceinturer à rebours et se tendre en arrière.

CROCHET INTÉRIEUR AVEC PRESSION DE L'AVANT-BRAS

1 croche avec la jambe droite la jambe gauche de 2 et place son avant-bras droit sous le menton de celui-ci. Tout en comprimant fortement le bras droit de son adversaire, il tire à lui sa jambe gauche.

PRISE D'UNE CUISSE ET JET EN DEHORS PAR-DESSUS LE GÉNOU

Au lieu de sortir la cuisse avec les deux bras, 1 pourrait également passer son bras gauche autour de la cuisse de 2 et ceinturer celui-ci de son bras droit.

CEINTURE ET CROCHET EXTÉRIEUR CROISÉ

1 ceinture 2 et immobilise de son bras gauche le bras droit de son adversaire; puis, il passe une jambe derrière lui, et le renverse soit en arrière, soit par une rotation à gauche.

DÉFENSE CONTRE LE TOUR DE BRAS AVEC PASSEMENT DE JAMBE

2 ayant voulu, par un tour de bras, renverser 1, ce dernier le soulève; mais 2 croche les deux jambes de son adversaire. 1 place sa main droite sur la nuque de 2, fait une rotation à gauche et descend son homme sur les épaules.

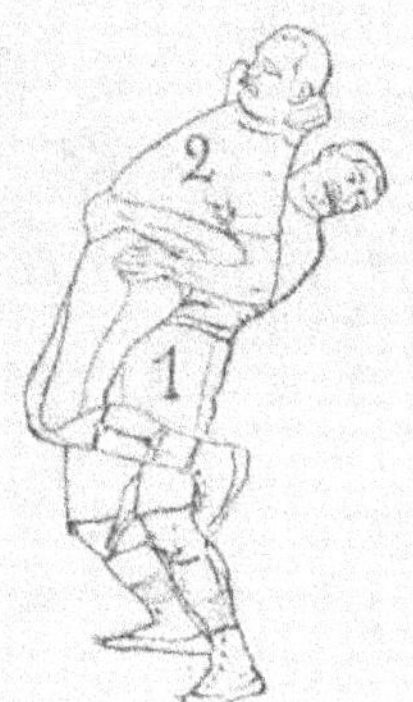

Fig 5. — Défense contre le tour de bras avec passement de jambe.

G. R.

LE JIU-JITSU

Le jiu-jitsu est un procédé de défense individuelle qui permet aux Japonais, dans un combat sans armes, de triompher d'un adversaire plus grand et plus fort mais non initié.

C'est en même temps une méthode d'entraînement physique dont ils font usage depuis vingt-cinq siècles et qui, depuis, s'est perfectionnée sans cesse.

Il ne demande pas une force musculaire exagérée. Des muscles moyens sont suffisants, mais ce qu'il faut posséder c'est un bon système nerveux; les qualités maîtresses requises étant la rapidité d'exécution et l'agilité du corps.

Indiquer ici les différents coups de jiu-jitsu et laisser croire au lecteur qu'en les pratiquant quelquefois avec des amis il pourra se dire jiu-jitsuan, serait abuser de sa confiance. Des livres très détaillés sur cet art mystérieux ont paru en France, ils sont encore insuffisants pour apprendre sans l'aide d'un maître spécial.

Il suffit de savoir que dans les écoles japonaises on consacre quatre années pour posséder une connaissance complète du jiu-jitsu.

Il faut, en effet, du temps, de la persévérance, de la volonté pour y réussir.

En dehors des exercices qui donnent du souffle et de la résistance à la fatigue, l'entraînement consiste d'abord à s'exercer tous les jours vingt minutes environ, à frapper avec les tranchants des deux mains (côté du petit doigt et côté de l'index, le pouce replié) et avec le tranchant de l'avant-bras sur des surfaces solides pour que ces parties deviennent très dures de façon à porter des coups très douloureux.

Il consiste en outre:

A endurcir les parties du corps qui reçoivent ordinairement les coups;

A agir aussi vite que la pensée par la répétition de plus en plus rapide du même exercice;

A cultiver le sang-froid, la présence d'esprit indispensables dans le combat.

A s'habituer à la souffrance; à la supporter.

A apprendre à frapper au bon endroit, sur l'épaule, une côte, sur la tête, sur les muscles.

A bien saisir les parties molles du corps, les endroits où sur certains nerfs les compressions sont douloureuses.

A apprendre les torsions des bras, de jambe, les crocs-en-jambe, les coups de pied en fauchant, appliqués contre la face externe ou interne du pied, les coups de coude dans les fausses côtes, les coups des doigts raidis au creux de l'estomac, les prises de gorge, etc.

A bien connaître les points faibles des articulations, et à profiter d'un point d'appui soit sur son épaule, son bras, sa cuisse, pour chercher à désarticuler le membre ou tout au moins provoquer une douleur à laquelle on ne peut résister.

De plus, il faut apprendre à tomber sur une épaule, la tête, le dos, la face, se recevoir sans mal, en souplesse, ou sur l'avant-bras fléchi, et se redresser de suite sur ses pieds.

Ensuite il y a alors tous les coups et toutes les gardes appropriées.

On pourrait croire que le Japonais s'exerce ainsi pour répandre la terreur autour de lui, pas du tout. Le véritable jiu-jitsuan ne porte jamais ses coups à fond, sauf quand il a à défendre sa vie; il cherche simplement à montrer à son adversaire qu'il est à sa merci et qu'il y va de son intérêt de cesser le combat. Il ne se laisse jamais aller, sans raison, à aucun acte de brutalité.

Nous indiquons ici deux coups, simplement à titre de documentation. Si nos lecteurs veulent s'exercer au jiu-jitsu, qu'ils le fassent sérieusement dans les conditions indiquées, ou pas du tout.

On voit (fig. 1), à la suite d'une chute, le jiu-jitsuan tenir sa victime de la main droite renversée, serrant le vêtement à hauteur.

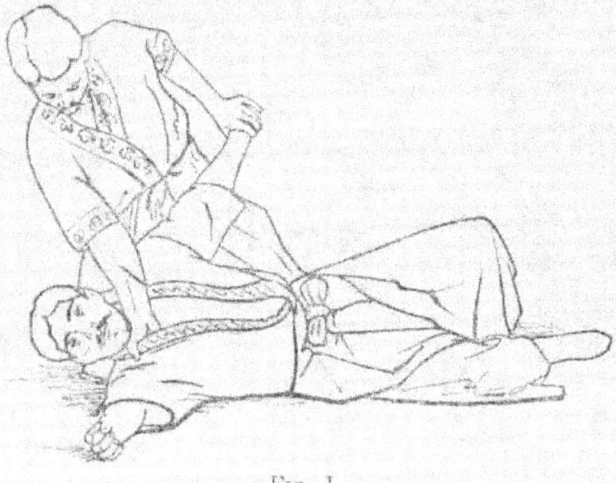

Fig. 1.

de l'épaule droite,
le bras étendu, et
maintient de la
main gauche le
poignet gauche, la
paume tournée en
haut pendant qu'il
tire sur le bras et
l'appuie fortement
sur son genou.

Le poignet solide-
ment maintenu et
tourné en même
temps, l'adversaire
passe la jambe, se
baisse pour saisir l'autre jambe près de la cheville et chercher à
renverser son agresseur, mais ce dernier applique un coup de
tranchant de la main gauche qui met fin au combat (fig. 2).

G. R.

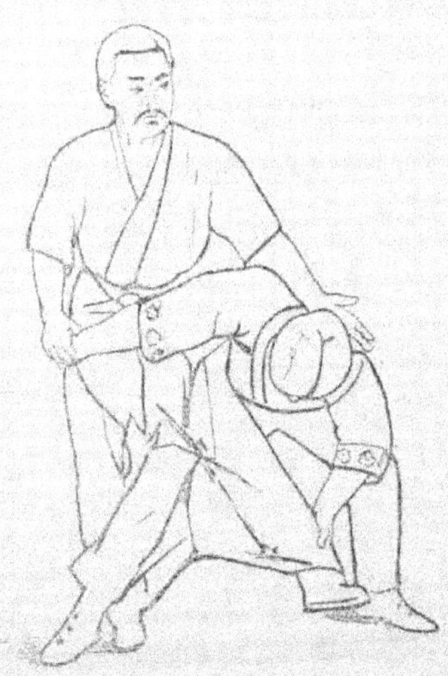

Fig. 2.

L'AVIRON — LA NATATION
LE PATINAGE
LES SPORTS D'HIVER

L'AVIRON

Premier contact. — Paisible promeneur des bords de l'eau, il vous est arrivé de regarder passer avec une pointe d'envie ces fins bateaux à quatre ou huit rameurs, qu'un même effort tient penchés sur l'aviron. A la seconde fois, vous avez senti sourdre en vous le témoignage admiratif que le cœur de l'homme prodigue toujours à ce qui lui apparaît puissant et gracieux à la fois. De ce jour vous fûtes sacré néophyte.

La première chose à faire, lorsque le cas est dûment déclaré, et que vous vous sentez décidément l'étoffe d'un futur champion du « bout de bois », consistera à vous familiariser avec le vocabulaire du *rowing*; et ce n'est pas déjà là petite affaire, car ce glossaire d'eau douce est presque aussi riche en locutions expressives que son confrère d'eau salée, le *yachting*. Nous n'allons ici vous inculquer que l'indispensable, vous sucerez de vous-même l'utile complément lorsque vous pratiquerez en « fine pelle » le plus délicieux et le plus sain des sports.

Il vous faut tout d'abord apprendre à reconnaître un bateau; l'avironnier monte deux sortes essentielles de canots: la *yole franche* ou yole de mer, généralement non pontée et d'une grande stabilité, avec les « systèmes » directement montés sur plats-bords, et l'*outrigger*, qui est le bateau de course par excellence, très léger, très fin, toujours ponté, et muni de portants en fer au bout desquels sont placés les systèmes.

L'armement pour ces deux catégories de bateaux est le même, soit 2, 4 ou 8 rameurs de « pointe » (c'est-à-dire un seul aviron par homme), soit 1, 2, 4 ou 8 rameurs de « couple » (c'est-à-dire

chaque homme nageant avec une paire d'avirons). Suivant
l'armement, certaines de ces embarcations ont des appella-
tions spéciales; c'est ainsi que la yole à un rameur s'appelle
as; l'outrigger à un seul rameur est le *skiff*: c'est le bateau
à la fois le plus léger et le plus rapide, mais aussi le plus
instable. Une sorte d'outrigger à un, plus lourd et plus stable
est le *canoe*.

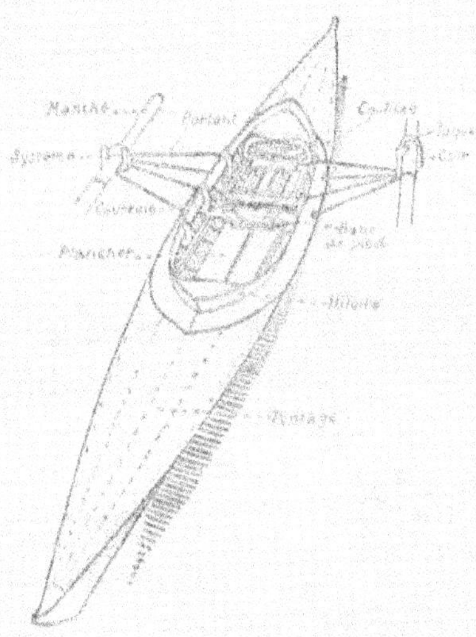

Fig. 1. — Ensemble schématique d'un canoe.

L'outrigger à deux s'ap-
pelle un *double-scull*, et
à deux rameurs de pointe
un *pair-oar*; ce dernier est,
entre parenthèses, le plus
difficile à monter, il faut
deux virtuoses de la pelle
pour s'en tirer correcte-
me t.

Pour le surplus, on dé-
signe l'outrigger d'après son
armement en disant par
exemple un *huit de pointe*
ou un *quatre de couple*.

Deux mots maintenant
des différentes parties du
bateau : le banc mobile
sur roulettes qu'on em-
ploie dans tous les canots
fins est la *coulisse*; la
planche qui sert d'appui aux
pieds, la *barre de pied*; la cordelette que manœuvre le bar-
reur s'appelle *tire-veille*; l'*hiloire* est ce minuscule bordage
qui délimite dans les bateaux pontés la cuvette ou cale dans
laquelle se place le rameur. Au point de vue construction,
la coque est établie soit à *franc-bord* soit à *clins*, suivant
que les planchettes vissées sur les « couples » de la membrure,
et dont l'ensemble donne à la coque sa forme de carène, sont
assemblées jointivement, ou au contraire se chevauchent à
la façon des tuiles d'un toit. Enfin l'aviron, qui comprend
le *manche* à un bout, la *pelle* à l'autre, est maintenu dans

les *tolets* ou *systèmes* par un bourrelet en cuir appelé *taquet*; anciennement, ces systèmes étaient simplement constitués par des chevilles ou des entailles dans le plat-bord, qu'on appelait *dames de nage*, et encore aujourd'hui on désigne sous ce nom, ou simplement sous celui de *nage* la partie du bateau où sont placés les tolets. Nous avons vu que dans les outriggers, les tolets étaient reportés en dehors du bateau, au bout de tringles de fer appelées *portants*.

Enfin, il est indispensable de savoir reconnaître *bâbord* de *tribord*, car les commandements sont donnés traditionnellement sous cette étiquette et les avirons sont établis pour la bordée où ils doivent nager. Aussi rappelez-vous que bâbord est à gauche, tribord à droite lorsque vous regardez l'avant, et pour mieux vous en souvenir, dites-vous que tribord est construit presque avec les mêmes lettres que droite: c'est un procédé mnémotechnique infaillible.

Premiers principes. — L'aviron, en bon style s'entend, est un sport des plus difficiles, et qui nécessite beaucoup de persévérance; nous devons ajouter qu'il s'apprend difficilement *per se*, mais qu'il doit plutôt faire l'objet d'une instruction spécialement dirigée par un capitaine de nage. Ceci s'explique aisément par le fait que le rameur n'a guère le moyen d'apprécier la correction de son attitude et la « manière » dont il travaille; seul l'instructeur qui l'accompagne est à même de juger exactement des fautes, et par suite peut indiquer les moyens de les annihiler; donc, et avant tout, écoutez patiemment votre capitaine.

Les premiers principes seront acquis dans une yole franche sans coulisse. L'aviron (oar) doit être soigneusement examiné; un avironnier expérimenté pourra se servir proprement d'un mauvais aviron, mais il serait déplorable de donner à un débutant un outil défectueux, lequel ne pourrait que lui faire contracter de mauvaises habitudes, les plus difficiles à faire disparaître ensuite. Tout d'abord, il ne sera jamais trop « carré » dans le système: il est essentiel pour effectuer un bon retour, que le cuir de l'aviron repose bien normalement au tolet, de telle sorte qu'on puisse conserver l'horizontalité de la pelle sans effort appréciable du poignet, pendant toute la durée de la course de retour.

Le système (rowlock) doit faire également partie de l'examen; il sera assez robuste pour ne pas plier, ce qui provoquerait des coups d'aviron profonds, et suffisamment dégagé des plats-bords pour permettre un développement complet du coup d'aviron en avant comme en arrière.

L'orientation de la barre de pied (stretcher) possède aussi son importance; généralement ces planches sont faites trop verticales. Ce défaut de construction conduit souvent les débutants à placer leur planchette trop loin, de façon à éviter la crampe au tendon d'Achille qui résulte de la trop grande verticalité, alors qu'une simple cale en bois sous le talon remédie à ce défaut tout en permettant de conserver la planchette à la distance convenable.

Cette distance sera aussi courte que possible, la limite résidant dans la possibilité de mouvoir les mains sans être gêné par les genoux.

Le novice donnera ses premiers coups de pelle avec les systèmes plus hauts de 2 à 3 centimètres, par rapport au niveau du siège et de l'eau, que dans les bateaux de course. Lorsqu'il aura appris à libérer convenablement ses genoux, il sera temps d'abaisser son niveau opératoire; par contre, il faudra veiller que cette hauteur du système ne soit pas telle que le rameur ait tendance à fournir son effort par les bras, défaut qu'il ne possède que trop naturellement; un bon critérium est que le rameur puisse fournir la majeure partie de son coup de pelle sans être obligé de couder ses bras en « oreilles de chien ».

Le manche de l'aviron, point par lequel se fait la prise en main, ne devra pas être trop lisse; il vaut mieux une surface un peu râpeuse, qui assure bien le manche dans les mains.

La courroie du cale-pied doit prendre les deux pieds, et de préférence chaque pied séparément. On a controversé la question de savoir si le débutant doit apprendre avec ou sans courroie aux pieds; lorsque la courroie n'existe pas, ce sont les muscles abdominaux qui doivent fournir tout l'effort nécessaire au retour du corps en avant; ces muscles se développeront d'eux-mêmes au cours de l'entraînement et il est absolument inutile de les fatiguer dès le début en faisant travailler le novice sans courroie. Nous verrons qu'au contraire il importe de ménager cette musculature qui est le côté faible du rameur. On veillera à ce que la courroie n'enserre pas trop fortement le pied, ce qui occasionnerait une crampe.

Les talons doivent être joints l'un près de l'autre, et les orteils tournés vers l'extérieur; les talonnettes doivent être prévues pour permettre cette orientation des pieds, qui empêche le novice de coller ses jambes l'une contre l'autre, ce qu'il a tendance à faire comme nous le verrons plus bas.

L'assise convenable sur le siège est encore un point d'importance; certains rameurs s'asseyent en bout de siège; certains autres prennent au contraire une assise de 10 à 12 centimètres; c'est là une question de régulation propre à chacun. et les assises les plus convenables sont d'environ 8 centimètres pour un poids lourd et de 6 centimètres pour un poids léger. Dans tous les cas, le rameur devra s'asseoir *normalement* au siège, c'est là une condition essentielle, et dans cette position, le manche de l'aviron doit être à 2 centimètres environ de la poitrine, dans les sièges fixes dont il est question ici.

Tous ces préliminaires dûment examinés, vient en premier lieu la question si importante de la prise de l'aviron; la moitié des fautes qu'on observe chez le débutant résultent, on peut dire, d'une prise mal faite. Le novice est porté instinctivement à considérer le malheureux aviron comme son pire ennemi, et il cherche à l'étrangler d'un effort prodigieux; c'est là une grave erreur (fig. 1) dont il est facile de montrer l'inconvénient en raisonnant le rôle du poignet dans le coup d'aviron.

Au début, le bras tout entier et le poignet sont tendus suivant une même droite; quand les bras commencent à s'arquer au coude et à l'épaule, le poignet doit lui-même jouer de telle sorte que les articulations des doigts et la paume de la main restent constamment dans le même plan, et par suite que la pelle conserve bien la même inclinaison dans l'eau.

Pour réaliser cette inflexion, le poignet doit être tordu non seulement perpendiculairement, mais encore latéralement, car les coudes, quand ils passent les côtes, sont davantage écartés qu'au début lorsque les bras étaient tendus; comme les mains ont de plus la mission de tenir dans un plan horizontal l'aviron quoique l'angle d'inclinaison du corps varie constamment, on voit donc bien que l'inflexion doit avoir lieu perpendiculairement et latéralement; en d'autres termes, la paume de la main doit rester dans une position constante bien que la position des bras soit variable, et c'est le poignet qui est l'articulation responsable de l'arrangement amiable.

Or, si vous fermez votre poing en serrant fortement et que vous essayiez de faire jouer le poignet dans deux sens perpen-

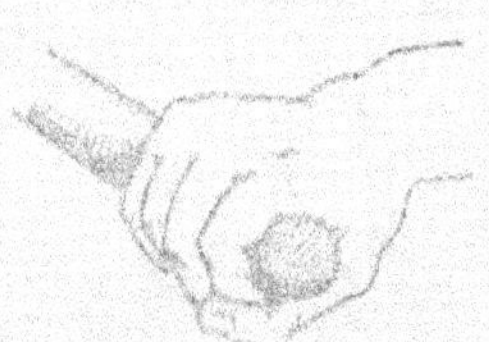

Fig. 1. — Prise incorrecte : le manche de l'aviron est serré de toute la force du poignet.

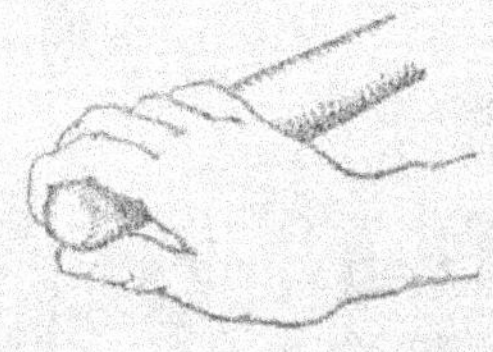

Fig. 2. — Prise correcte : les doigts font crochet, la paume de la main demeure presque horizontale.

diculaires, vous serez rapidement fatigué; si au contraire vous vous suspendez à une barre fixe par deux doigts de chaque main, vous pourrez avec la plus grande aisance faire manœuvrer l'articulation de votre poignet dans tous les sens. Donc la prise de notre aviron doit s'inspirer de ce principe et se faire *seulement par les doigts*, la main lâche.

On s'accrochera à l'aviron uniquement par les deux articulations supérieures des doigts; la troisième articulation sera coudée pour épouser la forme ronde de l'aviron, mais ne doit pas participer aux efforts; le pouce est rejeté au-dessous de l'aviron, position la plus correcte, bien qu'on ait tendance à le poser normalement au bout du manche, ce qui expose à coincer le pouce entre deux avirons. De toutes façons, la partie inférieure de la paume de la main, et la partie charnue qui recouvre la troisième phalange du pouce, ne *doivent jamais toucher l'aviron*. Dans cette position, qui assure une

prise bien suffisante pour le genre d'effort qu'on a à fournir
sur un canot, les mains sont dans les conditions optima pour
permettre au poignet de jouer librement avec le minimum de
fatigue.

Le coup de pelle. — Nous avons dit que le rameur devait
s'asseoir bien « carré », les épaules en arrière, et fermes;
certains rowingmen, plus royalistes que le roi, se rejettent
brusquement en arrière lorsqu'ils arrivent à bout du swing;
ces tentatives d'impulsion par les épaules à la sortie de la
pelle sont plutôt nuisibles qu'utiles, car elles incitent à faire
travailler les biceps, ce qui est une faute.

Ayant appris à vous asseoir, et à tenir votre aviron, vous
allez maintenant vous exercer à donner le « fin » coup de
pelle. Un homme n'ayant jamais ramé, et ignorant même l'A B C
du canotage, s'imagine qu'il faut agir des bras, et des bras seulement.

Grave erreur! Sachez bien, mon ami, qu'un gros biceps ne
signifie rien, s'il n'est accompagné d'une musculature générale également robuste; c'est comme une chaine dont un seul
maillon serait résistant; malgré cela elle ne pourra pas soulever de lourdes charges. Dans notre cas, les bras ne sont
que des articulations souples, un point de liaison élastique
entre le corps et l'aviron: les muscles du dos, des reins, des
jambes, et les muscles abdominaux jouent le rôle principal.
Voilà pourquoi l'aviron est peut-être le seul sport qui tende
à produire un athlète musculairement équilibré dans toutes
les parties de son corps.

Mais revenons à notre débutant; il faut l'empêcher de tirer
des biceps, ce qui est une tentation facile, et l'habituer à tirer
des épaules, ce qu'on réalisera en lui faisant faire ses premiers
coups d'aviron avec les bras tenus rigidement. Ce sera là un
excellent exercice, à condition de le faire avec un bateau
suffisamment chargé; si la résistance rencontrée est en effet
insuffisante, le pupille n'appréciera pas suffisamment le secours
salutaire des épaules et des reins; si au contraire le bateau
n'est pas trop fin, et « qu'il y ait du monde à bord », en
tirant uniquement du biceps, il en aura rapidement plein

les bras — de telle sorte que très naturellement il en viendra
à se servir des muscles du tronc.

Nous savons tirer correctement — c'est d'ailleurs le plus
facile — il nous faut maintenant sortir la pelle de l'eau avec la
moindre résistance opposée au bateau; ceci est assez délicat,
car il faut d'abord dégager la pelle puis *plumer*, c'est-à-
dire maintenir la pelle à plat à quelques centimètres au-dessus
de l'eau; le dégagement se fait en abaissant les mains, le plumé
en tournant le poignet; le tout doit être fondu en un mouvement unique très souple et rapide.

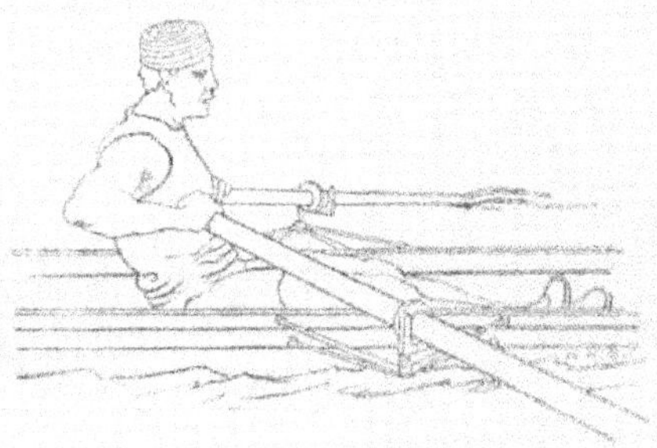

Fig. 3. — Coup de pelle : position
incorrecte, les bras tirent en
oreilles de chien, les jambes sont
complètement étendues, les
mains écartées du corps.

Nous nous exercerons d'abord en décomposant: pour débuter,
à vide, dans l'eau ensuite. Donnez vos coups d'aviron en maintenant les deux mains *dans un plan rigoureusement horizontal*, ou si vous voulez, parallèle au niveau de l'eau; donnez
le coup jusqu'à ce que dans l'attitude correcte que nous avons
définie plus haut, la racine du pouce vienne toucher la poitrine, *et à ce moment* abaissez légèrement les deux mains bien
simultanément (sans tourner en aucune façon le poignet), ce
qui aura pour résultat de faire sortir la pelle hors de l'eau avec
la netteté d'une lame de rasoir, sans remous ni chocs, pouvant
s'opposer à l'avancement du canot.

C'est seulement lorsque la pelle est hors de l'eau, c'est-à-
dire *lorsque les mains sont abaissées* qu'on doit donner le
tour de poignet pour plumer.

On répétera séparément et longuement ces trois opérations:
ramé horizontal, baissé des mains, tourné des poignets, de

manière à en acquérir par réflexe la coordination naturelle.
Il est déplorable, en effet, de constater la tendance fatale
que possède tout débutant à tourner sa pelle sous l'eau, autrement dit d'agir du poignet avant d'avoir abaissé les mains.

L'importance d'un bon plumé est considérable, beaucoup de
fautes proviennent de ce que ce mouvement est mal exécuté,
ce qui provoque l'une quelconque des causes d'arrêt que
nous indiquions tout à l'heure: remous, par suite d'un mau-
mais dégagement, chocs de la pelle contre l'eau, etc. Le critérium
du bon plumé réside, répétons-nous, dans le fait que la racine
du pouce doit toucher la poitrine, et *non toute autre partie de
la main*. Un défaut courant consiste par exemple à toucher

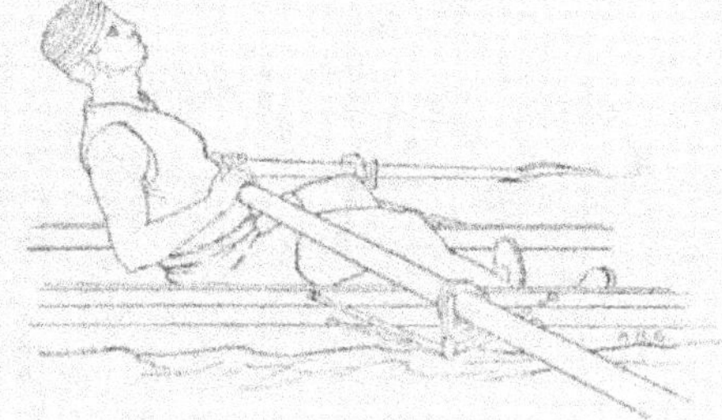

Fig. 4. — Coup de pelle: position correcte, les jambes encore arquées, les coudes au
corps, le pouce touchant la
poitrine.

par les articulations de l'index, ce qui arrive en particulier lorsqu'on commence à tourner le poignet avant d'abaisser
les mains: la seule position correcte pour le retour est celle
de la figure 4.

Il est difficile de se rendre compte de la façon plus ou moins
parfaite dont le plumé a été effectué, car les trois mouvements élémentaires sont fondus en un seul, mais l'examen
de la sortie de l'aviron est un précieux enseignement. On
constate — 1º ou que l'aviron quitte l'eau comme une lame de
rasoir, avec à peine une trace visible marquant sa sortie de
l'eau, le plumé est correct; 2º ou qu'une pellicule d'eau plus
ou moins épaisse est restée sur la pelle, qui dégoutte ensuite;
c'est que l'aspirant a tourné ses mains avant de les abaisser,
et la pelle, déjà presqu'à plat avant de sortir, s'est en quelque

sorte « remplie d'eau » ; — 3° ou qu'il balaye une petite lame d'eau à sa sortie, ce qui veut dire que l'on finit le coup de pelle dans l'air ; les mains ont été abaissées avant que la racine du pouce ne touche la poitrine.

L'analyse, comme l'on voit, est des plus faciles. Le coup de pelle correct dûment appris, il faudra passer à l'étude du « retour ».

Le rôle des jambes. — Nous n'avons pas encore parlé des jambes, qui jouent cependant un rôle prépondérant dans l'ensemble du rowing ; c'est pour éviter que tombant de Charybde en Scylla, ce qui se présente fréquemment, le pupille n'ait tendance à se servir de ses jambes trop tôt et par suite ne s'en serve pas utilement ; c'est seulement à point donné en effet qu'elles doivent entrer en jeu.

Quand il a commencé à apprécier l'emploi du corps comme moteur, et qu'il s'est habitué à le considérer comme la *principale* source de force motrice, c'est alors seulement que le pupille devra songer à chercher dans ses jambes un supplément d'effort ; si on lui apprend trop tôt à pousser contre la barre de pied, il y a neuf chances sur dix pour que le coup de pied soit donné en avance ce qui n'a d'autre effet que de lancer le corps en arrière alors que l'aviron *n'a pas encore* attaqué l'eau.

Dans le cas du siège fixe qui nous occupe actuellement, le rôle des jambes n'est pas aussi important que dans le cas de la coulisse que nous étudierons plus loin, mais il n'est pas négligeable.

L'action ici se fera sentir sous l'effet d'une poussée des pieds, plus exactement encore des talons, contre la planche, et ce, à l'instant précis où les épaules commencent à tirer, la pelle venant d'être immergée. Cette poussée ne doit pas être une impulsion dynamique, mais bien une résistance passive, une rigidité des membres inférieurs, commençant et finissant avec l'effort du tronc tirant sur l'aviron.

Pour le débutant, il n'y a pas de définition plus concrète à lui donner de l'emploi des jambes que de lui dire qu'il doit chercher à se soulever au-dessus du siège en s'appuyant d'une

part sur le manche de l'aviron et de l'autre sur la barre de
pied; cet exercice ne peut se réaliser que s'il y a simultanéité
parfaite entre la traction des épaules sur l'aviron et la poussée
des pieds sur la planche; si cette simultanéité n'existe pas, il
n'y a pas de résultante verticale provoquant l'érection du corps.

Nous avons dit à l'instant que la rigidité des jambes pendant le coup devait être absolue; on constate cependant que
les genoux jouent un peu; cela ne veut pas dire qu'il y a
faute commise, car la rigidité absolue n'existe pas, les muscles
sont toujours plus ou moins élastiques, et les os possèdent
un jeu plus ou moins considérable. Pendant ces exercices de la
jambe, la planche sera reculée de quelques centimètres pour
le débutant de même que nous avons estimé préférable d'élever
également de quelques centimètres son centre de travail en
surhaussant les tolets.

Le retour. — Nous savons donc donner correctement le
coup de pelle et le swing simultané des épaules et des jambes;
il s'agit maintenant de faire un « retour » correct. Un bon
retour rapide et souple est aussi important qu'un bon coup
de pelle, plus même, dirons-nous, car en course, c'est tou-
jour par là qu'on faiblit.

La raison en est dans le fait qu'ici ce sont les muscles abdominaux qui travaillent, et qu'en général dans notre vie de ronds
de cuirs ou d'oisifs, ce sont précisément ceux dont nous sollici-
tons le moins fréquemment l'usage. Les obliques saillants que
vous admirez dans les originaux grecs du Louvre ou du Vati-
can sont nécessaires au rameur pour parfaire son travail, et
nous étonnerons beaucoup en leur apprenant qu'il devient
plus dur de ramener simplement le corps en avant à vide,
que de le rejeter en arrière en tirant sur la pelle. Petit faix
de loin pèse, dit la sagesse des nations...

Le retour devra donc être étudié de manière à ménager
le plus possible ces muscles de l'abdomen. Le lancement en
avant des mains, dès qu'elles ont été abaissées et le tour de
poignet pour plumer doivent être très rapides, mais souples,
et exercés bien horizontalement, si l'on ne veut pas déterminer des réactions fâcheuses se répercutant sur l'équilibre

et la vitesse du canot; en outre, l'accélération que communique cette impulsion doit devenir de plus en plus faible sous peine d'épuiser l'excédent de force vive du corps à freiner le bateau. C'est cette souplesse ou si l'on veut, pour parler le langage des mécaniciens, ce mouvement uniformément retardé, qui est l'une des choses les plus difficiles à acquérir en rowing; on ne saura trop s'y exercer « à vide », puis en charge, graduellement, à des vitesses croissantes, jusqu'à l'allure de 40 coups à la minute, qui peut être considérée comme la fréquence « de course ».

La légère suspension à intercaler au moment du changement de sens de l'oscillation est le second point à travailler; elle agit surtout comme amortisseur de choc au moment du renversement de la machinerie, mais en même temps elle repose aussi les muscles : ne serait-elle que de 1/10 de seconde, à l'allure de course de 40 coups, elle équivaudrait à un repos de quatre secondes par minute, soit 6 1/2 p. 100. C'est toujours cela.

L'élasticité joue un rôle aussi important dans le coup de pelle. Les conditions d'équilibre au repos nous conduisent à tirer le plus brutalement possible soit dans un sens soit dans l'autre, pour fournir l'effort maximum; nous venons de voir que pour le retour cet effort loin d'être brutal doit être sagement retardé depuis l'allure vive du lancé en avant jusqu'à zéro; de même pour le coup de pelle, la tirée doit être prudemment dosée : pendant la première partie du coup on épuisera dans une traction formidable le maximum de force dont on puisse disposer, car l'aviron étant sensiblement perpendiculaire à l'eau sur laquelle il prend appui, ses conditions de rendement sont optimes. Vers la fin du coup de pelle, l'aviron étant incliné, l'utilisation est bien moindre, et l'effort pourra être moindre sans regret. C'est pourquoi nous disions plus haut que les rameurs qui fournissent une impulsion des épaules au moment de sortir la pelle, se fatiguent bien délibérément.

La question de savoir jusqu'à quel point il faut renverser le dos en arrière, est des plus controversée. Il convient tout d'abord de ne pas prolonger l'oscillation au point de rappro-

cher trop les pelles du bateau; sous cet angle d'incidence
l'effet utile est restreint comme nous venons de le dire, et
dans un certain sens nuisible, car l'eau est refoulée sous la coque.
Cette limite observée, il est certain qu'on doit rechercher de
longues et puissantes « foulées » de préférence à de petits coups
au rythme rapide. Si en effet l'effort moteur du coup de pelle
est le plus effectif au début par suite de la position du
corps, ce qui militerait en faveur des coups courts et fréquents,
nous devons rappeler ce que nous avons dit de la fatigue
du retour, qui en fait est plus pénible que l'effort musculaire
dépensé dans le swing. Il est généralement trouvé qu'il est pos-

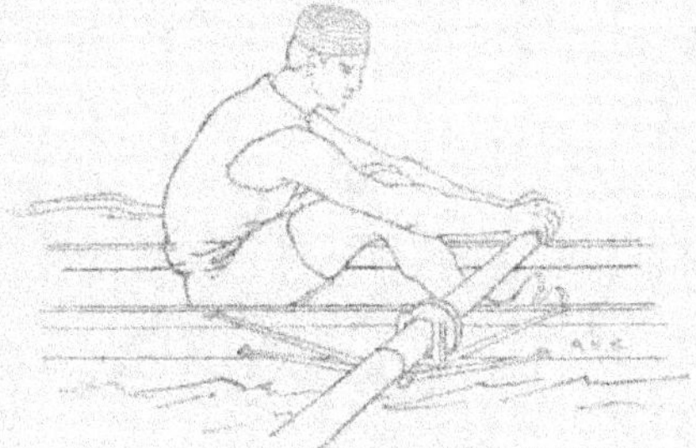

Fig. 5. — Position incorrecte: les
genoux serrés empêchent le
corps de s'étendre, en avant,
les genoux sont à la hauteur
des mains.

sible de soutenir de façon régulière un train à allure lente,
le dos se renversant en arrière d'un angle de 22° 1/2 soit le
quart d'un angle droit; on gagne ainsi en allongeant la durée
du coup de réduire la vivacité nécessaire du mouvement de
retour et par suite la fatigue des muscles abdominaux.

Une seconde considération en faveur des coups lents, c'est
qu'il n'y a pas concordance entre le maximum d'effort physique fourni par le rowingman et le maximum d'effort mécanique transmis au bateau par l'aviron. Ce dernier a lieu lorsque
l'aviron est perpendiculaire à la direction du bateau; la nage
n'est pas placée à la même distance du siège dans tous les
canots, mais la plupart du temps les bras ont commencé
à s'arquer dès que l'aviron a dépassé sa position normale par
rapport au canot, et quand les bras se coudent, l'effort
physique baisse. Or, plus le dos sera rejeté en arrière, moins

rapidement par rapport à la position de l'aviron, les bras
se trouveront dans la nécessité de se plier, et plus l'on pourra
continuer par conséquent l'effort physique maximum avec les
bras tendus. Et ceci a une importance considérable.

Bien entendu on est limité dans le renversement par la
valeur des muscles abdominaux de chacun, car l'effort à faire
pour se redresser est d'autant plus pénible que le dos a été
davantage renversé. Il en résulte donc qu'en rowing, il semble
bien que la palme appartienne à celui qui possède la meilleure musculature abdominale.

La coulisse. — La coulisse ou siège mobile est d'invention
américaine, mais elle a été perfectionnée par les Anglais. Il
n'a pas moins fallu que les gros avantages de la coulisse
pour assurer sa survivance, car dès son apparition elle
fut vivement attaquée, critiquée, comme détruisant le style,
l'élégance du rowing; il est de fait que le bon style est plus difficile à acquérir (et par suite plus rare) sur la coulisse que sur
le siège fixe; mais si l'on considère l'énorme gain qu'on réalise
en effort et en vitesse, c'est là on l'avouera une critique
bien secondaire.

Pour juger le bénéfice que permet de réaliser l'emploi de
la coulisse il faut se remémorer un instant les rôles comparatifs
que jouent le tronc et les jambes dans le rowing sur siège
fixe. Dans ce cas, le tronc fournit la majeure partie de l'effort, et est équilibré, soutenu dans cet effort par la poussée
des jambes s'exerçant sur la résistance rigide que constitue
la planchette; la distance de cette planchette au siège doit
être le minimum que puisse permettre le retrait des jambes
au-dessous des mains lors du retour; or, cette distance est
réglée par la hauteur du système, car en effet, plus le système
sera surélevé plus les mains seront hautes, et par suite plus
l'on pourra arquer les genoux.

Mais il faut, au contraire, pour augmenter le rendement
de l'effort dépensé, que le système soit aussi bas que possible.
Donc, dans le cas du siège fixe, on rencontre des conditions
opposées; pour produire le maximum d'effort physique, il faut
rapprocher le plus possible la planche du siège, soit arquer

les genoux; pour utiliser le maximum d'effort mécanique, il faut abaisser le plus possible le plan de travail des avirons, c'est-à-dire avoir les genoux bas. Il y a incompatibilité.

Dans la coulisse, cette opposition n'existe plus, ou plutôt elle est considérablement diminuée; il est possible en effet de bander les genoux sous un angle très aigu, car à l'instant où les mains les rencontreraient, ceux-ci se sont abaissés par suite de la détente des jambes qui cause l'éloignement du corps.

Mais là n'est pas le seul bénéfice de la coulisse; il y a aussi l'allongement de la durée du coup de pelle; nous avons expliqué assez longuement un peu plus haut qu'il était bien préférable au point de vue de la fatigue musculaire, de donner de longs coups de pelle à une allure plus lente plutôt que des coups courts et répétés, et nous avons souligné l'intérêt qu'il y a à faire décrire au corps un angle d'oscillation aussi grand que possible en se renversant en arrière, la seule limite étant l'endurance de la musculature abdominale.

Or, avec la coulisse, le chemin décrit par les épaules, pour une même oscillation générale du corps, est bien plus grand que sur un siège fixe et, par conséquent, l'effort produit est bien plus considérable, sans fatigue supplémentaire des muscles du ventre.

Telle est la théorie tout à fait élémentaire, mais, nous espérons, à la portée de tout le monde, de la coulisse. Apprenons maintenant à nous en servir au mieux de cette théorie.

Les muscles usuellement les plus puissants du corps sont ceux des jambes; ce fait explique que les débutants en coulisse fautent toujours par un emploi immodéré des jambes, ou plutôt un emploi irrationnel; la joie nouvelle de détendre nerveusement leurs jambes avec une puissance que ne peuvent fournir eux-mêmes les biceps, les fameux biceps, est telle qu'ils jouent à la « balle » avec leurs membres, ou si vous aimez mieux ils jouent de la coulisse comme d'autres jouent du trombone, en passant leur temps à fournir, soit avec les bras soit avec les jambes, des efforts opposés en direction et successifs en action.

Il s'agit de coordonner un peu ces mouvements désordon-

nés, de les opposer simultanément et non pas successivement. Donc, ne donnez le swing des jambes *que lorsque vous
sentirez la résistance de l'aviron appliquée aux épaules*; naturellement cette résistance sera considérablement accrue, mais c'est
ce qu'il faut, car alors vous êtes certain que vous donnez
pleinement tout l'effort dont votre corps est capable.

En un mot, il ne faut pas être tenté d'escamoter l'effort
de tirage des épaules sur les avirons en faveur des jambes
comme vous avez déjà tenté de l'escamoter en faveur des
biceps; que ce soit sur un siège fixe ou sur un siège mobile,
c'est toujours le tronc, par son mouvement oscillatoire, qui
doit tirer; les jambes n'interviennent qu'à titre de poussée,
dirigée en sens inverse, et dont par conséquent l'effort s'ajoute
à l'autre *supplémentairement*, mais ne doit pas s'y substituer.

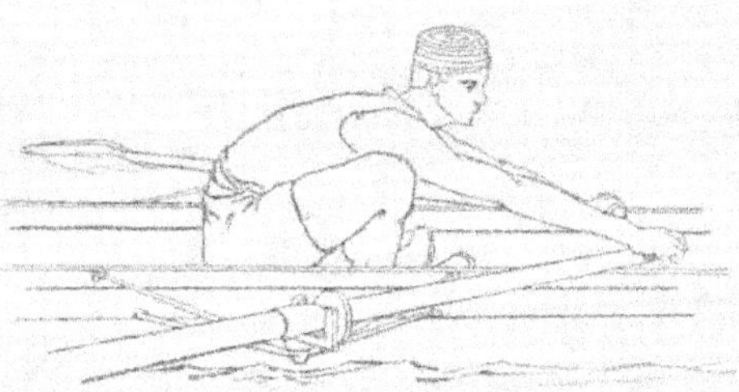

Fig. 6. — Position correcte :
les genoux écartés le corps
peut se pencher complète-
ment et les mains sont
plus basses que les genoux.

Il est bien entendu qu'un décalage en sens inverse des mouvements du tronc et des jambes, c'est-à-dire une détente trop
lente des jambes, le corps arrivant en arrière avant que la
coulisse ne soit à fond de course présenterait le même inconvénient, c'est-à-dire la même perte d'effort physique; mais il
n'est pas nécessaire d'insister autant à ce sujet, car c'est presque
toujours par une détente en avance que pèche le débutant.

Voilà pour le coup de pelle sur une coulisse. Le mouvement
de retour demande également quelques conseils. Nous avons
dit à propos du siège fixe, que le mouvement de retour doit
être la réciproque exacte du mouvement d'aller pendant lequel
le coup est ramé; et de même que les mains sont rigides
et les bras tendus pendant la première partie du swing, de

même se retrouvent mains et bras pendant la dernière partie
du retour.

Sur la coulisse, la meilleure forme du retour n'est pas celle-ci.
Les mains observeront les mêmes règles que dans le cas du
siège fixe, mais il doit y avoir décalage entre le mouvement
des jambes et celui du corps quant à l'ensemble du mouvement
de retour. Ce décalage réside dans une avance des jambes
par rapport au tronc, et l'on doit tendre à ne réaliser l'oscillation de celui-ci d'arrière en avant que lorsque la coulisse a
accompli son retour complet, à fond de course.

Le redressement du corps est beaucoup plus aisé à réaliser lorsque les jambes sont arquées que lorsqu'elles sont
étendues; il vous est facile de vous en convaincre en vous
allongeant à terre, les pieds sous un meuble et en vous redressant d'abord avec les jambes complètement étendues et ensuite
avec les jambes pliées.

Donc pour effectuer votre mouvement de retour, commencez,
en faisant jouer d'abord les muscles des jambes (genoux et
chevilles), par faire revenir la coulisse, et retardez le plus possible l'oscillation du corps jusqu'au moment où la coulisse
sera à fond.

La distance de la planchette au siège, dans les bateaux à
banc mobile, sera très rigoureusement réglée; on doit la fixer
aussi courte que le permettent les genoux, lesquels s'effacent
lorsque le swing des épaules est donné; au retour, les mains
étant lancées en avant avant que les genoux ne se soient élevés
au maximum, on n'a pas à s'en soucier (ceci bien entendu
si le mouvement est correct). En général la position initiale,
au moment de l'attaque de l'eau, est telle que le sommet
des genoux soit plus haut que les mains de 7 à 8 centimètres
environ; telle est l'attitude la plus puissante dans le bateau
à coulisse.

De toutes façons, les jambes ne doivent jamais se trouver
complètement étendues lorsque la coulisse est à fond de course,
car dans cette situation les muscles moteurs du genou, qui provoquent le retour, sont au « point mort », c'est-à-dire dans
la position la plus défavorable pour produire l'effort.

Nous rappelons qu'une pente convenable de la planchette

cale-pied est encore plus nécessaire avec la coulisse qu'avec le siège fixe. Même dans les canots à coulisse, on fait en général des inclinaisons trop raides; la planche est trop verticale, et presque toujours il faut placer une cale en bois sous le talon; la courroie doit passer à peu près à hauteur de la racine du gros orteil; souvent elle est placée trop haut et offre une prise insuffisante ou fatigue beaucoup les articulations des doigts de pied.

Les pieds doivent être écartés et les genoux également. C'est un défaut fréquent chez les débutants en coulisse que la réunion des jambes; cela donne plus de force à la détente, il est vrai, mais le tronc ne peut pas s'incliner facilement en avant, ni se détendre sans fatiguer en arrière; nous avons déjà dit que la coulisse ne doit pas être un prétexte pour diminuer le travail du tronc qui reste avant tout la source principale de force motrice.

La longueur de l'aviron doit être en rapport avec le jeu de la coulisse et ceci est facile à comprendre; s'il est trop court, le coup se trouve achevé avant que le corps n'ait eu le temps de parcourir toute sa trajectoire, et de se renverser en arrière; or nous avons vu que le gain de la coulisse résidait précisément dans la longueur de cette trajectoire, qui est bien plus grande que dans le cas du siège fixe.

Le meilleur procédé pour apprendre correctement à tirer parti des avantages mécaniques de la coulisse, consiste à travailler avec des jeux réduits au début. On calera le siège de façon que, par exemple, la course ne dépasse pas 7 à 8 centimètres; de la sorte on évitera cette propension à se servir de préférence des jambes et à abandonner le swing par les épaules, que nous avons dit être le grand défaut des rameurs novices en coulisse. On augmentera progressivement le jeu permis jusqu'à la course entière qui est d'environ 25 à 30 centimètres dans les canots usuels. Toutefois on fera bien de se méfier des trop grandes courses, si l'on n'est pas absolument maître de son coup de reins; une plus grande vitesse peut être réalisée plus facilement avec un jeu de 15 centimètres et un swing correct des épaules qu'avec un jeu de 25 centimètres où les jambes donnent l'effort principal.

Dans les bateaux à coulisse enfin, il n'y a aucun inconvénient à se renverser en arrière beaucoup plus qu'on ne fait avec les sièges fixes; nous avons suffisamment expliqué que dans le cas de la coulisse les jambes doivent servir à ramener le corps et ainsi à soulager les muscles du ventre qui dans la position accroupie ont plus de puissance que dans la position étendue.

Analyse des fautes. — Nous venons, dans ce qui précède, de poser les bons principes; mais ici, comme en toutes choses, il y a loin de la coupe aux lèvres et ce qui paraît fort simple sur le papier n'est plus aussi facile à réaliser lorsqu'on se trouve au pied du mur.

En fait le rowing est un sport des plus difficiles à posséder complètement; il exige une grosse dose de persévérance chez l'athlète qui a résolu de s'en rendre maître; c'est peut-être dans cette difficulté qu'on trouve la raison de la passion avec laquelle la plupart des avironniers se livrent à leur sport favori; ici comme dans l'alpinisme, c'est l'âpreté de la difficulté à surmonter, la ténacité qu'il faut apporter pour vaincre l'obstacle, qui constituent la large part du plaisir moral qu'on en retire.

Donc la forme, le bon style seront longs à venir, et l'on devra par une pratique constante s'assurer une à une les étapes de la tenue correcte. Pour cela, il faut s'attaquer aux fautes les unes après les autres.

C'est dans ce but que nous plaçons ici une analyse des principales fautes dans lesquelles tombent les débutants, analyse très décomposée, et que nous classerons d'après le nom du défaut.

Coup de pelle fini avec les biceps. — Pour le rameur, la perception de ce défaut est très nette, car au bout de quelques coups d'aviron, le biceps devient très fatigué; la tension est douloureuse ou crispante, vous sentez que vous tirez à faux. Extérieurement, ce défaut est décelé par l'angle très aigu des coudes dits en oreilles de chien et l'effort physique que fait le rameur pour achever son coup se trahit sur sa physionomie;

s'il garde les coudes au corps, les mains devront fatalement s'élever, et il tombera dans le grave défaut du coup de pelle profond: s'il conserve les mains dans un plan horizontal, alors les coudes devront s'éloigner du corps. Dans les deux cas, la position est incorrecte et fatigante (fig. 3), en comparant cette attitude à la position correcte de la figure 4 on verra aisément la différence de style. Les épaules et les reins doivent, répétons-le encore une fois, fournir tout l'effort qu'ils sont capables de donner.

Affaissement des épaules et du dos. — Ceci est fréquent; les épaules sont molles, la poitrine creuse, le dos légèrement arqué. On ne saurait trop insister sur la nécessité qu'il y a, pour donner son plein effort à raidir les bras, les épaules et le dos. Il est absolument indispensable de s'asseoir bien normalement au siège, et de cambrer les reins, tenant la poitrine bombée et les épaules en arrière.

Mauvaise prise. — Nous avons insisté sur la nécessité de tirer sur l'aviron seulement par les articulations supérieures des doigts; la prise serrée est un défaut constant, ayant pour résultat une fatigue rapide du poignet, qui n'accomplit plus correctement son mouvement de rotation à l'instant du plumé et de l'attaque. Dans l'aviron de pointe, un autre défaut fréquent consiste à desserrer la main extérieure; il n'y a plus qu'un seul bras qui travaille. Dans la faute désignée plus haut sous le nom de coude en oreille de chien, ce desserrement de la main extérieure devient une nécessité; en corrigeant ce défaut et apprenant à donner du jeu à l'articulation du poignet, on supprimera la faute.

Les coups sont mal balancés. — Nous entendons par là que le rameur possède une tendance marquée à se servir d'un membre de préférence à l'autre, au lieu de fournir le plein effort des deux. Il en résulte d'abord une perte évidente dans l'effort total que pourraient fournir les muscles de l'homme, et ensuite une direction en zigzag, qui tend à faire perdre au bateau de la vitesse. Ce défaut est encore classique chez les novices, neuf fois sur dix, il provient d'un manque de confortable dans l'assise. S'adaptant aux nécessités de la situation, le corps prend la position où il peut fournir son effort le plus facilement, et il en résulte le plus souvent qu'un membre, bras ou jambe, est favorisé au détriment de son confrère.

La cause la plus fréquente est une mauvaise différence de niveau entre le système et le siège, différence qui dépend des proportions mêmes de chaque individu; moins souvent mais quelquefois, cependant, une mauvaise situation de la planche cale-pied produit le même effet. On devra soigneusement se rendre compte que tout à bord est bien en proportion de la personne qui doit le monter, et c'est pour cela que chaque rameur possède un canot dans lequel il agit plus utilement que dans tout autre.

Retournement de la pelle sous l'eau. — Ce défaut peut être primaire ou secondaire, c'est-à-dire qu'il peut provenir soit d'une mauvaise tactique, soit d'une mauvaise prise de l'aviron. Cette seconde cause est la plus rare; on la corrige aisément en montrant quels sont les mouvements de poignet pour tourner l'aviron, et la nécessité, pour pouvoir effectuer ces mouvements, de tenir le poignet lâche en ne serrant pas fortement le manche de l'aviron.

La première cause, mauvaise tactique, est la plus fréquente; elle résulte du fait que les mains sont tournées avant d'être abaissées, alors que la manœuvre contraire doit être accomplie; les deux mouvements d'abaissement des mains et de rotation des poignets étant connexes et effectués rapidement l'action de coordiner exactement les deux actions est rendue difficile, car elles sont presque simultanées; il est cependant *nécessaire* qu'elles se suivent au lieu de se confondre, et l'on devra s'exercer jusqu'à réaliser pleinement ce desideratum qui est de la plus haute importance.

Bras coudés trop tôt. — Cette faute est une des plus fréquentes chez le novice; elle provient surtout d'un manque de développement dans les muscles des reins et du dos, avec lesquels le coup doit être nagé presque complètement. Chez certains, ce défaut est des plus prononcés et l'on en voit commencer à arquer les bras, l'attaque de l'eau à peine donnée, de sorte qu'ils ne sont jamais étendus rigidement pour accomplir leur travail.

Ce coudage prématuré des bras peut encore avoir comme cause un mauvais niveau des systèmes par rapport au siège; si les systèmes sont élevés de façon que par suite de l'inclinaison de l'aviron pour toucher l'eau, le manche se trouve à une hauteur ne permettant pas de tirer la majeure part du coup de pelle par les épaules, le rowingman aura une tendance instinctive à couder les bras pour atténuer ce défaut. L'on voit donc une fois de plus toute l'importance que possède un proportionnement rationnel des différentes parties du bateau par rapport à celui qui doit accomplir son travail.

Un excellent remède, pour anéantir cette faute lorsqu'elle est due à un penchant naturel, consiste à faire tirer le débutant dans un bateau très lourd, une yole chargé de plusieurs personnes par exemple; en pareil cas, l'effort à fournir sur les avirons est tellement dur que le novice voit ces biceps rapidement « vidés » et qu'il est obligé d'appeler à son secours les muscles des reins et du dos. Ainsi c'est une méthode plutôt mauvaise que d'apprendre aux novices à débuter dans un bateau léger. Outre que cet entraînement lui apprendra à tenir ses bras droits, il aura comme effet bienfaisant de développer les muscles du dos qui sont appelés à jouer le plus grand rôle dans le coup de pelle.

L'entraînement. — Nous n'avons parlé jusqu'ici que des moyens de ramer avec style; mais comme lorsqu'on possède son rowing à fond et qu'on a longuement ramé en « baladeur », on ne tarde pas à être piqué de la tarentule de la course, nous dirons quelques mots du « training » spécial que demandent les régates à l'aviron.

Le régime est très dur, mais auparavant disons deux mots des courses de l'aviron et du vocabulaire dont elles font usage.

Les courses ou régates se font soit en ligne droite, soit avec virage. Les secondes sont les plus intéressantes pour le public parce qu'elles lui permettent de jouir du spectacle du départ et de l'arrivée, mais elles sont sportivement moins régulières, et occasionnent de fréquents accidents ou réclamations au poteau de virage. Aussi presque toutes les grandes épreuves se disputent aujourd'hui en ligne droite, à la descente.

Les règlements sont régis en France par le Code de la Fédération française des sociétés d'aviron, la FF ainsi qu'il est coutumier de la désigner familièrement. Ce code réglemente les poids, dimensions, flottaisons, etc., des bateaux de courses des diverses catégories, et délimite les conditions matérielles d'organisation.

Le néophyte court d'abord dans la catégorie « débutant »; lorsqu'il a gagné trois premiers prix, il est classé « junior »; lorsqu'il a gagné trois premiers prix dans la catégorie junior, il devient « senior ».

Nous avons dit qu'il y avait deux armements, la pointe et le couple. Les champions sont classés suivant l'armement sous lequel ils courent, car il est fréquent qu'un bon rameur de couple ne fasse par un bon rameur de pointe, et inversement surtout.

Enfin, une quatrième catégorie est celle des « vétérans » réservée généralement, sans autre critérium, aux rameurs ayant plus de trente-cinq ans.

Lorsque les coureurs ou les équipes sont désignés, l'entraînement commence. Le capitaine choisit ses hommes, met les plus lourds au milieu, le meilleur en tête de nage, les plus mauvais en queue. L'attribution du « un » sur lequel tous les autres styleront la cadence et leur effort, et que pour cette raison on appelle le « chef de nage », doit revenir naturellement au plus endurant, au plus habile et aussi au plus combatif; le chef de nage ne doit pas être seulement un robuste, il faut encore qu'il soit accessible aux émotions de la lutte, pour tenter de vaincre l'adversaire.

En course d'aviron, il ne peut y avoir qu'une seule tactique : partir au début, et « mener le train »; de cette façon, on peut en effet surveiller l'adversaire, se modeler sur son effort, et ne chercher à le « laisser là » que vers la fin. Voilà pourquoi l'aspirant coureur devra surtout s'apprendre à faire des démarrages « savants », et voilà également pourquoi, en nous plaçant au point de vue du spectateur, les régates à l'aviron présentent le haut intérêt d'une lutte passionnante de bout en bout, contrairement à tant d'autres sports où le seul effort est fourni durant les quelques secondes de la fin. Les courses cyclistes notamment, sont écœurantes à ce point de vue.

Donc l'entraînement commence; ces prémices de la compétition font l'objet de formules mystérieuses dont chaque Société prétend posséder la meilleure; entre nous, c'est un peu le secret de Polichinelle, et la palme revient forcément aux équipes les plus vigoureuses musculairement parlant, et les plus homogènes, la première qualité étant d'ailleurs nécessaire, mais pas suffisante. Dans les quatre ou les huit, l'homogénéité passe même avant la vigueur.

Toujours sous le prétexte que chacun possède la meilleure formule, on ne trouve pas en France, même dans les premières sociétés d'aviron, un coup de pelle uniforme; parfois même les équipiers d'un outrigger ne possèdent pas la même attaque, ce qui est une faute à notre avis. A l'étranger, en Angleterre notamment, on soigne beaucoup plus cette partie de l'entraînement; les rowingmen anglais sont extrêmement stylistes.

La meilleure façon de s'entraîner consiste à cultiver essentiellement les faisceaux de muscles que l'aviron fait jouer; cette culture intensive se fera avec succès dans des bateaux lourds. Ce n'est que plus tard, lorsque les muscles sont à point, qu'on montera le bateau de course, pour exercer alors, non plus la puissance, mais la souplesse. Au fur et à mesure qu'on approche de la date des régates, la vitesse doit être accrue; de 30 coups à la minute on passera progressivement à 32, 34, etc., jusqu'à 40 coups à la minute qui est une allure de course très pénible à soutenir, et qu'on peut considérer comme le summum de l'effort physique à demander à un homme sur un parcours de quelques kilomètres.

Dans les dernières semaines, l'entraînement doit être quotidien, et l'on devra commencer le régime alimentaire. Au sujet de ce régime le secret de Polichinelle reparaît encore une fois; chacun possède sa solution idéale, meilleure que celle du voisin. En fait le coureur doit suivre un régime nutritif sans excès, qui lui donne du muscle et non pas de la graisse: de la viande grillée, des œufs, des légumes secs (en particulier des lentilles) et des pâtes alimentaires; le tout très sobrement. On supprimera ou tout au moins on réduira les farineux, la salade, les fruits, la boisson. Les excitants: poivre, moutarde, café, thé et surtout l'alcool sous toutes ses formes seront rigoureusement supprimés; encore plus par conséquent les alcaloïdes: coca, kola, et analogues que d'aucuns préconisent, et qui n'ont d'autre effet que d'amener des troubles circulatoires, à un moment où le cœur doit le mieux se posséder.

Telles sont les dures prentices de la victoire, dans le noble sport de l'aviron.

J. I.

LA NATATION

La natation (*swimming*) est à la fois un sport utile et agréable; son utilité, il n'est pas nécessaire de la faire ressortir, mais son agrément est, par contre, trop souvent méconnu. Et pourtant, il est bien peu de jouissances accordées à notre « moi » physique qui dépassent la délicieuse sensation de se jouer au sein d'une eau limpide ou de subir la caresse un peu brutale du flot.

L'homme cependant est moins favorisé que l'animal: à peu près seul de la création, il se noie infailliblement s'il se trouve jeté à l'eau sans éducation spéciale, et l'explication en est fort simple: alors que le corps de l'animal est constitué de façon telle, que dans l'eau la bête conserve la même position naturelle que sur la terre ferme, la structure de l'homme, au contraire, se prête mal à un auto-équilibre dans l'eau; la station verticale, la tête lourde, l'inaptitude des membres inférieurs à servir de rames ou palettes, tout concourt à défavoriser l'humaine créature. C'est par la connaissance de l'art spécial de la natation que celle-ci saura flotter et progresser correctement au sein d'un liquide.

Avant que de pénétrer dans la technique de la natation, quelques mots concernant le lieu et l'heure les plus favorables. Incontestablement, l'heure des ébats aquatiques se place de préférence entre dix et deux heures, au plus fort du jour; toutefois, dans la saison estivale, alors que le soleil darde de façon importune, il sera préférable de reporter l'heure du bain au soir, avant le dîner. Cette pratique est certainement préférable à celle qu'adoptent certains nageurs amis de l'aurore, car à la chute du jour, l'eau réchauffée, est toujours agréable, et, en outre, la baignade agit comme un stimulant énergique de l'appétit et un tonique préparateur de longues nuitées de sommeil.

Il va sans dire que l'on ne doit se jeter à l'eau que deux heures pour le moins après l'ingestion d'une nourriture substantielle, bien qu'il n'y ait aucun danger à se baigner après un biscuit trempé dans le vin ou une croûte hâtivement cassée sur le pouce.

Un préjugé moins connu, mais tout aussi fâcheux au point de vue hygiénique, est la peur que possèdent certaines personnes de se baigner si elles sont en sueur, ou si seulement elles ont un peu chaud ; beaucoup se déshabillent et se « refroidissent » avant de prendre eau : c'est là une pratique qui conduit tout droit à la bronchite, alors qu'il n'y a aucune espèce de danger à plonger « chaud », même en pleine sueur.

Ceci dit, passons à l'ultime recommandation de l'apprenti nageur, la plus importante, et aussi la plus difficile à obtenir chez le débutant, à savoir : ne pas craindre l'eau. Cette peur terrible, et, il faut le reconnaître, instinctive, est la cause de toutes les catastrophes : le corps humain, lorsqu'il est maintenu dans telles attitudes où son centre de gravité n'est pas trop au-dessous de la ligne de flottaison, flotte naturellement à la surface. La plus facile de ces attitudes consiste à tenir les jambes naturellement inclinées au fil de l'eau, les bras et la tête étant renversés vers l'arrière ; si les personnes qui tombent à l'eau et ne sachant pas nager avaient la présence d'esprit, au lieu de se débattre, c'est-à-dire de déplacer rapidement leur centre de gravité, de prendre cette position, qui, nous le répétons, est toute naturelle, elles pourraient attendre les secours en toute confiance.

Donc, « savoir flotter » est l'essentiel ; le mouvement des bras et des jambes se greffera ensuite sur ce premier *modus vivendi*.

À l'eau. — La première chose à faire est de se mouiller complètement et *rapidement*, pour éviter tout le cortège de

sensations désagréables, thermiques et respiratoires, qui affectent l'hésitant enfonçant précautionneusement son corps millimètre par millimètre; si vous avez les premières fois une
hésitation, fort légitime, à foncer brusquement dans l'élément
liquide *jusques et y compris la tête*, mouillez-vous par une
aspersion en règle, mais surtout, que tout cela soit rapidement
expédié!

Et maintenant, essayons de vaincre la terreur de l'eau; le
meilleur pour cela est d'apprendre à faire la planche, en passant par cette situation inclinée que nous signalions tout à

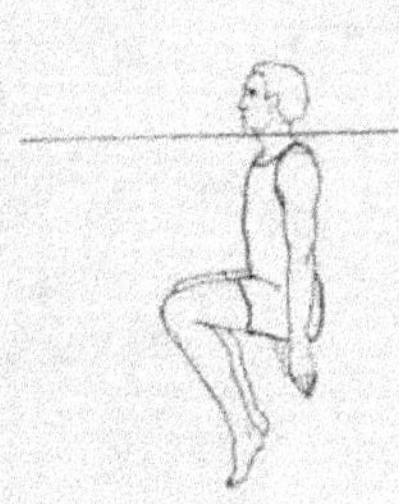

Fig. 1.

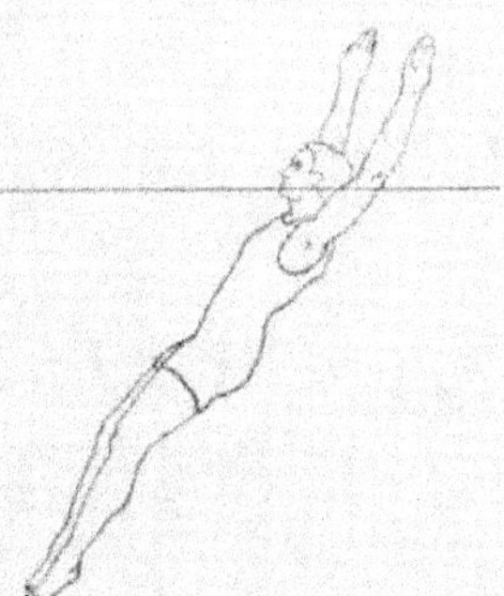

Fig. 2.

l'heure comme une attitude de flottaison naturelle pour le
corps humain. Par un fond convenable, nous nous accroupissons donc dans la position de la figure 1, puis, nous renversons franchement la tête en arrière jusqu'à ce que l'eau
atteigne la base de la nuque; c'est ici qu'apparaît l'horreur
de l'eau: beaucoup de gens ont une appréhension effroyable
de se mouiller les cheveux; cette phobie assez curieuse, jointe
à l'introduction de l'eau dans les oreilles que les remous ne
manquent pas d'occasionner, est, pour certains sujets, assez
difficile à maîtriser. Il le faut cependant, et c'est seulement
lorsque nous nous en serons rendus maître, que nous sortirons
verticalement les bras hors de l'eau, en les rejetant en arrière
de la tête; poussons alors légèrement de la pointe des pieds, et
nous devons nous sentir flotter bien en équilibre, dans la position de la figure 2. Apprenons donc à nous tenir en équilibre

de cette façon, puis passons à l'équilibre horizontal; prenez
de l'air, fermez la bouche pour le moment où la tête reposera
sur l'eau, et en écartant modérément les jambes tenues tendues,
vous renversez graduellement les bras vers l'eau, jusqu'à ce que
vous ayez la position représentée figures 3 et 4. Un peu de

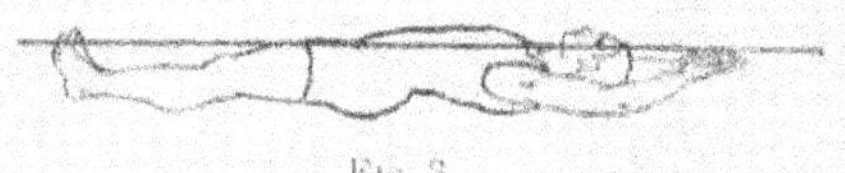

Fig. 3.

secours, sous la forme
d'une paume amie vous
soutenant le creux du
dos, ne sera pas de trop
au commencement pour
vous éviter une rotation
trop complète, avec comme corollaire la tête sous l'eau. D'ailleurs, soit dit en passant, on apprend plus vite lorsqu'on est
deux que seul, même dans le cas de deux novices, car l'opé-
rateur sert de modèle démonstratif à son partenaire.

Un autre exercice fort recommandable, pour acquérir l'indispensable mépris de l'eau,
consiste, par un fond moyen,
à déposer un caillou blanc
devant vous, et à le ramasser en ployant le corps: vous
acquerrez ainsi quelques no-
tions d'hydrostatique par réflexe et vous serez certainement étonné lorsque vous serez complètement sous l'eau
pour procéder à l'opération,

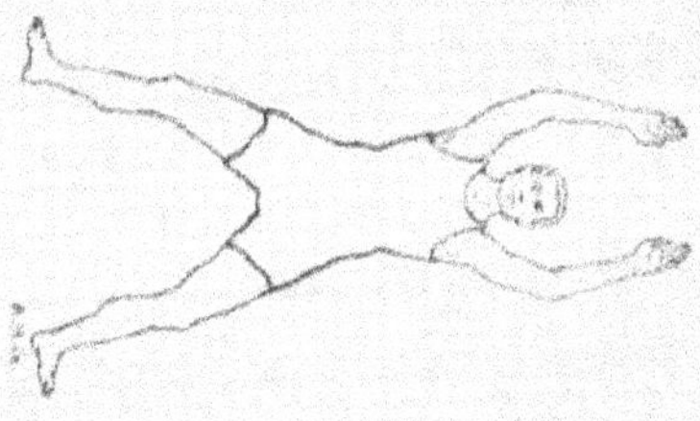

Fig. 4.

de la difficulté que vous aurez à faire certains gestes et
de la grande facilité que vous aurez à exécuter certains
autres.

Donc, vous savez à peu près flotter et vous n'avez pas peur
de l'eau; la bataille est aux trois quarts gagnée: il ne s'agit plus
que de faire quelques mouvements sans importance qui vous
maintiendront à flot et vous feront progresser.

Ces mouvements sont simples en eux-mêmes, mais ce qui
est difficile à réussir du premier coup, c'est leur coordination,
condition cependant indispensable au succès; aussi une petite
répétition sur le plancher des vaches sera certainement utile,

au moins pour vous familiariser avec la décomposition des temps principaux.

A sec. — Après le tub matinal, vous voilà devant votre glace dans l'attitude réglementaire du soldat au port d'arme; voyons d'abord le mouvement des bras:

1. Sans décoller les bras du corps, élevez les avant-bras jusqu'à ce que les mains se joignent dans l'attitude supplicative de la figure 5.

2. Pointez brusquement les bras en avant, dans un plan bien

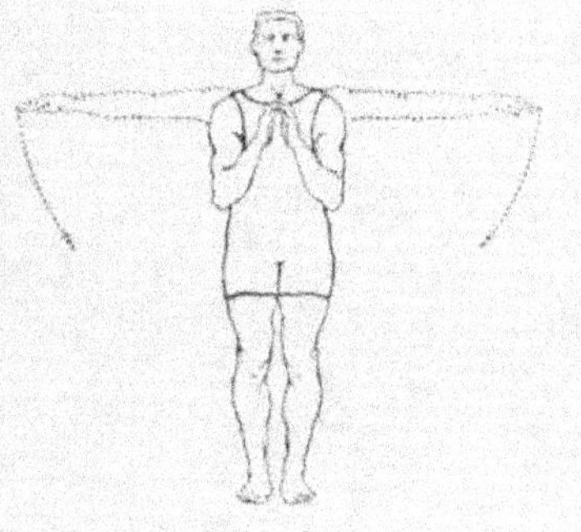

Fig. 5.

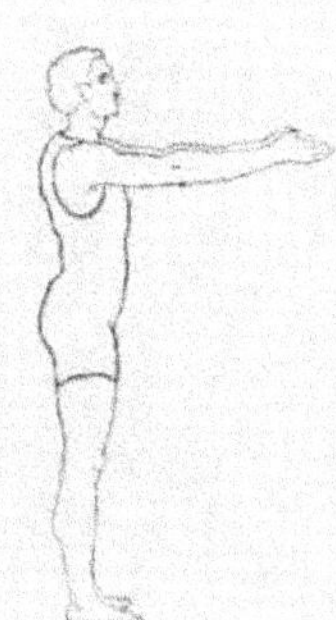

Fig. 6.

horizontal, les paumes des mains se touchant et les doigts serrés (fig. 6).

3. Par un mouvement tournant des poignets appliquez les faces dorsales des mains l'une contre l'autre, comme tout à l'heure les paumes, et ramenez paisiblement les bras dans le prolongement des épaules (fig. 5, position pointillée).

4. Relâchez les muscles du bras qui s'abaisse, en même temps que les mains décrivent un arc de cercle qui les ramène vers le corps; quand les condes touchent les hanches, les mains doivent se rencontrer dans l'attitude suppliante originale (fig. 5).

Et voilà; la glace nous permettra d'orienter correctement nos mouvements, et servira à nous en donner la cadence.

Pour les jambes, il est plus difficile de s'exercer à sec, car en même temps qu'ils doivent supporter le poids du corps, les pieds restent fatalement en contact avec le sol. Essayons cependant, et mettons les mains à la taille.

1. Ouvrez les genoux et abaissez-vous aussi bas que possible, en vous maintenant sur la pointe des pieds; la position, qui est réglée par les conditions d'équilibre particulières à chaque charpente, est sensiblement celle de la figure 7; cette position se rapproche de celle que vous auriez dans l'eau, au moment où les mains sont jointes (fig. 5).

2. Détendez-vous en vous redressant, et à mesure que vous vous élevez, écartez les jambes autant que possible, pour

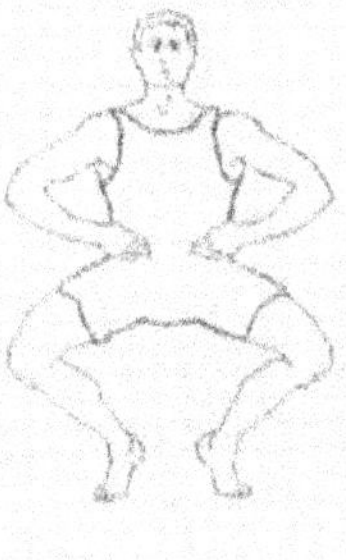

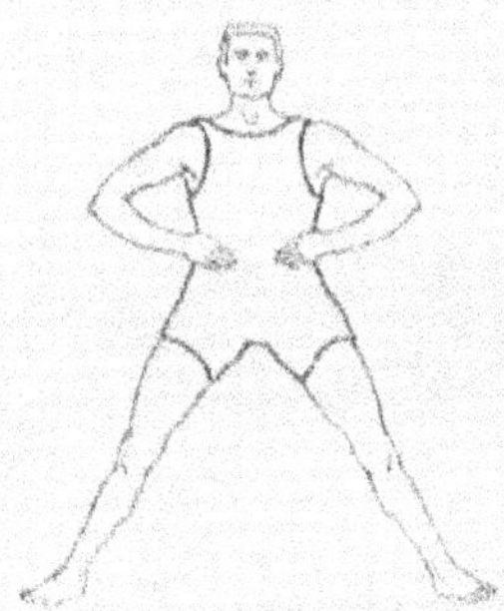

Fig. 7.　　　　　　Fig. 8.

atteindre finalement la position de la figure 8, qui simule le temps du lancement des jambes contre l'eau.

3. Ramenez les jambes l'une contre l'autre pour vous retrouver dans la situation originale.

Ayant séparément saisi le rythme des mouvements de bras et de jambes, il s'agit maintenant de les superposer correctement. Pour cela la glace nous sera d'une grande utilité.

1. Lancez les mains jointes en avant, et, tenant le corps rigide, exécutez votre mouvement circulaire de brassée, les paumes à l'extérieur.

2. Au moment où les coudes approchent de la position d'alignement (pointillé fig. 5), ouvrez les genoux, et pendant que le corps s'accroupit en grenouille, amenez les mains jointes sous le menton.

3. Les mains toujours jointes et les coudes au corps, donnez la poussée des jambes en les écartant (fig. 9), puis, en même temps que vous rejoignez les talons, piquez les mains en avant, et vous vous retrouverez dans l'exercice 1.

Voilà qui est très simple sur le papier, mais beaucoup moins aisé dans la réalité; persévérez cependant, et surtout retenez bien le rythme; que le synchronisme des mouvements soit bien instinctif, posé et régulier, et dites-vous, si vous trouvez la chose longue, que cette toilette musculaire est, en outre, des plus profitables à la santé.

Nous pouvons maintenant vous mettre à l'eau au bout d'une corde et faire de vous un nageur de joli style; vous serez récompensé de la persévérance en réussissant rapidement une brassée bien régulière, exempte de ces mauvaises habitudes aussi fréquentes

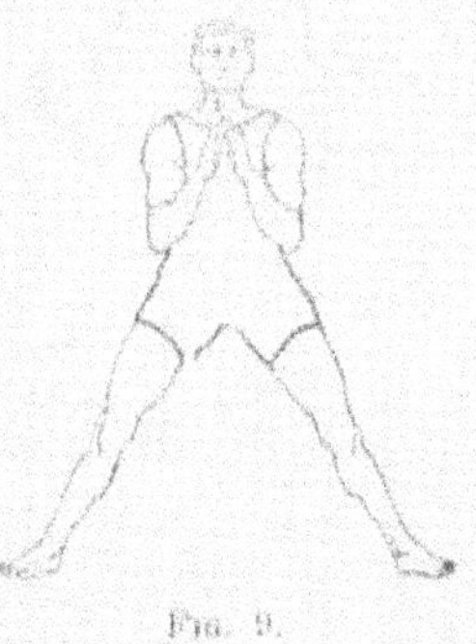

Fig. 9.

chez les débutants qui veulent aller trop vite, que difficiles à vaincre lorsqu'elles ont pris consistance.

Les débuts. — Les « premiers pas » dans l'eau doivent se faire au bout d'une corde que l'instructeur tient à la main; l'emploi de bouées ou ceintures de liège doit être évité: le débutant n'acquiert pas, avec ces instruments, le mépris de l'eau indispensable; il ne s'apprend pas à flotter de lui-même. La corde est, au contraire, l'organe idéal par sa progressivité: au fur et à mesure que le débutant gagne de l'assurance et se sustente par ses propres moyens, l'instructeur relâche la tension de la corde, et bientôt notre apprenti nageur avance de lui-même, qu'il se croit encore tenu en laisse par son mentor.

Afin d'éviter une immersion inattendue de la tête et un basculement du corps en avant, la ceinture doit être attachée aussi haut que possible, sous les aisselles; une fois dans l'eau, l'élève doit chercher à conserver une position horizontale, ou très faiblement inclinée, de l'ensemble du corps; toutefois, les pieds et encore moins les jambes ne doivent pas émerger, et le menton doit reposer à fleur d'eau, la tête relevée.

Ceci fait, nous répéterons dans l'eau la petite gymnastique natatoire apprise à sec; d'abord les bras, ensuite les jambes, puis le mouvement composé.

1. *Pour les bras*. — Lancez les mains en avant aussi loin que possible, en ayant soin de conserver l'horizontalité du mouvement, à peu près au niveau des épaules, c'est-à-dire sans que bras ni mains ne sortent hors de l'eau. A ce moment, accomplissez le mouvement tournant des poignets, les mains en cuil-

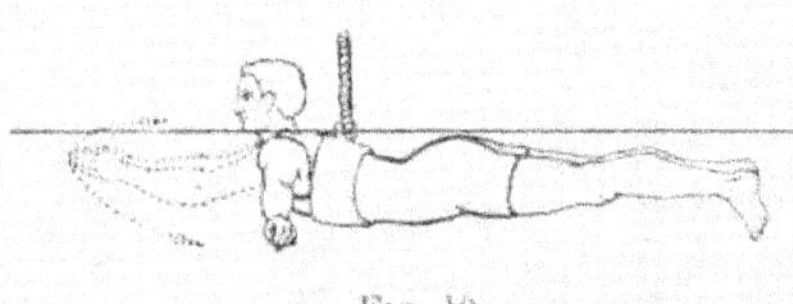

FIG. 10.

lères ou pelles d'aviron, de façon à prendre le meilleur appui possible sur l'eau, et effectuez la brassée, toujours dans un plan bien horizontal, et *au-dessous* du niveau de l'eau (fig. 10).

Enfin, toujours sans desserrer les doigts, mais en retournant graduellement vos mains et rapprochant les bras du corps, prenez la position initiale du mouvement, les mains jointes sous le menton. Les points essentiels dans ce mouvement si simple, sont de bien l'effectuer dans son ensemble suivant le plan horizontal des épaules, à quelques centimètres sous l'eau, et de bien conserver toujours les doigts serrés. Au bout de peu de temps, si vous opérez le mouvement avec une sage lenteur, vous vous sentirez comme soulevé et attiré en avant.

2. *Pour les jambes*. — Pour prendre la position initiale, tendez les bras en avant et allongez les jambes, que vous tiendrez serrées l'une contre l'autre, les talons se touchant et les orteils tournés le plus possible vers l'extérieur (fig. 10, pointillé). Alors, écartez violemment vos jambes comme les branches d'un compas, jusqu'à ce qu'elles fassent un angle aussi grand que possible, puis, sans arrêt, ramenez-les paisiblement l'une contre l'autre; quand les chevilles se touchent, tournez vos poignets et opérez la brassée, jusqu'à avoir les bras dans la position de la figure 10, c'est-à-dire d'équerre avec le reste du corps; puis, quand les coudes se rapprochent du tronc, donnez le coup

de pied, pendant que les mains se joignent sous le menton.
Enfin, lancez les mains en avant au moment où les jambes vont
se réunir, de telle sorte, que lorsque les chevilles se toucheront,
vous vous trouverez dans la position initiale, les bras étendus
et commençant le mouvement circulaire de la brassée.

Le difficile, dans cela, c'est de régler le mouvement alterné
des membres, c'est-à-dire tenir les bras conjoints quand vous
écartez les jambes, et vice versa; en procédant lentement, le
synchronisme s'établira progressivement, et il ne vous restera plus qu'à nager harmonieusement, ce que nous appren-
drons dans le chapitre suivant.

Un autre point important est la façon de respirer; les mouvements que vous exécutez déterminent toujours, surtout chez
les débutants, certain remous; il importe de respirer lorsque
ce remous est le moins violent et qu'ainsi vous avez le moins
de chance d'aspirer de l'eau par la bouche ou par les narines,
ce qui est une impression encore plus désagréable. Donc, inspirez au moment où vous ramenez les bras paisiblement sous
le menton, et non lorsque vous lancez violemment les bras en
avant; c'est généralement quand ils accomplissent ce mouvement, que les débutants avalent une bonne gorgée d'eau, croyant
envoyer à leurs poumons la ration d'air réglementaire.

Le style. — Maintenant que la théorie est établie et l'essentiel
accompli, nous allons théoriser un peu; il s'agit de nager
avec grâce, ou tout au moins avec sûreté, sans donner l'impression que vous accomplissez un treizième travail d'Hercule dans
le simple fait de vous mouvoir au sein de l'eau.

Dans la brasse, le rôle majeur est attribué au coup de jambes;
l'importance d'un « good kick » est capitale, et plus les jambes
sont écartées, plus grand est l'avancement; l'idéal pour le bon
nageur serait d'accomplir un magistral grand écart sous l'eau.
Le mieux, pour s'assurer un bon style, consistera à s'exercer à la
corde, comme l'indiquent les figures ci-jointes.

Vous saisissez des mains une corde tendue à fleur d'eau, les
bras perpendiculaires à la corde, c'est-à-dire, les mains distantes
d'un espace un peu plus large que le corps, puis, le dos arqué
et la poitrine bombée de façon à prendre la position horizon-

tale entre deux eaux, vous vous contractez en grenouille, les genoux touchant les coudes, dans la position initiale de la figure 11. Vous constaterez, en passant, que le fait de ramener vos cuisses au corps tend à rejeter celui-ci en arrière, et que vos bras tirent sur la corde; c'est donc un mouvement contraire à la progression, et que, par suite, vous devez accomplir lentement.

Maintenant, d'un mouvement élégant et rapide, détachez les cuisses du tronc, et détendez les genoux en même temps que

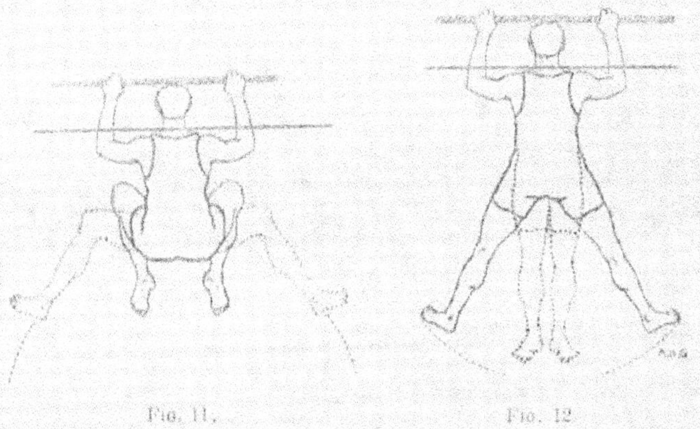

Fig. 11.   Fig. 12

vous disposez la plante des pieds aussi perpendiculaire que possible au courant, de façon à prendre le plus large appui sur l'eau. A ce moment, poussez de toutes vos forces par les talons de façon à détendre vos jambes, sous un angle aussi grand que possible : c'est la position de la figure 12, et enfin, terminez votre « jambée » en ramenant les jambes l'une contre l'autre d'un mouvement sec, sans pose entre la période de détente et celle de rapprochement des membres : vous êtes dans la position de la figure 12, pointillé, et il ne reste plus qu'à ramener les cuisses au corps dans la position de grenouille, ceci très lentement et sans à-coup, puisque nous avons vu que ce mouvement s'opposait au but cherché.

En travaillant ainsi quelque peu à la corde ou au point fixe, vous percevrez nettement la plus ou moins grande impulsion de votre corps en avant, suivant que votre mouvement sera plus ou moins correct; le débutant devra veiller à se maintenir bien horizontal sous l'eau et non pas incliné, car dans le dernier cas, la poussée aurait pour effet de le faire sortir de l'eau au lieu de le porter en avant; plus le corps sera horizontal, plus la poussée effective, pour un même effort des jambes, sera grande.

Le mouvement des bras est une bien plus simple affaire; en fait, les bras servent moins à progresser qu'à maintenir la position horizontale correcte, et équilibrer le poids de la tête et de l'avant-corps qui aurait tendance à basculer. Cependant, lorsque la brassée est correctement effectuée, elle aide légèrement l'avancement de l'ensemble.

Le point essentiel est la position des mains; on doit rechercher l'orientation qui permette de prendre le point d'appui le plus efficace lors du mouvement circulaire, et qui assure la résistance minimum lors du retour des bras dans la position initiale de lancement.

Vous constaterez que la meilleure inclinaison des mains est d'environ 55° avec le niveau de l'eau; vu par-dessus, le départ de la brassée doit avoir lieu avec les mains dans la position indiquée figure 13, c'est-à-dire les mains inclinées comme nous venons de le dire, à 55°, les doigts rapprochés de la paume de la main concave; par différents essais, vous vous convaincrez que c'est là la position qui vous permet de faire l'ensemble du mouvement dans un plan bien horizontal — c'est-à-dire qui ne vous fait pas sortir hors de l'eau, ni ne vous incite à plonger de la tête — tout en donnant la plus forte impulsion en avant.

Deux autres points très importants résident dans l'amplitude de la brassée, qui ne doit pas être trop grande, et dans la position des mains par rapport à l'avant-bras.

La brassée ne doit pas dépasser la ligne perpendiculaire à la direction générale du corps; on doit même l'arrêter légèrement avant, les bras étant dans la position indiquée sur la figure 10. Vous vous convaincrez, en continuant la brassée au delà de la perpendiculaire, ou en d'autres termes, en rappro-

chant les bras du corps, que vous arrêterez l'impulsion en avant
que vous avez obtenue, et que vous esquisserez même un recul.

En second lieu, on doit veiller à ce que les mains ne dépassent pas l'alignement du coude comme il est indiqué en pointillé
sur la figure 14, ce qui est très défavorable, et fait perdre la
majeure partie de l'effet utile de la brassée; ce sont là des
riens qui ont une très grande importance et que le débutant
devra analyser pour régler sa nage, et la rendre aussi effective
que possible.

Malgré cela, la brassée n'est pas un mode de nage de vitesse;
c'est à peu près la plus lente de toutes les façons de nager, mais

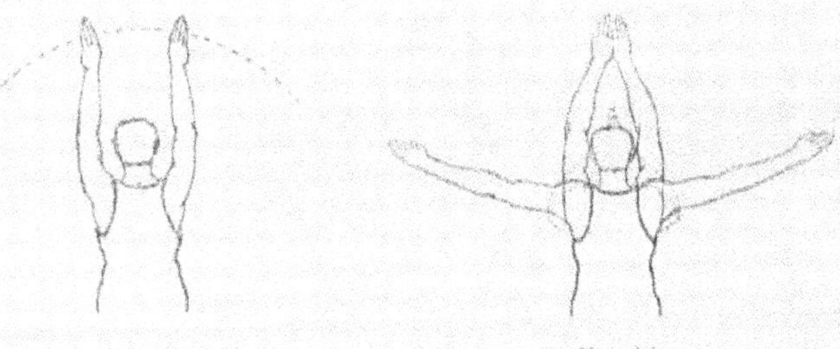

c'est aussi la plus aisée à apprendre, et c'est pour cela qu'on
commence toujours par elle chez les débutants.

Ayant maîtrisé la brassée et la jambée de la façon la plus
correcte, il s'agit de les combiner, et c'est là, répétons-nous,
le plus difficile, car l'élève a toujours tendance à mouvoir ses
bras plus rapidement que ses jambes, même lorsqu'il a saisi
l'alternance en opposition des mouvements: il importe de bien
raisonner l'ensemble, pour faciliter cette juxtaposition. En effet,
nous venons de montrer comment la brassée et la jambée ont
pour effet de produire un avancement du corps, léger pour
l'une, plus effectif pour l'autre; l'évidence conduit à superposer ces mouvements séparés, de manière qu'ils s'ajoutent
et produisent un avancement total égal à la somme des deux
avancements élémentaires.

Pour cela entrons dans l'eau jusqu'à niveau du nombril, et plaçons-nous les mains jointes, coudes au corps. A ce moment, donnons une poussée vigoureuse des orteils sur le fonds, et en même temps, lançons les mains en avant au moment où nous perdons pied (fig. 15); effectuons la brassée, ce qui aura pour effet de nous soutenir sur l'eau, et, au moment où les coudes commencent à revenir vers le corps, les mains à plat prenant la position qui va les rapprocher l'un de l'autre pour les joindre sous le menton, placez vos cuisses en grenouille. Pendant que vos jambes prennent cette position, vos mains doivent s'être jointes

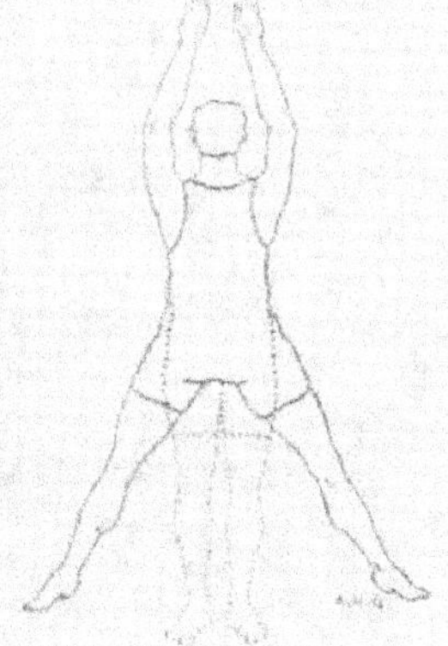

Fig. 15.   Fig. 16.

sous le menton dans la position réglementaire; à ce moment, donnez votre coup de pied, et lorsque les pieds, ayant achevé leur poussée directe sur l'eau, reviennent l'un vers l'autre, lancez vos mains en avant (fig. 16), mais ne commencez la brassée que lorsque les chevilles se seront réunies (fig 16, pointillé). Vous retombez alors dans le même cycle d'opérations, c'est-à-dire que lorsque la brassée sera achevée, vous tirerez les jambes sous le tronc, et ainsi de suite.

Vous irez très lentement, de façon à vous rendre compte, par quelques essais, de la combinaison qui vous donnera le plus grand avancement avec le minimum d'effort; lorsque vous nagerez posément, sans fatigue et avec une avance régulière à chaque coup, vous serez certain de nager gracieusement.

De façon générale, il faut chercher: 1° à tenir la tête bien relevée, de façon à avoir ba bouche au-dessus de l'eau, le menton à niveau de flottaison; 2° à nager le plus possible dans l'eau, ce qui découle de la recommandation précédente, puisque, évidemment, davantage vous relevez la tête, mieux vous pourrez maintenir le reste du corps au-dessous de l'eau. Plus vous nagerez bas et horizontalement, plus vous irez vite sans vous fatiguer; 3° arquez le dos et les reins, c'est-à-dire bombez la poitrine, ceci pour obtenir une horizontalité que nous venons de juger indispensable; 4° inspirez quand les mains reviennent sous la poitrine, et exhalez quand vous les projetez en avant: cette action permet de développer la poitrine au maximum, c'est-à-dire de prendre un grand bol d'air, et coïncide avec le moment où l'on a le moins de chance d'aspirer de l'eau. Toujours respirer par le nez, la bouche étant tenue fermée.

Tels sont les préceptes généraux de la brassée. C'est seulement lorsque l'on saura parfaitement flotter en planche, et nager sans fatigue la brasse, que l'on passera aux autres manières de nager, que nous allons considérer.

Le side stroke. — La nage à la brassée (breast stroke) possède l'inconvénient, pour les parcours de longue durée, de fatiguer beaucoup les muscles du cou, par suite de la nécessité de tenir la tête très élevée comme nous venons de le dire; en outre, elle n'est pas rapide, le corps pris de face par les épaules, et la poitrine tenue bombée, présentant le maître couple maximum à l'avancement. Si l'on nage de côté (side stroke), la plupart de ces inconvénients disparaissent. L'homme a certainement été créé pour avancer dans l'eau de cette manière: le corps, en effet, présente sa moindre résistance, le mouvement des bras est moins pénible, et la tête qui repose au fil de l'eau est délivrée de toute tension fatigante. L'histoire n'a pas retenu le nom de l'inventeur du side stroke, mais elle lui doit certainement la même dose de reconnaissance qu'à celui qui inventa la première roue.

On peut nager indifféremment sur le côté droit ou gauche; ce dernier est cependant plus recommandable par le fait qu'il permet d'agir avec le bras droit, qui est celui par lequel la majorité des humains peuvent exercer les plus grands efforts;

il est cependant absolument nécessaire d'apprendre à nager avec une égale aisance sur chaque côté, afin de se reposer de temps à autre en relayant, d'explorer l'eau autour de soi dans toutes directions, ou de présenter la tête aux ressacs et aux vagues de la façon la plus favorable.

Dans ce qui suit, on a supposé que le nageur était sur le côté gauche. Le mouvement se décompose en trois éléments principaux : le coup de jambe « leg kick », la coupe « upper arm stroke » qui est le mouvement propulseur le plus effectif, et la poussée « under arm draw » qui est le mouvement sustentateur.

Le mouvement des jambes contribue moins ici à l'avancement que dans la nage de la brassée. Au début de l'action,

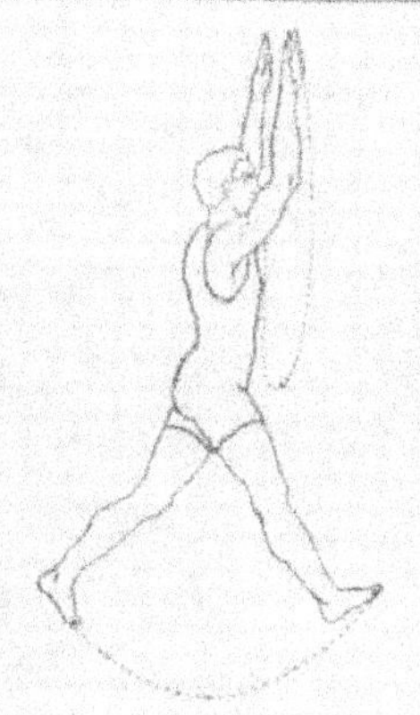

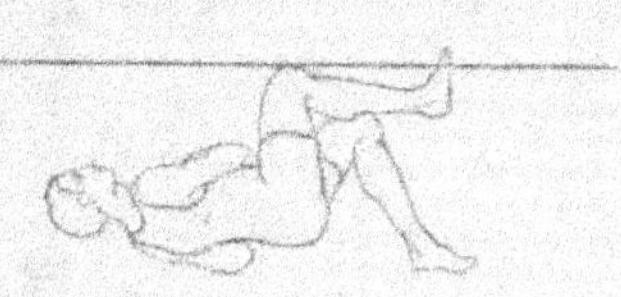

Fig. 17.

Fig. 18.

les deux jambes sont ramenées comme l'indique le croquis (fig. 17), et à la fin, une fois détendues et leur action achevée, elle se présentent comme sur la figure 18. Ainsi que pour les bras, c'est la jambe supérieure, la droite dans la circonstance, qui donne le plus grand effort, et la plante du pied doit être maintenue normalement au courant de l'eau ; une fois le coup de pied donné, les deux jambes, toujours allongées se réunissent.

Le coup de bras propulseur est donné à la façon d'un coup d'aviron, où non seulement la pelle, représentée ici par la main en cuillère, mais encore le manche, représenté ici par le bras, participeraient à l'action. Depuis le point de départ (le bras étant dans le prolongement du corps), le membre moteur conserve une position rectiligne et décrit une demi-circonférence, jusqu'à ce que la main vienne rencontrer l'intérieur de la cuisse. Le coup de pelle est alors donné, et il ne s'agit plus que de remonter la main dans la position initiale en s'opposant le moins possible à l'avancement, ce qu'on réalise en mettant la paume de la main à plat, et en repliant le bras qui doit glisser le long de la poitrine.

Le bras inférieur ou bras gauche dans le cas présent, a pour effet d'équilibrer les poussées des pieds et de la main droite qui ne s'effectuent pas toujours suivant la direction générale du corps, et qui auraient ainsi tendance à faire basculer l'avant-corps; il agit surtout, lorsque les jambes et le bras droit, leur travail accompli, reviennent à leur position initiale. La brassée est donnée le bras étendu, mais lorsque tout près d'un demi-cercle est parcouru, la paume de la main s'appuyant sur l'eau, le coude commence à s'arquer, et la main à se rapprocher du poumon gauche, alors, dressant la main en éperon, le bras est projeté en avant pour retrouver sa position de départ.

Dans tout ceci, la position générale du corps n'est pas complètement sur le côté, mais légèrement penché sur la poitrine, le corps disposé suivant un axe oblique.

Il s'agit maintenant de combiner les trois mouvements que nous venons de décomposer, pour faire du tout un ensemble correct. Commencez quelques brassées sur le ventre, puis, au moment où les mains reviennent se joindre sous le menton, tournez-vous sur le côté, en même temps que vous continuerez à replier les jambes. Donnez alors les coups de pied, et en même temps, lancez les deux mains en avant dans la direction générale du corps. Les jambes à fond de course, mais les pieds encore écartés, donnez le coup de pelle du bras droit, pendant que le bras gauche reste toujours étendu. Quand le travail moteur est terminé, le bras gauche entre en action et lorsqu'il commence à se replier, la main droite doit se rencontrer à peu près dans une position correspondante (fig. 12) et les jambes se replier rapidement. Le même cycle recommence alors, c'est-à-dire qu'en même temps que les jambes se détendent, les bras sont portés en avant dans la direction du corps; la cadence est ici bien plus facile à s'assimiler que pour la brassée, car les bras et les jambes ont des mouvements connexes, se repliant et se détendant en même temps.

Ce mode de nage doit se pratiquer en tenant le corps aussi rapproché que possible du niveau de l'eau, mais cependant totalement immergé, le seul point venant effleurer et à la rigueur dépasser le niveau de l'eau, étant la pointe de l'épaule supérieure. La nage sert, d'ailleurs, d'auto-régulation: si vous éclaboussez avec les pieds, c'est que vous tenez les jambes trop haut; si vous éclaboussez avec les mains, c'est que vous les tenez trop basses.

Lorsque vous serez familiarisé avec la cadence des mouvements, il vous semblera avancer d'un mouvement continu et sans fatigue. Ce mode de nage est celui qu'on devra toujours employer pour les grandes distances. On peut aussi le modifier pour le rendre le plus rapide de toutes les façons d'avancer; la modification la plus connue est celle qui s'est rapidement popularisé sous le nom de « over arm stroke », aujourd'hui presque universellement employée dans les concours de natation.

Cette rapidité est obtenue en fondant ensemble les deux mouvements propulseurs de la jambe et du bras; en outre, le bras ressort de l'eau pour retourner plus rapidement et avec la moindre résistance, dans sa position initiale; le mouvement du bras immergé, ou bras sustentateur, reste le même que précédemment; en somme, c'est le même mode de nage, mais plus vigoureux, et accompli en deux temps au lieu de l'être en trois.

La décomposition de l'over arm stroke est la suivante: en même temps que les jambes se contractent, le bras propulseur est sorti hors de l'eau et dirigé en avant de la tête en une courbe élégante; le bras sustentateur se replie sous le corps; la position est celle de la figure 19. Donnez alors le coup de pied vigoureux, et, presque en même temps, le coup de bras moteur, également violent: sous cette double impulsion, convenablement coordonnée, le corps bondit en avant; aussitôt la détente du bras et des jambes à expiration, lancez le bras sustentateur en avant (fig. 20), et simultanément ramenez les jambes au corps tout en sortant le bras propulseur hors de

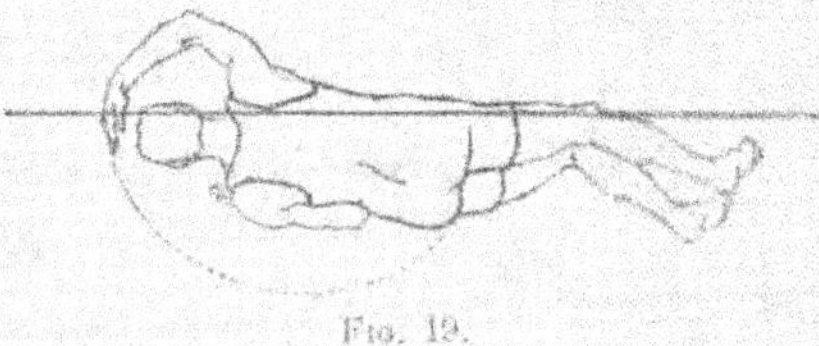

Fig. 19.

l'eau pour retrouver la position initiale. En somme, il suffit de compter un, deux; un, contraction générale des membres moteurs; deux, détente brusque des mêmes membres.

Ce mode de cheminement peut également être nagé avec les mains sous l'eau, mais il est moins rapide; le mode revient alors, en ce cas, à remplacer la rotation de retour du bras propulseur hors de l'eau dans un plan vertical, ou sensiblement tel, par une rotation à quelques centimètres sous l'eau dans un plan horizontal, la main à plat, pour fendre l'eau avec le moins de résistance possible.

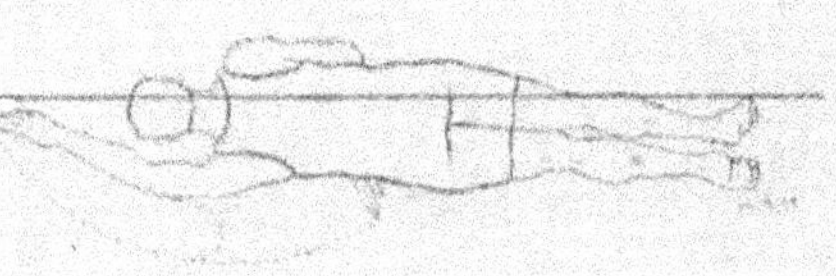

Fig. 20.

Les bons nageurs de vitesse ont, dans l'arm stroke, la plus grande partie de la tête immergée, et s'en servent comme d'une étrave pour ouvrir au reste du corps, son chemin dans l'eau. La position générale est franchement horizontale, le corps légèrement incliné transversalement, pour prendre appui par la poitrine; la détente et la contraction des membres doivent se faire avec la régularité d'un piston, et suivant un axe bien horizontal; lorsque sous les impulsions successives le nageur monte et descend dans l'eau, c'est l'indice de pertes dans l'effort, et l'on devra porter toute l'attention sur la façon dont le coup de pied est donné, car, c'est de lui que dépend surtout l'équilibre dynamique du nageur. On doit chercher à éviter le roulis et le tangage, qui sont le Charybde et le Scylla de ce mode de nage.

Différents modes de nage. — Un mode de nage qu'il est utile de connaître parce qu'il rend service soit lorsqu'on se trouve en présence d'herbes à fleur d'eau, soit lorsque la contraction musculaire de la brasse ou du side stroke nécessitent un délassement dérivatif, est la nage sur le dos, d'ailleurs des plus faciles à acquérir.

Nous avons appris à faire la planche, en bombant fortement la poitrine et rejetant franchement la tête en arrière dans l'eau, les pommettes et le nez émergeant seules; saisissez alors vos hanches dans vos mains, pouces en arrière et bras bien horizontaux; puis, avec les jambes, accomplissez le mouvement de grenouille exactement comme dans la brasse, mais en vous maintenant le plus possible dans un plan horizontal, les genoux ne devant pas émerger; la contraction sera lente, pour ne pas retarder le mouvement d'avancement, et la détente aussi brusque que possible, au contraire.

La nage sur le dos peut être très rapide, mais alors les remous d'eau balayent la figure, et l'on est menacé d'aspirer de l'eau par les narines, ce qui est une sensation des plus désagréables; un autre inconvénient réside dans le fait que l'on ne voit pas vers quel point l'on se dirige, ce qui expose à des accidents. Aussi, la nage sur le dos n'est-elle pratiquée qu'avec une sage lenteur, comme moyen de délassement et de repos des muscles de la gorge ou du cou, qui se fatiguent rapidement, notamment dans la nage à la brassée.

La nage sur le dos *avec les mains* est plus difficile qu'avec les pieds, et surtout bien moins rapide; elle nécessite de petits mouvements circulatoires rapides, qui fatiguent tôt les muscles du poignet et de l'avant-bras. On se place comme pour la planche, les jambes bien étendues et côte à côte, la pointe des orteils émergeant légèrement. Les bras sont également étendus et collés au corps, les mains extérieures aux cuisses, et normales à celles-ci; alors, par des mouvements de rotation du poignet et de l'avant-bras, bien synchroniques, vous faites décrire à vos mains tenues en forme de cuillère, de petits cercles rapides; dans le mouvement d'aller, les mains sont creusées en cuillère, dans le mouvement de retour, elles sont, au contraire, effacées, pour offrir la moindre résistance. Ce mode de nage n'est d'ailleurs pas difficile à acquérir, mais difficile à soutenir.

Parmi les modes de nage proprement dits, et avant de passer aux fantaisies plus ou moins acrobatiques, il nous reste à parler de la coupe. La coupe, « hand over hand stroke », est une sorte de side stroke dans lequel on se servirait de chaque bras, l'un après l'autre, pour donner l'impulsion motrice. La coupe peut être aussi rapide que l'over arm stroke, mais elle est plus fatigante et ne peut être soutenue aussi longtemps.

Commencez à nager la brasse ordinaire, puis, quand les mains ont complété leur mouvement circulaire de détente, jetez le bras droit en avant en dehors de l'eau comme dans l'over arm stroke, puis, tirez la coupe en vous inclinant un peu sur le côté gauche, ce qui est naturel par suite de la réaction de l'eau sous l'impulsion que vous lui donnez avec le bras droit; en même temps, aidez le bras avec la jambe gauche, que vous détendez avec vigueur, la plante des pieds tenue bien normale aux filets d'eau.

Pendant que vous détendez le bras droit et la jambe gauche, vous ramenez doucement la jambe droite au corps, et vous sortez le bras gauche que vous jetez vivement en avant pour commencer sa coupe à son tour, quand celle du bras droit finit. Par cette succession d'impulsions de membres opposés, le corps subit un léger mouvement de roulis qui le porte alternativement sur le côté droit et sur le côté gauche, et qui produit un effet très gracieux, le nageur ayant l'air de glisser entre deux eaux à la façon d'un poisson jouant à la surface.

On peut imaginer bien d'autres manières de se mouvoir dans ou sur l'eau, manières plus ou moins amusantes, plus ou moins difficiles. Nous en indiquerons quelques-unes.

Nager en chien. — C'est assez facile, et reposant par ailleurs, car les mouvements n'ont pas à être violents: il suffit qu'ils soient rapides et surtout bien cadencés. On imite servilement l'action du chien avec ses pattes, qui, lorsqu'il est à l'eau, agit à peu près comme à terre, lançant à la fois en avant et en arrière les deux pattes de chaque côté. Placé sur le ventre, l'arrière-corps légèrement enfoncé, la tête seule émergeant, le nageur actionne ses jambes à peu près comme s'il marchait en terre ferme les genoux pliés, et avec ses mains en cuillère, il chasse l'eau sous sa poitrine, ce qui a pour effet de maintenir le corps à niveau, tandis que les jambes produisent le plus clair de l'avancement.

Marcher dans l'eau. — Si l'eau est très calme et sans courant sensible, on peut se redresser dans l'eau, puis, croisant les bras, on se laisse enfoncer verticalement jusqu'à avoir de l'eau au niveau des épaules au moins, pour avoir une stabilité suffisante; quand on a enfoncé jusqu'au niveau auquel on veut se maintenir, on commence à faire marcher les jambes d'un mouvement lent, à peu près comme si l'on montait un escalier. Il faut un effort extrêmement faible pour vous tenir à flot, et cette position est excellente au même titre que la planche, pour reposer le nageur fatigué. Plus l'eau est dense, plus cet exercice est facile, et on le réussira très bien à la mer, à condition d'être dans un endroit très calme; il peut être utile pour se débarrasser d'une liane ou d'un vêtement gênant.

Les pieds devant. — Pour vous en aller les pieds devant, mettez-vous sur le dos, puis, renversez-vous sous l'eau en tenant les bras étendus en arrière, collés à la tête (fig. 21); cette action de renversement vous conduit, pour garder l'équilibre dans l'eau, à relever

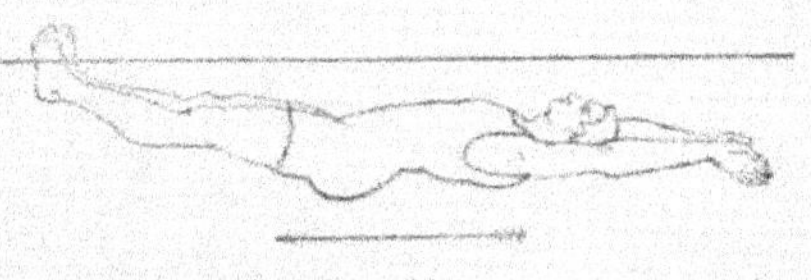

Fig. 21.

légèrement les cuisses et les jambes, les orteils apparaissant hors de l'eau. Alors, les mains réunies par la face dorsale, livrez-vous à la série de petits mouvements tourbillonnaires que nous avons déjà expliqués à propos de la nage sur le dos avec les mains seules, et vous avancerez par petites secousses, les pieds en avant, ce qui est généralement du plus comique effet.

La double planche. — Cet exercice s'accomplit à deux; les deux amis font la planche, puis se réunissent par la plante des pieds; l'un accomplit avec ses mains le mouvement tourbillonnaire qui provoque l'avancement; l'autre, comme dans la chanson, ne fait rien.

Voulez-vous avancer un peu plus vite: toujours faisant la planche, vous saisissez votre ami par le cou, que vous serrez entre vos pieds, et vous continuez vos exercices de rotation des mains; lui, de son côté, s'est retourné sur le ventre et s'accroupit dans une po-

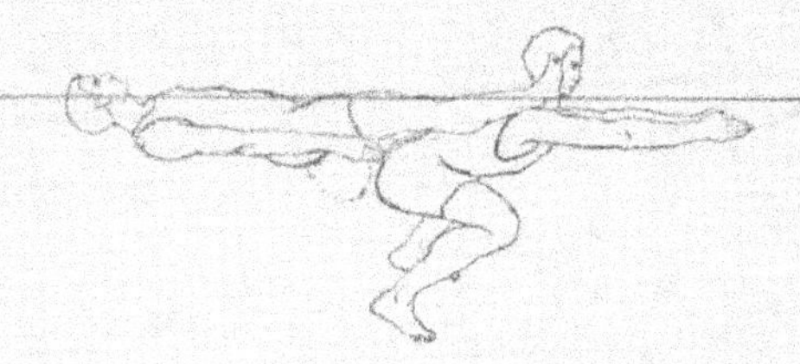

Fig. 22.

sition équilibrée, les bras tendus en avant, les mains en étrave, fendant l'eau. Avec un peu d'entraînement, vous serez étonné de la vitesse qu'on peut donner dans cette position pourtant baroque (fig. 22).

Mieux encore, vous pouvez lutter d'effort avec votre camarade pour savoir à qui entraînera l'autre dans sa direction, chacun effectuant les mouvements des mains, pendant que les plantes

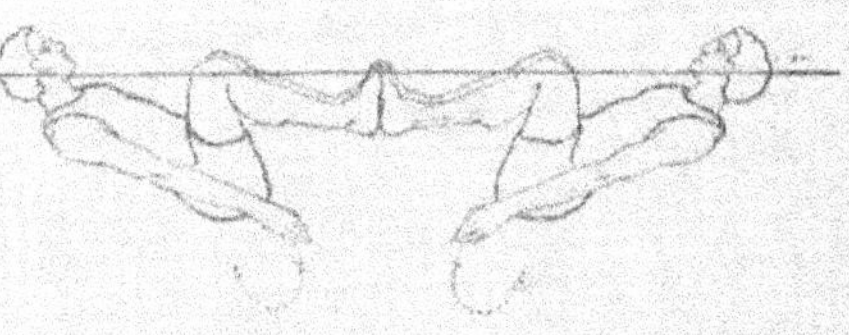

Fig. 23.

des pieds réunissent les deux corps en opposition; on peut adopter également pour cet exercice salutaire et amusant... pour la galerie, la position de la figure 23. Ajoutons que ceci constitue une splendide gymnastique des muscles de l'avant-bras et du poignet.

Saute-mouton. — Lorsque votre partenaire est accroupi sur le ventre, comme dans la nage en chien, placez vos mains sur ses épaules et appuyez en l'enfonçant dans l'eau jusqu'à

ce que vos pieds puissent prendre la place de vos mains, à ce
moment, d'une forte poussée, vous envoyez votre camarade
au fond, tandis que vous sautez en dehors de l'eau aussi haut
que possible. Ce jeu peut se jouer à plusieurs; quand votre
tour est venu de faire le mouton, pincez vos narines avec la
main lorsque vous enfoncez dans l'eau.

Le saut périlleux. — On peut l'accomplir soit en avant, soit
en arrière : le plus difficile est le saut périlleux en avant.
Pour l'accomplir, pendant que vous nagez sur le ventre, rejetez
rapidement d'une détente
brusque, les deux mains
en arrière aussi loin que
vous le pourrez: en même
temps, vous avez plié les
genoux de façon à relever
les jambes et vous avez
plongé franchement la tête
en avant. Le corps accom-
plit alors une rotation sur
lui-même autour d'un point
d'appui qui est représenté

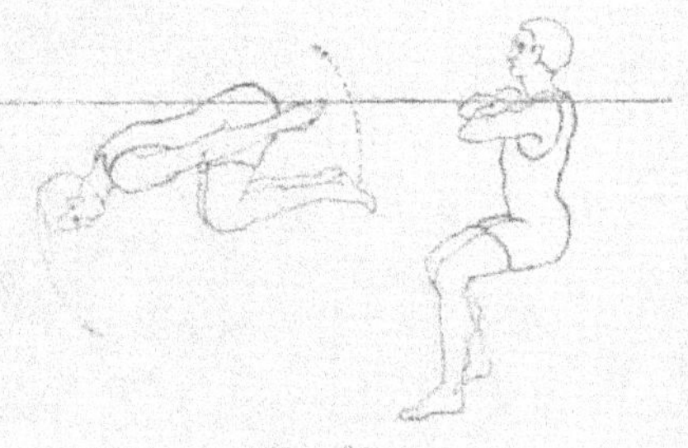

Fig. 24.

par vos mains, et les jambes font la roue dans l'air; au
moment où elles rentrent dans l'eau, vous coudez les genoux
légèrement pour prendre appui sur l'eau, et vous remonter
au cas où votre tête n'émergerait pas naturellement, ce qui
devra avoir lieu si le mouvement est bien réussi. Cet exercice est fort intéressant et fait beaucoup d'effet lorsqu'il est
répété rapidement, le nageur avançant en roulant sur l'eau
à la façon d'un caillou ricochet. Les deux positions principales durant cet exercice sont représentées sur la figure 24.
Le saut périlleux en arrière est plus facile; étant étendu sur
le dos, vous levez les jambes et écartez les bras, que vous
appuyez sur l'eau comme point d'appui pour vous permettre
d'atteindre le point de basculement; dès que les pieds auront
dépassé ce point, vous tournerez rapidement et automatiquement comme autour d'un pivot, pour vous retrouver bientôt en planche, dans votre position première.

Le diable dans une boîte. — Étant dans l'eau, redressez-vous jusqu'à être proche de la verticale, et par un double coup de pied, une jambe savamment décalée par rapport à l'autre, combiné avec un mouvement de rotation des mains s'appuyant sur l'eau, vous jaillissez brusquement hors du liquide comme un polichinelle hors de sa boîte. Si le mouvement est bien réussi, vous serez surpris de la hauteur à laquelle vous pouvez atteindre; vous pouvez même, en raidissant les muscles, vous soutenir une seconde ou deux à bout de course. Cet exercice n'est pas seulement curieux, il peut être aussi utile, soit pour saisir un objet hors de portée, soit pour vous dresser au-dessus de la crête d'une lame, en mer.

La toupie. — Croisez vos jambes en tailleur, et tassez-vous en une attitude aussi repliée que possible. Alors, de la main droite en cuillère, chassez l'eau fortement, tandis que de la main gauche, vous effectuez le mouvement de la brasse, qui vous sustente à fleur d'eau. Votre corps en boule se met alors à prendre un mouvement de rotation que vous pouvez rendre de plus en plus rapide en accélérant les effets de mains, et qui vous assurera un succès de fou rire parmi l'agréable société assistant à vos ébats.

Sailing. — Enfin, pour terminer cette série de petits exercices amusants, vous pouvez vous gréer en « cutter » (yacht à un mât) ou en « schooner » (yacht à deux mâts), en levant une jambe ou deux hors de l'eau; pendant que vous faites la planche, tenez les bras au long du corps, les mains dirigées normalement aux cuisses, et, accomplissez par leur intermédiaire des battements ayant pour effet de vous sustenter. Tenant une jambe rigidement horizontale sous l'eau, élevez l'autre progressivement, en commençant par plier le genou, puis, redressant progressivement la jambe jusqu'à la maintenir bien perpendiculaire au corps. Les battements de la main doivent être orientés de façon que, durant l'érection du mât, la poussée soit normalement opposée au couple de la pesanteur que vous sentez tout prêt à vous faire basculer.

Lorsqu'un mât sera dressé, vous dresserez l'autre à son tour, en vous inspirant des mêmes précautions, mais il faut s'empresser d'ajouter que c'est là une chose extrêmement difficile à réussir, car votre équilibre est tout ce qu'il y a de plus instable.

Lorsque vous aurez obtenu votre « schooner », vous vous rétablissez élégamment sur le ventre en un saut périlleux qui s'accomplira de la façon la plus naturelle, en renversant le sens des mouvements de vos mains et portant vos pieds au-dessus de votre tête, ce qui rompt l'équilibre si précieusement échafaudé.

La plongée. — Tout bon nageur, s'il veut être digne de ce nom, doit être également bon plongeur, et savoir nager sous l'eau; la chose est indispensable. Donc, lorsque vous saurez bien nager et que vous aurez une grande confiance dans l'eau, apprenez à plonger. Mais d'abord, un conseil prudent: ne plongez jamais que par un fond que vous saurez suffisant; bien des accidents de natation n'ont eu d'autre origine que cette imprudence. C'est seulement, lorsque vous serez un plongeur *émérite* que vous pourrez vous offrir le luxe de réussir des plongées obliques de grande hauteur dans des eaux peu profondes.

La manière de prendre son départ est, en effet, bien différente, suivant que l'on effectue une plongée de peu de profondeur, ou, lorsque, au contraire, on pique de haut. Le débutant devra, bien entendu, faire ses essais timides d'une plate-forme peu élevée, et il s'y prendra comme suit:

Pour commencer, il devra se composer une attitude correcte (fig. 25). Placer les pieds l'un près de l'autre et juste en bordure de la planche de plongée, de manière que les orteils puissent saisir en quelque sorte, l'épaisseur de la planche et, en tout cas, s'en faire un point d'appui solide; incliner légèrement la poitrine, porter les bras en arrière, et plier légèrement les genoux dans une attitude d'expectative. Maintenant, d'un mouvement composé, lancez le corps en avant en raidissant brusquement les genoux et donnant de l'élan à la fois en

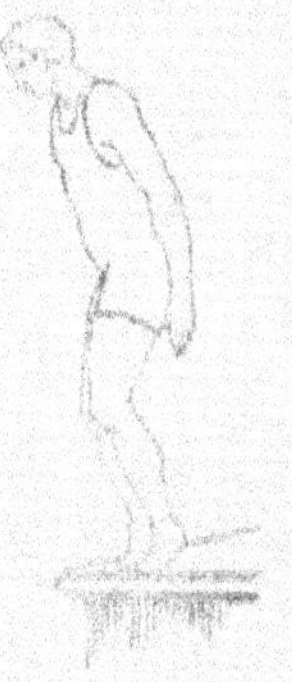

Fig. 25.

portant les bras en avant et en vous redressant sur les orteils.
Enfin, lorsque le corps a accompli un quart de rotation et
se trouve sensiblement parallèle au niveau de l'eau, donnez
une impulsion finale avec les pieds qui sont restés rattachés
par les orteils à la
planche de plongée, et
vous entrez dans l'eau
les bras en avant (fig. 26).
Vous répéterez cet exer-
cice jusqu'à ce que vous
ayez acquis une puis-
sance de départ suf-
fisante et un mépris
de l'eau nécessaire.
Alors, vous recommen-

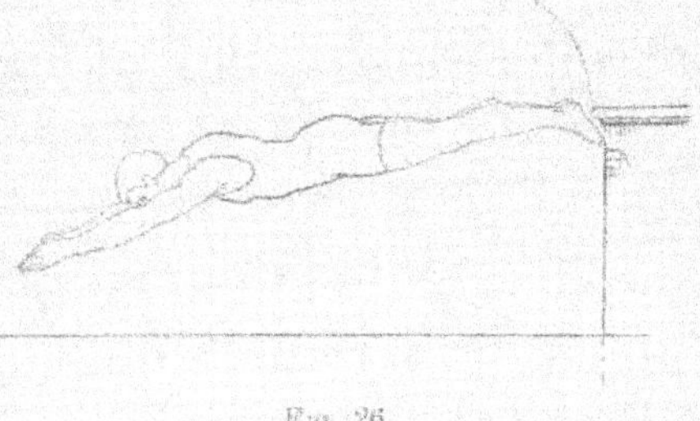

Fig. 26.

cerez en partant de plate-formes de plus en plus élevées,
jusqu'au moment où vous pourrez réaliser une entrée dans
l'eau parfaitement correcte, c'est-à-dire (fig. 27) dans une position franchement incli-
née par rapport au ni-
veau de l'eau. Il faut
toujours que les bras
soient portés en avant
de la tête, les joues touchant les biceps, et non
pas en arrière, ce qui
vous ferait porter en
pleine figure sur l'eau,
sensation des moins

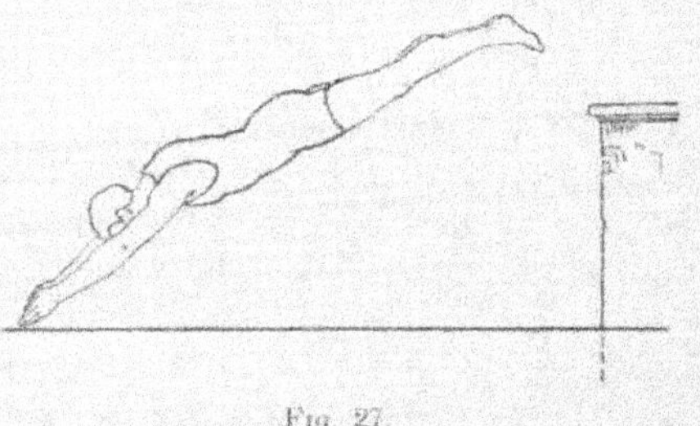

Fig. 27.

agréables, comme vous devez penser.
Une façon très élégante de plonger d'une hauteur moyenne
lorsqu'on aura l'habitude de prendre l'eau, consiste à laisser
le corps dans son attitude penchée, décrire mollement son
arc de cercle, puis, au moment (fig. 28) où il se trouve sous
l'angle d'attaque désiré, à donner l'impulsion en détendant brusquement les genoux et repoussant la planche des orteils : à
ce moment, les bras sont rapidement portés en avant de la
tête, et vous entrez dans l'eau à la façon ordinaire (fig. 29)

Lorsque vous voulez accomplir une plongée très oblique, ou en d'autres termes sortir de l'eau presque aussitôt entré, vous portez les mains en avant au moment précis où vous jugerez, tel qu'avant d'atteindre la tête, elles touchent l'eau (fig. 28, ligne pointillée); vous vous en servez alors comme d'un gouvernail pour amortir la chute; plus les paumes de la main seront tournées vers l'extérieur plus sera aplatie la courbe que décrira votre corps avant d'émerger. C'est par cet artifice que certains nageurs exécutent des plongeons d'une hauteur étonnante dans des eaux très peu profondes; mais c'est là un exercice dangereux, car il faut calculer avec une précision rigoureuse l'instant et l'angle d'attaque.

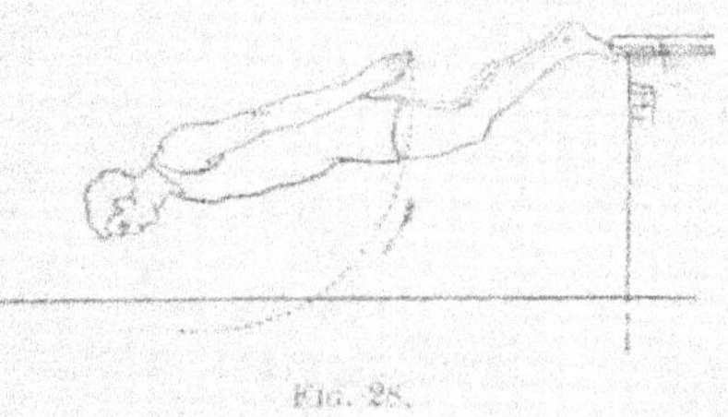

Fig. 28.

Pour les plongées profondes, auxquelles on s'habituera lorsqu'on se sera familiarisé avec les plongées de faible hauteur, il faut que le corps pénètre dans l'eau sous un angle beaucoup plus aigu, presque verticalement. Dans ce but, vous pliez légèrement les genoux et abaissez le dos, les mains en avant de la tête, jusqu'à ce que la figure soit à la hauteur des genoux et même plus bas; dans cette position, vous vous sentirez partir en avant par le propre poids du corps; au moment où les pieds vont quitter la plate-forme, vous donnez avec les orteils s'appuyant sur le rebord, l'impulsion finale.

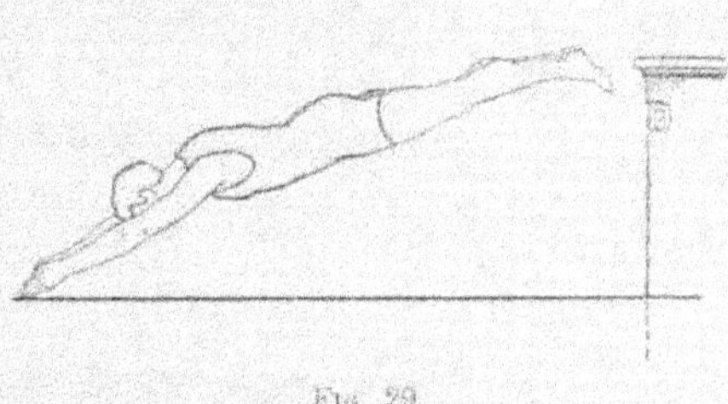

Fig. 29.

Dans toute plongée, il est nécessaire, au moment où l'on va toucher l'eau, de faire une ample provision d'air, et de tenir l'ensemble du corps bien raidi, et parfaitement rectiligne; la

rigidité est une condition de succès. Vous fermez les yeux
avant de pénétrer dans l'eau et vous les ouvrez sous l'eau;
lorsque l'eau est profonde, et que le plongeur commençant
à s'arrêter ne peut donner le coup de pied sur le fond qui
le ramènera rapidement à la surface, il activera sa remonte
en se servant des pieds et des mains comme il a été dit pour
nager debout.

Le plongeon avec élan se pratique avec un départ des plus
élégants (fig. 30); le plongeur cherche à sauter aussi loin

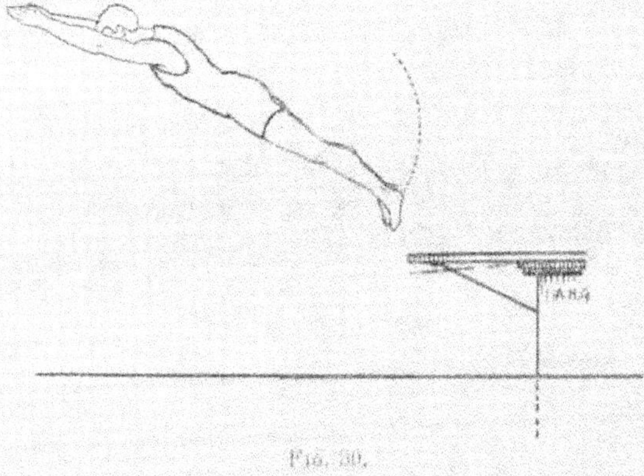

Fig. 30.

que possible de la plate-forme. Il prend un élan d'une vingtaine de mètres et se met à courir; sa dernière enjambée
doit l'amener au bord même de la plate-forme d'où il s'élance
dans le vide la tête en avant et le corps légèrement incliné.
Sous l'influence de l'impulsion du mouvement, le corps décrit
dans l'air un léger arc de cercle et s'incline de l'angle convenable pour attaquer l'eau. Cet exercice est fort difficile à
réussir avec élégance; une impulsion insuffisante ne vous incline pas assez, et vous risquez de faire un « plat-ventre »
convenablement exécuté, mais douloureux; trop lancé, au contraire, vous pouvez basculer et accomplir un « plat-dos »
moins sensible peut-être à l'épiderme, mais plus ahurissant

La descente verticale, dans la position naturelle, est un excellent moyen de plongée pour les grandes hauteurs; c'est celui,
notamment, qu'emploient les pêcheurs de perles et
d'éponges du Pacifique, qui vont trouver les produits de
leur industrie par 30 et 50 mètres de fond. Le plongeur
s'efforce de tomber aussi verticalement que possible
et dans une attitude raidie (fig. 31); l'effort pour quitter
la plate-forme doit être juste suffisant pour se dérober; le difficile est de maîtriser tout mouvement incon-
scient pendant la chute; il vous semble, en effet, avoir
oublié votre estomac sur la plate-forme, et vous écartez
instinctivement les bras et les jambes, sinon pour rattraper votre estomac, mais du moins pour chasser cette
impression. Dans l'eau, quand vous descendez verticalement, vous ne ressortez pas de façon naturelle après
avoir accompli une courbe sous l'eau, ainsi qu'il appert

Fig. 31.

dans la plongée oblique; il vous faut donc freiner votre chute,
pour éviter de vous briser les orteils contre le fond, et ensuite,
prendre une accélération positive pour remonter. Le freinage se
fait très facilement en écartant bras et jambes, et la remonte
se fera en donnant des coups de pied et décrivant des rotations
positives avec les mains, comme il a été déjà dit.

Lorsqu'on veut attein-
dre une très grande pro-
fondeur aussi rapidement
que possible, on réduit
encore la section immer-
gée s'opposant à la chute
dans l'eau, en tenant les
bras, non plus serrés au
corps, mais relevés au-
au-dessus de la tête, les
mains jointes.

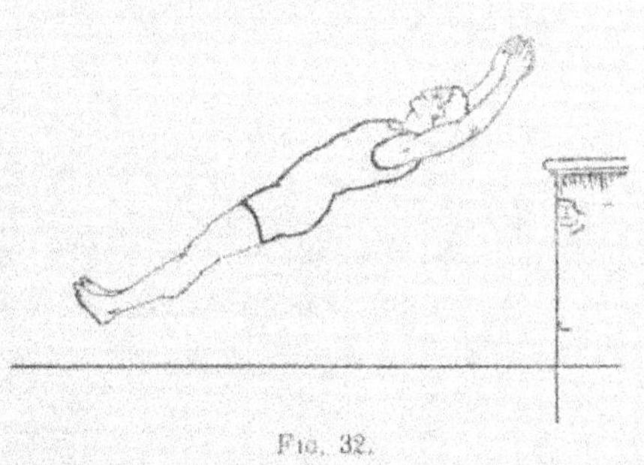

Fig. 32.

La plongée oblique, *les
pieds en avant*, est une
fantaisie qu'on réalise en prenant le départ dans l'attitude ordinaire mais en jetant les jambes les premières d'un geste résolu,
tout en portant les bras en arrière de la tête, les paumes

tournées vers le ciel (fig. 32). Cet exercice est très difficile à
réussir, et l'on tombe généralement sur le dos; il est beaucoup
moins sensationnel et infiniment moins amusant que le plongeon belge, qui consiste à tomber verticalement les jambes
croisées en tailleur, les mains soutenant les tibias. Si vous
vous jetez de la sorte d'un peu haut, vous entrerez dans l'eau
avec un éclaboussement formidable qui vous attirera un succès garanti.

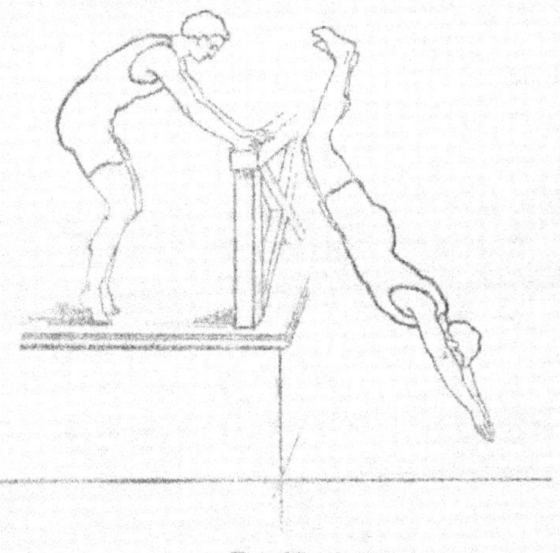

Fig. 33.

Une autre façon amusante de plonger, consiste à sauter préalablement un obstacle constitué par une barrière. Saisissant la
barre, vous prenez l'élan, puis, en l'air, vous portez rapidement
les bras en avant pour piquer dans l'eau (fig. 33).

Quelques conseils. — Pour terminer ces quelques notes rapides
sur la natation, deux mots de prudence ne seront pas déplacés.

Contre les tessons de bouteille, les vieilles boîtes à sardines
et autres objets du même genre qui, malheureusement, dé-
corent trop souvent la surface ou le fond des rivières traver-
sant nos villes civilisées, le nageur le plus prudent ne peut

rien; mais contre les herbes et la crampe qui sont les dangers les plus immédiats de la natation, il peut s'armer de quelques précautions élémentaires.

Lorsque vous êtes inopinément surpris dans un banc d'herbes, arrêtez immédiatement tout mouvement brusque des bras ou des jambes; plus vous vous débattrez violemment pour vous débarrasser des maudites herbes, plus elles se colleront à vous. Donc, mettez-vous verticalement pour dénouer les lianes si elles vous ont pris: nous avons vu que dans cette position verticale, le moindre effort des mains ou de la plante des pieds suffit pour vous tenir à flot; une fois débarrassé, ou tout de suite, si les herbes ne vous ont pas encore saisi, vous vous mettez sur le ventre pour nager en chien, ou, mieux encore, vous faites la planche et vous laissez le courant vous entraîner tout doucement hors de l'endroit dangereux.

La crampe provient surtout d'un surmenage musculaire, d'un membre qui devient brusquement si douloureux à contracter que tout mouvement est impossible; toutefois, il est rare qu'elle s'attaque à plus d'un membre à la fois, de telle sorte, qu'avec un peu de présence d'esprit, on peut écarter tout danger. En fait, la crampe, quoique plus redoutée par les nageurs que les herbes, est beaucoup moins traîtresse que celles-ci. Souvent le seul fait de se reposer sur le dos sans faire aucun mouvement, suffit à supprimer la crampe, ou, tout au moins à diminuer la douleur au point de pouvoir se servir malgré cela du membre affecté. Si vous êtes loin de la côte ou de tout secours, il faudra essayer de vous traiter vous-même, en frictionnant énergiquement le lieu endolori; c'est ici, que les modes de nage plus ou moins fantaisistes que nous avons énumérés plus haut, peuvent avoir leur réelle utilité: si c'est un bras, vous prenez la verticale et vous frottez l'un avec l'autre; si c'est, au contraire, une jambe, la position décrite plus haut, sous le nom de « toupie », permet de frotter la jambe fatiguée; souvent, la seule exposition hors de l'eau suffit à dégourdir le membre. Défiez-vous des eaux très fraîches, car la crampe est presque toujours provoquée par le froid.

En mer, quelques conseils supplémentaires seront de mise; la natation dans l'eau salée est le paradis du nageur, mais

le vaste océan ou la grande bleue, ont une réputation de traî-
trise qui n'est point usurpée. Avant de vous mettre à l'eau,
renseignez-vous toujours auprès des gens du pays sur l'état de
la marée; certaines plages très inclinées se recouvrent au flot
montant d'une vaste étendue d'eau, et vous pouvez être surpris à une grande distance de la côte si vous ne vous êtes
pas soucié du fait; d'autres fois, c'est le courant de la marée
descendante qui peut être assez violent pour que vous ne
puissiez le franchir. De même, ne manquez pas de vous ren-
seigner sur les remous ou ressacs que peuvent occasionner
des rochers immergés, sur l'importance de la barre à l'es-
tuaire des cours d'eau, etc.

Lorsque la mer est forte et brise un peu, nagez de façon à
faire face aux lames: de cette manière vous pourrez toujours
maintenir la tête hors de l'eau au passage d'une vague en vous
dressant sur les pieds, comme il a été dit plus haut; ceci
implique évidemment, la nécessité de savoir nager indifféremment sur chaque côté.

L'évolution des méthodes de nage. — La brasse et la coupe
sont les deux modes de nage essentiellement français, mais
ils ont été supplantés par les modes de nage anglais à la suite
de révélations successives dans les meetings de natation. Le
premier coup de sape fut porté en 1898, à la suite du Critérium
international de natation, que fit disputer à Bagatelle le journal
le Vélo. Notre nageur national Paulus, qui se croyait hors
classe, arriva troisième, battu d'une minute et vingt secondes
(le 1/6 du temps total) derrière deux Anglais pratiquant pour
la première fois en France l' « over arm stroke ».

La seconde révélation fut en 1904, lors du Championnat du
monde, à Joinville-le-Pont; un autre Anglais, Forsyth, s'ad
jugea ce championnat avec un nouveau mode de nage, le
« trudgeon » (de « trudge », courir avec difficulté), qui lui
permit de faire les 500 mètres avec trois virages en 6 minutes
54 secondes, alors que le temps précédent était de 8 minutes
33 secondes. C'est ce mode de nage qu'adopte Billington dans
ses traversées de Paris à la nage.

Enfin, en 1906, au Championnat de Charenton, un Austra-

lien pratiqua un mode de nage encore plus rapide, le « crawl »,
qui lui permit de gagner avec une avance de 15 mètres (sur
100 mètres) sur son rival le plus immédiat, un champion anglais. « Crawl » veut dire glisser, s'immiscer à la façon d'un
reptile.

Ces différentes étapes de l'art de nager, semblent bien démontrer la supériorité de la nage sur le côté, relativement à la
nage sur le ventre, qu'il s'agisse de la brasse ou de la coupe.
Nous tenions à le rappeler en cette note, car les résultats
sportifs que nous venons de rapporter confirment les arguments de pur raisonnement que nous avons donnés plus haut
pour justifier que la position sur le côté est le mode de nage
le plus naturel pour l'homme.

L. G.

LE PATINAGE

L'art de patiner consiste à conserver un parfait équilibre dans les diverses positions que le corps doit prendre pour accomplir des mouvements de translation en avant ou en arrière, des balancés alternativement à droite et à gauche, des coupés en sens divers, des voltes et des demi-voltes sur place ou en courbe allongée. Le patineur fera donc appel plutôt à la souplesse de ses membres qu'à leur force musculaire; cependant, l'obligation de maintenir les chevilles parfaitement fermes, fait exception à cette règle et demande un certain effort.

Le premier soin du patineur doit porter sur le choix des patins; les modèles en sont fort nombreux; mais les montures ont entre elles tant d'analogie qu'il est inutile de les passer en revue.

Au contraire, la forme des lames a une importance capitale, c'est à leur sujet que l'on pourra plus utilement donner des conseils, et la monture, étant plutôt une question de goût, sera laissée au choix du futur patineur.

La courbure de la lame doit être examinée soigneusement; suivant que son rayon est plus ou moins long, on éprouvera plus ou moins de facilité à conserver un bon équilibre. La courbure la plus usuelle est celle qui correspond à un rayon de 2 m. 25 environ. Après la courbe de la lame, ses arêtes jouent également un rôle important; elles peuvent former des angles aigus, des angles droits ou des angles obtus. Pour patiner sur une glace très dure, les angles aigus sont nécessaires, parce qu'ils donnent une meilleure prise, mais si la glace est molle, ils

sont trop tranchants et produisent un grippement nuisible;
dans ce cas, des angles obtus sont préférables. Par contre, sur
une glace dure le patineur éprouvera une grande difficulté à
utiliser une lame à arêtes obtuses, car elle glisserait sans
mordre suffisamment la glace. Dans les pays où la glace n'est
ni très dure ni très molle, le mieux est de choisir des lames
dont les arêtes forment des angles droits. Ces remarques ont
une grande importance, car dès que le patineur veut exécuter
des mouvements autres que ceux de la marche, il doit patiner
soit sur l'arête intérieure, *inside edge*, soit sur l'arête extérieure, *outside edge*.

Le mot arête que l'on emploie ici, s'entend des deux angles
tranchants de la lame des patins; certains professionnels désignent ces angles par les mots de *carre* interne et *carre* externe;
d'autres disent simplement: le dedans et le dehors.

Une bonne manière de se familiariser avec le port des patins, c'est de les chausser à deux ou trois reprises avant de
se rendre sur la glace, et de s'habituer à marcher avec sur
une surface unie, telle que celle d'un parquet; cet exercice
fortifie les chevilles et, quand on l'a pratiqué sérieusement,
on est beaucoup plus maître de ses mouvements, et l'on fait
des progrès beaucoup plus rapides, dès les premières séances
d'apprentissage sur la vraie glace. Au cours de celles-ci, les
premiers mouvements seront simplement ceux des pas ordinaires du marcheur, jusqu'au moment où l'on se sentira maître
de ses pieds et lorsqu'ils cesseront de vouloir s'échapper dans
toutes les directions, car telle est l'impression que l'on éprouve
au début. Les premiers pas du patineur sur la glace seront
donc semblables à ceux qu'il exécuterait pour marcher sur le
sol. Après quelque temps de ce simple exercice, le débutant sentira qu'il a acquis une aptitude nouvelle, celle de conserver
son équilibre et de commander aux mouvements de ses pieds:
il pourra alors s'exercer à pratiquer les pas véritables du patinage, premièrement en avant, puis ensuite en arrière, et
apprendre également à s'arrêter.

Pour exécuter les pas en avant, il fera porter le poids de
son corps sur une jambe en se penchant et en fléchissant un
peu le genou, puis il produira un mouvement de poussée, à l'aide

de l'autre pied posé légèrement en biais sur la glace; aussitôt l'impulsion donnée, il soulèvera ce pied pour le ramener à côté du pied glisseur et, à son tour, celui-ci donnera une impulsion de la même façon pour continuer le mouvement de translation sur l'autre jambe. Ces mouvements seront pratiqués alternativement par chaque pied, et ceux-ci occuperont successivement les positions que montre la figure 1.

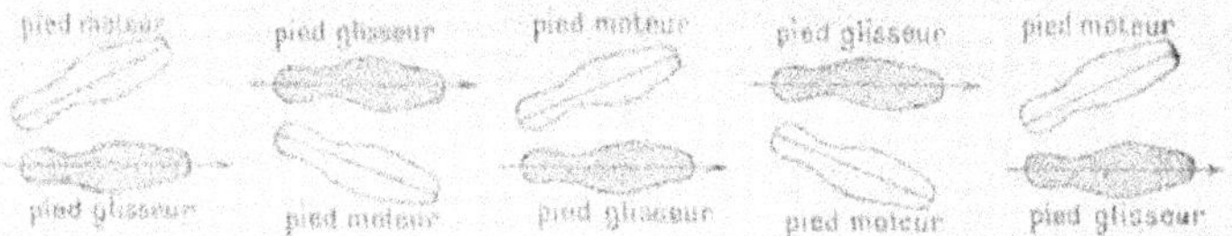

Fig. 1. — Mouvements alternatifs des pieds; patinage en avant sur le plat des lames.

Pour patiner à reculons, le mouvement sera exécuté inversement; c'est-à-dire qu'au départ, le patineur étant immobile, il portera un pied en arrière et donnera le mouvement de recul à l'aide du pied placé devant, puis celui-ci sera porté un peu en arrière du pied glisseur qui, à son tour, donnera l'impulsion. Au cours de ces deux mouvements de translation, avant et arrière, et lorsque le débutant sera parvenu à les accom-

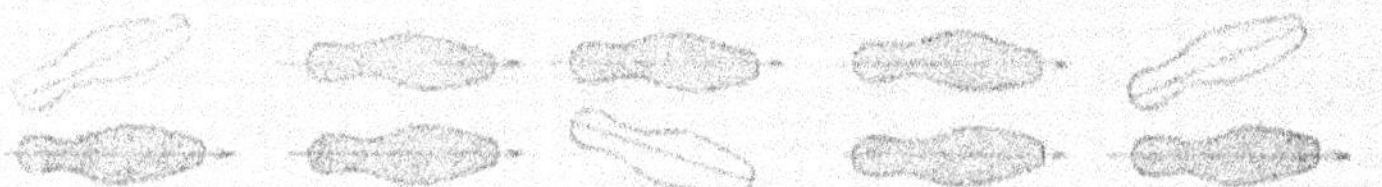

Fig. 2. — Patinage en avant; glissade alternative sur un et sur deux pieds.

plir sans difficulté, ce qui devra se produire dès la seconde séance de patinage il pourra prendre des élans un peu plus vigoureux et, entre chaque nouveau mouvement d'impulsion, il placera ses deux pieds l'un à côté de l'autre, et glissera assez longuement. Pour cela, il s'efforcera de maintenir les deux lames de ses patins parallèlement disposées; et il ne donnera une nouvelle impulsion que lorsque la force acquise étant épuisée, la glissade commencera à diminuer sensiblement de vitesse (fig. 2).

Ayant acquis les éléments de la translation avant et arrière, le néophyte devra alors apprendre à s'arrêter à volonté.
Supposant que le pied droit est le pied glisseur, au moment
où le patineur veut s'arrêter; c'est le pied gauche qui sera le

Fig. 3. — Arrêt par freinage du patin gauche.

pied freineur. Au lieu de donner une impulsion avec ce pied,
il le posera d'abord parallèlement au pied droit, puis, portant le poids du corps sur la jambe gauche, il tournera le
pied en dehors jusqu'au moment où les deux lames des patins
formeront un angle droit. A ce moment, l'arrêt sera obtenu par
la résistance que la lame du patin gauche, placée en travers
de la direction suivie, offrira au mou-
vement acquis de translation accompli sur le patin droit (fig. 3).

On peut encore obtenir un arrêt,
lorsque les deux patins glissent parallèlement, en écartant les talons pour former un angle obtus, le sommet est
constitué par les deux pointes des
pieds; les deux lames placées en travers de la direction suivie forment
frein d'arrêt (fig. 4).

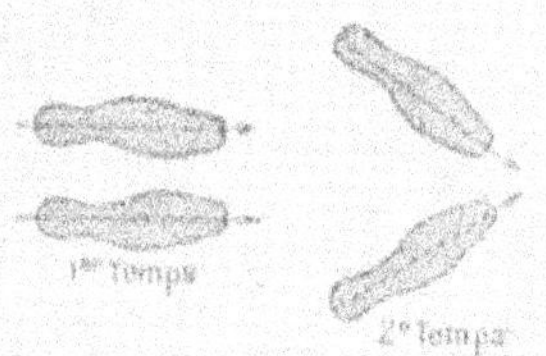

Fig. 4. — Arrêt par freinage
des deux patins.

On peut estimer que le débutant aura acquis ces premiers
principes du patinage et sera à même d'en accomplir les mouvements après quatre ou cinq séances d'exercice sur la glace.
Il aura à ce moment assez de confiance en lui pour pratiquer
les autres mouvements plus difficiles que l'on désigne sous le
nom de balancé, sur le continent: mais que les Anglais, les
Américains du Nord et surtout les Canadiens, ces merveilleux patineurs, nomment *inside edge*, arête intérieure; *out-*

side edge, arête extérieure. Les arêtes intérieure et extérieure désignant ici, bien entendu, celle de la lame des patins. Ainsi donc, lorsque dans les instructions qui suivent, on parlera de l'*arête intérieure*, c'est le côté de la lame qui se trouve à l'intérieur du patin que l'on désignera, et l'arête extérieure sera celle du côté extérieur.

Ces balancés donnant lieu, comme les pas précédemment décrits, à des mouvements de translation en avant et en arrière, on les décomposera en quatre mouvements : arête intérieure en avant; arête intérieure en arrière; arête extérieure en avant et arête extérieure en arrière. Tous les mouvements que les patineurs accomplissent pour tracer des figures sur la glace sont des composés de ces quatre balancés, interrompus de temps à autre, avant leur achèvement, par des temps que l'on désigne par le nom de coupés; c'est-à-dire la substitution rapide du mouvement arrière au mouvement avant, ou vice versa, changements qui doivent être faits sur la même arête. Suivant le sens dans lequel on les exécute, on les nomme coupés avant ou coupés arrière; ces derniers sont aussi appelés par certains patineurs des contre-coupés.

Le patinage sur l'arête intérieure de la lame, étant le plus aisé à pratiquer, ce qui ne veut pas dire qu'il soit facile à bien réussir, fera l'objet de la première instruction.

Le corps sera droit, la tête suffisamment élevée pour porter les regards devant soi. Au départ, le patineur inclinera légèrement le corps tout entier, depuis les chevilles, le genou droit légèrement fléchi au départ mais tendu dès que l'arête de la lame mordra la glace. La position du corps devra prendre successivement celle du patin; c'est-à-dire, lorsque le patin droit est en avant, l'épaule droite sera portée en avant et la gauche effacée en arrière; les coudes seront maintenus au corps, mais sans raideur. Pour prendre le premier élan, le débutant placera ses pieds l'un à côté de l'autre, en les inclinant un peu sur l'arête intérieure des lames; fléchissant alors le corps en avant, et faisant porter son poids sur le patin droit, il poussera contre l'arête du patin gauche, et, dès que celui-ci aura accompli son effort moteur, il sera ramené derrière le patin droit (fig. 5). A ce moment, l'épaule droite sera en avant et la gauche effacée, ainsi qu'on l'a expliqué plus haut. Après avoir glissé sur une certaine longueur dans cette position, et en décrivant une courbe dont l'ouverture sera intérieure, l'impulsion donnée se ralentira et il faudra en produire une nouvelle. Pour celle-ci, c'est le patin gauche qui sera à son tour placé devant. Pour atteindre la position voulue, on amènera

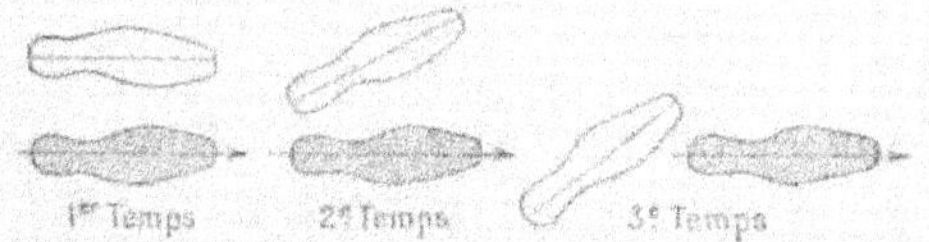

Fig. 5. — Patinage sur l'arête intérieure, translation en avant.

premièrement l'épaule gauche en avant, et ce mouvement sera suivi par celui du patin gauche qui se trouvera d'abord parallèlement au droit; le poids du corps sera porté sur le pied gauche, le corps un peu incliné et le genou gauche légèrement fléchi; l'impulsion sera donnée par le pied droit. En même temps, le genou gauche sera tendu et le patin droit ramené

Fig. 6. — Tracé des balancés en avant sur l'arête intérieure.

derrière le gauche. Les mouvement alterneront ainsi d'un patin sur l'autre, et, chaque fois, le changement de position du corps précédera immédiatement le mouvement du pied (fig. 6).

La seconde instruction concernera le patinage sur l'arête extérieure de la lame, *outside edge*; c'est le plus difficile à accomplir, car la position du corps est portée en dehors du centre de gravité et ce n'est que la force acquise par la translation qui le maintient en équilibre. Si ce mouvement est difficile à acquérir, il doit cependant être l'objet de l'ambition de tout patineur digne de ce nom, car les balancements rythmés, qui accompagnent l'exécution de chaque courbe, sont de l'effet le plus gracieux. En prenant position, le patineur appuiera sur les arêtes extérieures des lames et les courbes décrites auront leur ouverture tournée extérieurement. La position des patins est sensiblement la même que pour l'exercice sur l'arête intérieure, avec cette différence, que le patin glisseur partira sur l'arête *extérieure* de la lame, tandis que le patin propulseur agira contre l'arête *intérieure*. Au départ, incliner tout le corps en avant, faire porter le poids du corps sur la jambe droite, le genou légèrement fléchi ; pousser contre l'arête *intérieure* du patin gauche, et, dès l'impulsion acquise, ramener ce patin derrière le droit en raidissant simultanément le genou de la jambe droite. Les règles concernant la position des épaules, des bras et de la tête, données dans la précédente instruction, patinage sur l'arête intérieure, s'appliquent également aux exercices sur l'arête extérieure.

Fig. 7. — Tracé des balancés en avant sur l'arête extérieure.

A chaque changement de pied, on doit porter en avant l'épaule placée du côté de la jambe qui entre en action (fig. 7).

Avant de pouvoir pratiquer le patinage sur l'arête intérieure, tel qu'on vient de le décrire, ce qui demandera assez longtemps, on peut s'y accoutumer en le pratiquant d'abord d'une manière qui offre moins de difficulté.

Pour ce genre intermédiaire, on pose les patins parallèlement sur la glace, après chaque mouvement d'impulsion, au lieu de les tenir en ligne, l'une derrière l'autre, comme on l'a expliqué précédemment.

Pour décrire une courbe sur l'arête extérieure droite, les deux patins seront maintenus l'un à côté de l'autre, la lame du droit inclinée sur l'*arête extérieure*, mais celle du patin gauche inclinée, au contraire, sur l'*arête intérieure*.

On donnera l'impulsion en poussant du pied gauche et en le conservant sur la glace à côté du patin droit, mais, de temps en temps, on lèvera le pied gauche, de façon à patiner uniquement

sur le droit, aussi longtemps que l'on pourra le maintenir sur
l'arête *extérieure* de la lame; le pied gauche étant toujours
prêt à venir au secours du patineur au moment où il perd l'équilibre, et à donner une nouvelle impulsion quand la vitesse acquise
est épuisée. De cette façon, le patineur s'accoutumera à pratiquer
le patinage sur l'arête extérieure. Après un certain temps
d'exercice sur le patin droit, il s'exercera sur le patin gauche
dont la lame glissera à son tour sur *l'arête extérieure*, tandis
que celle du droit, au moment de pousser ou d'accompagner
le patin gauche, sera posée sur *l'arête intérieure*. Dans ce
mode de patinage les deux épaules se présentent de face.

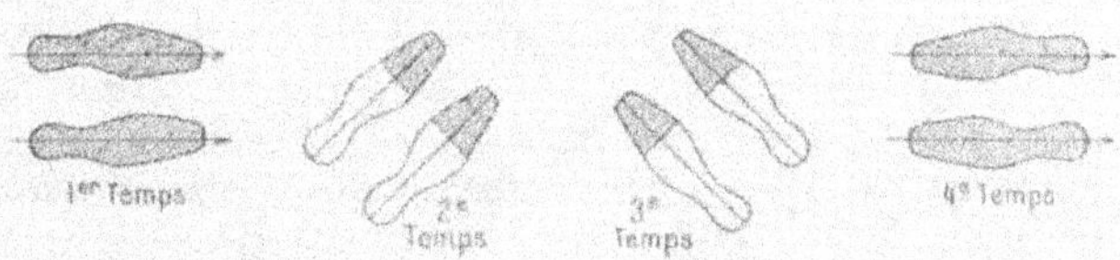

Fig. 8. — Transformation du patinage en avant, en patinage en arrière
par pivotage sur les pointes.

La troisième instruction s'occupera de la manière de tourner
sur les deux pieds, car il est indispensable d'acquérir la maîtrise complète de ce mouvement avant de s'exercer à pratiquer
le patinage en arrière sur les arrêtes intérieure et extérieure
du patin.

Après avoir fait quelques mouvements en avant, le patineur placera ses deux pieds à côté l'un de l'autre, les deux
lames glissant à plat, de champ, sur la glace, le corps complètement de front et son poids porté vers l'avant des patins.
Soulevant légèrement les talons, le patineur pivotera soit à
droite, soit à gauche et se trouvera patiner en arrière sur le
plat des lames (fig. 8). Lorsqu'il aura acquis la maîtrise nécessaire pour exécuter cette volte-face d'un côté ou de l'autre et
patiner correctement en arrière, sur le plat des lames, le débutant pourra apprendre à utiliser ce que l'on nomme la ligne
serpentine sur deux pieds.

Instruction pour patiner en ligne serpentine sur deux pieds. — Après avoir patiné à reculons sur une certaine distance, les lames des patins posées à plat et parallèlement le patineur fléchira les chevilles en dedans et, faisant porter le poids de son corps sur la jambe droite, il se poussera en arrière au moyen du pied gauche; puis, reportant le poids du corps sur la jambe gauche, il se poussera en arrière à l'aide du pied droit. Employant ainsi à sa propulsion, d'abord un pied, puis l'autre, par des actions régulières et continues. Dès que le patineur s'est poussé à l'aide du pied gauche, le poids du corps reposant sur le droit, le pied gauche suivra le droit sur la même ligne, le talon légèrement levé; mais la pointe posée sur la glace; lorsque l'impulsion sera presque épuisée, on ramènera le pied gauche à côté du droit et, faisant simultanément porter le poids du corps sur le pied gauche, on se poussera en arrière à l'aide du patin droit qui viendra se placer à son tour devant le gauche pour suivre sa trace en arrière. Prenant le départ sur le pied droit, la lame de ce patin sera posée sur l'arête intérieure et le patineur accomplira ainsi un véritable balancé en arrière sur l'arête intérieure, tandis que le patin gauche suivra, ayant sa lame posée sur l'arête extérieure.

Pour patiner en arrière sur l'arête extérieure de la lame, le patineur prendra d'abord un vigoureux élan en avant, puis il tournera sur ses deux pieds, de la manière expliquée précédemment (fig. 8) et l'impulsion acquise l'entraînera à reculons. Pour commencer sur le pied droit, il appuiera sur l'arête extérieure de ce patin et sur l'arête intérieure du patin gauche. Le patin droit reste sur la glace et l'impulsion est donnée par le patin gauche posé sur l'arête intérieure; le patineur, à ce moment, glissera à reculons sur l'arête extérieure du patin droit. Pour le changement de pied il tournera son corps vers la gauche, en fera porter le poids sur la jambe du même côté, et donnera l'impulsion à l'aide du pied droit. Le commençant s'exercera d'abord, en ne faisant sur chaque pied que des pas assez courts, et il devra persévérer dans cet exercice pendant longtemps. Lorsqu'il aura acquis une maîtrise complète de ses mouvements, il en prolongera les temps plus longuement. Arrivé à ce point, le patineur est capable d'exécuter les principaux

mouvements qui entrent dans la composition des figures tracées
sur la glace, sauf les voltes sur un seul pied, qui feront l'objet
des instructions suivantes.

Volte sur un pied. — Pour volter sur un pied, on peut, soit
pivoter sur la pointe, soit sur le talon, soit encore sur le milieu
de la lame; mais ce dernier procédé n'est praticable que sur
les patins dont la lame est courbée suivant un rayon réduit.

La volte la plus facile est celle qui fait passer le patineur
de la translation en avant sur l'*arête extérieure* à la translation
en arrière sur l'*arête intérieure*. Après avoir pris un bon élan,
le patineur se placera dans la position du balancé, en avant
sur l'arête extérieure du patin droit, l'épaule gauche bien
effacée; au moment de pivoter, amener franchement cette épaule
en avant, s'élever légèrement sur la pointe du patin et tourner
le corps à droite; puis ramener le corps dans la position de-
mandée pour le balancé en arrière sur l'arête intérieure, c'est-
à-dire de front.

La seconde volte est celle que l'on accomplit pour passer
du balancé en avant sur l'arête intérieure, au balancé en arrière
sur l'arête extérieure. Prendre la position correcte du balancé
en avant sur l'arête intérieure du patin droit, le patin gauche
en arrière, s'élever légèrement sur la pointe, tourner le corps
par un à gauche et prendre l'arête extérieure à reculons. C'est
le corps, en pivotant, qui donne l'impulsion nécessaire, aussi
doit-on apporter beaucoup d'attention au mouvement des
épaules.

La troisième volte est exécutée pour transformer le balancé
arrière sur l'arête intérieure en un balancé avant sur l'arête
extérieure. Cette volte s'accomplit, non pas sur la pointe du
pied, comme les deux précédentes, mais sur le talon. Elle est
plus difficile et demande une certaine hardiesse; les plus habiles patineurs avouent que c'est un des mouvements qui leur
ont demandé le plus d'efforts et les exercices les plus longs.
Pour éviter les chutes, en accomplissant cette volte, il faut
porter le poids du corps sur le talon pivot, et bien lever la
pointe du patin, autrement la lame grippe sur la glace, en tournant, et occasionne une chute. Prendre la position du balancé

arrière sur l'arête intérieure du patin droit, en ayant soin de bien observer les positions respectives du corps, de la tête et de la jambe gauche, telles qu'on les a définies dans l'instruction concernant ce balancé. Au moment de tourner, amener franchement l'épaule gauche en avant, lever la pointe du pied et pivoter sur le talon, et faire prendre immédiatement au corps la position du balancé en avant sur l'arête extérieure.

Le quatrième mouvement de volte est celui au moyen duquel le patineur peut transformer un balancé en arrière sur l'arête extérieure, en un balancé en avant sur l'arête intérieure; on l'exécute également sur le talon; cependant, cette volte est moins difficile que la précédente.

Dans les quatre voltes que l'on vient de décrire, le mouvement d'impulsion est toujours donné par le changement de position du corps; il est donc indispensable que les différentes positions soient prises tour à tour avec beaucoup d'exactitude. Il est facile de concevoir que le patineur qui passe instantanément de la translation en avant à la translation en arrière, ou vice-versa, en pivotant simplement sur une pointe ou sur un talon, utilise la force de son élan initial et que ce n'est qu'en substituant soigneusement l'une à l'autre les positions respectives de chaque balancé qu'il pourra réussir à se maintenir sur l'arête de son patin. Ces quatre voltes simples peuvent être combinées entre elles deux à deux, ce qui fournit quatre nouveaux mouvements et ramène chaque fois le patineur à sa position initiale.

Ainsi qu'on l'a expliqué, les voltes consistent à changer l'arête sur laquelle on patine au moyen d'un demi-tour du corps sur lui-même; on peut également passer de l'arête intérieure à l'arête extérieure, ou vice versa, sans pivoter, ce mouvement donne lieu au patinage en lignes serpentines.

De même que pour les voltes, il existe quatre changements d'arête :

1° De l'arête intérieure en avant à l'arête extérieure en avant;

2° De l'arête intérieure en arrière à l'arête extérieure en arrière;

3° De l'arête extérieure en avant à l'arête intérieure en avant;

4° De l'arête extérieure en arrière à l'arête intérieure en arrière.

Pour exécuter la ligne serpentine en avant, le patineur se
donnera d'abord un vigoureux élan, puis prendra la position
du balancé en avant sur l'arête intérieure du patin droit, et
glissera dans cette position sur une certaine distance. Pour passer
sur l'arête extérieure en avant, la jambe gauche accomplira
un mouvement de balancé en avant et l'épaule du même côté
sera également amenée en avant.

Simultanément, le corps prendra l'inclinaison nécessaire à la
position du balancé sur l'arête extérieure; à ce moment, l'épaule
et la jambe gauche seront ramenées en arrière. C'est par une
suite de mouvements en avant et en arrière, de l'épaule et de
la jambe gauche que sera maintenue l'impulsion en avant sur
l'arête extérieure du patin droit.

Les autres lignes serpentines sont exécutées suivant les mêmes
principes, en prenant successivement le mouvement initial sur
les arêtes intérieure en arrière, extérieure en avant, extérieure en arrière; enfin, la première et la troisième ligne serpentine, la seconde et la quatrième peuvent être réunies deux
à deux.

Lorsque le débutant sera parvenu à exécuter avec facilité
et principalement avec une complète assurance, les pas, les
mouvements, les balancés, les voltes, etc., qui ont été décrits
au cours des instructions précédentes, il sera à même de tracer
sur la glace toutes les jolies figures que sa fantaisie et son
habileté à les réaliser pourront lui suggérer.

M. S.

LES SPORTS D'HIVER

LE SKI

C'est de Norvège que vient le ski. Dans ce pays, on le pratique non seulement à titre de sport, mais on l'utilise comme moyen de locomotion habituel pendant tout l'hiver, et c'est grâce à son emploi que les habitants peuvent se rendre d'un lieu à un autre, lorsque la contrée tout entière est recouverte d'un épais manteau de neige. Depuis quelques années, les fervents des sports ont adopté le ski dans les stations d'hiver des Alpes, du Jura et des Pyrénées; aussi le moment est-il venu de le faire connaître.

Le ski est composé d'une lame étroite et mince dont la longueur, proportionnée à la taille du skieur, varie de 1 m. 30 à 2 m. 20. L'épaisseur de la lame est augmentée vers le centre où, en même temps, elle est arquée; cet arc s'infléchit sous le poids du skieur et assure plus d'élasticité à sa marche, en agissant comme un ressort. De chaque côté, la lame est taillée avec des arêtes vives et le dessous est muni d'une rainure longitudinale de bout en bout; cette rainure a pour but de maintenir la raquette dans la direction de la glissade (fig. 1).

En choisissant les skis, on doit s'assurer que leurs dimensions sont proportionnées à la taille du skieur; une bonne longueur est celle qui mesure la hauteur depuis le sol jusqu'à la main tenue élevée au bout du bras et au-dessus de la tête; cette dimension devra être un peu augmentée pour les personnes dont le poids est supérieur à celui qui devrait se rapporter normalement à leur taille.

La manière de fixer les skis aux pieds demande beaucoup d'attention; il existe plusieurs modes d'attache et chaque année en voit naître de nouveaux. Un bon système d'attache doit présenter les avantages suivants :

Il doit être solide, simple et ne pas entraver la direction donnée par le pied.

Il doit être facile à fixer et à enlever, et ne pas blesser ni incommoder le pied.

Il doit être composé d'éléments faciles à remplacer ou à

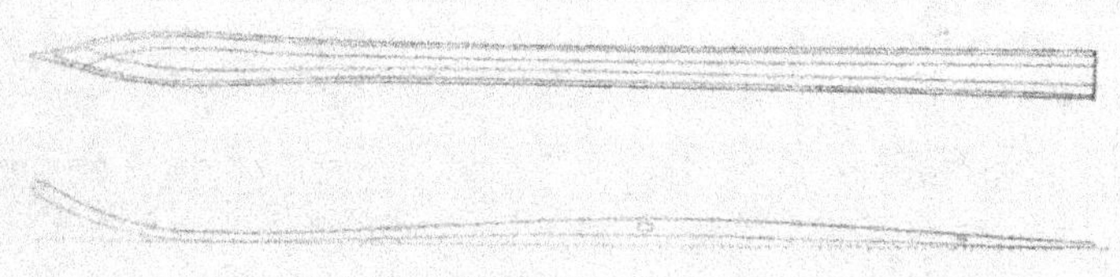

Fig. 1. — Le Ski, lame vue à plat et de côté.

réparer, en cas d'accident; enfin, son poids doit être réduit au minimum pour ne pas alourdir le ski.

Les divers modes d'attache que l'on trouve aujourd'hui chez les fabricants procèdent tous du système original du ski norvégien; ils consistent essentiellement en une première courroie maintenant l'avant du pied fixé au ski, et en une seconde courroie passée autour du talon, mais lui laissant toute liberté pour s'élever et s'abaisser.

Ce système d'attache du ski est particulier et complètement différent de celui du patin qui, au contraire, a pour but de maintenir le pied tout entier sur la monture.

Les différents perfectionnements apportés au système primitif consistent généralement dans l'adjonction soit d'un butoir destiné à empêcher le pied de glisser en avant, soit d'une semelle en cuir, en métal ou en tissu balata.

La figure 2 représente le mode de fixation original norvégien; il est composé d'une courroie armée de jonc ou d'osier,

fisée à l'avant et faisant le tour du talon; une seconde courroie
sert à maintenir la pointe du pied; ce modèle primitif n'est plus
guère en usage.

La figure 3 est un modèle de fixation très pratique; son prin-

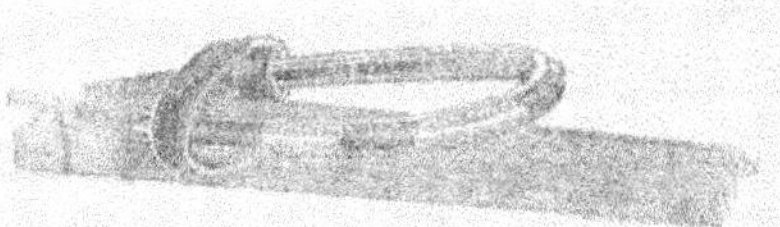

Fig. 2. — Système d'attache avec courroie
armée de jonc.

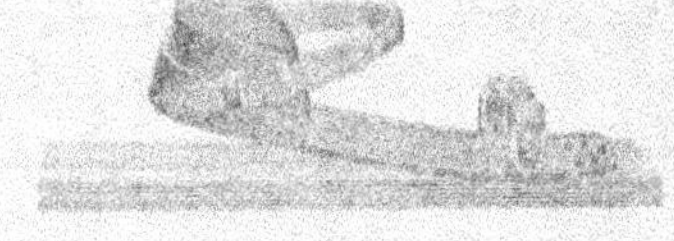

Fig. 3. — Fixation avec semelles en cuir
ou en tissu balata.

cipal perfectionnement consiste dans l'adjonction d'une semelle
en cuir, ou en tissu balata, qui assure une grande précision dans
la transmission des mouvements donnés par le pied; une em-
peigne en cuir, munie de courroies, complète cette attache.

La figure 4 représente le modèle d'attache dit: ou Huitfeld, ou
Ellefsen, suivant la marque; il est essentiellement caractérisé

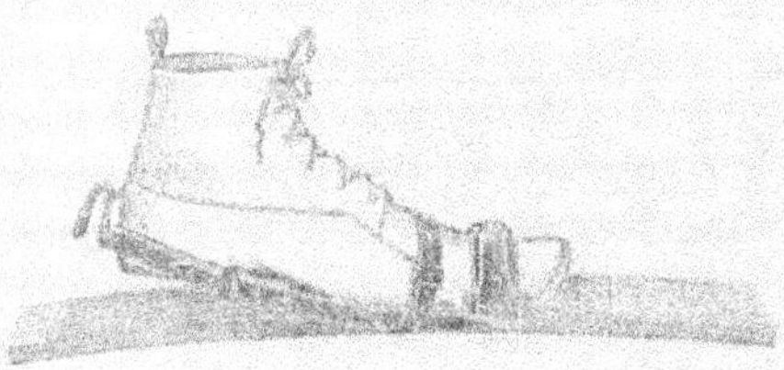

Fig. 4. — Mode d'attache avec mâchoires en métal; systèmes Huitfeld et Ellefsen.

par l'adjonction de mâchoires ou boucles en métal, vissées sur le
ski et qui assurent une excellente fixation de la courroie d'avant.

Quel que soit le système adopté, il faudra qu'il remplisse les
conditions indiquées précédemment.

Le skieur aura encore à se munir de quelques accessoires
indispensables, parmi lesquels le bâton occupe la première
place. On le choisira en frêne et de longueur proportionnée à
la taille du skieur; aujourd'hui on donne la préférence au bâton

court dont la longueur est telle qu'elle atteint au coude ou,
tout au plus, à l'épaule.

Pour empêcher que le bâton ne pénètre trop profondément
dans la neige, on le munit, à 15 centimètres environ au-dessus
de la pointe ferrée, d'un disque en osier ou en bambou (fig. 5).
Beaucoup de skieurs adoptent un double bâton; son emploi
est à conseiller, principalement au cours des excursions, car il
permet de se pousser et de réaliser une translation plus rapide
en pays plat, et offre une grande aide dans les montées; son
inconvénient est d'être moins utile lorsque l'on veut obtenir
un freinage énergique.

Fig. 5. — Bâton de skieur, muni d'un disque d'arrêt en osier ou en jonc.

Dans le cas de véritables excursions de montagne, entreprises
par des alpinistes éprouvés, on remplace le bâton par un
piolet; mais, afin de lui conserver sa double utilité de bâton
pour la marche, les montées ou le freinage, et d'outil pour
tailler des marches dans la glace, on le fait avec un manche
plus long que celui du piolet ordinaire.

Une précaution indispensable est d'envelopper le pic et la
pioche dans une gaine de cuir, autrement le contact du froid
du fer serait insupportable à la main et, en outre, les parties
en métal offriraient de grands dangers en cas de chute.

Après le bâton, le second accessoire utile est la garniture
de peau de phoque que l'on place sous le ski pour l'empêcher
de glisser en arrière dans les montées, lorsque la neige est lisse,
sèche ou recouverte de givre. Cette garniture mobile doit être
facilement montée ou démontée; on la place sous le ski, sur sa
surface de glissement et dans toute sa longueur, elle est posée
de telle sorte que les poils soient couchés de l'avant vers
l'arrière; de cette manière, la translation en avant n'est nulle-

ment gênée, tandis que tout mouvement de glissade **en arrière**
se trouve enrayé par le fait qu'il agirait à rebrousse-poil. Dans
les cas où les pentes sont tellement abruptes que la garniture
de peau ne suffirait plus à prévenir les glissades en arrière,
on a recours à un troisième accessoire, aux crampons qui se
fixent sous la partie inférieure du ski.

Les premiers mouvements du skieur, avant d'entreprendre
les descentes en glissant, qui constituent la partie la plus at-
trayante de ce sport, seront ceux de la marche en terrain plat;
puis, lorsque le débutant aura acquis une pratique suffisante

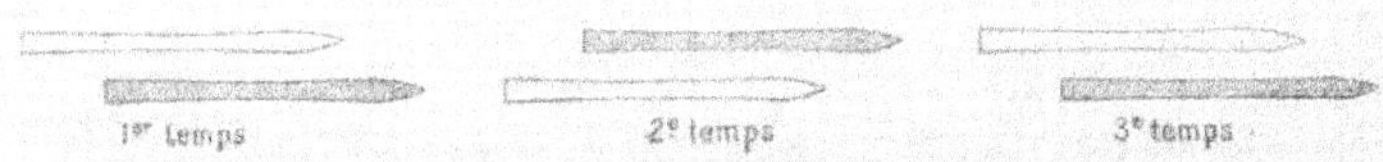

Fig. 6. — Translation des skis en terrain plat ; marche en avant.

de cet exercice, il aura à se rendre maître des procédés employés
pour s'arrêter instantanément.

Cette obligation d'acquérir une maîtrise complète dans l'art de
s'arrêter à volonté, est de la plus haute importance pour le
débutant, car il ne doit, en aucun cas, entreprendre des descentes
en glissant avant d'être à même de pouvoir s'arrêter instantanément en cas de rencontre d'un obstacle. Lorsqu'il aura franchi
ces deux étapes, le skieur pourra goûter en toute sécurité le
plaisir des descentes vertigineuses et entreprendre les exercices
du saut qui constituent le couronnement de ce sport.

La marche en avant est basée sur deux principes fondamentaux qui sont: d'abord, de maintenir le parallélisme absolu
des deux skis, ensuite de les faire glisser de façon continue
sur la surface de neige, l'un après l'autre, mais sans en perdre
le contact; il ne faut pas lever les skis, mais les glisser successivement en avant et en maintenant une complète adhérence
entre la partie inférieure de la lame et sur toute sa longueur,
avec la surface de neige (fig. 6). La pointe recourbée de la
lame se prête à ce mouvement et agit comme la proue d'un

bateau pour permettre et assurer la translation en avant par glissement.

Pour faciliter le mouvement, le corps sera légèrement penché en avant. Les skis cheminent parallèlement; d'abord l'un, puis l'autre, la poussée sera donnée en appuyant sur la pointe du pied d'arrière et non pas sur celle du ski; puis ce pied, à son tour, sera amené en avant, toujours en glissant sur la neige, et la poussée sera donnée par le premier pied glisseur devenu, à son tour, pied pousseur. On accélère progressivement le mouvement et on prolonge le glissement de chaque pied au fur et à mesure que l'on acquiert une maîtrise plus complète de ses mouvements. Cependant, la translation toujours en avant, même en terrain plat, n'est pas suffisante et le skieur devra acquérir

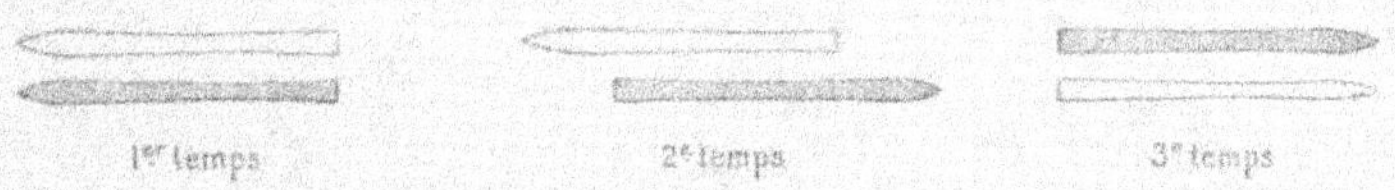

Fig. 7. — Positions successives des skis pour le virage sur place.

la faculté de tourner en exécutant un demi-tour soit à droite, soit à gauche, pour se diriger à sa guise vers le but choisi. Ce mouvement de demi-tour s'exécute sur place et arrêté. Les deux skis étant parallèles, pour tourner à gauche, par exemple, le skieur, appuyé sur son bâton, lèvera le pied gauche, en avançant la jambe suffisamment pour qu'en faisant pivoter complètement le pied de l'intérieur vers l'extérieur, l'arrière du ski ne rencontre pas la jambe droite; puis il posera le ski sur la neige, la pointe dirigée inversement à celle du ski droit; à ce moment, les deux skis seront de nouveau parallèles, mais dirigés en sens opposé. Toujours appuyé sur son bâton, qu'il fera passer du côté droit au côté gauche, le skieur lèvera la jambe droite et lui fera décrire un mouvement de demi-tour de façon à placer le ski de droite parallèlement à celui de gauche et les pointes dirigées du même côté (fig. 7).

Au cours de cette description, pour la simplifier et la rendre plus claire, on n'a parlé que des mouvements des jambes; cependant, le corps joue également un rôle important dans l'exécution du demi-tour et occupe successivement les positions suivantes :

Au moment où les pieds sont parallèles, le poids est réparti également sur les deux jambes; puis, *avant* de lever la jambe gauche, le poids du corps est équilibré sur la jambe droite, sur

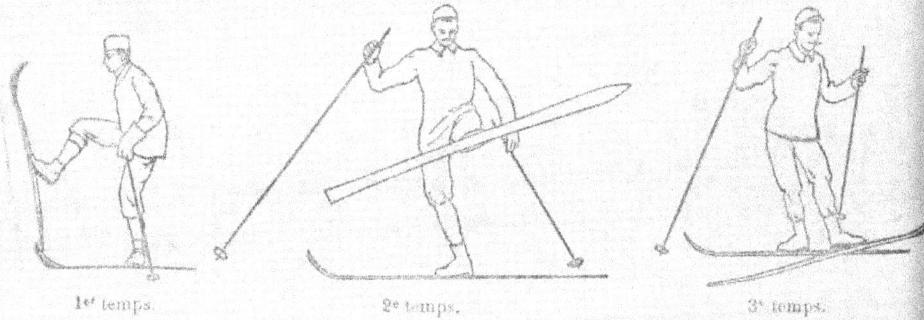

Fig. 8. — Positions successives du skieur accomplissant un demi-tour sur place.

laquelle on pivote, et sur le bâton que l'on a soin de planter fermement et en arc-boutant dans la neige; enfin, au moment où l'on porte le bâton du côté droit au côté gauche, et où les skis sont parallèles, mais de sens opposé, le poids du corps sera réparti sur les deux jambes. *Avant* de lever la jambe droite, le corps sera remis en équilibre sur la jambe gauche et sur le bâton placé à gauche du skieur; enfin, son poids sera réparti de nouveau sur les deux jambes, au moment où les deux skis seront de nouveau posés parallèlement dans la nouvelle direction; le demi-tour étant alors complet (fig. 8).

Supposant que le débutant a acquis maintenant la pratique de la marche et des demi-voltes en terrain plat, son ambition sera de pouvoir se livrer, le plus tôt possible, au plaisir de la descente en glissade; mais, auparavant, il faudra lui enseigner à monter, car il est plus logique de gagner d'abord des hauteurs pour les descendre, que de commencer une course en ski par une descente et d'être obligé, ensuite, de retirer ses skis pour remonter; d'ailleurs, au cours des excursions en montagnes, des montées et des descentes peuvent se rencontrer successivement et il faut être à même de les franchir, sans éprouver aucune difficulté.

Dans les montées de faible ou de moyenne inclinaison, ce sont les pas ordinaires du marcheur qui seront simplement utilisés; cependant, ces pas seront réduits de longueur, pour éviter que le ski d'arrière ne soit chassé à reculons par la tension de la jambe. Pour les montées plus rapides, on aura recours à la progression en lacets, d'abord dans un sens, puis, après un demi-tour sur place, exécuté suivant la méthode décrite plus haut, on progressera dans le sens opposé. Au cours de cette marche, comme dans celle en montée droite, on aura soin de maintenir le parallélisme des deux skis et de les tenir rapprochés l'un de l'autre, à une distance à peu près égale à la moitié de la largeur des lames. Dans la montée en ligne droite, l'état de la neige peut être tel que, malgré les efforts du skieur, il éprouve de temps à autre une certaine difficulté à retenir le ski posé à plat; dans ce cas, il appuiera plus fortement sur l'avant, de façon à le faire pénétrer profondément dans la neige; par ce moyen, la longueur totale de la lame sera moins inclinée de l'avant vers l'arrière. De même, dans la montée en lacets et pour éviter les glissements en sens latéral, le skieur fera mordre davantage l'arête *intérieure* du ski placé en contre-bas, et l'arête *extérieure* du ski placé vers la montagne; toujours en ayant soin de maintenir le parallélisme parfait des deux lames.

Lorsque la pente sera trop raide pour être montée en cheminant en lacets, le skieur aura recours à la marche en échelons. Deux méthodes peuvent être appliquées; la première consiste à progresser en ligne droite et s'exécute comme suit : les deux skis étant parfaitement parallèles et posés dans le sens transversal de la pente, le skieur ayant son bâton planté du côté de la montée, soulèvera la jambe du même côté et la reposera un peu plus haut, puis il soulèvera, à son tour, l'autre ski dont la lame viendra prendre la place occupée précédemment par le premier ski; le mouvement sera répété dans le même ordre et l'ascensionniste progressera ainsi sûrement vers la hauteur qu'il désire atteindre. La deuxième méthode est une application des mêmes mouvements, mais à une progression oblique, d'abord dans un sens, puis ensuite dans le sens opposé. On y a recours lorsque la pente est tout à fait raide, ou lorsque l'état trop glissant de la neige ne permet pas la marche en échelons en ligne droite. Dans l'une et l'autre de ces méthodes d'ascension, on devra assurer ses pas en faisant mordre l'arête *intérieure* de la lame placée en contre-bas, et l'arête *extérieure* du ski supérieur.

Le skieur ayant progressé par l'un des moyens d'ascension précédemment décrits va pouvoir se livrer, maintenant, à la descente en glissant.

Les descentes en ligne droite et sur des pentes parfaitement unies, ne se rencontrent que sur des pistes spécialement aménagées pour les exercices des skieurs; dans les courses en montagnes, même à de faibles altitudes, les pentes sont parsemées d'obstacles de toute nature et, avant de s'y aventurer en glissant à toute vitesse, le skieur devra avoir maîtrisé les secrets des virages et des arrêts brusques en pleine glissade; autrement, il courrait le danger d'aller se heurter contre un arbre, de se briser contre un rocher ou de tomber dans le lit d'un torrent, dans une crevasse ou dans un précipice; ces divers dangers existant dans toutes les contrées de montagnes.

Le skieur devra d'abord s'exercer sur des pistes de pentes moyennes et sans obstacles dangereux; puis, quand il aura acquis la maîtrise complète des mouvements que nécessitent les glissades en ligne droite et en courbe, les virages et les arrêts en descente, alors, mais alors seulement, il pourra s'aventurer en pleine montagne et, franchissant monts et vallées, goûter la joie de mépriser tous les obstacles et d'être le maître de l'espace!

Pour débuter dans la descente, le skieur choisira une pente moyenne et, prenant la position arrêtée, il suivra les instructions suivantes :

Tenir les skis parfaitement parallèles, ainsi qu'on l'a précédemment recommandé dans les instructions concernant la marche en terrain plat. On ne saurait trop insister sur cette règle car, par suite de la conformation des genoux et de la dispo-

sition des pieds qui tendent naturellement à porter les pointes
en dehors, le skieur doit faire un effort continu pour les maintenir droits, autrement les arrières des skis chevaucheraient l'un
sur l'autre, ou viendraient s'entrechoquer ou frapper le bas
des jambes, et chacun de ces accidents occasionnerait une
chute. Les skis étant donc posés parallèlement sur la neige et
séparés d'une demi-largeur de lame environ, le skieur portera
une jambe en avant, environ à 20 ou 25 centimètres et con-
servera son équilibre en évitant toute raideur des genoux;
ceux-ci, en effet, sont destinés à agir, en quelque sorte, comme
des ressorts et à amortir les mouvements brusques provoqués
par la rencontre des inégalités du sol cachées sous la neige;
l'espacement des pieds, placés l'un devant l'autre, varie avec la
rapidité de la pente, et doit être augmenté en proportion. La
jambe posée en avant fait un peu l'office de jambe de direction,
elle sera légèrement ployée; la jambe arrière, également légèrement fléchie, supportera presque totalement le poids du corps
et amortira les chocs en conservant beaucoup d'élasticité au
genou. On peut définir l'action générale du skieur, dans la
descente, comme résultant d'un équilibre obtenu en amortis-
sant les chocs par l'élasticité des genoux et en modifiant l'espacement des pieds posés l'un devant l'autre.

Ce mode de glissade, en maintenant les lames des skis sur
la neige, peut être remplacé par une action plus active, qui a
pour but d'augmenter la rapidité de la translation. Cette action
est une véritable application à la pratique du ski, des pas du
patineur glissant sur un pied, alternativement en dehors, vers la
droite, et en dehors, vers la gauche. Les mouvements sont les
mêmes, le pied glisseur en avant, le ski pousseur quittant la
surface de neige dès l'action effectuée et, amené en avant, deve-
nant à son tour le ski glisseur. Pour empêcher le ski pousseur
de glisser en dehors, on agira en appuyant plus fortement sur
l'*arête intérieure* de la lame.

Au cours des descentes, il est indispensable que le skieur soit
à même de modérer son allure au moyen de freinage; pour cela,
on peut avoir recours soit au freinage avec le bâton, soit au
freinage par les skis eux-mêmes, en leur faisant prendre la position nécessaire.

Le freinage au moyen du bâton s'obtient en le tenant un peu en arrière et de côté, et en lui faisant labourer la neige en appuyant fortement; il faut avoir soin d'éviter toute poussée vers l'arrière qui aurait pour résultat de lancer le skieur en avant; il faut agir par une pression latérale. Pour freiner avec les skis, on écarte progressivement les talons, de façon que les deux lames forment un angle obtus, semblable à celui que l'on exécute pour obtenir un arrêt en patinant sur la glace; on augmente beaucoup l'effet de ce mouvement en appuyant fortement sur l'arête intérieure de chaque lame; on peut freiner soit avec les deux skis, soit simplement avec un seul ski que l'on placera dans l'angle voulu et en appuyant également sur l'arête intérieure.

Cette action pratiquée alternativement avec un ski, puis avec l'autre, est utilisée pour modifier la direction suivie et, par ce moyen, le skieur peut modérer la rapidité de sa course, en décrivant des lacets continus, en glissant tour à tour dans un sens et dans l'autre.

Les Norvégiens, qui sont passés maîtres dans tous les exercices du ski, sont capables d'exécuter deux sortes d'arrêts immédiats; on comprend l'utilité de cette pratique qui permet un arrêt sur place en cas d'obstacle imprévu. Suivant la manière de les exécuter et leur origine, on désigne ces arrêts sous les noms respectifs de « Télémark » et « Christiania ». A proprement parler, ce sont des virages brusques; ils ont pour but, l'un et l'autre, de transposer les skis de la position en ligne droite à la position transversale qui s'oppose le plus complètement à la translation en avant. Dans l'un et l'autre de ces virages, un ski travaille extérieurement et l'autre intérieurement; la différence consiste en ce que dans l'arrêt dit « Télémark », le poids du corps est porté en entier sur le *ski extérieur*, tandis que dans l'arrêt dit « Christiania », le poids du corps est porté sur le *ski intérieur*.

Pour terminer ces instructions concernant l'emploi des skis, il reste à parler du saut; c'est l'exercice sportif par excellence et tous les hivers, dans les stations de montagne, des concours mettent en présence les skieurs les plus habiles de tous les pays. Le saut ne peut s'exécuter que sur des pentes et des pistes dûment préparées, car l'élan du sauteur est obtenu au moyen d'un véritable tremplin qui ne se différencie de celui employé dans le saut ordinaire que parce qu'il n'est pas élastique; il transforme en projection dans l'espace, la vitesse acquise par le skieur au cours de la glissade qui précède le saut.

Sur une pente choisie et dont la piste est soigneusement entretenue dans ce but, on établit soit en tassant un amas de neige, soit en ayant construit préalablement un ressaut convenable en terre, fascines ou madriers recouverts de terre, une sorte de promontoire qui vient couper la descente et surplomber la pente inférieure. Le skieur commence la glissade à une certaine distance au-dessus du tremplin, distance proportionnée à l'élan qu'il veut prendre; puis, glissant droit devant lui, la force acquise lui fait franchir le tremplin dont la courbe tend à le projeter en l'air. De la force acquise par la glissade et de la projection donnée par le tremplin, résultent la trajectoire parcourue dans l'espace et la longueur du saut. Cette trajectoire sera, d'ailleurs, encore augmentée par la déclivité de la pente en *dessous* du tremplin.

Au moment où le skieur rencontre le tremplin, ses jambes, jusque-là ployées sous lui, se détendent comme un ressort et ce mouvement lui donne son élan définitif, élan qui sera proportionné à la vigueur de jarrets que possède le sauteur; celui-ci pourra encore augmenter son impulsion en élevant les bras en l'air. L'espace parcouru variera suivant l'impulsion fournie par chacun des facteurs précédemment énumérés et le skieur n'aura plus qu'à *se recevoir* convenablement au moment où ses skis toucheront de nouveau la piste de neige.

Il procédera, comme le sauteur en longueur ou en hauteur sur une piste de racing; c'est-à-dire qu'il fléchira les genoux pour amortir le choc et reprendre aussitôt son équilibre, soit pour continuer sa course, soit pour exécuter un arrêt par virage.

LUGE — TOBOGGAN — BOBSLEIGH

La luge, ou traîneau suisse, est au bobsleigh perfectionné qui sert aujourd'hui dans les concours et les courses des stations hivernales, ce que la brouette est à une 40-chevaux du dernier modèle. La luge, simple siège porté sur deux patins, c'est la schlitte des Vosges alsaciennes, le perron du Jura; c'est-à-dire tout ce qu'il y a de plus primitif. Le bobsleigh, c'est l'automobile de course de construction ultra-perfectionnée: châssis en acier, direction à volant, frein à pédales, etc.; cependant, pour la luge comme pour le bobsleigh, le glissage obtenu par un élan initial constitue l'unique force motrice et c'est par quoi la comparaison entre la brouette et l'auto est peut-être un peu hasardée. Néanmoins, elle fera comprendre le progrès réalisé en matière de traînage, au cours des dernières années, depuis l'époque où les fervents des sports d'hiver, après s'être amusés à accomplir des glissades en luge, comme le faisaient de temps immémorial tous les polissons de la Suisse, du Jura et des Vosges, ont importé le léger et rapide toboggan des Canadiens.

Les anciens glisseurs en luge se contentaient de suivre les sentiers et les routes qui dévalent de toutes parts dans les pays de montagne, et ces chemins de neige, plus ou moins unis, suffisaient à leur amusement; mais, lorsque vinrent les amateurs, les professionnels, pourrait-on dire, sans prendre ce mot dans le sens que lui donnent les règlements des sociétés, mais dans son acception de maîtres ès sports, les anciennes pistes au sol raboteux, aux virages abrupts ne suffirent plus à leur ambition et ils eurent vite fait de construire des pistes spécialement établies pour les grandes vitesses, et uniquement réservées aux concours, aux courses, bientôt dotés de riches trophées qu'il s'agissait de conquérir et de conserver.

Les anciens lugeurs se tenaient assis et se dirigeaient au moyen

de deux bâtons ferrés; sur le toboggan, on se couche à plat
ventre, la face en avant, et la direction et le freinage sont accomplis au moyen des pieds chaussés de souliers munis à leur
pointe d'une ferrure spéciale.

Actuellement, le traîneau le plus rapide c'est le « skeleton »,
le squelette: le nom fait comprendre la chose; on a tout supprimé de ce qui n'était pas absolument utile, et du traîneau
massif, aux côtés et au fond en bois, il n'est demeuré que les
deux patins et le châssis strictement nécessaire pour les réunir
et supporter le lugeur.

Quant au « bobsleigh », le dernier et le plus perfectionné
des traîneaux, c'est, à proprement parler, la réunion en un
même équipage de deux trains de « skeleton »; celui d'arrière
fixe, et celui d'avant mobile, comme l'avant-train d'une voiture.

Dans les premiers modèles, la direction était donnée au moyen
de deux poignées que tenait en main le capitaine ou conducteur,
placé à l'avant; le freinage, adapté à l'arrière, était accompli
par le dernier équipier. Il en résultait souvent que l'application
simultanée du changement de direction et du freinage, si nécessaire dans les virages, manquait d'unité, au grand dommage
du traîneau qui, entraîné par la force centrifuge, sortait de
la piste et versait pêle-mêle les équipiers dans la neige voisine.
Aujourd'hui, grâce au volant de direction et au frein à pédales,
toute la conduite du traîneau est confiée au capitaine, et de
son habileté, de sa décision et de son sang-froid dépend uniquement le succès de la course. Quant aux autres équipiers, au
nombre de trois, quatre et même plus, suivant la longueur du
bobsleigh, assis les uns derrière les autres et emboîtés, en
quelque sorte, de manière à ne faire qu'un bloc et à n'offrir
que le moins de résistance possible au vent, leur rôle se borne
à appuyer les virages, en se penchant extérieurement, le bras
étendu et portant tout leur poids du côté opposé.

Pendant une course, la vitesse moyenne varie autour de
50 kilomètres à l'heure; cependant, dans les lignes droites, elle
peut atteindre facilement 70 et même 80 kilomètres; on conçoit
quelle énergie et quelle attention il faut apporter à prendre
des virages abordés à une telle allure.

Pour les franchir sans encombre, il faut évidemment freiner, sous peine de s'en aller au loin, en dehors de la piste, et de ramasser une pelle formidable; mais, d'autre part, il s'agit de sacrifier le moins possible de vitesse et de freiner juste autant qu'il est nécessaire, et non plus. Les pistes sont connues d'après le nombre et la difficulté de leurs virages et l'art de les prendre et de les franchir est celui qui demande le plus d'habileté de la part des équipes qui montent les bobsleighs de course.

Chaque hiver, les stations célèbres de Davos, de Saint-Moritz, de Leysin voient accomplir des prouesses merveilleuses au cours des réunions qui animent la saison; mais ces prouesses n'ont été possibles que grâce aux perfectionnements ingénieux que les constructeurs apportent sans cesse aux traîneaux, et aux soins que l'on donne à l'entretien des pistes de courses. Leur profil a été étudié par des ingénieurs et leur pente calculée pour obtenir des vitesses données. Quant aux virages, ils sont établis suivant les principes adoptés sur les pistes des vélodromes et sur les circuits de courses pour voitures automobiles; c'est-à-dire, avec des talus d'autant plus relevés que la courbe est plus réduite; aussi n'est-il pas rare de voir les équipiers d'un bobsleigh franchir un virage en remontant le talus jusqu'à se trouver dans une position horizontale par rapport au sol de la piste.

Le spectacle offert par une course de bobsleighs est un des plus attrayants parmi tous ceux qu'offrent les stations d'hiver de montagnes, aux hôtes de plus en plus nombreux qui les fréquentent chaque saison; heureux de fuir la pluie, les brouillards et les noirs frimas des pays plats. Les costumes si pittoresques des équipiers vêtus de maillots en gros tricot de laine, coiffés de bonnets norvégiens et chaussés de hautes bottes de feutre, donnent une note toute nouvelle à ces réunions auxquelles accourent de toutes les stations voisines, skieurs, lugeurs et tous les amateurs des exercices si hygiéniques des sports de montagne.

QUATRIÉME PARTIE

SPORTS ATHLÉTIQUES
JEUX DE PLEIN AIR
GYMNASTIQUE

SPORTS ATHLÉTIQUES

COURSES DIVERSES

La course à pied a, depuis quelques années, pris une grande extension. Alors qu'elle était délaissée il y a encore quinze ou vingt ans, nous avons maintenant, sur toute la surface du pays, des milliers et des milliers de coureurs.

C'est un sport agréable et ceux qui le pratiquent éprouvent une sensation de bien-être à sentir leur cœur et leurs poumons fonctionner à merveille; ils éprouvent aussi le plaisir inouï de pouvoir faire une prouesse athlétique qui nécessite de réels efforts d'endurance.

C'est en outre un sport utile. La respiration, au cours de l'effort, est poussée à son maximum et tous les coureurs ont senti que le fonctionnement des poumons était intense et que chaque fois qu'on fait entrer de l'air on sent — l'expression est exacte — comme un véritable tirage de la machine humaine.

La course à pied se pratique sous différentes formes.

Nous distinguerons les variétés suivantes :

1° Course de vitesse;

2° Course de fond.

3° Course plate;

4° Course avec obstacles (saut de barrière, saut de haie, saut de fossé).

COURSE DE VITESSE

Comme son nom l'indique, cette course consiste à franchir une distance dans le temps le plus court. L'effort à donner est poussé au maximum ; on n'a, pour s'en convaincre, qu'à regarder la physionomie des coureurs de vitesse qui ont été photographiés pendant leur travail. On voit leur visage contracté qui dénote bien l'effort intense, inouï, qu'ils exécutent.

On ne peut pas franchir *en vitesse* une bien longue distance, 100 à 120 mètres sont le maximum, quand on donne tout ce qu'on peut donner d'énergie et de volonté. Pendant tout ce temps, la respiration est suspendue ; le coureur n'a pas le temps de respirer, tout son être est complètement absorbé par l'idée d'arriver.

Ses muscles donnent des efforts maximum, et il arrive au but, souvent épuisé.

Il faut considérer dans la course de vitesse, trois phases : *le départ, la course, l'arrêt final.*

Au départ, il faut être dans la position suivante.

Un pied placé en arrière de l'autre, à 60 centimètres environ pour un coureur de taille moyenne ; les genoux fléchis, le corps fortement penché en avant, au point que les mains soient tout près du sol. Tous les muscles doivent être fortement tendus, absolument comme le sont ceux d'un chat quand il guette une souris et qu'il est prêt à s'élancer dessus. Cette tension des muscles est nécessaire pour que le départ puisse s'effectuer brusquement, sans perdre même une fraction de seconde et aussi pour que ce même départ se fasse sous forme de saut, de bond.

Tout le monde comprendra la valeur d'une fraction de seconde en faisant le petit calcul suivant. Admettons un coureur exécutant une course de 100 mètres en quinze secondes. Cela représente une vitesse moyenne supérieure à 6 m. 50 par seconde. Si un coureur perd un cinquième de seconde, cela représente pour lui 1 m. 30. C'est énorme.

Nous venons de voir aussi que le départ doit se faire sous forme de saut, de bond. En effet, si on réussit dès le début à faire un grand bond en avant, non seulement on se donne immédiatement une certaine vitesse qu'il n'y a plus qu'à conserver, mais on franchit en même temps une distance appréciable. C'est ce qui s'appelle, en langage sportif, le *démarrage*.

On voit souvent des coureurs se maintenir, au cours d'une course, à 50 centimètres ou 1 mètre l'un de l'autre, et cela jusqu'au moment de l'arrivée. Ils avaient cet intervalle dès le début. Cela tient presque toujours à ce que l'un d'eux a su *démarrer* plus vite et plus loin que l'autre.

Ce démarrage doit se faire par une détente brusque des muscles des jambes et par un saut de tout le corps en avant et en haut. Nous recommandons aux jeunes gens de travailler ce démarrage, il ne s'acquiert pas en un jour. Il faut s'y entraîner.

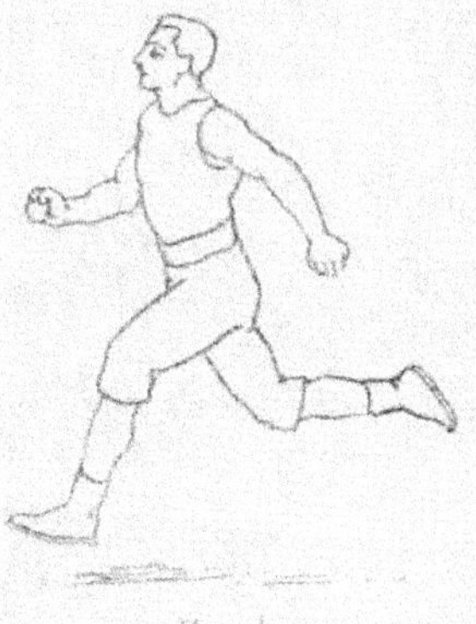

La course qui suit le démarrage se fait en faisant travailler les jambes le plus vite possible. La cadence est très vive. En même temps les bras accentuent leur mouvement de va-et-vient, les coudes étant pliés, les poings à hauteur de poitrine. La tête est redressée, d'ailleurs cette attitude se prend instinctivement.

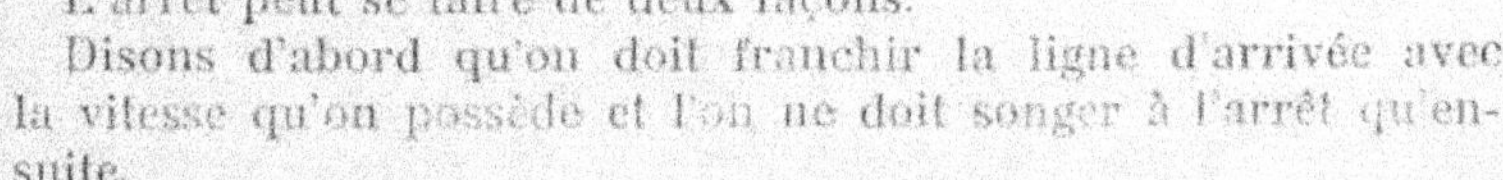

Fig. 1.

L'arrêt peut se faire de deux façons.

Disons d'abord qu'on doit franchir la ligne d'arrivée avec la vitesse qu'on possède et l'on ne doit songer à l'arrêt qu'ensuite.

Les deux façons de s'arrêter dépendent de la longueur de terrain dont on dispose après avoir franchi le but.

Si on a encore devant soi une distance suffisante, on peut s'arrêter en ralentissant progressivement l'allure sans pour cela faire un effort quelconque pour s'arrêter. C'est la manière la plus facile, parce que, ne faisant plus aucun effort pour maintenir sa vitesse, le coureur est obligé de s'arrêter. C'est une question de distance.

Mais si à quelques mètres devant soi on a un obstacle quelconque sur lequel on viendrait se jeter, il faut annuler le plus vite possible la vitesse qu'on possède. Pour cela un effort est nécessaire. Il faut alors fortement se pencher en arrière, tout en continuant à courir, redresser la tête encore plus, si c'est possible et à chacun des pas qu'on fait pour s'arrêter, appuyer du talon sur le sol comme si on voulait l'enfoncer ainsi qu'une bêche. De cette façon on peut s'arrêter en quelques mètres.

La course de vitesse ne doit pas être exécutée trop souvent, à cause des troubles qu'elle produit dans la respiration et dans le travail du cœur. La distance de 100 mètres doit être réservée à ceux qui ont fini leur période de croissance et qui ont, de plus, acquis un certain développement musculaire. Au-dessous de cet âge, on exécutera des courses de vitesse moins longues.

COURSE DE FOND

Tandis que la course de vitesse consiste à franchir une courte

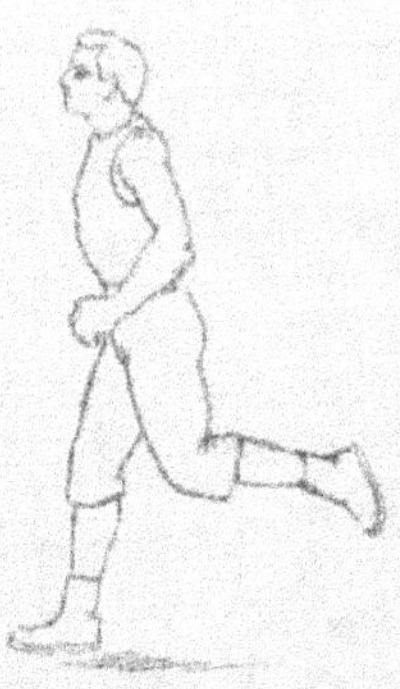

distance, mais à une allure qu'on ne peut dépasser, la course de fond, au contraire, est celle qui consiste à franchir une longue distance et, forcément à une allure plus modérée. C'est la *course de résistance*.

En effet, nous avons vu que les coureurs arrivaient au but, dans la course de vitesse, complètement exténués. On est donc obligé, pour couvrir une longue distance, d'économiser ses forces en les dépensant progressivement.

Pendant la course, la respiration doit être bien rythmée, c'est-à-dire qu'il ne faut pas respirer par saccades et d'une façon irrégulière. Elle doit être, au contraire, exé-

Fig. 2.

cutée d'une manière ample, en faisant entrer beaucoup d'air jusqu'aux parties les plus profondes de la poitrine. De plus, elle doit se faire avec des intervalles réguliers, les deux phases de la respiration qui sont l'*inspiration* (prendre l'air) et l'*expiration* (le chasser) doivent avoir la régularité d'un mouvement mécanique.

C'est que la difficulté de respirer qui s'appelle l'*essoufflement* est le plus grand ennemi qu'il faut arriver à vaincre.

Il est bon que chacun connaisse au moins dans ses grandes lignes pourquoi on est essoufflé.

L'essoufflement est un phénomène qui se produit quand on a une grande quantité d'air vicié à expirer, à chasser et que les poumons n'ont pas les aptitudes nécessaires pour remplir ce rôle.

Cet air vicié est de l'air qui, quelques instants auparavant, a été absorbé pur et qui, dans l'intérieur de notre corps, a aidé à brûler les éléments nutritifs fournis par nos aliments. Cette transformation d'air pur en air vicié se fait constamment, même en dormant, c'est pour renouveler cet air que nous avons la respiration.

Mais la quantité d'air nécessaire peut varier. Ainsi, en dormant, nous avons besoin de peu d'air, quelqu'un qui dort a une respiration calme et peu accentuée. Au contraire, quand on se livre à un exercice violent, le besoin d'air est énorme, nous en absorbons davantage et nous en rejetons également dans les mêmes proportions. Des expériences ont été faites à ce sujet et ont démontré qu'un homme qui court absorbe sept fois plus d'air que celui qui reste immobile et assis.

On comprend donc que les poumons doivent être aptes à faire cet échange. Tant qu'ils ne peuvent pas le faire, on n'est pas *entraîné*.

L'entraînement, en effet, consiste à acquérir une respiration sans essoufflement et sans troubles du côté du cœur, pendant l'exécution de la course. On s'y fait en procédant avec méthode. On doit d'abord, au début de l'entraînement, couvrir de petites distances. Quand on exécute avec facilité ces petites distances, on augmente alors progressivement la longueur du trajet à parcourir. En même temps, on doit chercher à augmenter légèrement l'allure, de façon à s'habituer à donner un effort un peu plus grand. En procédant de cette façon, les poumons parviennent à éliminer facilement la quantité d'air vicié qui leur arrive.

Puis, le jour où l'on aura une véritable course de fond à exécuter, on aura soin de partir à une allure plutôt modérée, de façon à mettre l'organisme en train et aussi à ne pas le fatiguer au début. Ce ne sont pas ceux qui donnent le grand effort au départ qui arrivent sûrement au but. Il y a bien des chances pour qu'ils ralentissent en cours de route et même pour qu'ils abandonnent. Ce sont, au contraire, les sages qui sont partis modérément et qui, au bout de quelques instants, voyant qu'ils peuvent donner davantage, utilisent alors leurs aptitudes dans de bonnes conditions, sans s'être fatigués au départ. A ceux-là il reste des forces et ils peuvent les utiliser.

Nous recommandons, avant de faire une course de fond, de faire quelques fortes inspirations suivies d'expirations profondes et qui ont été désignées dans une autre partie de ce livre (chapitre de la gymnastique) sous le nom d'*exercices respiratoires*.

Ces exercices respiratoires exécutés au préalable ont la plus heureuse influence sur la façon dont se conduiront les poumons pendant leur travail. Voici comment.

A l'état de repos, une partie de nos poumons reste, non pas inactive complètement, mais participe à peine à la fonction respiratoire. Les médecins disent, dans ce cas, que les poumons sont plissés.

Si on se met à courir, on éprouve au bout de quelque temps une certaine gêne dans la respiration. Cette gêne disparaît au bout de quelques instants, mais pendant ce temps, on s'est fatigué, on a perdu des forces à cause du mauvais fonctionnement des poumons. Quand cette gêne a disparu, c'est que sous l'influence des respirations qui viennent d'être faites, les parties replissées sur elles-mêmes se sont déplissées et toute la masse des poumons a pu alors participer à la respiration.

Eh bien, il est préférable de mettre les poumons en état avant de partir. On exécutera pour cela une dizaine de mouvements respiratoires, en ayant soin d'élever les bras lentement de côté jusqu'à la hauteur des épaules, en prenant beaucoup d'air et en le faisant pénétrer profondément. Puis, en abaissant lentement les bras, on chassera l'air, en ayant soin de pousser l'expiration à fond pour ne rien garder de cet air qu'on expire.

Alors, ayant déplissé les poumons, on sera en état de courir
et on sera tout étonné d'avoir immédiatement à sa disposition
une respiration normale et qui ne procure aucunement la gêne
habituelle.

Les distances varient quand on pratique la course de fond.
On peut faire la classique course de 400 mètres. Dans ce
cas, la distance étant relativement courte, on pourra forcer
l'allure, mais on se gardera bien d'adopter l'allure de la course
de 100 mètres, qu'on ne pourrait soutenir pendant 400 mètres.

Pour une course de 1 000 mètres, il faudra adopter une allure
un peu moins vive que pour celle de 400 mètres. Il y a deux
fois et demie plus de trajet, il faut donc commencer à économiser la dépense de forces.

Enfin, pour les courses de plusieurs kilomètres, c'est à chacun
à régler son allure. Certains pourront adopter et conserver
l'allure de la course du kilomètre, d'autres seront obligés de
ralentir un peu.

COURSE PLATE

Elle se pratique sur piste ou sur route, en vitesse ou en
fond. Les distances classiques sont: 100 mètres, 400 mètres,
1 000 mètres, 1 600 mètres et quelquefois aussi plusieurs kilomètres.

COURSES AVEC OBSTACLES

Les obstacles généralement adoptés sont: la *barrière fixe*,
la *haie*, ou la *barrière mobile*: le *fossé*.

Course avec saut de barrière fixe.

On peut dresser au cours de la distance à parcourir une ou
plusieurs barrières faites simplement, mais solidement. Il est
facile de les construire avec trois morceaux de madrier, dont
deux fichés en terre et le troisième fixé horizontalement sur

les deux autres. La hauteur devra avoir 1 m. 30 environ et et la longueur 2 mètres pour un coureur. Il y a deux façons de franchir la barrière en courant.

On peut d'abord, au moment où l'on arrive en courant devant la barrière, en posant les deux mains sur la barre du dessus, donner un appel des deux pieds, comme on le fait pour sauter à saute-mouton. Puis, sans arrêt, profiter de l'impulsion qu'on se donne et passer au-dessus de la barrière en passant les deux jambes réunies et allongées par le côté droit ou gauche, pour retomber à terre de l'autre côté. C'est le saut de barrière habituel. On aura soin de soulever la main droite au moment où les jambes passent à droite ou bien la main gauche si les jambes passent à gauche. On devra aussi fléchir légèrement les genoux au moment où l'on tombera à terre, puis l'on repartira pour achever la course. Cette façon de sauter se fait en abordant l'obstacle franchement en face.

On peut aussi la franchir en l'abordant obliquement. Dans ce cas, si l'on arrive en ayant la barre à sa droite, on frappera l'appel avec le pied gauche en même temps qu'on posera la main droite sur la barre; puis, sans arrêt, on lancera la jambe droite devant soi et en hauteur, tout en s'appuyant fortement de la main droite pour s'élever et passer les fesses au-dessus de la barre. La jambe gauche alors s'élève aussi et vient se réunir, tendue en avant, à la jambe droite au moment où on est arrivé au point culminant de l'élévation du corps. Il n'y a plus qu'à se repousser légèrement de l'autre côté de la barre, en posant ensuite la main gauche sur celle-ci, tandis que la droite l'abandonne. La chute de l'autre côté se fait en posant la main gauche sur la barre et en fléchissant les genoux. Si on aborde la barre, toujours obliquement, mais en l'ayant à sa gauche, on procédera de la même façon, en substituant le pied, la jambe et la main gauches aux mêmes membres du côté droit.

La position du corps dans les sauts de côté est absolument parallèle à la barre, puisque, au moment où on se trouve au-dessus d'elle, les jambes doivent se trouver dans la même direction.

Il est bon de s'exercer aux deux façons de procéder.

Course avec saut de haies ou de barrière mobile.

Le saut de la haie diffère du précédent en ce que les mains
ne jouent aucun rôle et ne touchent pas l'obstacle.

Pour l'entraînement, on construit des haies en assemblant
des brindilles de bouleau comme les balais
des cantonniers. Si on ne peut les construire ainsi, on fait un cadre avec des
lattes de bois mince et on y cloue en travers, pour former pieds, deux morceaux
de bois longs de 20 ou 30 centimètres.
Posés à terre, ces cadres tombent facilement si on y touche et ne provoquent pas
la chute du coureur.

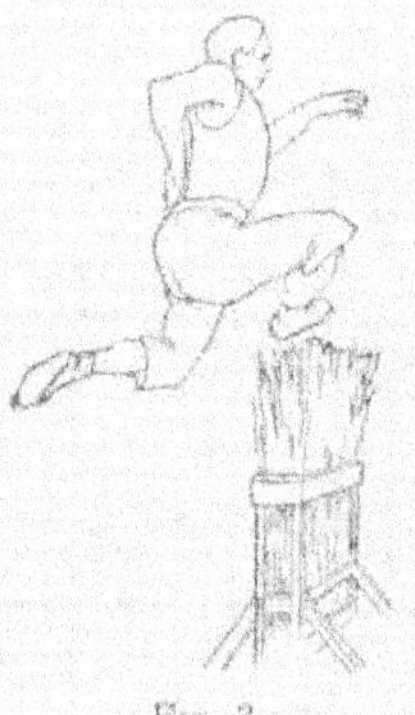

Les haies en branchages sont disposées
de façon que la partie la plus souple des
branches se trouve en haut, afin que si
le sauteur touche en franchissant, il ne
puisse pas non plus tomber à terre.

Fig. 3.

Pour franchir la haie, il faut arriver de
face devant l'obstacle. On frappe l'appel d'un pied et on se lance
non seulement en hauteur, mais aussi et beaucoup en longueur.

Si l'on frappe du pied gauche, la jambe droite passe la
première au-dessus de l'obstacle, en ayant soin de la replier
un peu et de la ramener sous soi, dans un plan horizontal,
afin qu'elle tienne peu de place sous le corps et n'accroche
pas en passant.

La jambe gauche qui a frappé se trouve donc en arrière de
la droite qui est passée immédiatement.

Cette jambe, pendant toute la durée de la suspension du corps
dans le vide, au-dessus de l'obstacle, doit rester constamment
en arrière et ne pas se réunir à la jambe d'avant. Elle doit,
elle aussi, se passer de côté, vers la gauche, pour ne pas
toucher l'obstacle.

On arrive à terre de l'autre côté de la haie en se recevant
seulement sur le pied droit et le pied gauche qui arrive ensuite,

au lieu de se poser à côté, va se poser en avant, pour faire ainsi le premier pas de la course qui va continuer.

Cette façon de franchir la haie est très pratique parce que, si on vient à effleurer l'obstacle, comme il n'est pas rigide, on le fera tomber si c'est un cadre de bois simplement posé à terre, ou bien on passera le pied dans le haut du branchage.

Cette façon de sauter évite également de perdre du temps, parce que sitôt qu'un pied pose à terre, l'autre, qui arrive ensuite, recommence immédiatement la course.

Les mains ne s'appuient pas, mais au moment de l'appel, on aide beaucoup le corps à s'élever et à se projeter en avant, en donnant un coup d'épaule.

La hauteur des haies est de 90 centimètres.

Si l'on veut frapper l'appel avec le pied droit, on intervertira le rôle des jambes.

Course avec saut du fossé.

Au lieu d'obstacles en hauteur, on peut aussi avoir des obstacles en longueur ou en profondeur. C'est le cas des fossés.

Deux sortes de fossés peuvent se présenter, un fossé d'une longueur telle qu'on puisse le franchir en exécutant un saut en longueur avec élan, ou un fossé trop large qu'on ne peut franchir qu'en sautant dedans pour l'escalader de l'autre côté.

Si le fossé peut être franchi par un saut, on profitera des 10 derniers mètres qui précèdent le fossé pour accélérer l'allure et, arrivé au bord, on exécutera le classique saut en longueur avec élan, tel qu'il est expliqué plus loin. On aura soin de tomber de l'autre côté à une distance d'au moins 40 centimètres du bord, afin d'éviter de retomber en arrière dans le fossé. On se recevra aussi à terre en fléchissant les genoux et en portant loin en avant les bras tendus, pour tomber plutôt en avant qu'à la renverse. On se relèvera et on continuera la course.

Chacun devra, au préalable, savoir quelle longueur il est capable de sauter. C'est absolument indispensable pour éviter de sauter sur l'autre bord et rouler ensuite. Des accidents pourraient survenir.

Si on juge la distance trop longue, on sautera au fond du fossé

en arrivant au bord. Dans ce cas, il ne faudra pas accélérer
la vitesse au moment d'arriver. On ralentira, au contraire,
on pliera les genoux pour se faire plus petit et s'abaisser, puis,
se penchant en avant, toujours accroupi, on partira les deux

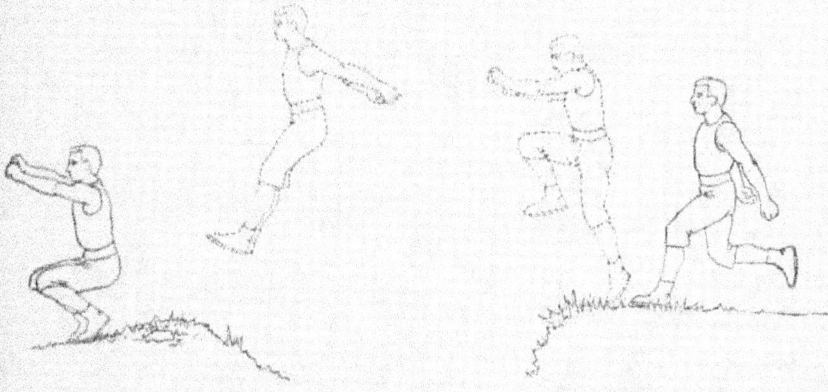

Fig. 4.

pieds les premiers pour sauter au fond en se recevant sur la
pointe des pieds et en pliant les genoux.

Pour escalader l'autre bord, on cherchera à s'accrocher avec
les deux mains à l'angle de la muraille et du sol et, en s'aidant
des pieds contre la paroi, on tirera sur les bras pour placer
au moins un coude sur le sol. Puis, on posera un pied de côté,
sur le plat du terrain et, par une poussée des bras, en se
roulant sur le ventre, on réussira à se rétablir de l'autre côté.

Pour toutes ces courses, il faut courir les pieds à plat. Si
on courait sur la pointe des pieds, outre que la fatigue serait
plus grande pour les muscles du mollet qui se fatigueraient
vite, on diminuerait de quelques centimètres la longueur de
chaque pas, ce qui, au bout de quelques centaines de pas,
constituerait un retard appréciable.

Si on posait le talon à terre le premier, il se produirait chaque
fois un choc qui détruirait une partie de la vitesse; là, également,
il y aurait une cause de ralentissement dans l'allure.

Il faut éviter aussi les sautillements en hauteur qui fatiguent et diminuent la vitesse de l'allure. On doit, chaque fois qu'on fait une *foulée*, pousser de la jambe d'arrière dans une direction oblique en avant.

Ajoutons que si l'air est saturé de poussières, il faudra l'aspirer par le nez: elles s'arrêteront ainsi au passage, contre la muqueuse nasale et n'arriveront pas jusqu'aux poumons.

Il faut également inspirer par le nez quand l'air est froid. Il se réchauffe au passage et arrive alors aux poumons avec une température plus élevée.

Enfin, comme nous le disions plus haut, il faut absolument rythmer sa respiration. Il est bon pour cela de la régler sur l'allure qu'on a adoptée.

CROSS COUNTRY

Le cross-country est un jeu excessivement intéressant. Il demande, de la part de ceux qui s'y livrent, non seulement un cœur solide et des poumons robustes, mais aussi beaucoup d'adresse, d'agilité et d'audace.

Il exige, en effet, une bonne constitution et un fonctionnement normal des organes si importants qui sont contenus dans la poitrine, parce que la fatigue est très grande à cause de la course longtemps soutenue que comporte ce jeu. De plus, à chaque instant, il faut faire des efforts encore plus violents, chaque fois qu'il se présente un obstacle quelconque à franchir (haie, mur, ruisseau, fossé, etc.). Aussi conseillons-nous aux jeunes gens de s'assurer, avant l'entraînement, auprès de leur médecin, que la pratique de ce jeu ne pourra pas leur être nuisible.

Les coureurs sont réunis dans la campagne. On leur indique le but à atteindre: une gare, un village, un pont, enfin un endroit quelconque facile à reconnaître quand on l'aura atteint. On leur impose un itinéraire, le même à tous. C'est à qui arrivera le premier.

Cet itinéraire est indiqué aux coureurs en semant sur le sol, au préalable, des rognures de papier qu'on trouve chez tous les relieurs à très bon marché.

On peut encore jalonner la route à l'aide de petits bâtons distants de 20 en 20 mètres et surmontés d'un papier formant drapeau. Toutefois les rognures de papier sont plus pratiques.

On aura soin de choisir cet itinéraire de façon telle que les coureurs aient à franchir toutes sortes d'obstacles. Des talus escarpés, des collines abruptes, des bois, des champs labourés, des ruisseaux, des murs, des haies sont d'excellents obstacles.

Ils obligent les coureurs à faire valoir ainsi leurs qualités personnelles. Celui qui franchira un mur sans s'y reprendre à deux fois, par exemple, aura ainsi acquis une certaine avance sur ceux qui seront obligés de recommencer un essai infructueux. Il en est de même pour les autres genres d'obstacles, tels que ceux qui comportent un saut.

De plus, comme il est dit plus haut, il faut de sérieuses qualités de fond et de résistance pour affronter ce genre de sport.

Il faut, pour que les jeunes gens puissent le pratiquer, qu'ils se développent d'abord pendant plusieurs années par des excercices de gymnastique qui leur donneront de bons muscles et une poitrine bien large et surtout fonctionnant bien. Ils apprendront en même temps, au gymnase, à grimper et à se rétablir, de même qu'ils s'exerceront aux différents sauts. Et alors, quand ils auront mené de pair l'entraînement à la course, celui de la gymnastique et celui des sauts; quand ils auront ainsi acquis ces diverses qualités, ils pourront affronter les sports de grande résistance.

Ce sport, en raison des qualités d'endurance qu'il demande, ne doit pas être pratiqué avant d'avoir atteint la taille définitive. Pratiqué avant, il y a beaucoup de chance pour que le cœur — qui alors n'avait pas atteint son entier développement — se fatigue prématurément. Ce serait alors se priver d'une façon définitive, par la suite, de tout exercice violent, les maladies du cœur ne le permettant pas.

En principe, on ne pratiquera pas le cross avant l'âge de dix-huit ans et la distance à parcourir ne devra pas dépasser 7 à 8 kilomètres.

*
* *

Il est bon aussi de prendre certaines précautions. On voit presque toujours les coureurs partir en maillot sans aucun vêtement chaud. C'est parfait si on arrive au but sans accident d'aucune sorte. Mais si par hasard on est obligé, pour une raison quelconque, de s'arrêter, on risque, si la température est fraîche — et c'est surtout l'hiver que se court le cross-country — de prendre froid et d'attraper alors un rhume, une bronchite ou une pneumonie. Il est bon dans ce cas de porter, roulé en paquet attaché à la ceinture, et sans ballotter pour ne pas gêner les mouvements, un vêtement chaud et léger (chandail) qu'on pourra mettre sur soi si le besoin s'en fait sentir.

COURSE AU CLOCHER

Ce sport, comme le précédent, demande de sérieuses aptitudes. Sa pratique diffère peu de celle du cross-country.

Au lieu de choisir un point quelconque comme but à atteindre, on réunit les coureurs sur un endroit un peu élevé et on leur désigne dans le lointain le clocher d'un village. C'est de là que vient son nom : *course au clocher.*

De plus, au lieu de fixer un itinéraire précis et duquel personne ne peut s'éloigner, toute latitude est, au contraire, laissée à chacun. C'est à qui trouvera la façon la plus courte, la plus facile, la plus directe pour atteindre ce clocher.

Ainsi, par exemple, les coureurs doivent éviter de prendre une direction qui pourrait les mener en face d'un ruisseau trop large et qu'ils ne pourraient franchir. Ils seraient obligés dans ce cas de faire un crochet qui augmenterait la distance à parcourir. D'autres erreurs sont ainsi à éviter.

Le mieux à faire avant de partir, si l'on ne connaît pas la contrée, est de sacrifier une ou quelques minutes pour s'orienter.

En principe, d'un coup d'œil précis, on examinera le terrain en droite ligne, dans la direction du but. Les obstacles gênants sont surtout les ruisseaux trop larges qu'on ne peut sauter.

Il faut donc savoir discerner, parmi les accidents de terrain qui se trouvent dans cette ligne droite, quelles sont les dépressions qui peuvent servir de lit à un ruisseau.

S'il n'en paraît pas, c'est, ou bien qu'il n'y en a pas, ou bien que ces ruisseaux sont peu larges. Disons en passant, que presque toujours la présence d'un ruisseau est révélée par des peupliers ou des saules. Ces arbres, s'ils sont rapprochés au point de former une ligne continue, dénotent sûrement le ruisseau. Quelquefois aussi ils sont épars, malgré cela, l'œil exercé a vite fait, dans l'ensemble de ces arbres, de trouver, de deviner le ruisseau et son cours.

Si l'on craint que sa largeur soit trop grande pour être franchie, on cherchera des yeux, à proximité de la ligne droite, des chemins, des sentiers, qui, par leur direction permettent de supposer l'existence d'un pont ou même d'une simple passerelle. Si on ne trouve aucun indice de ces chemins, le mieux sera alors de prendre le ruban blanc de la route qui sûrement passe sur un pont.

Il faut bien se garder de croire que si la ligne droite est le chemin le plus court, elle soit pour cela forcément le chemin le moins long comme durée. Car il est certain que celui qui passe constamment dans les terres labourées marche ou court à une allure moins vive que celui qui a sous les pieds une bonne route. D'autre part, il ne faudrait pas, pour vouloir avancer toujours à une allure rapide, se cantonner sur la route sans passer par les bois, les prés et les terres.

Dans ce cas, d'ailleurs la course perdrait beaucoup de son charme et ne répondrait pas au but qu'elle se propose: franchir les difficultés de terrain qui peuvent se présenter.

C'est donc à chacun, en quelques minutes au plus, à choisir des *points de repère*. Ensuite, il faut marquer dans son esprit quel chemin on devra parcourir pour aller de l'un à l'autre; il faut voir autant que possible d'avance si l'on doit passer par la route ou par les terres. Puis, en cours de route, quand on se trouve sur le terrain qu'on avait simplement deviné, on peut toujours modifier s'il le faut son itinéraire; tel sentier en effet peut faire gagner plusieurs centaines de mètres, et c'est toujours du temps de gagné.

Au résumé, ce qu'il faut surtout c'est, suivant une expression un peu triviale, mais juste: *avoir du flair*. Tout est là. Cette qualité d'ailleurs s'acquiert par la pratique et quand on a fait plusieurs courses de ce genre on finit par gagner le jugement précis qui fait deviner les difficultés et les obstacles à franchir.

Comme pour le cross-country, c'est le premier arrivé qui est déclaré gagnant.

M. H.

EXERCICES DE LANCER

Les exercices de lancer forment une des branches de l'entraînement athlétique. Ces exercices habituent aux détentes énergiques en même temps qu'il font travailler les muscles de l'épaule, du bras et du tronc.

Mais il faut absolument faire travailler les bras d'une façon égale. Il ne faut pas se spécialiser dans le travail d'un seul côté et négliger l'autre. Dans ce cas, l'un des bras et les muscles correspondants se développent et acquièrent l'adresse, les autres, au contraire restent en arrière dans leur développement.

Tout athlète sérieux doit viser à se développer harmonieusement.

On distingue trois engins pour le lancer:

1º Lancement du poids;

2º Lancement du disque;

3º Lancement du marteau.

LANCEMENT DU POIDS

Le poids est un boulet en fonte absolument rond. Le poids ne doit pas être uniforme pour tout le monde, il doit dépendre de l'âge et de la force des sujets. Celui qui sert à établir les records est du poids de 7 kg. 250.

Le lancement du poids se fait *sans élan*, et avec élan. Pour le lancement *sans élan* on place la jambe gauche en avant, le boulet placé dans la main droite. On rejette la main chargée du boulet derrière l'oreille droite et on fléchit les jambes modérément. Puis, sans arrêt, on penche fortement le corps en avant en détendant la jambe droite, tandis que le bras droit s'allonge en poussant brusquement

le boulet en avant et obliquement en haut. Le bras gauche
est allongé horizontalement et aide à faire tourner le corps.

Il faut, pour que le lancer soit correct, conserver son équilibre, sans déplacer le pied d'avant, mais, on peut, sans inconvénient, soulever le pied d'arrière.

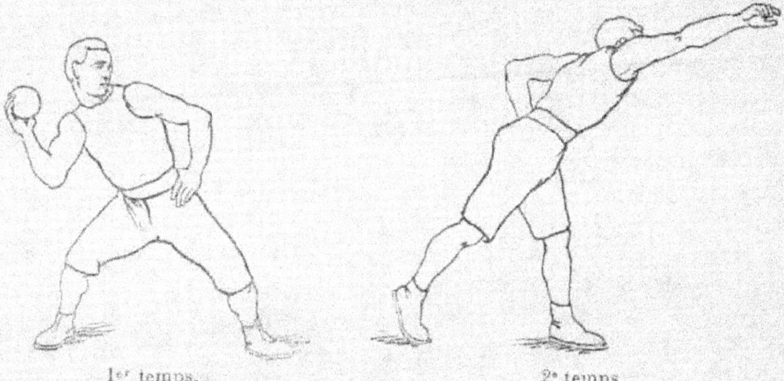

Fig. 1. — Lancement du poids.

Le lancer du poids *avec élan* se fait en reculant d'abord de
deux pas de l'endroit où il devra être lancé.

On prend d'avance la position du bras et des jambes, et l'on
fait alors, comme élan, un simple chassé-croisé des jambes.
On lance le poids au moment où l'on repose le pied gauche à
terre pour la deuxième fois.

Le lancer du bras gauche, qui est à recommander, se fait
de la même façon, mais en intervertissant le travail du membre
droit avec celui du membre gauche.

Au lieu d'un boulet, on peut aussi se servir d'un pavé ou
d'une pierre.

LANCEMENT DU DISQUE

Le lancement du disque était pratiqué dans la plus haute
antiquité.

La position consiste à poser le pied droit à 50 ou 60 cen-

timètres en avant du gauche, les deux genoux pliés. Le disque
est un palet rond qu'on tient dans la main droite, appliqué
contre le poignet.

On tourne d'abord le corps vers la gauche en assujettissant
solidement le disque dans la main droite, à l'aide de la main
gauche, ensuite, avec beaucoup de force et d'énergie, toujours
les pieds immobiles, on tourne brusquement le tronc vers la
droite en balançant en bas et en arrière à droite, la main
droite chargée, puis, retournant le
tronc vers la gauche, on lance le disque en avant devant soi, en lui donnant un mouvement de rotation sur
lui-même, dans le sens du plat

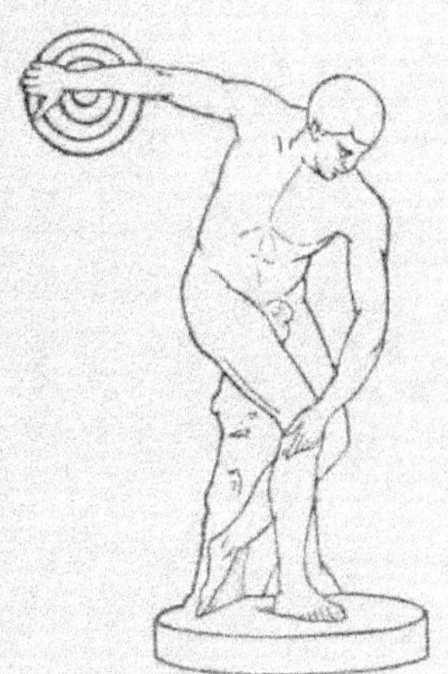

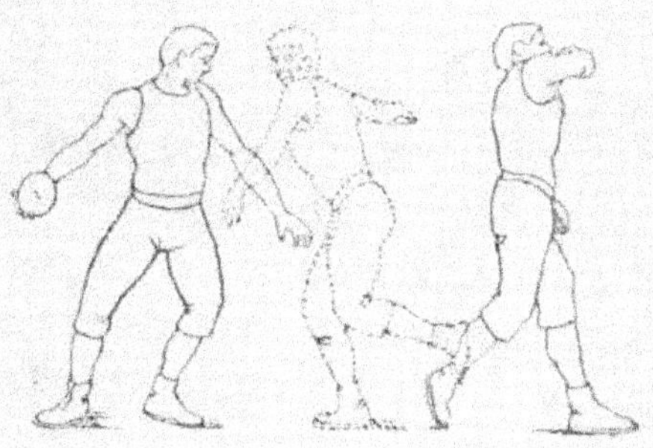

Fig. 2. — Lancement du disque.

En même temps qu'on prend l'élan du bras droit, en arrière et à droite, la main gauche doit se placer sur le genou
droit pour consolider l'appui. C'est cette position que prenaient
les anciens athlètes qui pratiquaient cet exercice.

Les athlètes modernes emploient volontiers un autre mode
de lancement. Les pieds écartés de 60 centimètres, le gauche
en avant, le disque dans la main droite et appuyé contre l'avant-
bras, on prend un élan du bras droit en arrière, on le balance
ensuite en avant et l'on profite de cet élan pour tournoyer

sur soi-même de droite à gauche, en avançant le pied droit
devant le pied gauche à 60 centimètres et en pivotant sur la
pointe du pied gauche. Puis, toujours sous l'impulsion du même
élan, on continue à tourner dans le même sens en pivotant sur
la pointe du pied droit et le pied gauche vient alors se poser à
son tour devant le pied droit à la même distance. A ce moment,
on profite du mouvement circulaire qui a donné l'élan pour
lancer le disque en longueur et en hauteur.

Il faut remarquer que l'on a ainsi exécuté un tour complet
sur soi-même et en avançant d'un pas chaque fois qu'un pied
s'est posé à terre.

LANCEMENT DU MARTEAU

Cet exercice se pratique plus particulièrement en Angleterre.

Le marteau avec son manche doit
avoir 4 pieds de longueur (1 m. 22).
Il doit peser 16 livres (7 kg. 254).
Sa masse doit être en plomb ou
en fer.

Il se lance surtout avec élan.
La course première est de 9 pieds
(2 m. 75). On le tient dans la
main droite par l'extrémité du
manche. On peut le lancer, soit
en lui imprimant simplement un
balancement en arrière et en
avant, soit en le faisant tournoyer comme une fronde et en
le lâchant au moment où il va
se diriger en avant et en haut.

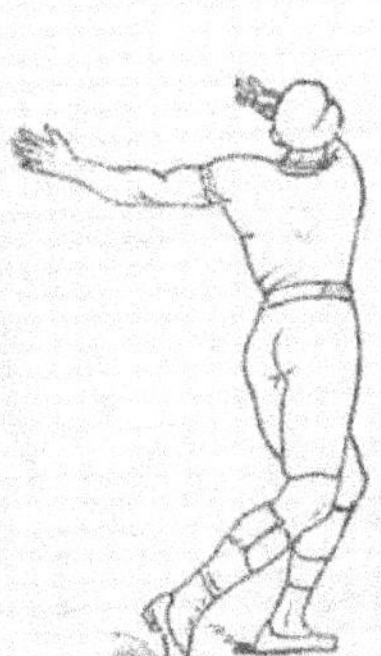

Fig. 3. — Lancement du marteau.

Cette deuxième façon permet
de le lancer plus loin que la
première, mais elle exige de la part de l'athlète une certaine
force musculaire.

Il est également à recommander de le lancer de la main
gauche.

SAUTS DIVERS

Le saut est un exercice des plus utiles. Tout le monde devrait le pratiquer. Il y a même des circonstances où le fait de savoir sauter et franchir un obstacle, peut vous sauver d'une situation dangereuse. Admettons un promeneur poursuivi dans la campagne par un animal méchant et qu'il ne sait, faute d'habitude, pouvoir calmer; il ne peut se mettre hors de son atteinte qu'en franchissant vivement un obstacle (haie, barrière, fossé), que l'animal ne pourra sauter.

Les sauts s'exécutent de deux façons: *avec élan* ou *sans élan*.

Les sauts avec élan se font quand on a la place suffisante pour prendre quelques mètres de course. Ils permettent de franchir un obstacle plus important.

Il y a deux catégories de sauts: *saut en longueur* et *saut en hauteur*.

Une autre façon de sauter consiste à prendre un appui sur le sol à l'aide d'une perche de quelques mètres de longueur et à augmenter ainsi la distance franchie.

Nous allons donc décrire les sauts suivants:

1º Saut en longueur avec élan;

2º Saut en longueur sans élan;

3º Saut en hauteur avec élan;

4º Saut en hauteur sans élan;

5º Saut à la perche en hauteur;

6º Saut à la perche en longueur.

Quel que soit le saut qu'on exécute, il faut toujours, en arrivant à terre, se recevoir sur les pieds d'une certaine façon pour éviter les accidents possibles. C'est ce qui s'appelle exécuter *la chute*.

La chute se fait de la façon suivante. Au moment où l'on

arrive à terre, les jambes doivent être allongées. Il faut alors fléchir les genoux en redressant le tronc et porter les bras allongés en avant. Les muscles des jambes font ainsi l'office d'un ressort qui amortit progressivement la vitesse avec laquelle on arrive. Si on ne prenait pas cette précaution, on pourrait s'exposer à des ruptures d'os, à des entorses, ou encore à des commotions si violentes du côté du cerveau qu'on pourrait tomber immédiatement sans connaissance.

La chute d'un saut en *hauteur* (avec ou sans élan) doit se faire en se recevant à terre sur la pointe des pieds, parce que le corps tombe presque verticalement. Dans cette chute, les pieds sur les pointes, les muscles du mollet résistent aussi et ajoutent leur action de ressort à ceux des cuisses.

La chute d'un saut en *longueur* (avec ou sans élan) doit se faire en se recevant sur les talons, mais en ayant soin de fléchir au même moment les deux genoux à la position prescrite ci-dessus. Cette façon de se recevoir sur les talons, si anormale qu'elle puisse paraître, est la seule possible et n'est pas dangereuse dans le saut en longueur.

En effet, quand on arrive sur le sol on est animé d'une vitesse se rapprochant beaucoup de la ligne horizontale. Les pieds ayant une position inclinée par rapport aux mollets ne peuvent pas se poser sur les pointes, puisque les jambes sont allongées en avant. Il faut donc se recevoir sur les talons.

De plus, cette façon a l'avantage suivant : c'est que les talons s'enfoncent légèrement comme une bêche dans le sol et empêchent de glisser en avant, ce qui amènerait une chute sur le dos. Mais il est bien entendu qu'il faut fléchir immédiatement les genoux, car alors la chute, de bonne qu'elle doit être, deviendrait dangereuse.

On aura soin d'examiner le terrain au préalable. Un terrain dur, gelé, ou du bitume, n'est pas fait pour la chute d'un saut en longueur.

SAUT EN LONGUEUR AVEC ÉLAN

Pour franchir une certaine distance en longueur et avec élan, il faut que la *course* qui précède le saut soit d'au moins

10 mètres. De 10 à 20 mètres est la course la meilleure. Trop
de course nuit au moment de sauter, de même que trop peu,
pour le saut en longueur, ne donne pas une impulsion suffisante.

Cette course préalable doit être très vive et très accélérée.
Plus on donne de vitesse dans l'élan, plus on saute loin.

Mais il faut aussi que l'*appel* qu'on donne au moment où
l'on s'enlève soit également très énergique.

L'*appel* est le frappement de pied sur le sol qui termine la
course et qui est destiné à lancer le corps.

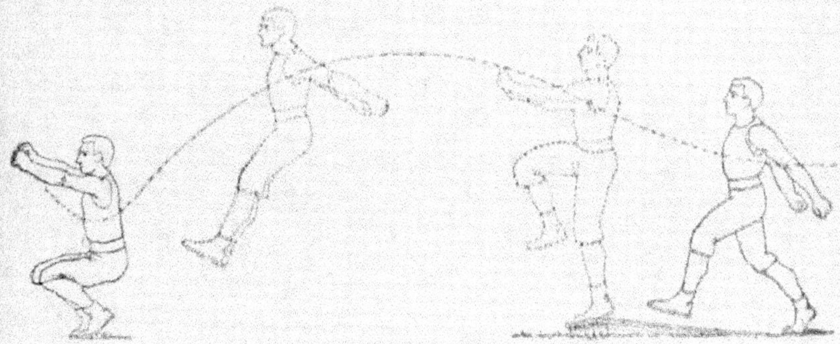

Fig. 1.

En même temps qu'on donne cet appel, il faut que les bras
aident aussi à lancer le corps. Pour cela, ils s'élèvent énergiquement en avant, dans la direction où l'on saute.

Le *vol* est la partie du saut pendant laquelle on ne touche pas
terre, où l'on est lancé dans l'air. Dans le vol du saut en
longueur, les jambes doivent être allongées en avant, prêtes à
être posées à terre au moment de l'arrivée.

Il ne faut pas s'élever trop haut dans le vol du saut en
longueur, parce qu'on diminuerait la longueur franchie.

SAUT EN LONGUEUR SANS ÉLAN

Les sauts sans élan se font toujours à *pieds joints*. C'est d'ailleurs de cette façon qu'on les dénomme aussi.

Pour sauter en longueur sans élan, on prend d'abord la position de pieds réunis. Puis, on élève les bras allongés en haut et, sans arrêt, ceux-ci doivent s'abaisser en avant, puis en arrière, en même temps qu'on fléchit légèrement les genoux.

Alors on lance les bras très énergiquement en avant et en haut, en même temps que les muscles des jambes et des cuisses se détendent brusquement. Cette première partie du saut s'appelle l'*impulsion*, c'est ce qui sert à se lancer.

Il est absolument nécessaire que tous ces mouvements soient

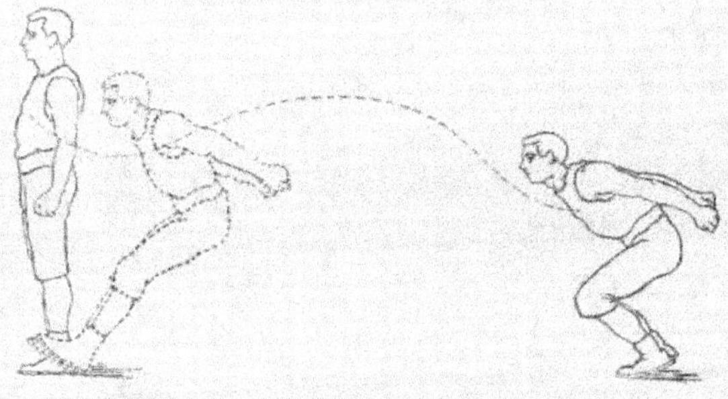

Fig. 2.

faits sans aucun arrêt, surtout au moment où les bras arrivent en arrière, à ce moment ils doivent être lancés en avant, en profitant du temps de ressort qui se passe dans l'épaule et dans les jambes.

Le *vol* qui suit se fait dans une direction se rapprochant de l'horizontale.

La chute a lieu quand la courbe que décrit le corps en l'air est terminée. A ce moment, les jambes sont dirigées en avant et tendues. On arrive à terre en se recevant sur les talons et, comme pour le saut en longueur avec élan, il faut immédiatement fléchir les genoux pour amortir le choc en même temps qu'on lève les bras en avant.

On se relève ensuite.

SAUT EN HAUTEUR AVEC ÉLAN

Tandis que pour le saut en longueur avec élan, il faut une longue course préalable, pour celui en hauteur, celle-ci doit être réduite.

Quelques mètres, 5 environ, sont suffisants. Il ne faut pas, en effet, qu'au moment de l'appel le corps possède une grande vitesse. Il serait alors lancé trop horizontalement et ne s'élèverait pas suffisamment. On nuirait alors au saut en hauteur.

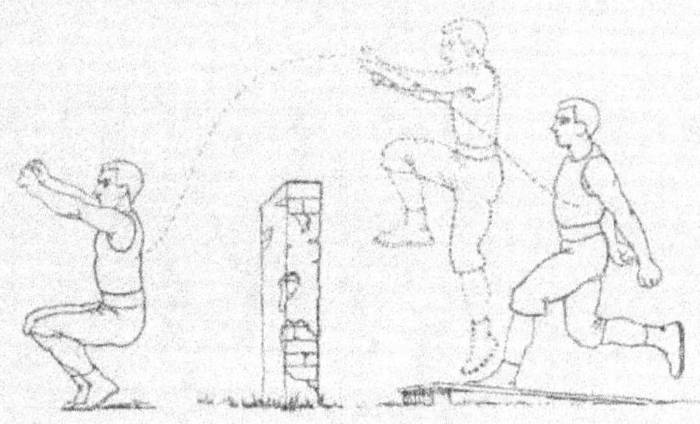

Fig. 3.

Cette course de quelques mètres doit plutôt consister en une série de petits sauts, de petits bonds successifs, préparant, pour ainsi dire, au dernier bond qui est l'appel fait avec un pied.

On doit, pour ce saut, s'élever fortement en hauteur plutôt qu'en longueur.

Une fois l'appel donné par un pied, on lance l'autre jambe en avant, puis, la jambe ayant donné l'appel se réunit vivement à celle-ci, de façon que, au moment où l'on a atteint le point culminant de l'élévation du corps, les deux jambes se trouvent réunies en avant et allongées. Comme pour les autres sauts, les bras doivent aider au mouvement en s'élevant énergiquement.

Au moment où l'on commence à redescendre, il faut exécuter ce qu'on appelle un *temps de reins*, pour éviter de retomber le derrière sur l'obstacle. Ce temps de reins consiste à creuser vivement les reins en portant le ventre en avant. En même temps les jambes s'abaissent un peu.

Puis, la chute a lieu en se recevant sur la pointe des pieds, afin d'amortir le choc. Les bras se portent en avant pour conserver l'équilibre. Pour exécuter correctement ce saut en hauteur avec élan, il faut que l'appel du pied soit donné à environ 80 centimètres en avant de la corde.

Saut en hauteur sans élan

Pour exécuter ce saut, on se place à environ 60 centimètres en avant de l'obstacle dans la position debout, les pointes des pieds et les talons joints, les bras élevés.

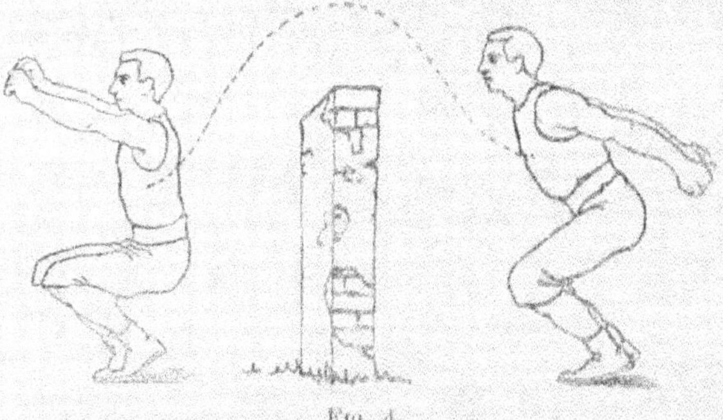

Fig. 4.

Comme pour le saut en longueur à pieds joints, on lance ensuite, les bras allongés en arrière en les abaissant en avant.

En même temps, on fléchit légèrement les genoux. Puis, sans arrêt, on lance les deux bras très énergiquement en avant tandis que les muscles des jambes se détendent comme des ressorts. C'est l'impulsion.

La direction dans laquelle on doit se lancer doit être oblique en haut.

A peine lancé en l'air, les deux jambes qui sont parties réunies se groupent sous le corps, les genoux étant ramenés vers la poitrine. C'est ainsi qu'elles peuvent passer sans toucher l'obstacle.

Une fois qu'on a atteint le point culminant de la hauteur, elles s'allongent en avant et en bas en même temps qu'on exécute le temps de reins décrit, dont il a été parlé pour le saut en hauteur avec élan. Pour cela les reins se creusent, le ventre étant porté en avant.

On se reçoit ensuite à terre, de l'autre côté de l'obstacle, sur la pointe des pieds, ceux-ci réunis, et les bras élevés en avant pour assurer l'équilibre. On doit se relever immédiatement.

SAUT A LA PERCHE EN HAUTEUR

Pour ce saut, les poteaux du sautoir doivent être écartés de 2 m. 50 ou 3 mètres.

Les perches se font en frêne ou en bambou. Ces dernières sont plus légères, mais aussi plus fragiles et l'on a vu souvent la perche se casser au moment où le sauteur se trouvait en l'air.

On saisit la perche de la main droite vers l'extrémité supérieure, la main en-dessous. La main gauche est posée à 50 ou 60 centimètres plus bas, main dessus ou dessous, au choix.

Certains préfèrent la première manière, tandis que d'autres préfèrent la seconde.

On se place pour prendre l'élan à environ 15 ou 20 mètres de la corde, l'épaule gauche dirigée vers elle, et la perche, également dirigée en avant. Celle-ci doit être tenue dans une position un peu élevée de la pointe.

La course doit être très vive. Plus elle sera accélérée, plus il y aura d'impulsion pour élever le corps en hauteur.

Arrivé à la portée de la corde, on plante le bout inférieur de la perche dans un trou ménagé à cet effet et qui a pour but d'empêcher la perche de glisser au moment où l'on s'enlève. Ce trou n'a pas besoin d'avoir plus de 15 à 20 centimètres de profondeur. Il doit être taillé en sifflet, la paroi verticale contre laquelle on bute, du côté de la corde, tandis que le rebord oblique qui rejoint le rebord vertical doit être du côté d'où l'on arrive.

L'appel se donne alors en frappant énergiquement du pied gauche. En même temps, on prend un appui solide sur la perche avec les bras. On cherche à s'élever en haut, tandis que les

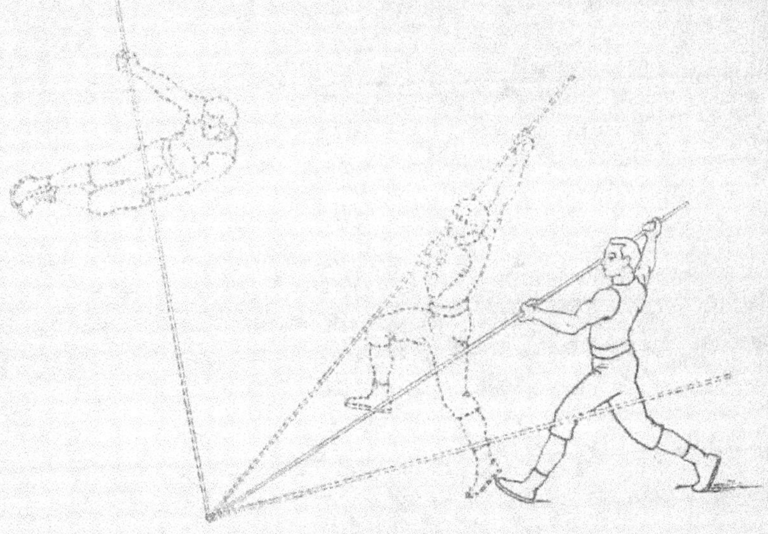

Fig. 5.

deux jambes se réunissent et passent au-dessus de la corde, les pieds étant plus élevés que le reste du corps.

A ce moment, quand le corps a atteint le maximum d'élévation, on repousse fortement la perche en arrière pour qu'elle ne touche pas la corde, et l'on retombe de l'autre côté sur la pointe des pieds en faisant face à gauche.

Si l'on préfère se servir de la perche à gauche plutôt qu'à droite, on intervertira toutes les indications et l'on frappera l'appel avec le pied droit, puis on fera la chute, face à droite.

Ce saut à la perche est des plus captivants. Il n'a pas, dans la vie pratique, une grande utilité comme les autres sauts, mais il constitue un exercice athlétique qui développe beaucoup l'agilité. C'est un saut qu'on aime toujours beaucoup pratiquer quand on l'a appris, parce qu'il est intéressant au plus haut degré.

SAUT A LA PERCHE EN LONGUEUR

Ce saut se fait selon les mêmes principes qu'en hauteur.

La prise de la perche est la même, la course également. Mais où il diffère, c'est dans la façon de se lancer.

Arrivé à l'endroit qu'on doit franchir, on plante la perche comme pour le saut en hauteur. Mais au lieu de s'élever en hauteur, on conserve le corps vertical tandis que les jambes sont simplement allongées en avant.

On conserve jusqu'à la chute, la perche dans les mains.

Arrivé vers la fin de la courbe décrite dans l'espace, on se repousse fortement sur la perche avec les bras, de façon à sauter à terre le plus loin possible, la perche toujours dans les mains.

La chute se fait également face à gauche.

De même que pour le saut en hauteur, si l'on préfère tenir la perche de l'autre côté, on intervertira toutes les indications.

Ce saut à la perche en longueur est peu pratiqué. C'est un tort. Il n'a certainement pas l'attrait de celui en hauteur, parce qu'il ne permet pas des performances pareilles. Mais, dans la pratique, on peut lui trouver plus d'utilité. Aussi, conseillons-nous fortement aux jeunes athlètes de le travailler.

M. H.

JEUX DE PLEIN AIR

LA BALLE AU CAMP
(OU GRANDE THÈQUE)

C'est un vieux jeu français qu'on jouait encore en Normandie et en Beauce il y a une cinquantaine d'années. Puis, tombé en désuétude en France, il passa en Angleterre où il est beaucoup joué. Nous avons eu tort de le laisser dépérir. Les Anglais, au contraire, l'ont perfectionné.

La grande thèque et la balle au camp sont en réalité deux jeux; mais la différence est si minime qu'il n'y a pas de raison de ne pas en faire un seul. La pratique, d'ailleurs, mène à cette décision.

Ce jeu comporte du *matériel*, mais il est peu coûteux: six chevilles de bois, un bâton (la thèque), ayant de 60 à 80 centimètres de long et qui doit servir de batte, enfin une balle en cuir ordinaire.

Le terrain exige une surface carrée ayant une vingtaine de mètres de côté, sans obstacles, sans arbre, avec un sol en terre battue. Si ce jeu se passe dans une cour d'école, il sera bon de grillager les fenêtres pour éviter que la balle, lorsqu'elle est lancée, aille briser les carreaux.

Au centre de ce terrain on dessine un pentagone régulier, dont chaque côté doit avoir 5 ou 6 mètres. Une cheville de bois doit être fichée en terre à chacun des angles de ce pentagone: ce sont les *bases*, numérotées dans l'esprit des joueurs, A, B, C, D,

E. La surface intérieure de cette figure prend le nom de *chambre*, une autre cheville plantée en terre en P est appelée *le poste*.

Les joueurs sont divisés en deux camps, les *bleus* et les *rouges*, forts chacun d'un nombre de joueurs allant de six à neuf. Un joueur dans chaque camp est le capitaine.

*
* *

On tire au sort, à pile ou face, pour désigner le parti qui doit ouvrir le jeu. Admettons, pour faciliter l'explication du jeu, que ce soit le parti rouge.

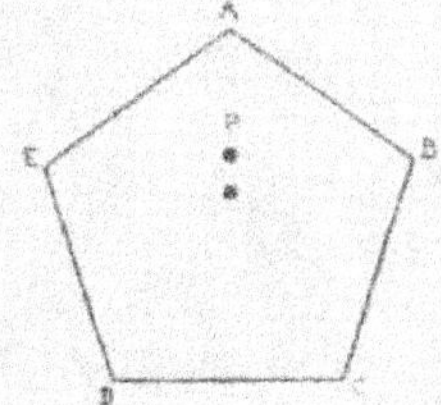

Fig. 1. — La balle au camp ou grande thèque.

Tous les joueurs rouges se placent dans la chambre, tandis que les bleus se placent en dehors, disséminés autour d'eux, mais les regardant.

Un des rouges se place avec le bâton à la base A; un autre se place au poste P, en avant de ses camarades. Celui-ci doit lancer la balle au batteur, exactement dans sa direction, afin que ce dernier puisse facilement la frapper avec sa thèque. Si elle est mal lancée, le batteur peut *refuser* la balle deux fois de suite; s'il la refuse trois fois, il doit *sortir* de la chambre; il en est de même s'il manque la balle une fois.

S'il a réussi à la frapper, il lâche le bâton, court à la base B et, s'il en a le temps, touche successivement les bases C, D et E, pour revenir ensuite dans la chambre. Alors, s'il a réussi à passer par toutes ces bases, son parti marque cinq points.

Mais en même temps, les adversaires bleus postés autour de

la chambre doivent faire tout leur possible pour saisir la balle et la lui lancer en cherchant à l'atteindre pendant le temps où il se déplace d'un piquet à l'autre. S'il est ainsi touché entre deux bases, il *sort* du jeu et est éliminé; un autre joueur de son camp prend à son tour sa place avec le bâton.

Les bleus, ceux de l'extérieur, peuvent intercepter la balle, soit à la volée, soit quand elle rebondit. Tout rouge touché par la balle doit *sortir*, sauf s'il se trouve aux piquets. On ne doit jamais être deux au même piquet.

Quand il ne reste plus que deux joueurs à l'intérieur du pentagone, l'un d'eux peut demander *trois coups pour une ronde*.

Pour cela, après avoir frappé la balle, s'il réussit à faire le tour des cinq piquets sans être touché, tout son camp peut alors rentrer et recommencer à jouer.

Le camp de l'intérieur a donc tout intérêt à conserver le plus longtemps possible les deux plus lestes de ses joueurs.

S'il arrive à un joueur de l'intérieur de lancer la balle derrière lui, il doit *sortir* du jeu.

Enfin, un camp entier doit *sortir* quand tous ceux qui en font partie se trouvent aux piquets. Le camp extérieur, pour exiger cela, doit déposer la balle à terre, à l'intérieur du pentagone.

La partie se joue en deux manches de quarante points et, si on est consentant de part et d'autre, une *belle* la termine.

LES BARRES

Le jeu de barres est aussi un des meilleurs jeux se jouant au grand air.

Il n'exige aucun instrument et un nombre quelconque de personnes peuvent y prendre part.

Il demande de l'agilité, de l'adresse et est également excellent comme exercice hygiénique parce qu'il met en jeu les deux grandes fonctions essentielles du cœur et du poumon.

*
* *

Après avoir choisi un vaste emplacement aussi battu et uni que possible, les joueurs se divisent en deux groupes ou partis comptant le même nombre de combattants. Chacun des deux partis s'établit à l'une des extrémités du terrain — qui doit comporter au minimum 50 mètres de longueur — et s'y forme un camp au moyen d'une ligne tracée sur le sol.

Pour engager la partie, un des deux chefs s'avance près du camp ennemi; les adversaires, un pied sur la limite du camp, tendent la main droite. Celui qui engage, frappe trois coups dans la main de qui il veut, et celui qui a reçu le troisième coup s'élance à sa poursuite pour essayer de l'atteindre et de le faire prisonnier.

Jeu de Barres

Si l'engageur est en danger, un joueur de son camp s'élance à son secours, et le poursuivant, à son tour poursuivi, ne tarderait pas lui-même à être en péril si un de ses camarades ne venait à son aide.

On n'a *barre* sur quelqu'un et on ne peut le prendre que si l'on quitte son camp après qu'il a quitté le sien.

Le joueur qui réussit à atteindre un ennemi le frappe légèrement de la main en criant: *pris!* A ce mot, le jeu est immédiatement suspendu. Le prisonnier se rend chez les ennemis et fait trois grands pas en avant de la ligne de leur camp. La place où il s'arrête est marquée par une pierre ou par une ligne tracée sur le sol. C'est là que le captif doit se tenir, la main tendue vers les siens, attendant un libérateur.

Au fur et à mesure que sont faits des prisonniers du même camp, ils viennent à côté du premier pris; tous ces captifs doivent se tenir sur une file et se donner le main. Pour qu'ils soient délivrés, il suffit qu'un joueur de leur parti vienne, sans être pris, toucher la main du plus avancé de la bande. Toutefois, cette délivrance est assez difficile, les gardes du camp doivent en effet déjouer les ruses des libérateurs et les faire eux-mêmes prisonniers.

Dès qu'un joueur a fait un prisonnier ou s'il a réussi à délivrer ceux de son camp, il doit aller engager comme l'a fait l'un des chefs au début de la partie.

La partie est gagnée par le camp qui a, le premier, fait un nombre de prisonniers convenu d'avance.

Quand un parti a gagné trois fois de suite, on change de camp.

Les joueurs peuvent faire une action d'éclat. C'est *faire campagne* ou *forcer le camp*. C'est ce qui arrive quand un joueur parvient, sans être pris, dans le camp ennemi. Dans ce cas, on ne peut l'y faire prisonnier. Pour s'en retourner dans son camp, il engage comme il est indiqué plus haut. Si pendant qu'il faisait campagne un autre joueur avait été fait prisonnier, son action d'éclat ne compte pas et il retourne directement à son camp.

On doit éviter de crier: *pris!* ou *délivré!* lorsque ce n'est pas arrivé.

Lorsque les joueurs ne sont pas nombreux, on peut décider, au début de la partie, que les prisonniers seront rendus immédiatement, dans ce cas, il suffit, pour gagner le partie, de faire un certain nombre de captures.

*

* *

Le jeu de barres peut subir, si on le veut, quelques variantes. Ainsi les *barres forcées*, tout en se jouant de la même façon ne comporte pas la délivrance des prisonniers; ceux-ci passent dans le camp adverse et le jeu se termine quand tous les combattants d'un parti sont passés dans le camp de l'autre.

*

* *

Il existe aussi le jeu des *barres militaires*. Les deux camps sont placées sur la même ligne, face au même côté mais sont séparés par un terrain neutre. Dans ce cas, il faut avoir un terrain un peu plus large que dans les barres ordinaires.

Alors, pour se rencontrer, les joueurs doivent faire de plus lointaines sorties que dans le jeu ordinaire. Les règles sont les mêmes que celles exposées plus haut, mais la partie est plus intéressante et plus mouvementée que la partie simple, surtout quand on dispose d'un bel emplacement et que les joueurs sont assez hardis et assez ardents pour faire de grandes campagnes.

*

* *

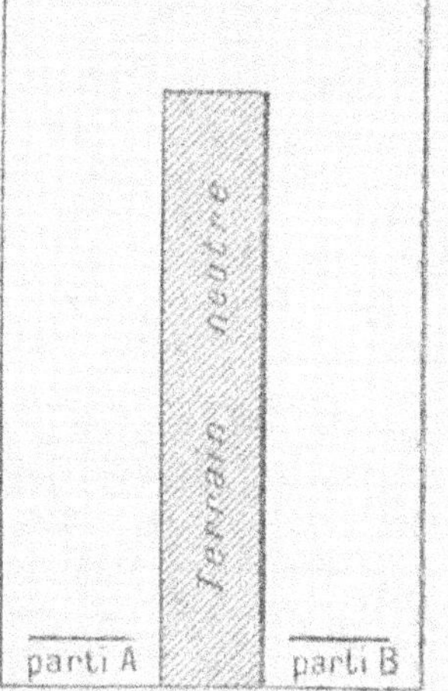

Barres militaires

Le jeu de barres est un excellent jeu d'hiver. Il demande une minute de préparation et immédiatement après, on est en pleine action.

L'ÉPERVIER (OU PASSE)

Ce jeu ne nécessite aucun appareil. On a besoin simplement d'un espace rectangulaire de 40 mètres de long pour des enfants de dix à douze ans et de 80 mètres pour les jeunes gens.

Le sol peut être une cour, une esplanade ou une prairie. Ce dernier terrain est préférable en cas de chute.

En principe, il s'agit de franchir le terrain d'un bout à l'autre, dans le sens de la longueur, sans se faire prendre par ceux qui s'y trouvent vers le milieu.

Voici quelques détails qui permettront de donner au jeu tout l'intérêt qu'il comporte et qui guideront chaque joueur dans ce qu'il a à faire pour que le jeu soit joué correctement.

Deux joueurs sont placés au centre du terrain. Ce sont les *éperviers*. Les autres joueurs se placent en ligne à l'un des bouts du terrain.

Au cri : *en chasse!* poussé par les éperviers, la ligne des joueurs s'ébranle et tous doivent, en courant, chercher à atteindre l'autre camp situé à l'autre extrémité du terrain, sans se faire prendre au passage par les éperviers.

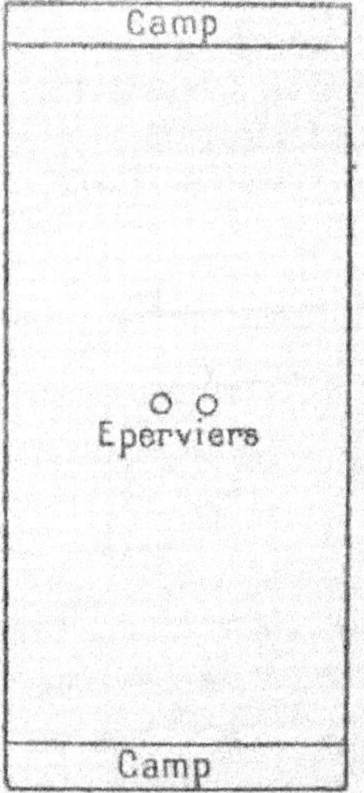

Jeu de l'Epervier

Un joueur est considéré comme pris quand un épervier a pu le frapper à l'épaule, la main à plat, avant qu'il ait atteint l'autre camp.

Les trois premiers prisonniers ne sont d'aucune aide aux

éperviers, mais quand ils sont au nombre de quatre, il se donnent la main, deux à deux, et cherchent alors à leur tour
à faire prisonniers les coureurs qui passent d'un camp à l'autre.
Ces aides ne doivent jamais se quitter la main sous peine de
voir annuler la prise qu'ils ont faite. Chaque fois qu'un coureur est ainsi fait prisonnier, l'un des éperviers doit venir
le frapper à l'épaule. Tant que cette petite formalité n'est
pas remplie, le coureur pris peut chercher à se dégager par
tous les moyens possibles, à condition qu'il n'y ait aucune
brutalité de sa part.

Au fur et à mesure que de nouveaux prisonniers sont faits,
ils s'ajoutent à la *chaîne* qui les a capturés, en évitant toutefois que l'une soit plus nombreuse que l'autre.

Quand les aides sont au nombre d'une vingtaine environ, au
lieu de rester groupés en deux chaînes ils se donnent alors
la main tous ensemble pour n'en former qu'une seule.

Les éperviers sont toujours postés derrière les chaînes et peuvent eux aussi continuer à faire des prisonniers.

Lorsqu'il n'y a plus qu'une seule chaîne, l'aide situé à droite
de cette chaîne et l'aide de gauche peuvent eux aussi faire
prisonnier, mais eux seuls.

Quand tous les coureurs ont franchi la longueur du terrain,
et que les prisonniers se sont ajoutés aux chaines, les éperviers poussent de nouveau le cri: *en chasse!* et les coureurs
s'élancent alors en sens inverse. Et ainsi de suite jusqu'au
moment où il n'y a plus personne à prendre, tout le monde
étant prisonnier.

La partie est terminée quand il n'y a plus de prisonnier
à faire. Si on la recommence, on choisit comme nouveaux
éperviers, les deux coureurs qui ont été pris les derniers ou,
s'il y a unanimité, ceux qui se sont distingués par leur adresse,
leur agilité ou leur audace au cours de la partie.

*
* *

Ce jeu est excellent en ce sens qu'il fait beaucoup courir,
mais par intervalles coupés de repos. Il oblige à respirer forte-

ment et développe ainsi beaucoup les poumons. Il donne du souffle et de l'endurance. On peut par la suite s'entraîner à la course d'une façon plus soutenue en évitant les temps de repos.

Mais ce jeu a aussi d'autres qualités de tout premier ordre. Il oblige les coureurs à courir vite, à faire de brusques crochets pour éviter de se faire prendre et donne de cette façon, à ceux qui le pratiquent, de l'adresse et de l'agilité.

Puis, quand on est pris par l'une des chaînes et qu'on cherche par tous les moyens à se dégager avant l'arrivée des éperviers qui doivent vous frapper sur l'épaule, il y a alors une véritable lutte de courage et même d'audace qui sert d'excellente préparation au football rugby. Il demande comme lui de la vitesse à la course, de l'adresse, de l'agilité, du courage et de l'audace. Il habitue aux luttes, aux corps à corps et aux mêlées.

Il en a toutes les qualités, mais il est moins violent et moins fatigant. Il convient donc admirablement à ceux qui n'ont pas encore atteint leur complet développement d'homme, car il ne faut pas oublier que le rugby, par sa violence, la fatigue qu'il occasionne et les grands efforts du cœur et des poumons qu'il demande pendant une heure et demie, ne devrait être joué que lorsque le corps a atteint son complet développement, c'est-à-dire à l'âge de dix-huit ans au plus tôt.

LES BOULES

C'est le jeu par excellence des chaudes journées d'été: car s'il exige des joueurs du coup d'œil et de l'adresse, il ne réclame point des déplacements fatigants, ni de vastes espaces fortement ensoleillés. Une allée droite, en terre battue, et bien ombreuse convient au mieux.

Il s'agit de lancer une boule en bois le plus près possible d'une boule plus petite, *le petit*; pour cela, trois coups sont employés: *la portée*, la boule roulant directement vers le but; *le pointage*, la boule étant lancée pour en déplacer une autre, mais à condition d'avoir préalablement touché terre; *le tir*, la boule étant projetée directement sur une autre, sans toucher terre.

Les boules employées peuvent être ou non ferrées, c'est-à-dire garnies de clous: le but ne doit pas être ferré. On n'a pas le droit de changer de boule au cours d'une partie.

Les parties se disputent entre camps de quatre joueurs ou *quadrettes*, chaque joueur ayant deux boules. Le terrain du jeu doit avoir au moins 27 m. 50 de longueur. Il est partagé en trois zones par deux raies tracées à 7 m. 50 de chaque extrémité, par conséquent à 12 m. 50 l'une de l'autre. C'est dans l'espace compris entre ces deux lignes que le but, ou *petit*, doit être lancé par le premier pointeur de la quadrette désignée par le sort et qui sera également le premier à lancer sa boule. Au cas où le lancement du but serait défectueux (en dehors des limites ou trop près des côtés) après deux essais, le but sera placé à une distance moyenne.

Une fois le but lancé ou placé et après que le pointeur débutant aura joué sa boule, le pointeur du camp adverse s'efforce de placer la sienne plus près que celle de son adversaire. S'il ne réussit point avec sa première boule, il doit s'efforcer d'y parvenir avec la seconde : en cas de nouvel insuccès, son camp devra jouer une troisième boule et ainsi de suite, jusqu'à ce qu'il ait repris le pas sur la boule du premier lanceur.

Il est défendu de jouer deux boules de la même place : on doit entre chaque boule se déplacer au moins d'un pas.

Lorsqu'une boule est placée près du but, de manière à ne pouvoir être battue, le camp adverse tente de la déplacer, soit en tirant, soit en portant une des siennes, mais à condition que le déplacement subi n'excède pas 2 mètres ; dans ce cas, le joueur lésé aura le droit d'annuler la boule qui a déplacé la sienne et de remettre celle-ci en place. Si une boule est entraînée par une autre hors des limites du jeu, elle sera également remise en place.

Quand deux boules paraissent être à égales distances du but, l'arbitre doit mesurer ces distances : si ces distances sont effectivement identiques, le camp qui a joué le dernier rejoue une boule pour essayer de se rapprocher davantage : s'il ne réussit point, l'adversaire s'efforce à son tour d'y parvenir et la partie continue jusqu'à ce que toutes les boules soient jouées.

Les parties se jouent en douze ou quinze points. Ces points se marquent en comptant les boules appartenant à la quadrette victorieuse qui sont le plus près du but, en défalquant bien celles qui seraient barrées par des boules adverses.

Si l'un des camps a joué toutes ses boules, et que l'autre en ait encore en mains, ce dernier compte autant de points qu'il lui reste de boules non jouées.

H. C.

LE CROQUET

Le croquet que le tennis semblait, il y a une dizaine d'années, avoir presque complètement supplanté dans la faveur du public, a retrouvé cependant une partie de son ancienne vogue: il ne serait autre que l'antique jeu de *paille-maille*, très en honneur au dix-huitième siècle sous le nom de *mail*, qui nous est revenu d'Angleterre il y a bientôt cinquante ans, baptisé du nouveau nom de croquet (*crocket*): à côté du tennis ou de sports plus violents, il semble devoir conserver toujours de fidèles adeptes, au bord de la mer et au château, parmi les gens qui apprécient l'agrément d'un jeu varié et de bon ton, presque de salon, exigeant une aisance gracieuse d'attitudes, et que grandes personnes et enfants pratiquent avec un réel plaisir.

Pour le spectateur, le croquet paraît n'exiger que de l'adresse, mais les règles nombreuses qui le régissent lui donnent une complexité réelle qui force les joueurs à déployer une véritable stratégie.

MATÉRIEL DU JEU, TERRAIN, DISPOSITION

On emploie pour jouer au croquet, neuf arceaux en fer, un double arceau avec sonnette, et deux piquets servant de buts; chacun des joueurs est muni d'un maillet et d'une boule en bois. Les boules, huit au maximum, ont chacune leur couleur particulière que portent également le maillet correspondant et la marque que le joueur place sur les arceaux pour indiquer la position de sa boule.

On doit choisir un emplacement aussi plat que possible, par exemple sur du sable fraîchement ratissé; on peut jouer

aussi sur du gravier uni ou du gazon ras. Les dimensions du
terrain sont de 20 mètres sur 14 pour les championnats; pour
les parties de simple agrément, on s'en rapproche, sans que
la forme rectangulaire soit nécessaire, mais en tenant compte
de la résistance du sol. On peut adopter un grand nombre de
dispositions d'arceaux, pour la facilité ou suivant la fantaisie

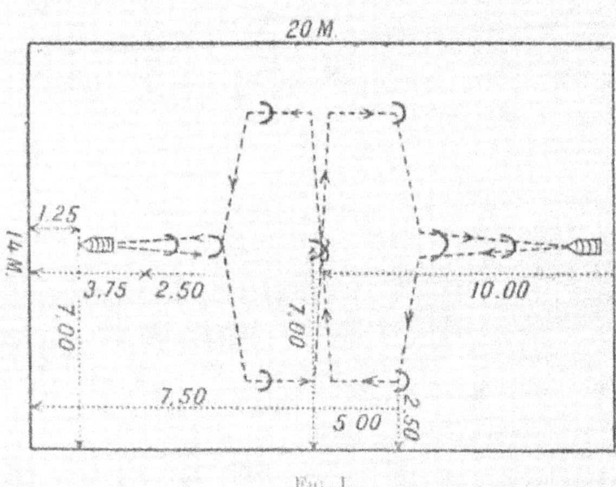

Fig. 1.

des joueurs, mais il n'y a qu'un tracé officiel employé pour
les championnats et l'établissement des records.

MARCHE DU JEU. — RÈGLEMENT

L'objectif du jeu est d'arriver à faire passer sa boule sous
tous les arceaux pour lui faire toucher le piquet final au moment convenable. Dans les parties de passe-temps que nous
envisageons seulement, on peut jouer soi pour soi, soit en deux
camps: dans le premier cas, le premier arrivé gagne; dans
le second, c'est le camp dont tous les joueurs sont arrivés
avant tous ceux de l'autre camp, qui est vainqueur. Si l'on joue
chacun pour son compte, l'ordre de départ est fixé par celui

des couleurs marquées sur les piquets et que l'on tire au sort;
si l'on joue par camp, les joueurs se répartissent les couleurs
dans chaque camp comme ils le trouvent avantageux, l'un des
camps ayant les couleurs foncées, l'autre les couleurs claires.
Si le jeu est à deux couleurs, chaque camp prendra l'une
des couleurs.

On peut tenir son maillet et s'en servir pour frapper de

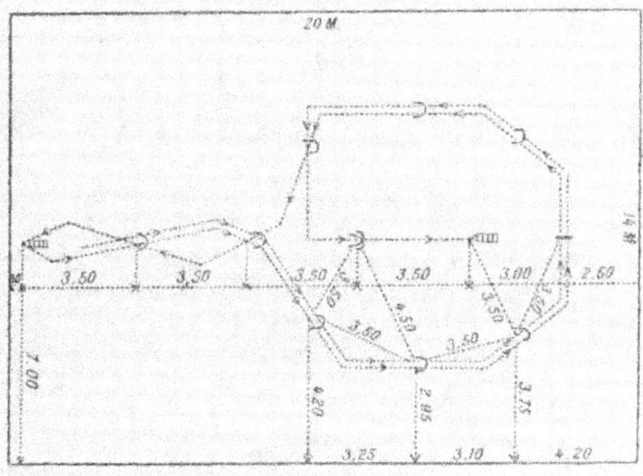

Fig. 2.

toutes les manières pourvu que l'on entende bien le choc du
maillet contre la boule, mais il est interdit de *queuter*, c'est-à-
dire de pousser la boule avec le maillet se trouvant déjà en
contact avec elle, ou d'accompagner la boule pour la diriger.
Lorsqu'un joueur a commis cette faute, il cesse de jouer jusqu'à ce que ce soit de nouveau son tour; les avantages qu'il
a pu acquérir en queutant sont perdus; on remet en place les
boules qu'il a dérangées.

Le premier joueur pose sa boule à terre sur un point quelconque de la ligne de départ et la frappe de manière à la
faire passer sous le premier arceau. S'il le manque il a le
droit de recommencer trois fois; s'il le passe, il a le droit de

rejouer une fois; s'il passe le second arceau, il peut continuer,
pour passer l'arceau suivant jusqu'à ce qu'il le manque.
Lorsque l'on passe deux arceaux d'un coup, on a le droit
de jouer deux fois successivement sans repasser d'arceau.
La touche d'un piquet donne également un coup, sauf naturellement, le piquet final.

Le deuxième joueur procède de la même façon, mais si,
après avoir passé le premier arceau ou plus loin, il se trouve
en présence d'une autre boule, il peut la toucher avec la sienne;
trois coups se présentent alors à lui: il doit, ou bien *croquer*,
c'est-à-dire placer sa boule contre l'autre, là où celle-ci s'est
arrêtée, mettre un ou deux pieds sur sa propre boule et chasser
l'autre par contre-coup en frappant sur la sienne; le joueur a
droit à un nouveau coup, à moins que sa boule ne se soit
échappée en la frappant; ou *roquer*, c'est-à-dire mettre sa boule
à côté de la boule touchée et les pousser toutes les deux en
frappant la sienne, ce qui lui donne également droit à un
coup; ou *prendre deux coups*: pour cela il faut placer sa boule
à un maillet de l'autre, puis jouer deux coups successifs.
Le passage d'un arceau permet de recommencer les mêmes
coups.

Les joueurs suivants continuent de la même façon, mais ils
ont l'avantage de trouver plusieurs boules sur le terrain, ce
qui leur permet de faire sur chacune d'elles l'un ou l'autre de
ces coups et de recommencer après le passage de chaque
arceau. Lorsqu'une boule croquée ou roquée passe un arceau ou touche un piquet au moment où elle devait le passer ou
le toucher, ce passage ou cette touche lui sont acquis: on peut
ainsi, lorsque l'on joue par camp, faire avancer les boules amies.

Lorsqu'on trouve sa boule collée contre une autre, on ne
peut faire aucun des trois coups: on joue comme si cette boule
n'existait pas, mais si on la fait remuer en donnant le coup
de maillet, on cesse de jouer et l'on attend que son tour revienne.
Si l'on touche plusieurs boules d'un seul coup de maillet, il
faut choisir: on peut retoucher les autres après. Lorsqu'un
joueur ayant deux coups à jouer touche une boule ou un piquet ou passe un arceau du premier coup, le second coup qui
lui restait ne compte plus.

Lorsqu'un joueur, en passant un arceau ou en touchant un piquet, touche une boule du même coup, plusieurs cas se présentent suivant lesquels il devra choisir le passage ou la touche. Si la boule, après avoir passé sous l'arceau vient se coller contre l'autre boule, on choisit avoir touché, car si l'on choisissait le passage, il faudrait retoucher cette boule contre laquelle votre boule est collée, ce qui est évidemment impossible. Si l'on a touché cette boule avant de passer l'arceau, on est forcé, au contraire, de choisir avoir passé, et dans ce cas, on joue comme lorsque deux boules sont collées, c'est-à-dire comme si l'autre n'existait pas, mais sans la déranger.

Corsaires. — Toute boule qui a passé sous tous les arceaux et n'a plus qu'à toucher le piquet final est corsaire. Ce nom s'applique également au joueur. Le corsaire est rigoureusement obligé de croquer toutes les boules qu'il touche: il ne peut ni croquer ni prendre deux coups. Lorsqu'une boule non corsaire touche un corsaire d'un camp adverse, elle cesse de jouer jusqu'à ce que son tour revienne; mais elle a le droit de toucher ses propres corsaires. Lorsqu'un corsaire touche le piquet final, soit involontairement, soit poussé par une autre boule, on doit le retirer aussitôt du jeu et l'on remet à leur place les boules qu'il a pu déranger après avoir touché ce piquet.

La marche du jeu, malgré sa simplicité apparente, se prête à une infinie variété de coups et de combinaisons: en dehors de l'adresse respective des différents joueurs, l'habileté de la manœuvre joue donc un grand rôle; elle consiste surtout dans le choix des coups à faire, en croquant, en roquant à propos et dans l'emploi judicieux des corsaires qui, en se tenant près des arceaux à passer, en défendent l'accès. Lorsque les joueurs ont une certaine force, la partie ne commence réellement, en supposant toujours la partie jouée par camp, que lorsque l'un des deux camps a réussi à avoir plusieurs corsaires avant que l'autre camp en ait un seul. Il est nécessaire que les boules se fassent corsaires en se suivant le plus près possible pour éviter que l'autre camp, le jeu étant alterné, n'ait des corsaires dans l'intervalle; cependant, il est d'une bonne tactique, de ne pas se faire corsaire trop tôt, car, comme les corsaires ne peuvent pas prendre deux coups, il n'ont pas la même facilité pour se déplacer que les autres boules, et il peut toujours se produire des surprises.

La manœuvre finale, en théorie, consiste donc, en barrant le dernier arceau aux boules adverses, à approcher tous ses corsaires du piquet final, à leur faire toucher ce piquet l'un après l'autre en les croquant et à venir ensuite le toucher soi-même.

Si les deux camps possèdent des corsaires, la manœuvre consiste à faire toucher le piquet aux corsaires adverses en les croquant.

On voit que ces diverses combinaisons donnent lieu, comme nous le disions, à une véritable stratégie, et exigent, par suite, un jeu raisonné. D'autre part, au point de vue physique, le croquet exerce sur les joueurs qui s'appliquent à prendre une attitude aisée et rationnelle, une heureuse influence. La posture du corps, qui ne doit être ni trop droit ni trop penché, mais bien d'aplomb sur les jambes, le mouvement souple des bras, enfin, la position des mains sur le maillet, doivent être étudiés pour assurer la fermeté et la précision du coup, sans nuire à la bonne grâce du joueur; on voit donc qu'en dehors des qualités qui le font apprécier comme jeu de société et comme passe-temps, le croquet, au point de vue sportif qui nous occupe, n'est pas non plus à dédaigner.

G. F.

LA GYMNASTIQUE

La gymnastique française s'est heureusement perfectionnée depuis quelques années[1]. Elle a pris, en les modernisant, une partie des exercices correctifs des Suédois et elle a conservé les exercices français qui donnent de la souplesse, de la vitesse, de l'énergie et des muscles.

Elle devient une nécessité pour toute la jeunesse qui doit s'y exercer régulièrement.

Naturellement les exercices profitent mieux lorsqu'ils sont enseignés par un maître spécialiste et instruit; mais les conseils qui suivent ou précèdent chaque groupe d'exercices permettront aux jeunes gens de s'exercer individuellement ou collectivement et de faire de rapides progrès.

Les exercices ont été classés en trois parties essentiellement différentes:

1° Gymnastique respiratoire;

2° Gymnastique corrective et d'assouplissement;

3° Gymnastique d'application aux agrès.

Pour être fructueuse et complète une même séance doit comprendre des exercices de la première, de la deuxième et de la troisième partie.

Il faudra se conformer aux indications qui précèdent chaque genre de gymnastique pour en comprendre l'importance et retirer des exercices tous les bons effets cherchés.

---

1. Cette évolution de la gymnastique est l'œuvre du savant physiologiste G. Demeny et le résultat des travaux du cours supérieur d'éducation physique de l'Université dont il est le directeur.

Gymnastique respiratoire

Le but de cette gymnastique est de nous apprendre à faire volontairement de grands mouvements respiratoires.

Par la pratique, la cage thoracique se transforme, s'agrandit, on offre ainsi à l'air atmosphérique la capacité totale du poumon avec de moins en moins d'attention; puis cela passe alors dans les habitudes, les respirations amples et peu fréquentes succèdent aux respirations courtes et fréquentes.

On peut, avec trois mois de pratique, augmenter d'une façon considérable (un tiers environ) la capacité pulmonaire.

C'est la première de toutes les gymnastiques, c'est par elle qu'il faut débuter dans la carrière sportive.

Il suffit de songer que nous respirons de 15 à 17 fois par minute, soit 930 fois par heure et 23 000 fois environ par vingt-quatre heures, pour se rendre compte de la vitalité, de la résistance à la fatigue, à la maladie, d'un individu qui, à chaque respiration, absorbe une plus grande quantité de cet oxygène véhiculé par l'air.

Il faut aussi se rappeler que les affections des voies respiratoires provoquent un tiers environ de la mortalité générale.

C'est pourquoi il est bon d'insister sur la nécessité, pour le jeune homme qui doit s'adonner aux sports, de consulter le médecin, qui seul peut lui dire ce que valent ses organes.

Admettons que notre futur sportsman soit reconnu bien portant, mais avec la constatation d'une insuffisance respiratoire.

Dans ce cas notre sujet a une faible respiration, elle peut être suffisante pour le maintenir en bonne santé relative en raison du peu d'effort qu'il a à faire pour se rendre à son magasin, à son bureau, et y faire un travail peu actif; mais cette respiration deviendra insuffisante dès que ce jeune homme se livrera à des exercices athlétiques de force ou de vitesse. Ces exercices exigent une respiration ample, un jeu complet du soufflet thoracique, de façon à offrir à l'air atmosphérique la totalité du poumon et à permettre au sang de se débarrasser rapidement de l'acide carbonique et des déchets de combustion qui l'empoisonnent pour puiser, en échange, au contact de l'air, l'oxygène indispensable à la vie. L'insuffisance respiratoire peut provenir de pleurésie ancienne, de rhumes répétés, mais le plus souvent de végétations qui, existant dans le nez, obstruent la voie naturelle de l'entrée de l'air.

Ecoutez l'opinion d'un maître, M. le docteur G. Rosenthal :

« Un enfant qui ne respire pas par le nez, qui n'a pas une ampliation thoracique suffisante, dont le diaphragme ne fonctionne pas, est atteint d'insuffisance respiratoire. Il est, quelle que soit sa vigueur physique, une victime toute prête pour les affections aiguës et chroniques du poumon et, en particulier, pour la tuberculose pulmonaire. Or, on est souvent étonné de constater un jeu respiratoire presque nul chez des sujets dont le poids, la taille et même le périmètre thoracique dépassent les chiffres normaux — ce sont les malingres fonctionnels. Par contre, certains sujets frêles anatomiquement ont une incursion respiratoire notable — malingres anatomiques — ils sont robustes fonctionnels et ne courent aucun risque. »

Il ne faut donc pas se fier à l'apparence d'une forte poitrine, il faut s'inquiéter de l'étendue de la respiration, c'est-à-dire de la différence entre l'inspiration et l'expiration.

Le sujet qui veut se rendre compte de son développement thoracique, étant buste nu, prie un camarade de lui passer un ruban autour de la poitrine, sous les gros muscles, dits pectoraux. On fait partir une extrémité du « creux de l'estomac », c'est-à-dire de la pointe du sternum, on maintient le mètre dans un sens horizontal et on demande au sujet de respirer fortement par le nez (bouche fermée), aussitôt cette forte inspiration, constater le tour maximum du thorax (un jeune homme de dix-sept ans, dix-huit ans, vigoureux, doit avoir de 0 m. 85 à 1 mètre).

Faire expirer aussitôt, c'est-à-dire chasser le plus d'air possible et constater de nouveau le tour du thorax, si le sujet n'a qu'une diminution de 5 centimètres (différence entre l'inspiration et d'expiration), il n'y a pas de doute, il ne sait ou ne peut pas respirer amplement.

De 5 à 8 c'est encore faible, mais là aussi il faudra faire l'éducation des fonctions respiratoires.

Si alors on atteint 9, 10, 12 centimètres, c'est magnifique et on a des chances d'être en présence d'un sujet doué d'une puissante respiration.

Néanmoins, dans tous les cas, soit pour entretenir sa respiration, soit pour l'amplifier on ne devra pas négliger la gymnastique respiratoire.

Cette gymnastique respiratoire est à la portée de tous et elle demande simplement de la volonté et de la persévérance.

Il suffit, chaque matin, au sortir du lit, et après quelques mouvements actifs de faire, soit dehors soit près d'une fenêtre ouverte, de 5 à 10 fois chacun des exercices ci-dessous décrits.

L'inspiration se fait par le nez et l'expiration par le nez ou la bouche.

Le rythme est lent, de 12 à 16 respirations à la minute; pendant l'inspiration il faudra élever les côtes à leur maximum, en évitant de rentrer le ventre, puis pour l'expiration il faudra chercher à rejeter le plus d'air possible, en laissant retomber les côtes et en rentrant le ventre.

1. — Mouvement respiratoire en effaçant les épaules.

1. Inspiration profonde en effaçant fortement les épaules et en tournant les paumes des mains en avant.

2. Rejeter l'air en reprenant l'attitude normale.

2. — Mouvement respiratoire avec élévation des bras étendus.

1. Elever lentement les bras étendus en avant jusqu'à la verticale en faisant une inspiration profonde.

2. Les abaisser en faisant une expiration profonde.

3. — Mouvement respiratoire avec élévation latérale des bras étendus.

1. Elever lentement les bras de côté, paumes des mains en haut, en portant légèrement le haut du corps et la tête en arrière et en faisant une inspiration profonde.

2. Laisser descendre les bras en faisant une expiration profonde.

4. — Mouvement respiratoire avec élévation des bras fléchis et abaissement latéral des bras étendus.

1. Elever les bras en les fléchissant pour faire passer les mains aux épaules, puis les étendre verticalement, tourner les mains paume en dehors.

2. Descendre les bras étendus latéralement.

Exécuter l'inspiration pendant l'élévation des bras et l'expiration pendant l'abaissement.

5. — Mouvement respiratoire abdominal, le corps étendu sur le dos, les bras fixés.

1. Les mains étant placées derrière la tête les coudes écartés, bomber le ventre le plus possible en faisant une profonde inspiration par la bouche, les lèvres allongées en avant.

2. Laisser retomber le ventre en faisant une profonde expiration.

Nota. — Pour bien exécuter ce mouvement, les vête-ments ne devront pas serrer l'abdomen; il faudra éviter de faire ce cinquième mouvement quand la température est trop froide et surtout en passant du chaud au froid.

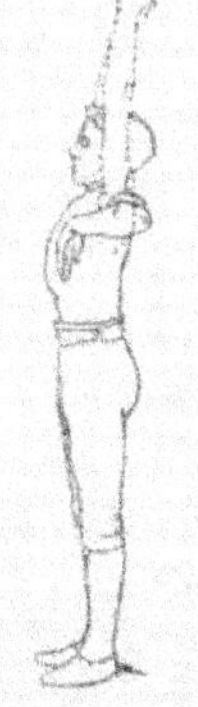

Fig. 1. — Exercice 4.

Gymnastique corrective
et d'assouplissement

Ces exercices visent surtout, par des attitudes actives de redressement, à lutter contre les déformations de la colonne vertébrale dues à la croissance rapide ou à la scolarité.

Ils sont le complément indispensable des mouvements respiratoires puisque, en redressant la colonne vertébrale, en fixant l'épaule en arrière, en amplifiant la cage thoracique et en fortifiant les muscles de la sangle abdominale, ils s'adressent aux grandes masses musculaires qui ont un rôle si important dans l'acte respiratoire, et par suite les nourrissent.

CONSEILS

Conserver la rectitude du tronc dans tous les mouvements de bras, de jambes, dans les fentes, etc.

Exécuter les mouvements bras de côté, fléchis ou non, un peu en arrière du plan des épaules.

Chercher à rendre indépendantes les parties du corps que l'on veut exercer.

Tous les exercices seront exécutés avec toute l'amplitude possible.

Les contractions doivent se faire sans brusquerie, avec un maximum d'effort maintenu pendant les temps d'arrêt, sans retenue de la respiration.

Les extensions de bras, de jambes doivent être complètes avec le maximum d'allongement.

Les positions verticales et latérales des bras étendus doivent même dépasser un peu en arrière la position verticale ou latérale, en évitant de porter le ventre en avant.

Comme tous les exercices de gymnastique, les exercices correctifs doivent se faire à l'air libre, ou à défaut dans un local bien aéré et surtout bien éclairé par la lumière solaire.

Les exercices indiqués à gauche, doivent également se faire à droite.

Ne pas faire deux ou trois mouvements au hasard, mais exécuter dans l'ordre, au moins :

Un mouvement bras étendus ;

Un mouvement bras fléchis ;

Un mouvement bras fléchis puis étendus ;

Un mouvement d'élévation de jambe ;

Un mouvement de flexion des membres inférieurs ;

Un mouvement de flexion du tronc ;

Un mouvement d'extension du tronc ;

Un mouvement de flexion latérale du tronc ;

Un mouvement de fente en avant ;

Un mouvement de fente latérale ;

Un mouvement de fente en arrière;

Un mouvement à terre;

Un mouvement respiratoire (à prendre dans les cinq mouvements de la première partie).

Soit au total un minimum de douze mouvements.

Il faudra débuter par les premiers exercices décrits pour chaque genre; puis, augmenter la difficulté et la gradation en prenant l'exercice suivant et en variant l'attitude des bras.

On doit suivre les indications en ce qui concerne la cadence et le nombre de fois qu'il est nécessaire de répéter un exercice.

Pour comprendre les combinaisons des mouvements des membres supérieurs avec ceux des membres inférieurs et du tronc, bien retenir ce qui suit:

L'attitude *mains aux hanches* n° 7 sert pour l'exécution des mouvements simples des jambes et du tronc.

L'attitude *mains à la nuque* n° 9 sera conservée dans les mouvements du tronc (flexion, extension, torsion), dans les fentes, les stations sur un pied, la flexion des membres inférieurs.

L'attitude *mains aux épaules* sert de position de départ ou initiale à l'extension des bras dans les positions horizontale ou verticale.

L'attitude *mains à la poitrine* sert de position de départ à l'extension des avant-bras à la position latérale.

Ces deux attitudes 8 et 10 suivies de l'extension des bras sont recommandées soit en attitude droite, soit dans les flexions de tronc, dans les fentes, les stations sur un pied, la flexion des membres inférieurs.

Enfin les mouvements bras étendus 2, 3, 4 et 6 peuvent se combiner avec tous les autres mouvements.

MOUVEMENTS DES MEMBRES SUPÉRIEURS

Position de départ : Station droite.

MOUVEMENTS BRAS ÉTENDUS

1. — STATION DROITE OU POSITION DE GARDE À VOUS.

Redresser le corps, les talons réunis, les pieds ouverts à 60°, la tête, le corps et le cou droits, le menton assez rapproché du cou, les épaules effacées, le ventre rentré sans effort, les bras pendant naturellement, les doigts étendus et joints, la respiration libre.

Remarque. — Ne pas conserver trop longtemps cette position, mais la reprendre correctement avant chaque exercice.

2. — Élévation des bras a la position horizontale.

1. Le corps étant en station droite, correcte, élever les bras étendus en avant jusqu'à la position horizontale, les paumes des mains se faisant face, garder la position.

2. Revenir à la position de départ en portant les épaules en arrière.

Remarque. — Prendre la position, y rester une seconde au moins, abaisser les bras, conserver l'attitude correcte une seconde, continuer à cette cadence.

Répéter de 3 à 6 fois.

3. — Élévation des bras a la position verticale.

1. Le corps étant en station droite, correcte, élever les bras étendus en avant jusqu'à la position verticale, les paumes des mains se faisant face, la tête directe.

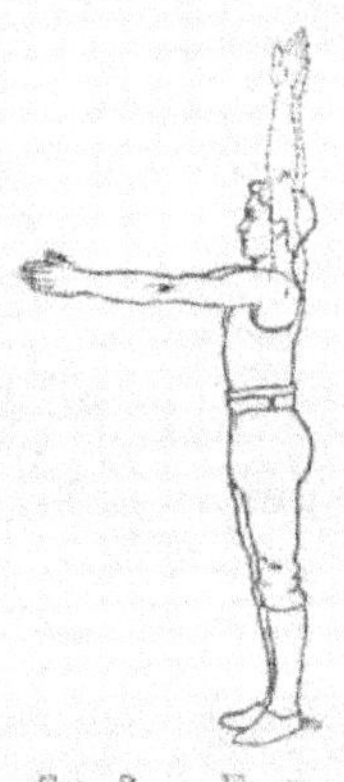

Fig. 2. — Exercice 2.

2. Revenir à la position de départ.

L'élève a tendance à porter le ventre en avant, à incliner la tête en avant ou en arrière; y remédier dès le début en lui demandant d'exécuter l'extension complète du corps et du bras et le soulèvement des côtes à leur maximum.

Cadence: comme à l'exercice 2.
Répéter de 3 à 6 fois.

4. — Élévation latérale des bras a la position horizontale (paumes en dessous).

1. Le corps étant en station droite, correcte, élever les bras étendus latéralement, paumes vers le sol.

2. Revenir à la position de départ.

Veiller à bien effacer le ventre; les bras doivent être maintenus à la position horizontale et le plus en arrière, le menton près du cou.

Cadence: comme à l'exercice 2.
Répéter de 3 à 6 fois.

5. — ÉLÉVATION DES BRAS A LA POSITION HORIZONTALE, PUIS VERTICALE ET ÉCARTEMENT LATÉRAL.

1. Elever les bras étendus en avant jusqu'à la position horizontale.
2. Les élever jusqu'à la position verticale.
3. Les écarter latéralement, paumes en dessus.
4. Revenir à la position de départ.

Ce mouvement doit se faire sans brusquerie avec souplesse, avec une seconde d'arrêt à chaque position.

Répéter de 3 à 5 fois.

6. ÉLÉVATION ALTERNATIVE DES BRAS A LA POSITION VERTICALE.

1. Elever le bras gauche étendu jusqu'à la position verticale en portant le droit étendu en arrière.
2. Abaisser le bras gauche en élevant le droit.

Ne pas pencher le corps du côté du bras abaissé; conserver l'attitude droite, le bras élevé touchant presque l'oreille, bien porter les épaules en arrière.

Répéter de 3 à 10 fois.

MOUVEMENTS BRAS FLECHIS

7. MAINS AUX HANCHES.

Placer la paume des mains sur le bord supérieur des hanches, les doigts joints et en avant, les pouces en arrière, les épaules bien effacées sans porter les coudes trop en arrière.

8. — MAINS AUX ÉPAULES.

Les mains et avant-bras fléchis, les coudes de côté dans

le plan des épaules et abaissés, les doigts étendus et leurs extrémités touchant le bout de l'épaule, les épaules en arrière, la poitrine bombée.

Cadence: conserver l'attitude deux secondes puis faire fixe. Répéter de 2 à 4 fois.

9. — MAINS A LA NUQUE.

Le corps étant dans la station droite, correcte, élever les coudes, les bras fléchis, appuyer les mains contre la nuque,

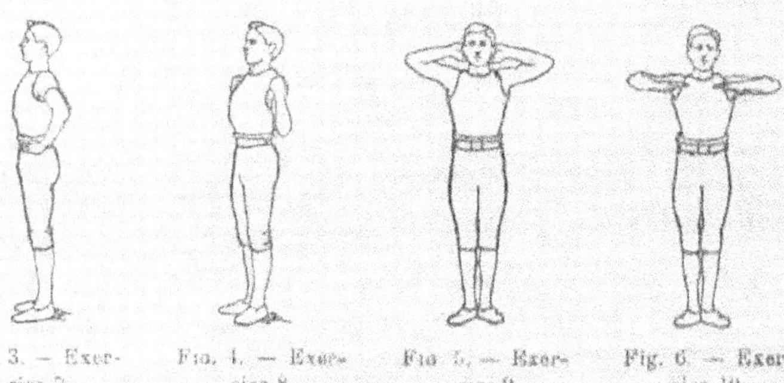

Fig. 3. — Exercice 7.   Fig. 4. — Exercice 8.   Fig. 5. — Exercice 9.   Fig. 6. — Exercice 10.

paumes en avant, les coudes en arrière, la tête droite et résistant à la pression des mains.

Cadence: conserver l'attitude deux secondes puis faire fixe. Répéter de 2 à 4 fois.

10. — MAINS A LA POITRINE.

Le corps étant dans la station droite, correcte, élever de côté les bras, les avant-bras fléchis et horizontaux, les coudes en arrière le plus possible, les mains étendues, doigts joints, paumes dirigées vers le sol, les pouces touchant presque la poitrine, la tête directe, la poitrine bombée.

Cadence: conserver l'attitude deux secondes puis faire fixe. Répéter de 2 à 4 fois.

11. Extension des bras a la position verticale.

Position : mains aux épaules.

1. Etendre vivement les bras en haut, tête droite, côtes soulevées.

2. Reprendre la position initiale, les mains et les bras dans le plan des épaules.

Le même mouvement peut s'exécuter dans les positions horizontale, verticale et latérale.

Cadence : 60, c'est-à-dire un mouvement par seconde.
Répéter 4 à 10 fois.

12. — Extension latérale des avant-bras.

Position : mains à la poitrine.

1. Etendre les avant-bras horizontalement.
2. Reprendre la position initiale.

Pendant ce mouvement les coudes ne doivent pas bouger ; ils doivent rester fixés en arrière le plus possible à la hauteur des épaules.

Même cadence que ci-dessus.
Répéter 4 à 10 fois.

13. — Mains aux hanches. Mains a la nuque.

Position : mains sur les hanches.

1. Porter les mains à la nuque, conserver la position correcte du corps, poitrine bombée.

2. Revenir mains aux hanches, en passant les bras de côté.
Répéter 3 à 6 fois.
Cadence : 60.

MOUVEMENTS DES MEMBRES INFERIEURS

STATIONS SUR UN PIED

Cadence : 60.

14. — Elévation en avant de la jambe étendue.

Position : mains aux hanches.

1. Elever en avant la jambe gauche étendue, le pied en extension, le corps restant droit, l'autre jambe étendue.

2. Replacer le pied à terre.
Même mouvement de la jambe droite.
Répéter de 3 à 5 fois.

15. — Élévation latérale de la jambe étendue.

Position : mains aux hanches.
1. Elever latéralement la jambe gauche étendue, le pied en
extension, l'autre jambe restant étendue.

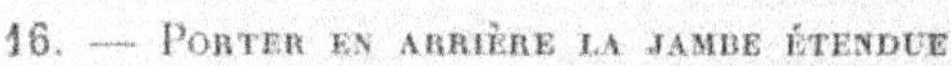

2. Replacer le pied à terre.
Même mouvement de la jambe droite.
Répéter de 3 à 5 fois.

16. — Porter en arrière la jambe étendue.

Position : mains aux hanches.
1. Porter en arrière la jambe gauche
étendue, le pied en extension, le corps restant droit, l'autre jambe étendue.
2. Replacer le pied à terre.

Fig. 7. — Exercice 15.

Même mouvement de la jambe droite.
Répéter de 3 à 5 fois.

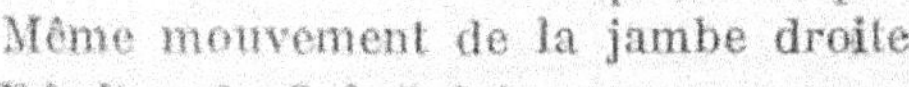

Nota. — Réunir ensuite ces trois mouvements, en déplaçant la
jambe dans les trois positions, sans la poser à terre, le corps bien
équilibré.

17. —Élévation de la cuisse en avant, jambe fléchie puis extension et flexion de la jambe.

Position : mains aux hanches.
1. Elever le genou gauche en avant, cuisse horizontale, jambe
fléchie pointe du pied baissée, le corps bien droit.
2. Etendre la jambe en avant sans fléchir la droite.
3. Fléchir la jambe (position 1).
4. Replacer le pied à terre.
Même mouvement de la jambe droite.
Répéter de 2 à 4 fois.

FLEXION DES MEMBRES INFERIEURS

18. — FLEXION DES MEMBRES INFÉRIEURS, GENOUX ÉCARTÉS.

Position: mains aux hanches.
1. S'élever sur la pointe des pieds, talons joints, puis s'abaisser, le corps droit en écartant les genoux et en fléchissant les jambes (*ne pas se reposer sur les mollets*).
2. Se relever le corps droit.
Répéter 3 à 5 fois.
Cadence: 30.

MOUVEMENTS COMBINES
DES MEMBRES SUPERIEURS ET INFERIEURS

19. ÉLÉVATION DES JAMBES AVEC MOUVEMENTS DES BRAS.

Exécuter les exercices 14, 15 et 16:
Avec élévation des bras à la position horizontale.
Avec élévation des bras à la position latérale.
Avec élévation des bras à la position verticale.
Exécuter l'exercice 17 avec la position initiale mains à la nuque.
Exécuter l'exercice 18:
Avec élévation des bras à la position horizontale à la position latérale ou à la position verticale.
Avec la position initiale les mains à la nuque.
Avec la position initiale les mains aux épaules, puis extension verticale du bras.

MOUVEMENTS DU TRONC

MOUVEMENTS SIMPLES
Cadence : 30.

20. — FLEXION ET EXTENSION DU TRONC.

Position: mains aux hanches.
1. Fléchir le tronc, sans fléchir les jambes, la colonne vertébrale bien redressée, les épaules en arrière.

2. Revenir à la position initiale de départ.
3. Etendre le tronc en arrière, le menton près du cou.
4. Revenir à la position de départ.
Répéter 2 à 4 fois.

Au début l'élève laisse difficilement les jambes étendues, il baisse la tête; il est donc nécessaire de demander des flexions peut étendues mais bien faites, et de n'arriver que progressivement jusqu'à la position horizontale.

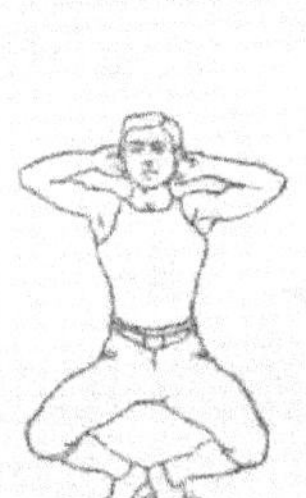 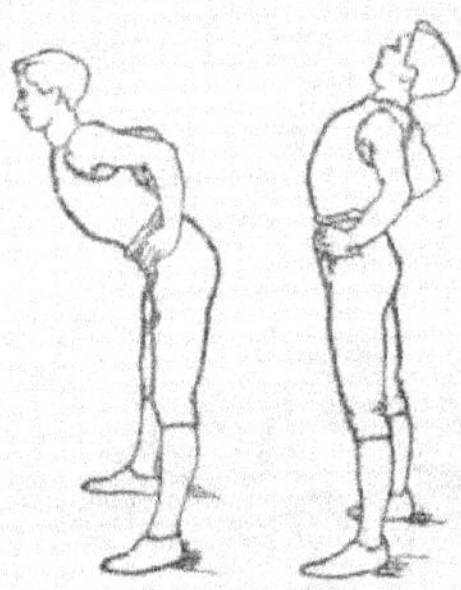 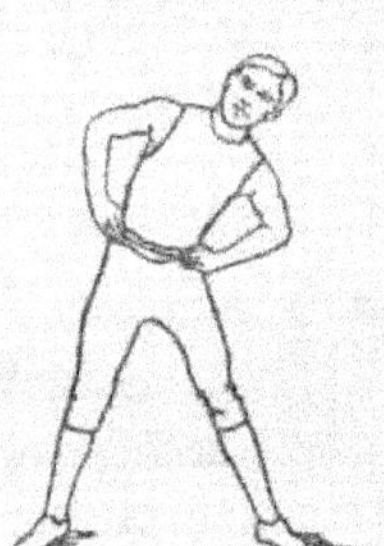

Fig. 8. — Exercice 19.   Fig. 9 et 10. — Exercice 20.   Fig. 11. — Exercice 21

Il faut faire une profonde inspiration en fléchissant le tronc et faire l'expiration en revenant à la station droite, de même pour l'extension du tronc.

21. — FLEXION LATÉRALE DU TRONC.

Position: mains sur les hanches.
1. Fléchir le tronc à gauche, sans fléchir les jambes, la tête dans le prolongement du tronc en soulevant les côtes du côté droit.
2. Revenir à la position de départ.
3. Fléchir le tronc à droite.
4. Revenir à la position de départ.
Répéter 2 à 4 fois.

Laisser les jambes bien étendues, les pieds à plat sur le sol. Il faut faire l'inspiration en fléchissant le tronc et l'expiration en se redressant.

22. — TORSION DU TRONC.

Position: fente latérale, mains sur les hanches.

1. Tourner le tronc à gauche, sans bouger les jambes et sans avancer la hanche droite.

2. Revenir à la position de départ.

3. Tourner le tronc à droite.

4. Revenir à la position de départ.

Répéter 2 à 4 fois.

Au début, exécuter ces trois exercices dans la fente latérale, comme ils sont dessinés (écart des pieds 0 m. 60), puis ,plus tard, pieds réunis.

Les exercices 20, 21, 22 peuvent se combiner avec les attitudes bras fléchis, suivies d'extension des bras, ou avec l'attitude *mains à la nuque* ou bien la position initiale: bras étendus à la position latérale ou à la position verticale; à titre d'exemple voir exercices 23 et 24.

MOUVEMENTS DU TRONC COMBINES
AVEC MOUVEMENTS DES MEMBRES SUPERIEURS
PUIS DES MEMBRES INFERIEURS

23. — FLEXION DU TRONC AVEC EXTENSION ET FLEXION DES BRAS.

Position: mains aux épaules.

1. Fléchir le tronc sans plier les jambes, la poitrine bombée, la tête directe.

2. Etendre rapidement les bras dans le prolongement du corps.

3. Revenir mains aux épaules.

4. Se redresser à la position initiale.

Les temps 2 et 3 peuvent se répéter plusieurs fois.

Exécuter 2 à 4 fois l'exercice entier.

24. — EXTENSION DU TRONC AVEC EXTENSION ET FLEXION DES BRAS.

Position: mains aux épaules.

1. Incliner le tronc en arrière, la poitrine bombée, ventre rentré.

2. Etendre rapidement les bras dans le prolongement du corps.

3. Revenir mains aux épaules.

4. Se redresser corps droit à la position initiale.

Les temps 2 et 3 ne peuvent se répéter plus de 3 fois.

Exécuter 2 à 4 fois l'exercice entier.

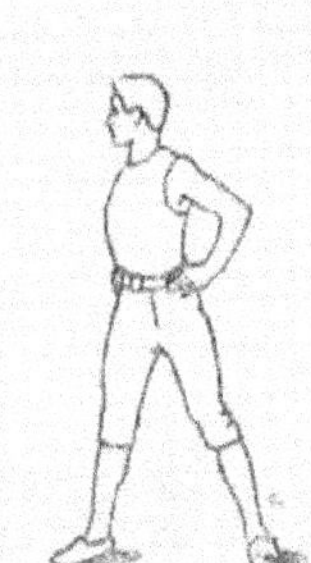 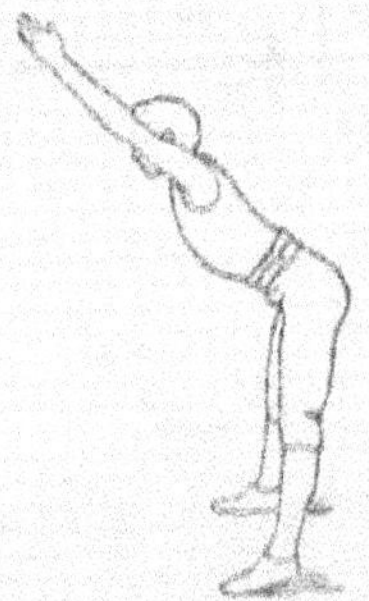 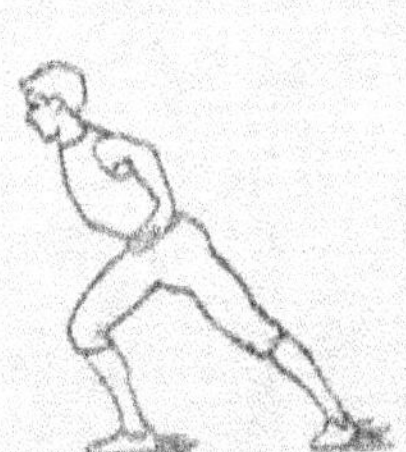

Fig. 12. — Exercice 22.   Fig. 13. — Exercice 23.   Fig. 14. — Exercice 26.

Les exercices 23 et 24 comme il est déjà spécifié d'autre part peuvent se faire avec d'autres positions initiales des bras soit les mains à la nuque, soit les mains à la poitrine avec extension des avant-bras.

25. — GRANDE FLEXION DU TRONC EN AVANT.

Position : fente latérale, bras étendus verticalement.

1. Fléchir le tronc en avant en maintenant les bras étendus en ligne avec le corps et amener les doigts près du sol sans fléchir les jambes.

2. Redresser le corps les bras toujours dans le prolongement du tronc.

Répéter de 2 à 4 fois.

FENTES

26. — FENTE EN AVANT FLÉCHIE.

En position : mains aux hanches.

1. Laisser tomber le corps en avant, porter dans la même

direction, la jambe gauche fléchie, l'autre restant étendue, le
tronc incliné dans le prolongement de la jambe étendue.

2. Rassembler en arrière en rapprochant le pied gauche contre
le droit.

Même mouvement de la jambe droite.

27. — Fente latérale fléchie.

En position : mains aux hanches.

1. Laisser tomber le corps du côté gauche, porter la jambe

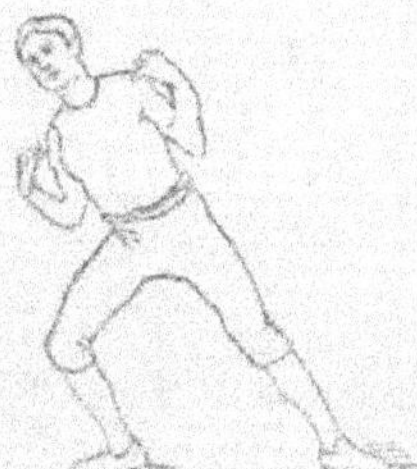

Fig. 15. — Exercice 27.

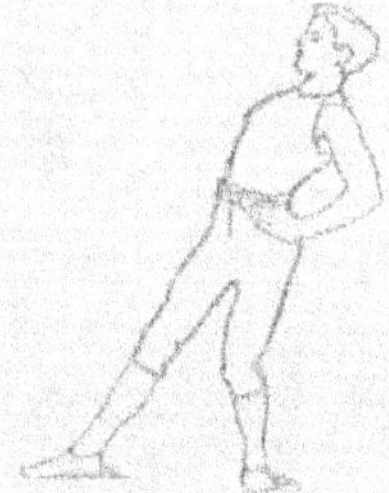

Fig. 16. — Exercice 28.

gauche fléchie, dans la même direction, le genou ouvert, l'autre
jambe restant étendue, le tronc incliné dans le prolongement
de la jambe étendue.

2. Rassembler à droite en rapportant le pied gauche contre
le droit.

Même mouvement de la jambe droite.

28. — Fente en arrière fléchie.

En position : mains aux hanches.

1. Laisser tomber le corps en arrière, porter la jambe gauche
fléchie, dans la même direction, l'autre restant étendue, le
tronc incliné dans le prolongement de la jambe étendue, le
ventre effacé.

2. Rassembler en avant en rapportant le pied gauche contre
le droit

Même mouvement de la jambe droite.

On peut également faire exécuter les fentes obliques en avant ou en arrière.

Dans toutes les fentes la jambe doit être assez fléchie pour que le genou vienne au-dessus de la pointe du pied; sauf indication contraire, le pied qui ne s'est pas déplacé reste à plat sur le sol. La gradation consiste non pas à faire des fentes de plus en plus grandes, mais à fléchir davantage la jambe en inclinant plus le corps.

Pour bien exécuter ces positions de fentes, il faut d'abord déplacer le pied suffisamment loin, les deux jambes tendues, puis, fléchir de plus en plus la jambe déplacée en inclinant progressivement le corps qui, par rapport à la jambe restée étendue, conserve sans se déformer l'attitude de la station droite.

FENTES AVEC ATTITUDE DES BRAS

29. FENTE EN AVANT FLÉCHIE : EXTENSION ET FLEXION DES BRAS.

En position : fente gauche en avant fléchie, mains aux épaules.

1. Étendre rapidement les bras dans le prolongement du tronc, sans déranger la position des jambes, du tronc et de la tête, la jambe arrière, le corps et les bras formant une ligne oblique au sol.

2. Ramener les mains aux épaules.

Même mouvement dans la fente droite en avant fléchie.

Répéter 3 à 5 fois le mouvement des bras.

Cadence: 60 à la minute.

Dans la position: *fente en avant fléchie*, exécuter encore les mouvements suivants:

Avec attitude initiale: *mains aux hanches*.

MAINS A LA NUQUE, MAINS AUX HANCHES

Avec attitude initiale: *mains à la poitrine*.

EXTENSION DES AVANT-BRAS ET FLEXION.

Les exercices ci-dessus décrits pour la *fente en avant fléchie* se font également:

1º En *fente latérale fléchie*;
2º En *fente en arrière fléchie*.

30. — Fente en avant a fond (talon levé) avec élévation des bras étendus.

1. Laisser tomber le corps en avant en se fendant de la jambe gauche, dans la même direction le corps fortement incliné, le talon droit levé, en élevant les bras étendus dans le prolongement du tronc; jambe de derrière, corps et bras en ligne (rester dans l'attitude).

2. Rassembler en arrière en abaissant les bras.

3 et 4. Même mouvement de la jambe droite.

Bien incliner le corps et conserver l'attitude.

2 secondes au début, puis plus tard,
4 au maximum.

Répéter 2 à 4 fois.

31. — Fente en avant a fond (talon levé) avec élévation du bras côté opposé.

1. Laisser tomber le corps en avant en se fendant de la jambe gauche, le corps fortement incliné, le talon droit levé en élevant le bras droit le plus haut possible et en portant le bras gauche en arrière, jambe droite, corps et bras droit en ligne (rester dans l'attitude).

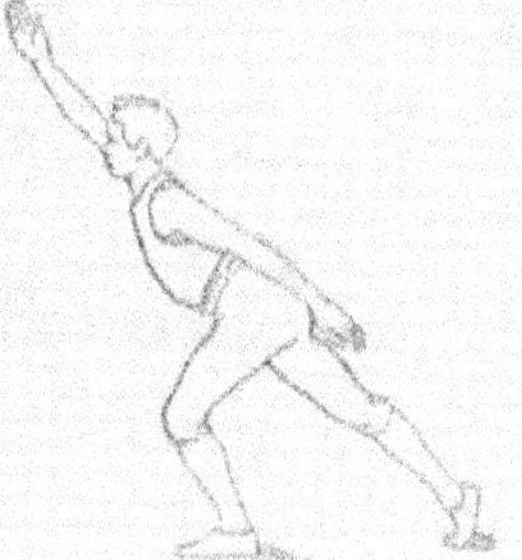

Fig. 17. — Exercice 31.

2. Rassembler en arrière en abaissant les bras.

3 et 4. Même mouvement de la jambe droite.

Conservez l'attitude 2 à 3 secondes et répéter l'exercice 2 à 4 fois de chaque jambe.

MOUVEMENTS AVEC AIDE LES PIEDS MAINTENUS

32. — Extension et flexion du tronc, étant couché face vers le sol, pieds maintenus.

Premier élève: couché face vers le sol, mains sur les hanches.

Deuxième élève: genou à terre, mains sur les pieds du premier élève.

Mouvement à faire par le premier élève:

1. Se relever lentement le plus haut possible, épaules effacées.

2. Revenir lentement à la position de départ.

Le mouvement peut se répéter 3 à 6 fois de suite.

Progression: exécuter le même exercice:

1º Avec les mains aux épaules;

2º Avec les mains à la nuque;

3º Avec les bras étendus latéralement;

4º Avec les bras étendus dans le prolongement du corps.

33. — Flexion et extension du tronc, étant couché dos vers le sol, pieds maintenus.

Premier élève: couché dos vers le sol, mains sur les hanches.

Deuxième élève: genou à terre, les mains posées sur les pieds du premier élève.

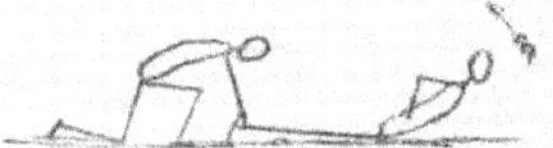 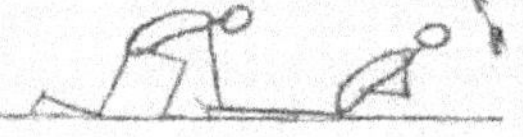

FIG. 18. — Exercice 32.   FIG. 19. — Exercice 33.

Mouvement à faire par le premier élève:

1. Se relever lentement sans avancer la tête ni les épaules jusqu'à la station assise.

2. Se renverser lentement en arrière jusqu'à la station couchée.

Progression comme à l'exercice précédent.

Nota. — Il est préférable de se servir de bancs, le mouvement gagne en étendue; si le pied peut se fixer sous le rebord d'un meuble ou d'un autre banc l'aide devient inutile.

MOUVEMENTS A TERRE

34. — Appui sur les pieds et les mains (face au sol avec flexion des bras.

1. Fléchir les membres inférieurs, corps droit, les bras abaissés.

2. Poser les mains sur le sol, en dehors et contre les pieds.

3. Etendre le corps et les membres inférieurs en arrière,
appui sur les mains et les pieds, le corps bien droit.

4. Fléchir les bras, corps étendu.

5. Etendre les bras, corps étendu.

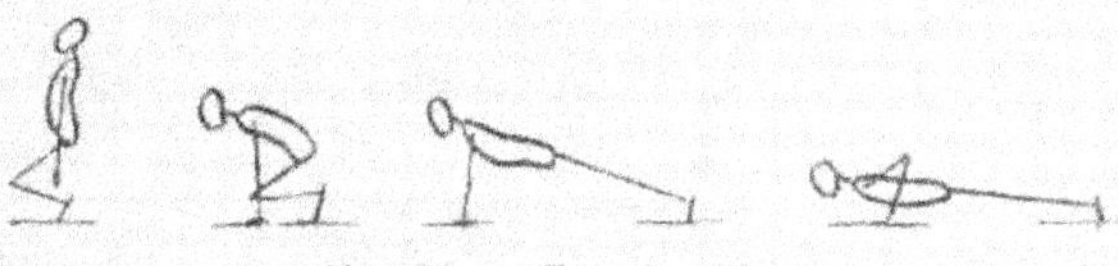

Fig. 20. — Exercice 34.

6. Retour à la position accroupie, jambes entre les bras.

7. Station droite.

Cadence: une seconde pour chacune des positions, sauf aux
temps 4 et 5 qui se font plus lentement en employant deux
secondes.

Répéter 2 à 4 fois avec une ou plusieurs flexions des bras.

35. — Appui latéral sur un pied et une main.

1. Fléchir les membres inférieurs corps droit, bras abaissés,
de côté.

2. Poser les mains sur le sol, en dehors et contre les pieds.

3. Etendre le corps et les membres inférieurs en arrière,
appui sur les mains et les pieds, le corps bien droit.

4. Appui latéral droit, corps étendu (pivoter sur la pointe
du pied droit), bord externe du pied contre le sol avec élévation
du bras gauche oblique en haut, en ligne avec le corps.

5. Abaisser le bras gauche, appui sur les mains, comme au
temps 3.

6. Comme au temps 4, mais face à droite.

7. Abaisser le bras droit, appui sur les mains, comme au
temps 3.

8. Retour à la position accroupie, jambes entre les bras.

9. Station droite.

Cadence: une seconde par position, sauf au temps 4 et 6
où l'attitude doit être maintenue deux à trois secondes.

Répéter 2 à 3 fois.

36. — APPUI SUR LES PIEDS ET LES MAINS FACE AU SOL, AVEC ÉLÉVATION D'UN BRAS.

1, 2, 3. Comme à l'exercice ci-dessus.

4. Élévation à l'horizontale du bras gauche étendu en avant, le corps restant étendu face au sol.

5. Main à terre.

6. Élévation à l'horizontale du bras droit étendu en avant.

7. Main à terre.

8. Retour à la position accroupie.

9. Station droite.

Cadence. une seconde par position, sauf aux temps 4 et 6 ou l'attitude doit être maintenue deux à trois secondes.

Répéter 1 à 3 fois.

Gymnastique aux agrès

Les exercices aux agrès sont indispensables pour donner de la souplesse et de la solidité aux articulations des doigts, du poignet, de l'avant-bras, de l'épaule, des vertèbres et des côtes.

Les sauts et les courses procurent les mêmes avantages aux articulations du pied, de la jambe, de la cuisse et du bassin.

La pratique raisonnable des exercices d'agrès assure en peu de temps un développement harmonieux des muscles du bras, de l'épaule, du tronc et de l'abdomen.

Ces exercices ont une influence considérable sur les centres de coordination; ils procurent au corps la légèreté, la souplesse, donnent la vitesse et en même temps la grâce et la force.

Ils nécessitent une précision et une juste mesure dans les contractions musculaires et influent beaucoup sur le caractère, qui s'affirme par la suite plus réfléchi, plus pondéré, plus sûr de lui-même.

Les quelques difficultés à vaincre en sont le stimulant; les progrès, en somme assez rapides, procurent une saine joie aux débutants et beaucoup s'y donnent avec une telle passion qu'il est bon de les retenir de temps à autre pour leur rappeler qu'il ne faut pas négliger les sports, les jeux au grand air.

En effet, les exercices aux agrès pratiqués seuls et d'une façon abusive, constituent une mauvaise gymnastique; les membres inférieurs n'y remplissent pas le rôle que la nature leur assigne, et les membres supérieurs ayant à supporter le poids du corps déplacé dans l'espace, se développent d'une façon exagérée.

Les débuts sont toujours assez pénibles pour les sujets faibles, il est bon de les prévenir qu'ils vont faire usage de muscles pour ainsi dire jamais exercés et qu'ils ressentiront de la fatigue qui peut aller jusqu'à la courbature.

On devra donc, au commencement, user modérément des agrès, faire avant et après quelques exercices correctifs et mouvements respiratoires.

Les exercices indiqués ne devront pas être pratiqués par les jeunes gens de moins de quinze ans.

Les enfants au-dessous de cet âge se contenteront de la gymnastique scolaire, conforme au programme publié dans le manuel des exercices physiques du ministère de l'instruction publique [1].

On ne trouvera pas ici ni exercices qui déforment, ni exercices acrobatiques; le jeune homme bien constitué peut s'exercer sans crainte, il arrivera à faire tous les exercices décrits après une ou deux années de travail sérieux.

Les exercices s'enchaînent les uns les autres et en les étudiant dans l'ordre, l'on arrivera sans effort à faire facilement les plus compliqués.

Il est difficile d'indiquer combien de temps on doit consacrer chaque jour aux agrès, attendu qu'il y a toujours dès que l'on travaille à plusieurs, des temps de repos assez prolongés.

Nous préférons conseiller, comme indications générales, d'exécuter par séance:

Aux barres parallèles: 5 à 6 mouvements;

Aux anneaux: 5 à 6 mouvements;

A la barre fixe: 5 à 6 mouvements;

1. Hachette et C⁰ⁿ, éditeurs.

Au saut en élan ou saut au cheval: 8 à 10 sauts.

Et pour finir une montée de corde lisse.

Les exercices détaillés, d'autre part, nous semblent suffisants pour les groupements qui veulent s'exercer en vue des concours de gymnastique; nous voulons parler des Sociétés d'anciens élèves, des Patronages, des Sociétés de gymnastique, toutes si utiles au point de vue de la préparation militaire et de la régénération de la race française.

Néanmoins, en groupant certains exercices on constituera des séries plus intéressantes à faire que des exercices détachés; ce sera le travail des moniteurs.

Les exercices sont divisés en quatre degrés de force:

Le premier degré pour les débutants;

Le deuxième degré un peu plus fort;

Le troisième degré pour les gymnastes déjà accomplis;

Le quatrième degré pour des gymnastes très forts.

Nota. — Les montées aux perches, aux cordes, aux échelles obliques étant des exercices simples et très connus, nous ne croyons pas utile de les décrire.

ANNEAUX

Anneaux. — Se font généralement en fer étamé recouverts cuir, diamètre 20 millimètres, avec cordes de 3, 4 ou 5 mètres. Se font aussi avec cordes à hauteur variable pour portique de 4 à 6 mètres. Prix: 20 francs la paire.

Premier degré. — Gymnastes faibles

1. — Suspension tendue, lâcher les anneaux.
Étant à la suspension tendue :
2. — Balancement des jambes en souplesse (*avant, arrière*).
3. — Balancement circulaire des jambes en souplesse (*le corps bien allongé, sans raideur*).
4. — Renversement par balancement bras et jambes tendus jusqu'à la position jambes fléchies entre les bras, et revenir.
5. — Flexion et extension horizontale des jambes en avant (*alternativement*). (*Étant à la suspension tendue, élever une jambe pliée aussi haut que*

*possible, la pointe du pied dirigée vers le bas, l'étendre horizontalement,
la pointe du pied dirigée en avant. Revenir à la position initiale.)*

6. — Le même simultanément.

7. — Élévation horizontale des jambes tendues en avant *(alternativement)*.

8. — Le même simultanément.

9. — Renversement bras tendus, jambes groupées jusqu'à la position
du demi-renversement et revenir à la suspension tendue.

10. — Demi-renversement jambes groupées ou étendues et développer
le corps à la planche verticale.

11. — Traction simultanée des bras, mains sur la ligne des épaules.

12. — Traction et extension latérale alternative des bras et revenir à
la suspension après chaque extension.

13. — *Étant à la suspension tendue :*
Balancement et lâcher les anneaux, le corps en arrière, en souplesse.

TERMINOLOGIE. — *Suspension tendue :* Sauter, pour saisir les anneaux,
laisser tomber le corps naturellement, pieds allongés, tenir la tête droite.

Demi-renversement : les bras sont tendus, les jambes sont entre les bras
et repliées sur le tronc, la tête dirigée en haut.

Planche verticale : les bras étendus verticalement soutiennent le corps
qui est renversé et tendu verticalement, la tête en bas, les pieds en haut.
S'appelle aussi *suspension renversée*.

DEUXIÈME DEGRÉ. — GYMNASTES MOYENS

Étant à la suspension tendue :

14. — Traction simultanée, lâcher un anneau et le reprendre après un
temps d'arrêt. *(Ne pas plier les jambes et garder la tête entre les anneaux.)*

15. — Traction d'un bras, l'autre restant étendu sur les côtés.

16. — Renversement bras et jambes tendus jusqu'à la position du
demi-renversement et revenir de même. *(Les jambes passent par l'équerre
les pieds sont bien allongés.)*

17. — Demi-renversement, passement de la jambe gauche sur le bras
gauche, lâcher l'anneau et le reprendre après un temps d'arrêt, le bras
droit en équerre. *(Porter le poids du corps du côté du bras qui soutient le
corps.)*

18. — Établissement alternatif sur les poignets avec extension latérale
alternative des bras. *(Avoir soin de laisser la tête entre les anneaux.)*

19. — Demi-renversement, engager la jambe gauche sur le bras gauche
et s'établir à l'appui tendu par un balancement de la jambe droite.

20. — *Étant à l'appui tendu :*

Culbute en avant avec flexion des bras, jambes groupées, et revenir à la suspension.

CHUTES

Étant à la suspension :

21. — Renversement rapide jambes groupées et lâcher les anneaux.

22. — Renversement en souplesse avec élan.

Étant à l'appui tendu :

23. — Chasser les anneaux en avant et sauter à terre. (*Fléchir les membres en portant les bras en avant, puis se redresser.*)

TERMINOLOGIE. — *Appui tendu :* le corps repose sur les mains placées près des cuisses, les membres supérieurs étendus, la colonne vertébrale et les membres inférieurs en extension, la tête droite.

TROISIÈME DEGRÉ. — GYMNASTES FORTS

Étant à la suspension tendue :

24. — Demi-traction simultanée, jambes en équerre ; quitter une main, la poser sur la hanche, et reprendre l'anneau après un temps d'arrêt. (*Le coude doit être serré contre le corps.*)

25. — Établissement simultané à l'appui, mains sur la ligne des épaules. (*Quand les épaules sont au-dessus des mains, avancer les jambes et porter la tête en avant.*)

26. — Renversement en souplesse jusqu'à la suspension renversée, fléchir le corps, revenir en avant à la suspension tendue en arrêtant l'équerre.

Étant à l'appui tendu :

27. — Culbute en avant, jambes tendues, et rétablissement à l'appui tendu.

TERMINOLOGIE. — *Suspension renversée : étant suspendu, le corps est renversé la tête en bas, les pieds en haut (planche verticale).*

CHUTES

Étant à la suspension tendue :

28. — Renversement rapide, jambes à l'écart, mains réunies (*élan d'avant en arrière*) et lâcher les anneaux. (*Creuser les reins avant la chute en relevant la tête.*)

29. — Renversement à l'appui, mais en passant la jambe gauche en dehors et devant le bras gauche ; étant à l'appui, la jambe se trouve donc entre l'anneau et la main.

QUATRIÈME DEGRÉ. — GYMNASTES TRÈS FORTS

Étant à la suspension tendue :

30. — Établissement alternatif du bras gauche, le bras droit restant en extension latérale.

31. — Établissement simultané avec élan, le corps en souplesse, jambes en arrière sans engager. Grand élan. *Étant à la suspension tendue, amener le corps à la position du demi-renversement puis étendre les jambes avec souplesse en avant, les bras restant bien allongés, après avoir passé avec élan la position de suspension tendue, creuser les reins, amener la tête en avant et appuyer sur les anneaux les bras étendus.)*

32. — Grouper les jambes sur la poitrine, corps renversé, et s'établir en souplesse à l'appui tendu par une forte traction des bras et un temps de piquage des jambes.

33. — Établissement à l'appui tendu par renversement en engageant sans élan.

34. — Établissement à l'appui tendu par renversement en souplesse (par élan). *Quand le corps en souplesse passe à la suspension renversée, faire une forte traction des bras, en relevant la tête et en serrant les coudes au corps.*

35. — *Étant en suspension renversée :*

Placer le corps sur un bras et rétablissement alternatif à l'appui tendu. *(Le corps doit rester en planche pendant le rétablissement du premier bras.)*

36. — Planche horizontale sur les poignets au-dessus des anneaux.

37. — Appui tendu renversé en force, les avant-bras appuyés aux cordes *(partir jambes à l'équerre et bras fléchis).*

TERMINOLOGIE. — *Planche : le corps est bien allongé, la tête, le tronc et les membres inférieurs sont dans une même direction.*

Appui tendu renversé : Les bras sont étendus, le corps est renversé, les pieds en haut, et en équilibre sur les mains.

BARRES PARALLÈLES

Barres parallèles de fond. — La hauteur est de 1 m. 40 à 1 m. 55, la longueur, 2 m. 80 à 3 mètres. Elles se font tout en bois, socles et montants en hêtre, porte-mains en frêne, au prix de 85 francs.

Avec socles et montants en fer, traverses hêtre, porte-mains frêne, au prix de 98 fr. 50.

Barres parallèles pupilles (enfants). — Même fabrication que les barres de fond, hauteur 1 mètre à 1 m. 10, longueur 2 m. 50, au prix de 65 francs.

PREMIER DEGRÉ. — GYMNASTES FAIBLES

Étant à terre à l'entrée des barres, mains sur les barres :

1. — Entrer en barres à cheval en avant des mains, jambes passant du dedans au dehors.

2. — Entrer en barres en s'asseyant à gauche (*porter le poids du corps sur le bras gauche*), puis mains de chaque côté du corps et chute en dehors par répulsion des bras.

3. — Prendre l'appui tendu. *Le corps repose sur les mains, les bras et les membres inférieurs sont étendus, la pointe des pieds vers le sol, la tête droite.)*

4. — Sauter à l'appui des bras allongés sur les barres (*grandes barres*).

5. — De la position ci-dessus, balancer en avant, en arrière. (*Laisser le corps en souplesse, redresser les épaules, la tête droite.*)

6. — S'asseoir à gauche, placer la main gauche près de la droite, pivoter sur la cuisse droite en portant la jambe gauche par-dessus les deux barres pour se trouver à cheval face en arrière.

Étant à l'appui tendu :

7. — Balancements, s'asseoir en avant sur une barre, les jambes en dehors.

8. — Balancements, s'asseoir en arrière sur une barre, les jambes en dehors.

9. — Balancements, quand les jambes sont en arrière, placer un pied sur chaque barre, pointe en dehors, corps oblique, face au sol, ventre rentré, bras et jambes tendus.

10. — De cette même position, élever une jambe étendue au-dessus de la barre.

11. — De cette même position (9), flexion et extension des bras.

12. — Balancements, quand les jambes sont en avant, placer un pied sur chaque barre, pointe en dehors, corps oblique, dos vers le sol, bras et jambes tendus.

Étant à l'appui tendu :

13. — Élever alternativement les cuisses à la position horizontale, jambe verticale, et revenir à la position.

14. — Élever simultanément les cuisses à la position horizontale, les jambes dans la position verticale, et revenir à la position.

15. — Élever alternativement les jambes à la position horizontale (*pointe des pieds dirigées en avant*).

16. — La jambe gauche étant à la position horizontale, l'écarter tendue au-dessus de la barre gauche, sans la toucher, et revenir.

17. — Progression à cheval en avant. (*Étant à cheval sur les barres, porter les mains en avant, porter le poids du corps sur les bras, dégager les jambes des barres, se redresser, balancer à l'intérieur des barres et poser les cuisses devant les bras.*

18. — Progression à cheval en arrière. (*Poser les mains derrière les cuisses.*)

19. — Progression simultanée en avant, sur les mains, corps tendu.

20. — Progression en avant sur les mains, bras tendus, avec balancement en avançant les mains lorsque les jambes sont en avant.

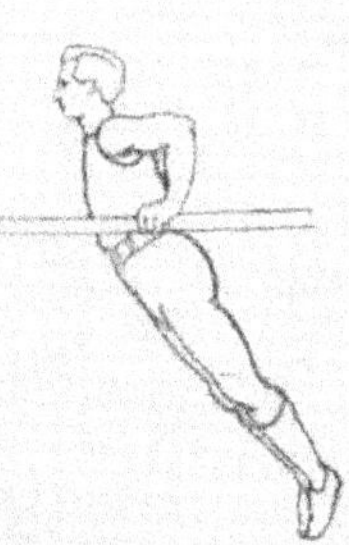

21. — Progression en arrière sur les mains, bras tendus, avec balancement en avançant les mains lorsque les jambes sont en arrière.

Fig. 21. — Exercice 22.

22. — Fléchir les bras et revenir à l'appui tendu.

23. — Poser alternativement les avant-bras sur les barres, élever les coudes alternativement pour prendre l'appui fléchi.

TERMINOLOGIE. — *Appui des bras allongés* (exercice que l'on ne peut faire qu'aux grandes barres parallèles). Les bras reposent entièrement sur les barres, depuis la main jusqu'à l'épaule; le corps pend naturellement, les membres inférieurs étendus, la tête reste directe.

Progression : Avancer dans une direction indiquée.

ENTRÉES

Étant à terre à l'entrée des barres, mains sur les barres :

24. — Sauter à l'appui tendu et passement de la jambe gauche du dedans au dehors et revenir à terre. (*Sauter à l'appui tendu, le corps droit, les jambes en avant, la tête droite, puis, passer la jambe gauche du dedans au dehors, en portant le poids du corps sur le bras droit, et revenir à terre.*)

25. — Prendre l'appui tendu, balancer les jambes en avant, en arrière et en avant, passer la jambe gauche du dedans au dehors, et revenir à terre.

Sorties

Étant à l'appui tendu au bout des barres :

26. — Sortie en avant après balancement (*Tenir le corps bien allongé.*)

Étant à l'appui tendu au bout des barres (face en arrière) :

27. — Sortie en arrière après balancement (*tenir le corps bien allongé*).

Étant à l'appui, bras demi-fléchis sur les barres :

28. — Balancement en avant, en arrière, et chute dans les barres.

Étant à l'appui tendu :

29. — Sortir à gauche, en avant, avec un quart de tour à droite, mains reprenant la barre. (*Balancer, franchir en avant la barre gauche et tourner face à la barre.*)

30. — Sortir après balancement en arrière à gauche (*droite*), corps en souplesse, main droite reprenant la barre.

31. — *Étant à cheval au bout des barres, mains en avant :*
Chute en culbute, bras fléchis.

TERMINOLOGIE. — *Culbute : renverser le corps la tête la première et pivoter autour des épaules.*

DEUXIÈME DEGRÉ. — GYMNASTES MOYENS

Étant à terre à l'entrée des barres, mains sur les barres :

32. — Sauter à cheval, jambes passant en dehors en quittant les mains. (*Tenir la colonne vertébrale droite ainsi que la tête.*)

33. — Passement de la jambe gauche du dedans au dehors et rester à l'appui tendu. (*Porter le poids du corps sur le bras droit.*)

34. — Passement de la jambe gauche du dehors au dedans et rester à l'appui tendu.

Étant à l'appui tendu :

35. — Poser simultanément les avant-bras sur les barres, et se rétablir en portant brusquement le corps en avant.

36. — Même exercice, mais se rétablir en force.

37. — Porter simultanément les avant-bras sur les barres, porter le corps en arrière en allongeant les bras sur les barres; se rétablir sans balancement.

38. — Progression en avant, bras tendus, par balancement en avançant les mains lorsque les jambes sont en avant et lorsqu'elles sont en arrière.

Étant à l'appui, bras fléchis :

39. — Balancement en arrière et siège à cheval.

40. — Balancement à fond sur place, en avant et en arrière.

Étant à cheval, mains derrière les cuisses :

41. — Progression à cheval en arrière en dégageant les jambes en avant, se rétablir lorsque les jambes sont en arrière, après un balancement à fond.

Étant à cheval, mains en avant :

42. — Progression à cheval en avant en dégageant les jambes en arrière, lorsque les épaules sont près des barres, balancement à fond en avant et se remettre à cheval.

Étant à l'appui tendu :

43. — Flexion sur place, se rétablir après un balancement lorsque les jambes sont en arrière.

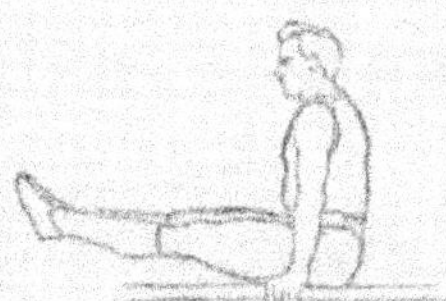

Fig. 22. — Exercice 44.

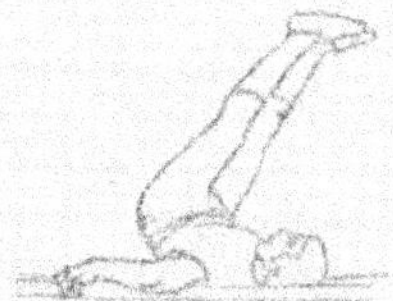

Fig. 23. — Exercice 48.

44. — Élever simultanément les cuisses à l'horizontale, jambes verticales, extension, tenir la position horizontale. (*Tenir les pointes des pieds bien allongées.*)

Étant à cheval sur les barres :

45. — Poser les épaules sur les barres, rouleau en avant, corps fléchi, écarter les jambes pour se trouver à cheval.

Étant à l'appui tendu :

46. — Poser les épaules sur les barres, rouleau en avant, corps fléchi, écarter les jambes pour se trouver à cheval.

Étant à l'appui des bras sur les barres :

47. — Balancer en avant, en arrière, en avant, rouleau en arrière, corps fléchi, écarter les jambes pour se trouver à cheval, mains en avant.

48. — Balancer en avant, en arrière, en avant, fléchir les jambes étendues sur le tronc, le bassin un peu plus haut que les barres et piquer énergiquement obliquement en haut avec les jambes, raidir les bras pour se rétablir à l'appui tendu.

SORTIES

Étant à l'appui tendu :

49. — Sortir à gauche en avant avec demi-tour à droite, la main gauche reprenant la barre, le corps face en arrière.

50. — Balancement à fond en avant et en arrière, sortir les jambes réunies en arrière, à gauche, corps en souplesse, main droite reprenant la barre.

Étant au bout des barres :

51. — Balancement en avant, en arrière, et sortie à l'écart.

52. — Sortir en culbute, jambes groupées.

53. — Sortir en culbute, jambes à l'équerre.

TERMINOLOGIE. — *Rouleau : rouler sur les épaules, le corps suivant le mouvement.*

Sortie à l'écart : Franchir les barres les jambes écartées.

TROISIÈME DEGRÉ. — GYMNASTES FORTS

Étant à terre à l'entrée des barres :

54. — Passement des jambes réunies à gauche (*droite*) du dedans au dehors, et revenir à terre (*poids du corps sur le bras droit*).

55. — Passement des jambes réunies à gauche (*droite*) du dehors au dedans, et revenir à terre (*poids du corps sur le bras droit*).

Étant à terre dans les barres :

56. — Placer les mains sur la même barre et sauter à cheval à gauche, sur les deux barres.

Étant à l'appui tendu, prise mixte sur la barre droite, corps en dehors des barres :

57. — Passer de côté les jambes réunies à gauche, et prendre appui tendu sur les barres en déplaçant la main gauche.

Étant à l'appui tendu au milieu des barres :

58. — Passement de la jambe gauche sur la barre droite d'avant en arrière et sortir à gauche.

59. — Équilibre sur les épaules après balancement. (*Balancer en avant, en arrière, poser les épaules sur les barres, corps en souplesse bien allongé.*)

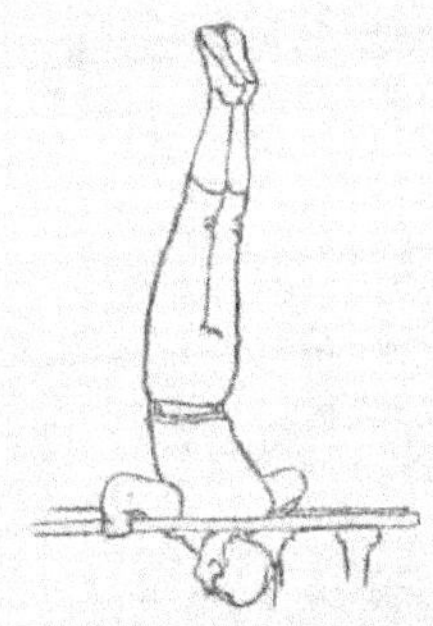

Fig. 24. — Exercice 59.

60. — Progressions par balancements avec flexion sur place lorsque les jambes sont en avant; se rétablir en progressant lorsqu'elles sont en arrière.

61. — *Étant à l'appui des bras sur les barres :*

Ramener les jambes étendues sur le tronc, lancer jambes et tronc obliquement en haut, corps en souplesse, laisser tomber le corps et quand il se balance en arrière, porter la tête en avant et raidir les bras pour se trouver rétabli à l'appui tendu (grand élan).

Étant à l'appui tendu, jambes à l'équerre.

62. — Flexion des bras en abaissant les jambes et profiter de l'élan pour marquer en arrière la planche horizontale au-dessus des barres, et se mettre à cheval.

63. — Balancement à fond en arrière et ciseaux. (*Croiser les jambes en arrière, les écarter, les poser sur les barres et se retourner.*)

64. — Demi-rouleau en avant, corps fléchi, piquer énergiquement, obliquement en haut, les jambes étendues, raidir les bras pour se rétablir à l'appui tendu.

Étant à l'appui tendu au bout des barres :

65. — Équilibre après balancement et chute de l'équilibre par parade d'équilibre.

Étant à l'appui fléchi au bout des barres :

66. — Culbute après balancement, corps en souplesse.

QUATRIÈME DEGRÉ. — GYMNASTES TRÈS FORTS

Étant à terre à l'entrée des barres :

67. — Passement des jambes réunies en dehors, à gauche, et s'asseoir sur la barre opposée, sortie des jambes par-dessus les deux barres pour revenir à terre. — Même exercice à droite.

Étant à terre en dehors, face à la barre droite et au milieu :

68. — Prise mixte de la barre droite, sauter de côté par-dessus la barre droite, corps en souplesse, balancement, et tenir l'équerre.

Étant à cheval sur les barres :

69. — Porter les mains en avant et développer l'équilibre en force (*appui tendu renversé*).

Étant à l'appui tendu :

70. — Équilibre avec élan.

71. — Grouper les jambes, piquer la planche horizontale au-dessus des barres.

72. — Jambes à l'équerre, équilibre en force.

73. — Balancement en arrière à fond et équilibre au temps.

74. — *Étant à l'appui tendu renversé :*

Flexion des bras, poser les épaules sur les barres, rouleau en avant, se rétablir en arrière à l'appui tendu, à la planche horizontale au-dessus des barres; se mettre à cheval.

75. — *Étant à l'appui tendu ou fléchi au milieu des barres :*

Repousser le corps en arrière à l'appui des bras sur les barres et rouleau en arrière avec ou sans reprise des mains sur les barres.

76. — Rouleau en arrière en étendant latéralement les bras, second rouleau en arrière avec reprise des mains, et revenir à l'appui tendu.

24

SORTIES

77. — *Étant à l'appui tendu au bout des barres, face en avant :*
Culbuter le corps en planche, chute.

78. — Balancement en avant à fond, se rétablir à l'appui tendu lorsque les jambes sont en arrière, et au même temps sortir les jambes à l'écart.

CHEVAL

PREMIER DEGRÉ. — GYMNASTES FAIBLES

Tous les exercices marqués d'un astérisque (*) sont précédés d'une course avec appel pieds réunis.

CHEVAL EN TRAVERS

Avec appui des mains de face :
1. — Se mettre à l'appui tendu sur le cheval.
2. — Sauter à genoux entre les bras sur le cheval.
* 3. — Sauter, les pieds réunis entre les mains, sur le cheval et se redresser.
4. — Sauter en selle face à gauche.
5. — Sauter à gauche jambes réunies et tendues, pieds sur le cheval, et appui de la main droite ; revenir à la position de départ avec appui sur les mains.
Étant à genoux :
6. — Sauter à terre en avant.

CHEVAL EN LONG

* 7. — Sauter en selle avec appui des mains.
* 8. — Sauter assis à gauche avec appui des mains sur la croupe.
* 9. — Sauter les pieds réunis sur la croupe avec appui des mains et se redresser.
Étant debout sur la croupe :
10. — Sauter à gauche, main droite posée sur le cheval, chute face en avant.
11. — Poser les mains sur la selle et se mettre à cheval.
12. — Franchir en avant en écartant les jambes, avec appui des mains sur la tête du cheval. (*Bien redresser le corps avant de toucher terre.*)

Étant en selle :

13. — Passer la jambe gauche en arrière par-dessus le cheval et sous la jambe droite avec appui des mains en avant, pour se trouver assis à droite.

14. — Sortir en arrière à gauche, avec appui des mains en avant, chute face en avant, main droite posée sur le cheval.

15. — Sortir en avant avec appui des mains sur la tête du cheval.

Étant à l'appui tendu :

16. — Passer la jambe gauche par-dessus le cheval pour se trouver en selle.

17. — S'asseoir face en arrière en tournant à gauche. (*Bien porter le poids du corps sur le bras gauche.*)

18. Sauter en arrière avec répulsion des mains.

Étant assis sur un côté :

19. — Se retourner à gauche à l'appui tendu.

20. — Sauter en avant avec répulsion des mains.

21. — Passer la jambe gauche en avant pour se trouver à cheval face en avant, avec appui des mains en arrière.

22. — Pivoter sur la cuisse gauche en passant la jambe droite par-dessus le cheval pour se trouver à cheval face en arrière.

DEUXIÈME DEGRÉ. — GYMNASTES MOYENS

Tous les exercices marqués d'un astérisque (*) sont précédés d'une course, avec appel pieds réunis.

CHEVAL EN TRAVERS

Franchir le cheval.

23. — A gauche, chute face à droite, main droite posée sur le cheval.

* 24. — A gauche, jambes réunies et tendues, chute face en avant.

*25. — En passant les jambes réunies et groupées entre les bras.

* 26. — A l'écart avec appui des mains sur la selle. (*Redresser le corps dès que les jambes sont passées.*)

CHEVAL EN LONG

* 27 — Sauter en selle en passant la jambe gauche par-dessus le cheval, appel du pied droit, appui de la main gauche.

* 28 — De gauche à droite avec la main droite et appel du pied gauche chute face en avant, main gauche posée sur le cheval.

Franchir le cheval :

29. — Passer les jambes réunies et tendues à gauche, par-dessus le

cheval, pour s'asseoir à droite, avec appel du pied gauche et appui de la main droite

Franchir le cheval :

30. — De gauche à droite, avec appel des deux pieds et appui des mains, chute face en avant, main gauche posée sur le cheval.

* 31. — Avec pose des mains sur l'encolure, jambes à l'écart.

Étant en selle :

32. — Ciseaux en arrière avec appui des mains en avant.

33. — Sortir en arrière, chute face en avant.

TERMINOLOGIE. — Ciseaux. Poser les mains sur la tête et se retourner en croisant les jambes écartées.

TROISIÈME ET QUATRIÈME DEGRÉS. — GYMNASTES FORTS ET TRÈS FORTS

*Tous les exercices marqués d'un astérisque * sont précédés d'une course avec appel pieds réunis.*

CHEVAL EN LONG

Franchir le cheval :

* 34. — De gauche à droite, avec appel des deux pieds et appui des mains, chute face en arrière en faisant un demi-tour en dedans, main droite posée sur le cheval.

* 35. — Avec pose des mains sur la tête du cheval, jambes à l'écart.

* 36. — Avec pose des mains sur la tête du cheval, jambes groupées entre les bras.

* 37. — Avec pose des mains sur la croupe, jambes à l'écart en redressant le corps.

* 38. — Avec pose des mains sur la tête, en passant les jambes réunies et groupées entre les bras.

* 39. — Avec pose des mains sur la tête en se retournant, jambes écartées (ciseaux).

BARRE FIXE

Barre fixe. — La barre fixe seule se fait en acier, en fer ou le plus communément en bois renforcé à l'intérieur par une tige en acier, son diamètre est de 32 à 40 millimètres.

La barre fixe complète, démontable, de 2 m. 30 de hauteur, se compose de 2 montants en tube d'acier, 2 armatures en bronze nickelé, 4 haubans en câble métallique, 4 tendeurs en fer forgé, 4 piquets en fer avec anneaux. Son prix est de 120 francs.

PREMIER DEGRÉ. — GYMNASTES FAIBLES

Étant à la suspension tendue, mains à l'écartement des épaules :

1. — Flexion et extension horizontale de la jambe gauche. (*Étant à la suspension tendue, élever la jambe gauche pliée aussi haut que possible, jambe verticale et la pointe du pied dirigée en bas, l'étendre, pointe du pied en avant, et revenir à la position initiale.*)

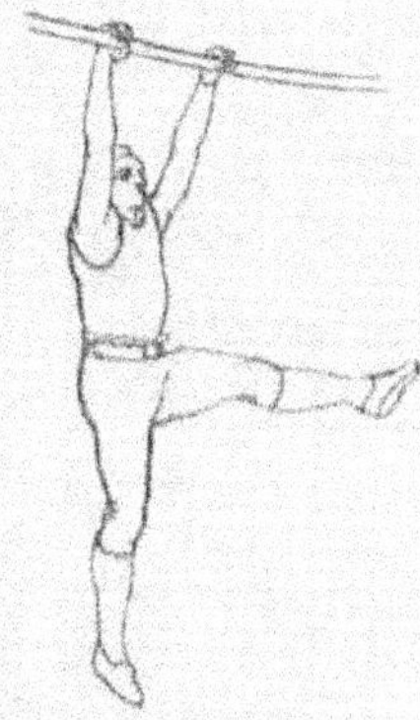

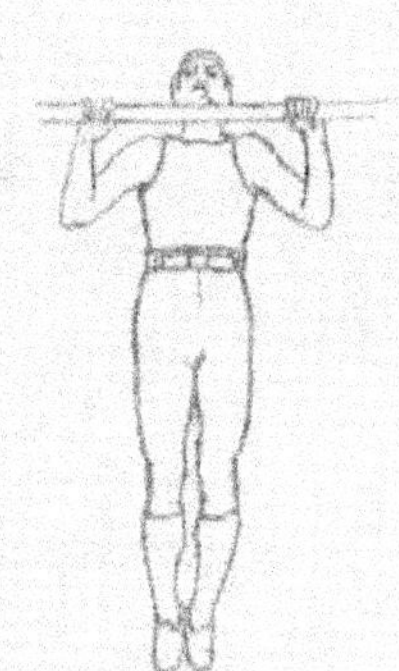

Fig. 25. — Exercice 2.   Fig. 26. — Exercice 4.

2. — Élever la jambe gauche tendue en avant et l'abaisser. (*Élever la jambe étendue en avant aussi haut que possible, la pointe du pied dirigée vers l'avant, puis reprendre la position initiale.*)

3. — Élever les jambes réunies à l'équerre, les écarter, les réunir et les abaisser.

4. — Tractions simultanées en force, prise paumes des mains en avant. (*Laisser le corps bien allongé.*)

5. — Traction, marche transversale, prises des mains croisées, jambes réunies.

6. — Traction, marche latérale, prise en avant, jambes réunies.

7. — Traction en changeant simultanément la prise des mains.

8. — Traction, prendre un balancement. (*Après la traction, lancer le corps obliquement en avant, laisser osciller.*)

9. — Traction, prendre un balancement et chute, le corps étant en arrière de la barre. (*Ne lâcher la barre que lorsqu'on est arrivé au point mort, sinon le corps serait entraîné dans son mouvement de rotation.*)

10. — Traction, établissement fixe sur le jarret gauche avec balancement, de la jambe droite tendue, sortir la jambe. (*Une fois rétabli sur la barre, on retire la jambe gauche de dessus la barre et on se trouve à l'appui bras tendu ; dans cette position, tenir le corps bien allongé ainsi que les membres inférieurs, la tête doit être droite.*)

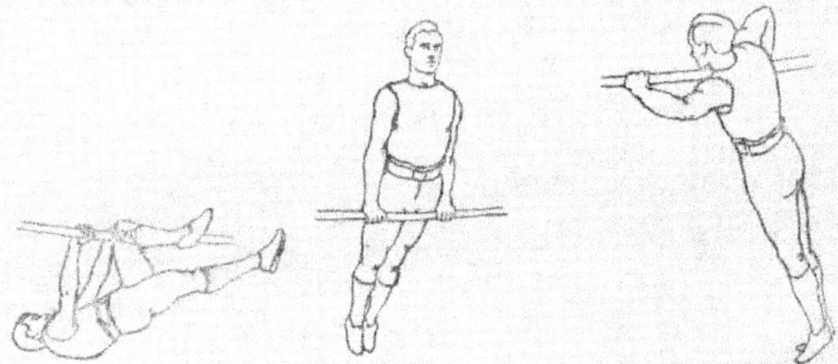

Fig. 27 et 28 — Exercice 10.   Fig. 29 — Exercice 11.

11. — Traction, établissement sur le poignet gauche, à l'appui fléchi, lâcher la barre et étendre le bras droit latéralement, reprendre la barre et s'établir à l'appui tendu.

12. — Traction et s'établir par un renversement sur la barre. (*Faire une traction, monter les jambes bien réunies à hauteur de la barre, rejeter la tête en arrière, continuer à tirer sur les bras et se rétablir à l'appui tendu, le corps bien droit.*)

Étant à l'appui tendu :

13. — Passer alternativement les jambes par-dessus la barre pour s'asseoir.

14. — Culbuter en avant, les jambes passant près de la barre, et descendre à la suspension en passant par l'équerre.

15. — Tourniquet en arrière autour de la barre, les pieds les premiers, en laissant la ceinture appuyée à la barre.

16. — Chute en arrière par répulsion des bras.

17. — Chute en avant en laissant tomber le corps, les pieds s'élevant à hauteur de la barre.

Étant assis :

18. — Chute en avant par répulsion des bras.

19. — Passer alternativement les jambes en arrière par-dessus la barre pour se trouver à l'appui tendu.

TERMINOLOGIE. — *Point mort :* Léger temps d'arrêt qui se produit à fin de course d'un balancement avant que le corps revienne vers le sol.

Équerre : Position des jambes étendues horizontalement.

DEUXIÈME DEGRÉ. — GYMNASTES MOYENS

Étant à la suspension tendue :

20. — Élever les pieds à la barre, bras et jambes tendus, fléchir les jambes, les passer entre les bras, développer le corps verticalement, fléchir les jambes et revenir en avant à la suspension.

21. — Traction, engager l'avant-bras gauche à l'appui sur la barre, prendre un balancement et s'établir à l'appui tendu quand les jambes sont en arrière.

22. — Traction et renversement en force, jambes tendues à l'appui tendu sur la barre.

23. — Passer les jambes fléchies sous la barre, se suspendre par les jarrets, engager les mains et s'établir sur les reins par une forte traction des bras. (*Le corps étant vertical, tirer sur les bras et ramener la tête sur la poitrine, creuser les reins ; le centre de gravité se déplace favorablement pour que le corps puisse s'établir au siège sur la barre.*)

24. — Établissement sur les coudes, mains réunies, écarter les avant-bras et s'établir à l'appui tendu.

25. — Élever les jambes réunies à l'équerre et quitter la barre de la main gauche, reprendre la barre et de même à droite.

Étant à la suspension fléchie :

26. — Prendre un élan et s'établir en arrière à l'appui tendu. (*Quand le corps en élan est en arrière de la barre, fléchir les bras en avançant la poitrine.*)

Étant à l'appui tendu :

27. — Descendre en arrière à l'appui fléchi sur le bras gauche, étendre le bras droit latéralement, reprendre la barre et se rétablir à l'appui fléchi sur le bras droit, étendre le bras gauche latéralement, reprendre la barre pour se rétablir à l'appui tendu.

28. — Tourniquet autour de la barre, les bras tendus, et arriver en souplesse à l'appui tendu. (*Écarter un peu le ventre de la barre en prenant un léger élan en arrière des jambes, tourner, relever la tête pour se rétablir à l'appui tendu.*)

29. — Engager le jarret gauche sur la barre, balancer la jambe droite en arrière et tourniquet en avant, la jambe la première, pour se trouver à l'appui tendu, cuisse gauche sur la barre.

Étant à l'appui tendu :

30. — Chute en avant, les pieds venant toucher la barre.

31. — Placer le pied gauche à plat sur la barre, passer la jambe droite entre la barre et la jambe gauche et sauter en avant.

32. — Descendre en arrière en force, la poitrine rasant la barre. (*Arrêter en passant le corps à l'équerre, les bras bien allongés.*)

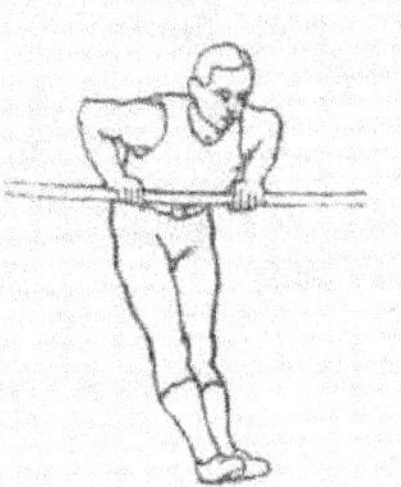

Fig. 30 — Exercice 32

Étant assis :

33. — Sauter en avant sans l'aide des mains.

34. — Descendre sur les reins et chute en arrière en souplesse.

TROISIÈME DEGRÉ. — GYMNASTES FORTS

Étant à la suspension tendue :

35. — Traction, renversement en force et arrivée en souplesse sur la barre, à l'appui tendu. (*Allonger le corps en souplesse, tenir la tête droite.*)

36. — Établissement simultané à l'appui sur la barre en engageant les poignets. (*Étant à la suspension tendue, faire une forte traction, quand les épaules dépassent la hauteur de la barre, avancer les jambes en portant la tête en avant et étendre les bras.*)

37. — Grand élan, établissement. (*Traction, lancer le corps en avant dans une position voisine de la verticale, et quand il se balance en arrière, chercher à amener le ventre sur la barre.*)

38. — Passement sans toucher. (*Étant à l'appui tendu, prendre un léger élan en écartant un peu l'abdomen de la barre, maintenir cette distance en tournant autour de la barre, faire un changement de mains et arriver en souplesse.*)

39. — Bascule par élan. Traction, prendre un balancement, élever les pieds à la barre quand le corps revient en arrière, piquer énergiquement en raidissant les bras pour arriver à l'appui tendu.

Étant à l'appui tendu :

40. — Culbute en avant et rétablissement en engageant.

41. — Franchir la barre à gauche (*saut de flanc*), chute face à droite.

Étant jambes groupées entre les bras :

43. — Établissement rapide sur les reins, corps en souplesse

Étant à l'appui :

43. — Poser un pied sur la barre de chaque côté des mains, laisser tomber le corps et saut en avant.

Étant à la suspension tendue :

44. — Temps de reins et s'établir à l'appui tendu. (*Élever les jambes tendues en avant, les porter en arrière, le corps en souplesse, et par un vigoureux temps de jambes en avant combiné avec un effort des bras, se rétablir sur la barre.*)

QUATRIÈME DEGRÉ. — GYMNASTES TRÈS FORTS

Étant à la suspension tendue :

45. — Prendre un balancement et renversement en avant à l'appui sur la barre, corps en souplesse (*grand renversement*).

46. — Passement filé sans toucher et renversement sur la barre au temps. (*Traction comme dans le grand élan, mais au lieu de lancer le corps en élan, l'élever au-dessus de la barre (passement sans toucher) le lancer en arrière obliquement, sans toucher la barre, passer par la suspension tendue et profiter de l'élan pour faire au temps un grand renversement.*)

Étant à l'appui tendu :

47. — Culbuter en avant, le corps tendu, descendre à la suspension en arrêtant la planche horizontale.

48. — Chute en arrière après le passement sans toucher.

49. — Grand élan sous la barre et rétablissement à l'appui.

50. — Chute à l'écart par dessus la barre.

51. — (*Prise paumes en avant.*) Fléchir les bras en soulevant le corps, culbuter en avant en étendant les bras et le corps et se rétablir à l'appui au balancement en arrière.

CHEVAL A ARÇONS

Cheval à arçons amovibles pouvant servir de cheval pour sauter se fait à hauteur variable monté sur tubes en acier, pieds et monture fonte d'acier, le corps en morceaux de sapin chevillés et collés ensemble, recouvert de cuir et rembourré de thibande et crin, hauteur minimum 1 mètre, maximum 1 m. 50. Son prix est de 250 francs.

On divise le cheval en trois parties:

1º Tête ou cou;

2º Selle entre les deux arçons;

3º Croupe.

Le gymnaste placé en face et au milieu du cheval a devant lui, la selle; à gauche, le cou; à droite, la croupe.

Les mains saisissent les arçons de différentes façons ou prises:

1re prise: normale, ongles tournés au-dedans;

2e prise: croisée, main gauche sur arçon droit et main droite sur arçon gauche, ongles tournés soit à gauche ou à droite.

3e prise: main droite sur la croupe et main gauche à l'arçon droit.

TERMINOLOGIE. — *Balancer*: passer la jambe gauche ou droite par-dessus le cou ou la croupe.

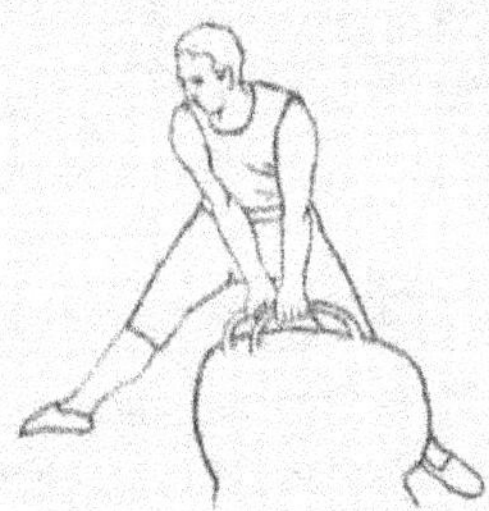

FIG. 31. — Balancer d'une jambe.

Lancer au premier temps, passer la jambe gauche ou droite par-dessus le cou, l'arçon gauche et sans arrêt; au deuxième temps, sortir la jambe pour revenir à la position de départ.

Cercle: la jambe gauche passe par-dessus le cou, l'arçon gauche, droit, la croupe, et revient à la station.

Ciseaux: étant les mains aux arçons, à cheval, la jambe gauche en avant, droite en arrière.

Les ciseaux en arrière se font en balançant à gauche les jambes et en les croisant au-dessus du cou, le poids du corps sur le bras droit, le bras gauche levé.

Les ciseaux en avant se font en balançant à droite des jambes et en les croisant au-dessus de la croupe, le poids du corps sur le bras gauche, le bras droit levé.

Nota. — S'exercer à faire des ciseaux à gauche et à droite sans arrêt, en cherchant à balancer les jambes le plus haut possible.

Vis: de l'appui facial (face vers l'appareil) ou dorsal (dos vers l'appareil), rotation (3/4 de tour) du corps à droite ou à gauche pour se trouver à cheval sur la croupe ou le cou.

Saut facial: lorsque la face est tournée vers l'appareil pendant l'exécution du saut.

Saut de flanc: lorsque le flanc est tourné vers l'appareil pendant l'exécution du saut.

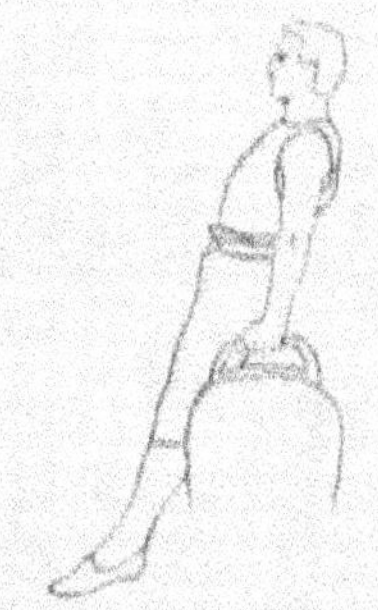
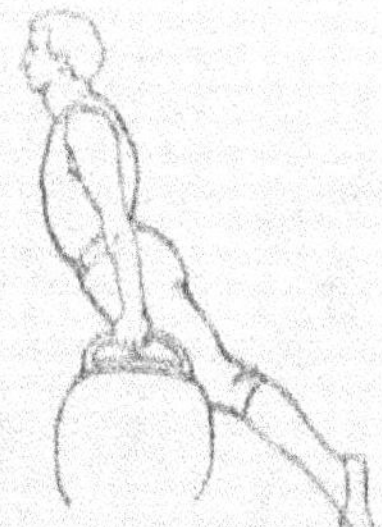
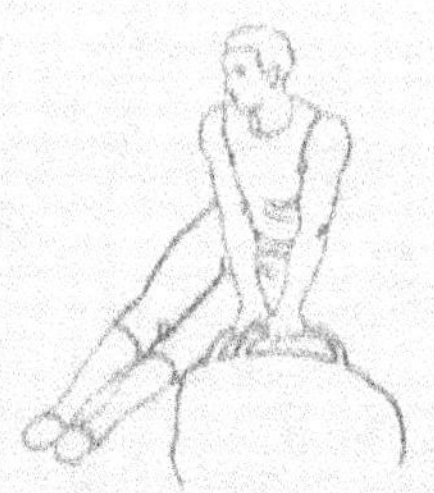

Fig. 32. — Appui dorsal.   Fig. 33. — Appui facial.   Fig. 34. — Balancer des deux jambes.

Saut dorsal: lorsque le dos est tourné vers l'appareil pendant l'exécution du saut.

Saut accroupi: les jambes fléchies passant entre les deux arçons.

Saut écarté: les jambes écartées passant au dehors de chaque côté des arçons.

Tous les exercices commencent de la station droite face au cheval les mains aux arçons. — Revenir à la station après tous les exercices, quand il n'y a pas d'indication spéciale.

1. — BALANCÉS D'UNE ET DES DEUX JAMBES AVEC SAUT ACCROUPI.

1. Balancer gauche en avant, revenir à la station de même de la jambe droite et saut accroupi.

2. Balancer gauche en avant et balancer droit en avant, revenir à la station et saut accroupi.

3. Balancer les jambes à gauche et balancer les jambes à droite, revenir à la station, saut accroupi.

2. — Lancés d'une et des deux jambes avec saut facial.

1. Lancer gauche en dehors, revenir à la station de même de la jambe droite, saut facial.

2. Lancer gauche en dedans, revenir à la station de même de la jambe droite et saut facial.

3. Lancer gauche en dehors et lancer droit en dehors, revenir à la station et saut facial.

4. Lancer gauche en dedans et lancer droit en dedans à la station, saut facial.

5. Lancer gauche des deux jambes, revenir à la station de même à droite, sauf facial.

6. Lancer gauche des deux jambes puis lancer droit, revenir à la station et saut facial.

3. — Cercles d'une jambe en dehors avec saut de flanc.

1. Cercle à gauche en dehors en deux mouvements à la station (*arçons gauche et droit*); de même de la jambe droite et sans arrêt à la station et saut de flanc à gauche.

2. Balancer droit en avant et cercle gauche en dehors à la station; de même inversement et sans arrêt à la station et saut de flanc à gauche.

3. Cercle gauche en dehors; cercle droit en dehors, revenir à l'appui facial et saut de flanc à droite.

4. Balancer droit en avant et cercle gauche en dehors; de même inversement, revenir à l'appui facial et saut de flanc à droite.

5. Balancer droit en avant et cercle gauche en dehors ou balancer gauche en avant; cercle droit en dehors et saut de flanc à droite.

6. Balancer les deux jambes à droite en avant et cercle gauche en dehors (*une jambe*) au balancer des deux jambes à gauche en avant; cercle droit en dehors et saut de flanc à droite.

4. — Cercles d'une jambe en dehors avec saut dorsal.

1. Cercle gauche en dedans à la station (*arçons droit et gauche*); de même jambe droite et sans arrêt à la station et saut dorsal à gauche.

2. Balancer gauche en avant et cercle gauche en dedans à la station; de même inversement et sans arrêt à la station, saut dorsal à gauche.

3. Cercle gauche en dedans, en restant à l'appui, cercle droit en dedans à l'appui facial et saut dorsal à gauche.

4. Balancer gauche en avant et cercle gauche en dedans; de même droite à l'appui facial et saut dorsal à gauche.

5. Balancer gauche en avant et cercle gauche en dedans, au balancer droit en avant; cercle droit en dedans et saut dorsal à gauche.

6. Balancer les deux jambes à gauche en avant et cercle gauche en dedans, au balancer des deux jambes à droite en avant; cercle droit en dedans et saut dorsal à gauche.

5. — CERCLES DES DEUX JAMBES, SAUT ÉCARTÉ.

1. Cercle à droite revenir à la station (*au 1er temps: flanc à droite à l'appui dorsal, au 2e temps revenir à l'appui facial*); de même à gauche à la station, saut écarté.

2. Cercle à droite; cercle à gauche et sans arrêt à la station, saut écarté.

3. Balancer gauche en avant et cercle à droite; balancer droit en avant et cercle gauche à l'appui facial et saut écarté.

4. Balancer gauche en avant et cercle à droite, au balancer droit en avant; cercle à gauche à l'appui facial et saut écarté.

5 et 6. Comme 3. et 4., mais en balançant les deux jambes en avant.

6. — LANCÉS D'UNE ET DES DEUX JAMBES ET TOURNER (VIS).

1. Lancer gauche en dehors, lancer droit en dehors à l'appui dorsal, trois quarts de rotation à gauche, à cheval sur le cou.

7. — CERCLES D'UNE ET DES DEUX JAMBES ET TOURNER (VIS).

1er *degré*. — Balancer gauche en avant; balancer droit en avant; lancer gauche en dehors; demi-tour à gauche à la station face à gauche.

2e *degré*. — Lancer gauche en dehors; lancer droit en dehors et tourner à gauche sur jambe gauche au siège à cheval sur le cou; mains sur l'arçon gauche, facial à gauche avec quart de tour à gauche.

3e *degré*. — Cercle des jambes à gauche (*arçons gauche et droit*); lancer gauche en dehors; lancer droit en dehors et lancer des jambes à droite à l'appui dorsal et tourner à gauche à l'appui facial sur le cou (*tour entier*); lancer droit en dehors et sauter de côté à gauche à la station avec demi-rotation à droite.

8. — LANCÉS, CERCLES ET CISEAUX AVEC SORTIES DIVERSES.

1er *degré*. — Balancer gauche en avant, lancer droit en dehors à l'appui jambes écartées en selle; ciseaux à gauche; lancer gauche en dehors et balancer droit en avant; lancer gauche en dehors à l'appui jambes écartées en selle; ciseaux à droite; lancer gauche en dehors à l'appui dorsal et sauter en avant.

2e *degré*. — Cercle gauche en dedans; lancer droit en dehors et ciseaux à gauche à l'appui jambes écartées en selle; passer jambe gauche en arrière entre les arçons et balancer droit en avant; cercle droit en dedans; lancer gauche en dehors et ciseaux à droite à l'appui jambes écartées en selle; lancer droit en dehors et balancer gauche en avant et saut dorsal par-dessus la croupe.

3e *degré*. — Balancer gauche en avant; lancer droit en dehors et ciseaux à gauche et à droite à l'appui jambes écartées en selle; sortir jambe droite en arrière et lancer les deux jambes à gauche à l'appui dorsal; cercle droit en dehors et saut en avant.

4e *degré*. — Lancer les deux jambes à gauche à l'appui dorsal; lancer droite en dehors et ciseaux à gauche (*en arrière*); lancer droit et gauche en dehors et ciseaux à droite au balancement droit en avant; cercle des jambes à gauche au balancer gauche en avant; double dorsal.

9. — Saut dorsal.

De terre au balancer gauche en avant et :

1. Dorsal au siège à cheval sur la croupe, chute faciale à gauche ou droite ou saut écarté en avant.

2. Dorsal à gauche, main droite sur la croupe.

3. Dorsal avec rotations en dehors ou en dedans.

4. Double dorsal.

Ces mêmes exercices s'exécutent aussi :

1o En sautant à l'appui et balancer gauche;

2o En sautant à l'appui et balancer des deux jambes en avant.

CHOIX D'EXERCICES PROGRESSIFS CLASSÉS
D'APRÈS LES RÉGIONS MUSCULAIRES INTÉRESSÉES

Dans le but de rendre un véritable service aux jeunes gens qui ont besoin de se fortifier certains groupes de muscles, soit par suite de développement insuffisant, soit pour réaliser de plus rapides progrès dans un sport ou un exercice quelconque, nous présentons, classés par groupes musculaires intéressés, un choix d'exercices progressifs.

Si l'on veut agir également sur les deux parties du corps l'exercice se répète à gauche comme à droite, mais s'il s'agit de fortifier un côté moins fort, ne faire l'exercice que de ce côté.

Chaque mouvement sera recommencé jusqu'à ce qu'une certaine lourdeur vienne avertir de l'approche de la fatigue.

Au bout de deux à trois mois de pratique journalière, en prenant à nouveau les mensurations, l'on pourra constater l'augmentation très sensible des muscles intéressés.

EXERCICES GRADUES S'ADRESSANT PARTICULIEREMENT AUX MUSCLES FLECHISSEURS DE L'AVANT-BRAS

(Muscles biceps, long supinateur, brachial antérieur.)

1. Etant à la station droite, les bras pendant naturellement:
Flexion de l'avant-bras sur le bras avec haltères de 2 à 10 kilos.

2. Faisant face à un exerciseur en caoutchouc, le bras étendu horizontalement :
Flexion de l'avant-bras sur le bras.

3. Avec l'exerciseur « Le Français » fixé au pied et maintenu par une main :
Flexion de l'avant-bras sur le bras.

4. Avec barre à sphère de 20, 30 kilogrammes, tenue des deux mains, bras allongés :
Flexion de l'avant-bras sur le bras.

5. Etant à la suspension inclinée à une barre, le corps oblique, les pieds touchent le sol, les mains, paumes tournées vers le corps, le soutenant :
Flexion des bras.

6. Etant suspendu à une barre, une échelle, des anneaux, les pieds ne touchant plus terre :
Flexion des bras.

7. Monter à une perche, une corde lisse sans l'aide des jambes
1o Par petites brassées ;
2o Par des brassées plus grandes.

8. Etant suspendu par les mains, se maintenir bras fléchi à l'angle droit du bras gauche ensuite du droit.

EXERCICES GRADUES S'ADRESSANT PARTICULIEREMENT
AUX MUSCLES EXTENSEURS DE L'AVANT-BRAS

(Muscles triceps brachial.)

1. Les mains aux épaules chargées d'haltères de 2 à 10 kilogrammes:
Extension alternative des bras à la position verticale.

2. Tournant le dos à un exerciseur en caoutchouc fixé au mur :
Extension alternative des bras à la position horizontale.

3. Avec l'exerciseur « Le Français » fixé au pied et maintenu d'une
main à hauteur de l'épaule :
Extension du bras à la position verticale.

4. Sur un ballon gonflé, solidement maintenu en haut et en bas
par des cordons en caoutchouc :
Frapper énergiquement des coups de poing horizontaux.

5. Etant à l'appui des mains et des pieds sur le sol, bras tendus,
corps raidi, ventre rentré:
Flexion des bras pour amener la poitrine près du sol sans le toucher,
puis extension.

6. Même exercice, étant à l'appui des mains et des pieds sur les
barres parallèles.

7. Etant à l'appui sur les mains aux barres parallèles, jambes
pendantes :
Flexion et extension des bras.

8. Etant à l'appui fléchi aux barres parallèles de fond, balancements avec flexion et extension des bras.

9. Etant posé sur les barres parallèles à l'appui des épaules, le
corps renversé, en équilibre :
Extension des bras.

10. Avec barres à sphère de 20, 30 kilogrammes et au-dessus, main-
tenues bras fléchis à hauteur des épaules :
Extension des bras à la position verticale.

EXERCICES GRADUES S'ADRESSANT AUX MUSCLES
PECTORAUX

1. En tenant de chaque main un haltère de 2 à 10 kilogrammes:
Porter la main droite vers l'épaule gauche, puis la gauche vers
l'épaule droite.

2. Couché sur le dos, bras étendus latéralement en tenant de chaque
main un haltère de 1 à 5 kilogrammes:

Elever les bras tendus à la verticale sans bouger le corps.

3. Etant le corps étendu et posé à terre sur les mains et le bout des pieds, les bras tendus :

Fléchir et étendre les bras, corps raidi.

4. Etant dans les barres parallèles à l'appui sur les mains, les jambes pendantes, les bras fléchis :

Etendre et fléchir les bras.

5. Dans la position décrite ci-dessus :

Balancer le corps en avant, en arrière, les bras fléchis.

6. Tractions à une barre, les coudes en avant.

7. Monter à une corde ou à une perche par petites brassées.

8. Progresser bras fléchis à une échelle horizontale.

9. Planches horizontales, en avant, en arrière, renversements, rétablissements et, en général, tous les mouvements de force aux anneaux et à la barre fixe.

10. Tous les coups de la lutte française et les coups de boxe anglaise.

EXERCICES GRADUES S'ADRESSANT PARTICULIEREMENT AUX MUSCLES ELEVATEURS DE L'EPAULE ET DU BRAS

(trapèze, deltoïde, grand dentelé, etc.)

1. Elever en avant, de côté et verticalement, les bras étendus, mains chargées d'haltères de 1 à 3 kilogrammes.

2. Etant les bras étendus latéralement (ou un seul), demander à un camarade d'appuyer fortement dessus à hauteur des coudes pour les faire abaisser, les élever de nouveau malgré la pression de l'opposant, qui doit être calculée de façon à permettre le mouvement.

3. Etant tourné le côté vers un exerciseur fixé au mur, le bras tendu à la position horizontale, l'élever à la position verticale.

4. Etant face à un exerciseur fixé au mur, les deux bras étendus à la position horizontale, les élever à la verticale.

5. Avec l'exerciseur « Le Français » fixé à un pied et tenu avec une main, élever le bras étendu à la position horizontale; maintenu aux deux pieds et aux deux mains, élever les bras à la position verticale.

6. Lever à bras tendu des poids ou haltères de 10, 15, 20, 25 kilogrammes.

7. Rétablissement sur les reins à la barre fixe.

8. Planche horizontale au-dessus des barres parallèles, la face vers le sol.

EXERCICES GRADUES S'ADRESSANT PARTICULIEREMENT AUX MUSCLES FLECHISSEURS DU TRONC ET ELEVATEURS DE LA CUISSE.

(Muscles abdominaux et psoas-iliaque.)

1. Etant en station droite, élever les jambes alternativement à la position horizontale et latérale.

2. Etant en station droite, mains aux hanches, renverser le tronc en arrière (extension) et revenir à la position première.

3. Fente en arrière avec la jambe arrière fléchie, le tronc incliné en ligne avec la jambe de devant qui doit rester étendue.

(Dans ces deux exercices on augmente l'intensité des contractions en portant les mains aux épaules, à la nuque, sur le sommet de la tête, puis en élevant les bras étendus.)

4. Etant couché sur le dos, mains à la nuque, élever les jambes étendues et les abaisser.

5. Etant couché sur le dos, pieds maintenus par un aide, ou accrochés à un meuble, redresser le tronc : 1o mains aux hanches; 2o mains à la nuque; 3o mains sur la tête; 4o bras étendus.

6. Tournant le dos à un exerciseur fixé au mur, le saisir bras étendus verticalement et abaisser les bras étendus et fléchir le tronc en avant et se redresser.

7. Etant suspendu par les mains à une barre: 1o élever les jambes fléchies le plus haut possible; 2o élever les jambes étendues à l'horizontale; 3o élever les jambes étendues à l'horizontale, puis faire toucher les pieds à la barre et redescendre doucement; 4o même exercice que ci-dessus pour porter les pieds à la barre, puis traction des bras pour s'établir sur la barre à l'appui tendu; descendre à la suspension.

Exercices à deux.

8. Se tourner le dos, s'accrocher par les bras fléchis dos à dos, puis l'un se fléchit et soulève de terre son camarade qui fait de même à son tour.

9. Se faisant face; se prendre les épaules bras étendus et lutte de répulsion en cherchant à se repousser.

10. Se tourner le dos, saisir de chaque main l'extrémité d'un bâton ou d'une corde et chercher à entraîner son adversaire.

Nota. — Pour les muscles obliques de l'abdomen, exécuter latéralement certains des exercices décrits et lancer les coups de pied de flanc de la boxe française.

EXERCICES GRADUES S'ADRESSANT PARTICULIEREMENT
AUX MUSCLES EXTENSEURS DE LA COLONNE VERTEBRALE

(Muscles fessiers et dorso-lombaires.)

1. Etant en station droite, mains aux hanches :
Fléchir le tronc en avant en redressant la partie supérieure et la tête, revenir à la position première.

2. Fente en avant la jambe fléchie, celle de derrière tendue, pieds à plat, le corps incliné en avant en ligne avec la jambe tendue.

Augmenter l'intensité des contractions musculaires dans ces deux exercices, en portant les mains aux épaules, à la nuque, sur le sommet de la tête, puis en élevant les bras étendus.

3. Fléchir le tronc jusqu'à l'horizontale et le redresser, les bras étendus en ligne avec le tronc, les mains chargées d'un poids ne dépassant pas 4 kilogrammes.

4. Etant couché face vers le sol, redresser le tronc :
1o Mains aux hanches; 2o mains aux épaules; 3o mains à la nuque; 4o mains sur la tête, 5o bras étendus.

5. Etant placé à 40 centimètres d'un mur :
Elever les bras à la position verticale et se laisser tomber en arrière, les mains venant toucher le mur, le corps oblique et tendu pivotant autour de l'articulation du pied; se redresser à la position première.

6. Etant tout le corps raidi, se faire soulever de terre par la tête, les pieds restant au sol; puis se faire soulever par les pieds et la tête, le corps restant horizontal.

7. Faisant face à un exerciseur au mur les bras à la position horizontale. Elever les bras à la position verticale et porter un peu le haut du corps en arrière.

8. Soulever de terre, de fortes charges, barres à sphère, sacs de sable, pierres, ou un adversaire dans la lutte.

9. Etant à cheval sur une barre parallèle, plaçant les mains devant les cuisses, soulever le corps en force les pieds en haut, en équilibre sur les mains, redescendre lentement.

IMPRIMERIE DE J. DUMOULIN, A PARIS   3 - 12-06